BERNARDO
DE **AZEVEDO**
E SOUZA

EDUCAÇÃO JURÍDICA *ONLIFE*

UM *FRAMEWORK*
PARA **IMPLEMENTAÇÃO**
E **AVALIAÇÃO** DE
AMBIENTES VIRTUAIS
DE **APRENDIZAGEM**
IMERSIVOS (AVAIs)
NA **FORMAÇÃO**
JURÍDICA

2025 © Editora Foco

Autor: Bernardo de Azevedo e Souza
Diretor Acadêmico: Leonardo Pereira
Editor: Roberta Densa
Coordenadora Editorial: Paula Morishita
Revisora Sênior: Georgia Renata Dias
Capa Criação: Leonardo Hermano
Diagramação: Ladislau Lima e Aparecida Lima
Impressão miolo e capa: DOCUPRINT

DIREITOS AUTORAIS: É proibida a reprodução parcial ou total desta publicação, por qualquer forma ou meio, sem a prévia autorização da Editora FOCO, com exceção do teor das questões de concursos públicos que, por serem atos oficiais, não são protegidas como Direitos Autorais, na forma do Artigo 8º, IV, da Lei 9.610/1998. Referida vedação se estende às características gráficas da obra e sua editoração. A punição para a violação dos Direitos Autorais é crime previsto no Artigo 184 do Código Penal e as sanções civis às violações dos Direitos Autorais estão previstas nos Artigos 101 a 110 da Lei 9.610/1998. Os comentários das questões são de responsabilidade dos autores.

NOTAS DA EDITORA:

Atualizações e erratas: A presente obra é vendida como está, atualizada até a data do seu fechamento, informação que consta na página II do livro. Havendo a publicação de legislação de suma relevância, a editora, de forma discricionária, se empenhará em disponibilizar atualização futura.

Erratas: A Editora se compromete a disponibilizar no site www.editorafoco.com.br, na seção Atualizações, eventuais erratas por razões de erros técnicos ou de conteúdo. Solicitamos, outrossim, que o leitor faça a gentileza de colaborar com a perfeição da obra, comunicando eventual erro encontrado por meio de mensagem para contato@editorafoco.com.br. O acesso será disponibilizado durante a vigência da edição da obra.

Impresso no Brasil (10.2024) – Data de Fechamento (8.2024)

2025
Todos os direitos reservados à
Editora Foco Jurídico Ltda.
Rua Antonio Brunetti, 593 – Jd. Morada do Sol
CEP 13348-533 – Indaiatuba – SP

E-mail: contato@editorafoco.com.br
www.editorafoco.com.br

– O que é "onlife", professor?

– É como a sociedade dos manguezais.

– Manguezais?

– Eles vivem em água salobra, onde os rios e o mar se encontram. Um ambiente incompreensível quando observado da perspectiva da água doce ou da água salgada. Onlife é isso: a nova existência na qual a barreira entre real e virtual caiu, não há mais diferença entre "online" e "offline", mas há precisamente uma "onlife": a nossa existência, que é híbrida como o habitat dos manguezais.

Luciano Floridi

DEDICATÓRIA

Em memória de Noeli de Azevedo e Souza e Newton Schneider Furtado, que partiram recentemente, deixando-nos com saudades eternas.

AGRADECIMENTOS

Agradeço primeiramente aos meus pais, Gilberto e Cláudia, pelo exemplo inspirador que sempre me proporcionaram.

À Letícia de Souza Furtado, minha gratidão pelo amor constante e por tornar meus dias cada vez melhores.

Ao meu irmão Ronaldo, pela amizade sincera e por me proporcionar a alegria de ser tio da pequena Sara.

Ao professor Dr. Wilson Engelmann, minha gratidão pela orientação valiosa durante a pesquisa e redação da tese.

LISTA DE FIGURAS

Figura 1 – Visão bidimensional e visão tridimensional 16

Figura 2 – As revoluções industriais 20

Figura 3 – Crescimento linear e crescimento exponencial 21

Figura 4 – Exemplos de e-Learning 26

Figura 5 – Exemplos de m-Learning 28

Figura 6 – Softwares para p-Learning e u-Learning 30

Figura 7 – Exemplos de GBL 33

Figura 8 – Exemplos de g-Learning 34

Figura 9 – Ilha UNISINOS 76

Figura 10 – Espaço de Convivência Digital Virtual (ECoDI-UNISINOS) 77

Figura 11 – Plataformas com metodologias analíticas integradas 80

Figura 12 – Jogo "Você Sabia? O Direito te Desafia!" 100

Figura 13 – Evolução da realidade virtual 108

Figura 14 – Graus de liberdade 112

Figura 15 – Continuum da realidade-virtualidade 116

Figura 16 – Diferença entre VR, AR e MR 118

Figura 17 – Dispositivos de Realidade Aumentada e Realidade Mista 119

Figura 18 – Exemplos de TUIs 121

Figura 19 – Exemplos de TUIs na educação 122

Figura 20 – River City 129

Figura 21 – Quest Atlantis 130

Figura 22 – Schenectady Mars High School 131

Figura 23 – Planet Oit 132

Figura 24 – Centro de Realidade Estendida (PUCPR) 136

Figura 25 – Motor de pesquisa científica Consensus 145

Figura 26 – NPCs conversacionais 147

Figura 27 – Sora, o conversor de texto para vídeo 149

Figura 28 – O modelo multimodal Gemini 150

Figura 29 – Vara do Trabalho de Colíder (perspectiva isométrica sem entornos) 154

Figura 30 – Vara do Trabalho de Colíder (perspectiva isométrica com entornos) 154

Figura 31 – Saguão da Vara do Trabalho de Colíder 155

Figura 32 – Sala de audiências da Vara do Trabalho de Colíder 156

Figura 33 – Participantes no interior da sala de audiências 157

Figura 34 – Participantes na frente da Vara do Trabalho de Colíder 158

Figura 35 – Exemplo de framework teórico 165

Figura 36 – Exemplo de framework prático 175

Figura 37 – Estrutura visual do framework AVAI-5 184

Figura 38 – Interface de usuário da plataforma Spot 199

Figura 39 – Ambiente com objetos pré-instalados e removidos 204

Figura 40 – Ajustes da planta baixa e de seus entornos 205

Figura 41 – Sala de audiências trabalhistas 206

Figura 42 – Lousa interativa 207

Figura 43 – Seleção de diferentes perspectivas na plataforma Spot 208

LISTA DE TABELAS

Tabela 1 – Pesquisa no Catálogo de Teses & Dissertações da CAPES 6

Tabela 2 – Pesquisa no catálogo internacional ProQuest 9

Tabela 3 – Evolução das tecnologias educacionais 55

Tabela 4 – Tipos de dados coletados em metodologias analíticas 79

Tabela 5 – Estrutura taxonômica do fenômeno da imersão 103

Tabela 6 – Usos do ChatGPT na educação 144

Tabela 7 – Estudos sobre design de atividades de aprendizagem 162

Tabela 8 – Estudos sobre fatores que afetam os resultados da aprendizagem 169

Tabela 9 – Estudos sobre fatores que influenciam a intenção dos professores 171

Tabela 10 – Estudos relacionados a orientações 173

Tabela 11 – Estudos relacionados a modelo de desenvolvimento 177

Tabela 12 – Estudos relacionados aos frameworks teóricos e práticos 180

Tabela 13 – Estrutura para definição de objetivos de aprendizagem 186

Tabela 14 – Aplicação da estrutura para um caso hipotético 186

Tabela 15 – Estrutura revisada para definição de objetivos de aprendizagem 187

Tabela 16 – Estrutura de Bloom revisada (com níveis e subníveis) 188

Tabela 17 – Estrutura organizacional de Wurman 194

Tabela 18 – Exemplos de ambientes virtuais pré-configurados 200

Tabela 19 – Principais conceitos relacionados à educação *OnLife* 218

Tabela 20 – Modalidades de tecnologias imersivas 221

LISTA DE SIGLAS

AI   *Artificial Intelligence* (Inteligência Artificial)

AR   *Augmented Reality* (Realidade Aumentada)

AVA   Ambiente Virtual de Aprendizagem

AVAi   Ambiente Virtual de Aprendizagem Imersivo

DI   Design Instrucional

EaD   Ensino a Distância

ECHIM   Espaço de Convivência Híbrido, Multimodal, Pervasivo e Ubíquo

ECoDI   Espaço de Convivência Digital Virtual

GPe-dU   Grupo Internacional de Pesquisa Educação Digital

HMD   *Head-Mounted Display* (Dispositivo de Exibição Montado na Cabeça)

LLMs   Large Language Models (Modelos de Linguagem de Grande Escala)

MDV3D   Mundos Digitais Virtuais Tridimensionais

MOOCs   *Massive Open Online Courses* (Cursos Online Abertos e Massivos)

MR   *Mixed Reality* (Realidade Mista)

MUVE   *Multi-User Virtual Environment* (Ambiente Virtual Multiusuário

PPGs   Programas de Pós-Graduação

TICs   Tecnologias da Informação e Comunicação

TDICs   Tecnologias Digitais da Informação e Comunicação

TUIs   *Tangible User Interfaces* (Interfaces Tangíveis de Usuário)

VR   *Virtual Reality* (Realidade Virtual)

XR   *Extended Reality* (Realidade Estendida)

PREFÁCIO

Este livro, que tenho a honra de prefaciar, é o resultado da pesquisa de doutorado de *Bernardo de Azevedo e Souza*, por mim orientada, no Programa de Pós-Graduação em Direito - Mestrado e Doutorado - da Universidade do Vale do Rio dos Sinos - UNISINOS, São Leopoldo, Rio Grande do Sul, Brasil. A partir do tema da "educação jurídica *OnLife*: um *framework* para implementação e avaliação de ambientes virtuais de aprendizagem imersivos (AVAIS) na formação jurídica", o livro estuda as contribuições de Luciano Floridi[1] para a percepção do ambiente atual, que se apresenta simultaneamente como "OnLine" e "OffLine", gerando o espaço inovador, simultâneo e reticular chamado de "OnLife".

Na base dessa perspectiva se encontram as chamadas "tecnologias digitais", lideradas pela Inteligência Artificial (IA), promovendo o *design* de espaços e interações inusitadas e desafiadoras para todas as áreas do conhecimento humano. No caso do livro aqui prefaciado, todas essas possibilidades estão conectadas com a educação jurídica, buscando a modelização crítico-criativa de profissionais que poderão operar nesse/esse "novo mundo", promovendo a sua regulação, de modo inovador. Os impactos positivos e negativos dos usos da IA são variados, expondo as fragilidades humanas diante dessa "criação" sem precedentes do "Homo Tecnológicus", que é a amálgama histórica do "Homo Sapiens", do "Homo Faber", do "Homo Ludens", dentre outras caracterizações já explicitadas para o ser humano.

No campo da educação em geral, e da educação jurídica em particular, que é o objeto do livro de Bernardo, se observam diversos desafios que os usos da IA poderão gerar, variando de positivos a negativos[2], cuidadosamente examina-

---

1. "Never before in the history of humanity have so many people monitored, recorded, and reported so many details about themselves to such a large audience. The impact of so many gazillions of micro-narratives of all sorts and on all subjects is already visible. For example, they have already changed how we date and fall in love. [...] We have seen that human life is quickly becoming a matter of *onlife experience*, which reshapes constraints and offers new affordances in the development of our identities, their conscious appropriation, and our personal as well as collective self-understanding. Today, we increasingly acknowledge the importance of a common yet unprecedented phenomenon, which may be described as the online construction of personal identities". FLORIDI, Luciano. *The 4th Revolution*: how the infospher is reshaping human reality. Oxford: Oxford University Press, 2014, p. 62 e 65.

2. Conforme já examinado em: ENGELMANN, Wilson. O ChatGPT e a Educação: riscos, desafios e oportunidades. *In* Belén Andrés Segovia; Carlos Pedrosa Lópes; Pedro Chaparro Matamoros; Carlos Gómez Asensio. (Org.). *Innovación docente en Derecho*: herramientas digitales, nuevos desarrollos y perspectiva global. A Coruña: Editorial Colex, 2023, v. 1, p. 95-106; e BENHOUMANE, Ahmed. L'utilisation des applications issues de l'IA permet-elle d'améliorer l'acquisition de compétences? In

dos. Buscando valorizar boas contribuições da IA à educação jurídica, este livro explora as contribuições das tecnologias imersivas como: a realidade virtual, realidade mista e a realidade aumentada; as interfaces tangíveis de usuários e os ambientes virtuais multiusuários. A riqueza da pesquisa em termos estruturantes e conceituais, além das belas contribuições das práticas de utilização desses variados exemplos de realidades digitais para promover uma educação inclusiva, abrangente e qualificada para os novos tempos, se mostram como os pontos mais relevantes desta produção bibliográfica.

A contribuição primordial aqui apresentada ao leitor se encontra na efetiva originalidade da tese de doutorado que sustenta o livro: a ousada proposta da estrutura de um *framework*, mostrando as possibilidades para a educação jurídica imersiva do "Ambiente Virtual de Aprendizagem Imersiva (AVAI)". Essa inovadora contribuição permitirá que a educação jurídica possa ser desenvolvida e potencializada no desenho de profissionais altamente qualificados, com a incorporação de competências exigidas pelo mundo da vida deste Século XXI.

A "Quarta Revolução Industrial", do modo como caracterizada por Klaus Schwab, sublinha a necessidade de se adicionar, para além das possiblidades das convergências de diversas tecnologias, dentre as quais se encontra a IA, um ingrediente fundamental: "as pessoas também precisam de desenvolvimento responsável. [...]." Por isso, a formação profissional, como a formação e a educação jurídica deverão trazer "[...] questões de responsabilidade social e consciência ambiental, além de valores [como Direitos Humanos] vinculados às tecnologias, à sociedade e ao sistema econômico. [...]".[3] A junção de habilidades técnicas e humanas representa um desafio para preparar os egressos dos Cursos de Direito e serem protagonistas em um mundo onde a IA e sua "linguagem" pretende se instalar.

Por todos esses aspectos, se recomenda fortemente a leitura deste livro.

No final do inverno de 2024, desde uma morada no Portal da Serra Gaúcha.

Prof. Dr. Wilson Engelmann

Escola de Direito da UNISINOS,

wengelmann@unisinos.br

Frédérique Guénot (Direction). *L'IA educative*: l'intelligence artificielle dans l'enseignement supérieur. Paris: Bréal. Studyrama, 2023, p. 150157.

3. SCHWAB, Klaus; DAVIS, Nicholas. *Aplicando a quarta revolução industrial*. Tradução Daniel Moreira Miranda. São Paulo: EDIPRO, 2018, p. 78-79.

SUMÁRIO

DEDICATÓRIA VII

AGRADECIMENTOS.. IX

LISTA DE FIGURAS XI

LISTA DE TABELAS XIII

LISTA DE SIGLAS.. XV

PREFÁCIO XVII

1. INTRODUÇÃO.. 1

2. DESPERTANDO PARA MÚLTIPLAS DIMENSÕES NA EDUCAÇÃO 15

    2.1 Em busca de uma educação *onlife* 17

    2.2 Desafios e transformação dos sistemas educacionais 46

    2.3 Novas tecnologias e práticas pedagógicas 68

3. TECNOLOGIAS IMERSIVAS NA EDUCAÇÃO... 85

    3.1 Compreendendo o fenômeno da imersão................................. 90

    3.2 Tecnologias imersivas na educação 104

        3.2.1 Realidade Virtual (VR) 107

        3.2.2 Realidade Mista (MR) e Realidade Aumentada (AR)......... 115

        3.2.3 Interfaces Tangíveis de Usuário (TUIs) 120

        3.2.4 Ambientes Virtuais Multiusuário (MUVEs)................... 124

    3.3 Barreiras para implementação 133

    3.4 Inteligência artificial e tecnologias imersivas.......................... 140

4. EDUCAÇÃO JURÍDICA IMERSIVA: UMA PROPOSTA DE *FRAMEWORK*.... 151

4.1 *Frameworks* de educação imersiva 159

4.1.1 *Frameworks* teóricos... 162

4.1.2 *Frameworks* práticos.. 172

4.2 Estruturação do *framework* 182

4.2.1 Definição dos objetivos de aprendizagem 184

4.2.2 Seleção da tecnologia 189

4.2.3 Elaboração do conteúdo educacional 192

4.2.4 Criação do Ambiente Virtual de Aprendizagem Imersiva (AVAI) 197

4.2.5 Avaliação e *feedback* 208

5. CONCLUSÃO.. 217

REFERÊNCIAS.. 229

1
INTRODUÇÃO

Nos últimos anos, a educação jurídica tem enfrentado uma série de desafios que exigem adaptações significativas para formar profissionais aptos a lidar com questões cada vez mais complexas e multidisciplinares. O avanço tecnológico e a globalização impuseram exigências a educadores e alunos, demandando conhecimentos em áreas como tecnologia da informação, proteção de dados pessoais e inteligência artificial. Essas mudanças vêm incentivando discussões sobre a reformulação dos currículos tradicionais, integrando novas metodologias, práticas e disciplinas que contemplem essas realidades emergentes.

A pandemia da COVID-19 intensificou esses desafios ao forçar a rápida adoção de tecnologias educacionais para garantir a continuidade do ensino, durante um período de medo e incerteza. As instituições de ensino precisaram se adaptar rapidamente ao ensino remoto, utilizando plataformas de aprendizagem e ferramentas de comunicação virtual. Esse processo, que exigiu meses de adaptação para algumas instituições e ainda está em curso para outras, revelou tanto as potencialidades quanto as limitações das tecnologias educacionais. A experiência destacou a necessidade de investimentos em infraestrutura tecnológica e na capacitação de docentes e alunos, para maximizar a eficácia dos novos recursos e garantir a continuidade e qualidade do ensino em tempos de crise.

Na década de 1970, Alvin Toffler alertou que a sociedade estava passando por profundas transformações estruturais, impulsionadas por mudanças tecnológicas e sociais aceleradas, que sobrecarregavam as pessoas, deixando-as desorientadas e chocadas. O futurista estadunidense cunhou o termo "choque do futuro" para descrever esse fenômeno, equivalente a um choque cultural dentro da própria sociedade, mas com impactos mais significativos. Comparada aos avanços tecnológicos atuais, a tecnologia não estava tão desenvolvida à época em que o livro "Future Shock" foi lançado, mas já sacudia os valores sociais. Toffler identificou que os avanços tecnológicos estavam acelerando a chegada do futuro, para o qual muitas pessoas não estavam preparadas.[1]

---

1. TOFFLER, Alvin. *O choque do futuro*. 6. ed. Petrópolis: Vozes, 1998.

De maneira análoga ao fenômeno observado por Toffler, a partir de março de 2020, com a caracterização da COVID-19 como pandemia pela Organização Mundial da Saúde (OMS), o mundo experimentou um choque do futuro redefinido, que impactou de modo significativo tanto a educação quanto a prática jurídica. Diversos países ao redor do globo enfrentaram desafios para oferecer manter a continuidade das aulas e os serviços jurídicos, com relatos de tribunais conduzindo sessões de julgamento *online* ou audiências virtuais pela primeira vez na história. O portal *Remote Courts Worldwide*,[2] concebido pelo professor Richard Susskind e ativo entre 2020 e 2023, documentou diariamente os desafios enfrentados pela prática jurídica e educação jurídica em âmbito internacional.

O surto global de coronavírus evidenciou também a importância de métodos de ensino inovadores que não se limitem à mera transmissão de conhecimento e da analogia do receptáculo, na qual o papel do educador se resume a "despejar" informações ao aprendiz e esse, por sua vez, atua como um recipiente passivo. Práticas pedagógicas que fomentem a participação ativa dos alunos se revelaram cruciais para o desenvolvimento de habilidades práticas e críticas. Entre as diferentes abordagens disponíveis, as metodologias imersivas são capazes de oferecer experiências de aprendizagem envolventes aos alunos, oferecendo um ambiente interativo que facilita a compreensão e a retenção de conceitos complexos.

As metodologias imersivas utilizam tecnologias como Realidade Virtual (VR), Realidade Mista (MR), Realidade Aumentada (AR), Interfaces Tangíveis de Usuário (TUI) e Ambientes Virtuais Multiusuário (MUVE), para desenvolver ambientes de aprendizagem que transcendam as tradicionais aulas expositivas. A implementação de metodologias e tecnologias imersivas na educação jurídica permite que os estudantes vivenciem situações práticas em um ambiente controlado, como simulações de julgamentos e debates de casos jurídicos complexos com recursos visuais interativos. Essa abordagem contribui não apenas para aumentar o engajamento dos alunos, mas também desenvolver habilidades críticas, como tomada de decisão, pensamento crítico e resolução de problemas.

A implementação de experiências educacionais imersivas exige, porém, um conjunto de habilidades que muitos professores ainda não possuem. Os educadores precisam estar familiarizados com a utilização e a operação de dispositivos de VR e AR, bem como com *softwares* especializados que possibilitem a criação de ambientes imersivos. Os educadores necessitam igualmente saber como integrar essas tecnologias de modo eficaz no currículo, alinhando-as aos

---

2. REMOTE COURTS. Londres: Remote Courts, 2020. Disponível em: https://remotecourts.org. Acesso em: 9 jun. 2024.

objetivos de aprendizagem, assim como precisam desenvolver novas formas de avaliar o aprendizado dos alunos em ambientes imersivos.

É nesse contexto que se insere esta tese, que tem como tema a educação jurídica *OnLife* e se delimita à formulação de um *framework* para a implementação de Ambientes Virtuais de Aprendizagem Imersivos (AVAIs) na formação jurídica. O problema que orienta a investigação é: como a implementação de um *framework* prático pode capacitar educadores a implementar e avaliar AVAIs de maneira eficaz e acessível nas salas de aula dos cursos de Direito, sem demandar custos elevados ou exigir habilidades tecnológicas avançadas? A hipótese é: o *framework*, concebido como uma representação visual de uma estrutura com cinco etapas (definição dos objetivos de aprendizagem, seleção da tecnologia, elaboração do conteúdo educacional, criação do AVAI, e avaliação e feedback), permitirá o desenvolvimento e avaliação de AVAIs eficientes e economicamente viáveis, habilitando educadores a aprimorar o processo de ensino-aprendizagem dos estudantes de Direito.

O objetivo geral da tese é compreender como a implementação de um *framework* poderá capacitar educadores a implementar AVAIs de maneira eficaz e acessível nas salas de aulas dos cursos de Direito, sem demandar custos elevados ou mesmo exigir habilidades tecnológicas avançadas. Estão entre os objetivos específicos da tese: a) analisar a transição da educação convencional para a educação *OnLife*, abordando os desafios atuais do sistema educacional, e compreender como a tecnologia pode ser integrada de modo inovador para promover uma educação mais eficaz e dinâmica; b) investigar novas práticas pedagógicas que desafiem o modelo convencional de educação, notadamente na educação jurídica; c) examinar o fenômeno da imersão em ambientes virtuais de aprendizagem, avaliando suas definições, níveis e implicações na criação de experiências educacionais; d) compreender as tecnologias imersivas e seu potencial na educação, identificando as principais barreiras para sua implementação e integração no processo de ensino-aprendizagem; e e) explorar o estado atual dos *frameworks* de educação imersiva, avaliando estudos e modelos teóricos e práticos existentes, para fins de formulação de um *framework* direcionado à implementação e avaliação de AVAIs no contexto da educação jurídica.

A tese ora apresentada se destaca por seu ineditismo e originalidade, características evidenciadas por critérios objetivos estabelecidos a partir de uma pesquisa no Catálogo de Teses & Dissertações da CAPES.[3] Em junho de 2024, realizou-se uma investigação das principais palavras-chave relacionadas ao tema

---

3. CATÁLOGO DE TESES & DISSERTAÇÕES – CAPES. Brasília: CAPES, 2016. Disponível em: https://catalogodeteses.capes.gov.br/catalogo-teses. Acesso em: 7 jun. 2024.

e à delimitação da pesquisa: "educação imersiva", "ambiente de aprendizagem imersivo", "ambiente de aprendizagem imersiva", "ambiente virtual de aprendizagem imersivo", "ambiente virtual de aprendizagem imersiva", "ensino imersivo", "aprendizagem imersiva", "realidade virtual", "realidade aumentada", "realidade mista", "realidade mixada", "realidade estendida", "simulação educacional", "simulações educacionais", "mídia imersiva", "metaverso", entre outras. A pesquisa confirmou a singularidade do enfoque proposto, destacando a tese como uma contribuição inédita no panorama acadêmico.

Inicialmente, não foram encontrados resultados para as cinco primeiras expressões da relação anterior: "educação imersiva", "ambiente de aprendizagem imersivo", "ambiente de aprendizagem imersiva", "ambiente virtual de aprendizagem imersivo" e "ambiente virtual de aprendizagem imersiva" na barra de pesquisa. Seguiu-se, então, para a pesquisa dos demais termos. A busca por "ensino imersivo" resultou em 161 trabalhos, entre dissertações de mestrado e teses de doutorado. Não foi possível restringir os resultados para "Ciências Sociais Aplicadas" devido à ausência de trabalhos nessa categoria. Já a pesquisa pelo termo "aprendizagem imersiva" gerou 8 resultados, todos referentes a dissertações de mestrado. Novamente, não foi possível filtrar para "Ciências Sociais Aplicadas", pela mesma razão mencionada.

O termo "realidade virtual" apresentou o maior número de resultados, totalizando 1607, sendo 1046 dissertações de mestrado e 349 teses de doutorado. Ao refinar a pesquisa para "Ciências Sociais Aplicadas", o número de trabalhos foi reduzido para 188, consistindo em dissertações e teses vinculadas a Programas de Pós-Graduação (PPGs) em Comunicação. Dentro desse grupo, apenas um trabalho estava relacionado à área jurídica: a dissertação de mestrado intitulada "Zoológico de realidade virtual e santuários de animais: alternativas não violadoras da dignidade animal", publicada em 10 de maio de 2021, escrita por Raphael Leal Roldao Lima e vinculada ao PPG em Direito da Universidade Federal da Bahia (UFBA).

A referida dissertação teve como objetivo "demonstrar a violação animal perpetrada inerentemente pelos jardins zoológicos atuais, e a consequente prejudicialidade destes à dignidade animal, bem como a possibilidade e imperiosidade de adotar-se as alternativas existentes a esse modelo". Estes foram os problemas de pesquisa explorados: "Os jardins zoológicos realmente violam a dignidade dos animais? Faz-se necessário superar a utilização desses espaços de confinamento e exibição?" A menção à VR surge no terceiro capítulo, onde Raphael apresenta alternativas aos jardins zoológicos tradicionais, com destaque para as experiências de zoológicos de VR em diversas partes do mundo. O escopo do trabalho, como se percebe, é diverso do tema aqui abordado, uma vez que seu foco principal é a dignidade animal e a crítica aos modelos atuais de zoológicos, enquanto a presente tese se concentra no desenvolvimento de AVAIs no contexto da educação jurídica.

Prosseguindo a pesquisa no Catálogo de Teses & Dissertações da CAPES com "realidade aumentada", foram encontrados 615 resultados, todos referentes a dissertações de mestrado. Ao refinar os resultados para "Ciências Sociais Aplicadas", o número foi reduzido para 76, abrangendo diferentes programas de pós-graduação de universidades brasileiras, mas nenhum relacionado ao Direito. A pesquisa por "realidade mista" apresentou 44 resultados. Após o refinamento para "Ciências Sociais Aplicadas", o número foi reduzido para 4, consistindo em uma tese de doutorado e três dissertações de mestrado, nenhuma delas vinculada à área jurídica. A busca por "realidade mixada" resultou em apenas um trabalho, também sem relação com o campo jurídico, enquanto a pesquisa por "realidade misturada" encontrou 8 resultados, todas dissertações de mestrado, mas novamente sem vinculação a PPGs em Direito.

A pesquisa pelo termo "realidade estendida" apresentou 4 resultados, entre teses e dissertações de diferentes PPGs, mas nenhum deles vinculado à área jurídica. A busca por "simulação educacional" e "simulações educacionais" resultou, respectivamente, em 4 e 9 documentos, entre teses de doutorado e dissertações de mestrado, sem associação a PPGs em Direito. A busca pelo termo "mídia imersiva" originou 64 resultados, também entre teses e dissertações, mas novamente sem relação com PPGs em Direito. A pesquisa pela expressão "tecnologia imersiva" apresentou 227 resultados, entre teses e dissertações. Ao refinar os resultados para a opção "Ciências Sociais Aplicadas", o número foi reduzido para 20, abrangendo diferentes PPGs, porém sem nenhuma vinculação com a área jurídica.

A pesquisa pelo termo "metaverso" resultou em 81 documentos. Ao refinar os resultados para "Ciências Sociais Aplicadas", foram encontrados 6 trabalhos vinculados a PPGs em Direito, incluindo dissertações e teses, abordando os seguintes temas: a) análise semântico-pragmática de conceitos na tributação do metaverso; b) o compliance contratual aplicado aos contratos eletrônicos formalizados no metaverso; c) o metaverso e seus "imóveis": análise jurídica das transações envolvendo seus espaços virtuais; d) o patrimônio digital adquirido em metaversos e o direito à propriedade sob a ótica da eficácia horizontal dos direitos fundamentais; e) a produção racional de decisões judiciais como instrumento eficiente da pacificação social; f) trabalho em ambiente metaverso: aplicação dos direitos fundamentais à luz do pós-positivismo jurídico. A leitura dos resumos dos trabalhos permitiu verificar, contudo, que nenhum estava vinculado à educação jurídica ou possuía conexão com o enfoque desta tese.

As pesquisas no Catálogo de Teses & Dissertações da CAPES incluíram também variações ou termos alternativos, como "aprendizagem virtual imersiva", "aprendizagem digital imersiva", "educação virtual imersiva", "tecnologia educacional imersiva", "tecnologia digital imersiva", "experiência de aprendizagem imersiva" e "ambiente educacional imersivo". Contudo, nenhuma das buscas resultou em correspondências específicas. A tabela a seguir sintetiza os termos pesquisados, apresentando os resultados iniciais e o número de teses e dissertações vinculados a PPGs em Direito que foram encontrados, durante o mês de junho de 2024:

Tabela 1 – Pesquisa no Catálogo de Teses & Dissertações da CAPES

Termo pesquisado no Catálogo de Teses & Dissertações da CAPES	Número de resultados iniciais	Número de trabalhos vinculado a PPGs em Direito
"educação imersiva"	0	0
"ambiente de aprendizagem imersivo"	0	0
"ambiente de aprendizagem imersiva"	0	0
"ambiente virtual de aprendizagem imersivo"	0	0
"ambiente virtual de aprendizagem imersiva"	0	0
"ensino imersivo"	161	0
"aprendizagem imersiva"	8	0
"realidade virtual"	1607	1
"realidade aumentada"	615	0
"realidade mista"	44	0
"realidade mixada"	1	0
"realidade misturada"	8	0
"realidade estendida"	4	0
"simulação educacional"	4	0
"simulações educacionais"	9	0
"mídia imersiva"	64	0
"tecnologia imersiva"	227	0
"metaverso"	81	6
"aprendizagem virtual imersiva"	0	0
"aprendizagem digital imersiva"	0	0
"educação virtual imersiva"	0	0
"tecnologia educacional imersiva"	0	0
"tecnologia digital imersiva"	0	0
"experiência de aprendizagem imersiva""	0	0
"ambiente educacional imersivo"	0	0

Fonte: Catálogo de Teses & Dissertações – CAPES (junho de 2024)

Com o escopo de investigar se foram realizadas abordagens semelhantes à proposta desta tese na literatura acadêmica internacional, conduziu-se uma pesquisa utilizando palavras-chave no *ProQuest Dissertations & Theses Global*, um dos maiores repositórios de teses e dissertações do mundo, com mais de 5 milhões de trabalhos indexados.[4] Em comparação com o Catálogo de Teses & Dissertações da CAPES, que possui um sistema de filtragem abrangente, incluindo critérios como tipo, ano, autor, orientador, banca, grande área do conhecimento, área do conhecimento, área de avaliação, área de concentração, nome do programa, instituição e biblioteca, o *ProQuest* não dispõe de filtros tão refinados na pesquisa aberta. Assim, a análise teve de ser realizada manualmente, examinando-se o título, a vinculação com a área/disciplina e brevemente o conteúdo de cada trabalho.

A pesquisa sobre o conceito de "immersive education" resultou em 16 trabalhos acadêmicos, incluindo teses e dissertações. Apenas um desses trabalhos abordou o campo jurídico: a tese de doutorado intitulada "Rights by Design: Mainstreaming Human Rights Information, Education and Culture", de Louise Loder. O estudo examina a importância de promover e proteger os direitos humanos de maneira deliberada e consciente em todas as áreas da vida cotidiana, com ênfase na educação, no ambiente digital e no mercado de trabalho. O trabalho destaca a necessidade de capacitar os indivíduos com informações e conhecimentos para defender os direitos humanos em um contexto global. As referências ao termo "immersive education" ocorrem no contexto de explorar o potencial da tecnologia educacional imersiva para promover a cultura dos direitos humanos, embora esse não seja o foco principal do estudo.

A busca por "immersive learning environment" resultou em 21 trabalhos, enquanto "immersive virtual learning environment" gerou 3 resultados, ambos sem qualquer conexão com o campo jurídico. A expressão "immersive teaching" produziu 4 trabalhos, novamente sem associação com o Direito. A pesquisa por "immersive learning" rendeu 130 resultados em várias disciplinas, como Educação, Psicologia e Sociologia, mas nenhum relacionado ao Direito. Já as buscas por "educational simulation" e "educational simulations" resultaram em 25 e 18 trabalhos, respectivamente, sem nenhum vínculo com o campo jurídico.

A busca pelo termo "extended reality" resultou em 32 documentos, nenhum dos quais relacionados à área jurídica. Já a pesquisa sobre "mixed reality" resultou em 220 ocorrências, sendo apenas um relacionado ao Direito: a tese de doutorado "Exploring the link between non-profit law and the internal governance of non-

---

4. PROQUEST. Ann Arbor: ProQuest, 2024. Disponível em: https://www.proquest.com. Acesso em: 10 jun. 2024.

-profit membership organisations: legal forms and maintaining indirect benefits in the UK and the Netherlands", de Milka Ivanovska Hadjievska. O trabalho investiga o impacto legislativo na governança interna das organizações sem fins lucrativos em democracias desenvolvidas. A única menção a "mixed reality" no estudo é utilizada de modo figurativo para descrever um grupo diversificado de pessoas.

A pesquisa utilizando os termos "realidade virtual" e "realidade aumentada" resultou em 2.026 e 786 resultados, respectivamente. Considerando que a *ProQuest* não oferece filtros refinados para pesquisa aberta, foi necessário redefinir a busca para abranger apenas os resultados dos últimos 12 meses. Com isso, o número de resultados caiu para 53 e 28, respectivamente. O refinamento resultou em apenas um trabalho relacionado à área jurídica: a tese de doutorado "Cyber sexual abuse victimization: a mixed methods approach through existential phenomenology", de Sarah Bahrenburg. Contudo, o trabalho aborda crimes cometidos através da internet e realça o crescente número de abusos sexuais cibernéticos, sem qualquer vinculação com o escopo da presente tese.

A busca por "immersive media" originou 45 resultados, cobrindo uma variedade de áreas como Educação, Engenharia e Matemática, sem conexão com o campo jurídico. Já a pesquisa por "immersive technology" gerou 37 trabalhos acadêmicos de diversas áreas, com um foco particular em Educação. Embora alguns desses trabalhos discutam a aplicação de tecnologias imersivas na educação, nenhum apresentou relação com a área jurídica. Por sua vez, a pesquisa do termo "metaverse" trouxe 94 resultados, incluindo alguns trabalhos que não estão diretamente relacionados à área jurídica, mas abordavam aspectos legais em situações envolvendo o próprio metaverso, *blockchain*, privacidade e proteção de dados, bem como *compliance* e conformidade. Porém, nenhum desses trabalhos acadêmicos se concentrou no enfoque que ora se busca analisar.

A consulta pelo termo "immersive virtual learning" originou 8 trabalhos acadêmicos, de diferentes áreas (Educação, Engenharia, Ecologia e Matemática), sem que algum deles tratasse de questões jurídicas. A pesquisa por "immersive digital learning" não apresentou resultados. A busca por "immersive virtual education" resultou em uma dissertação de mestrado em Educação. A procura por "immersive digital technology" gerou 2 documentos, sendo trabalhos relativos às áreas de Engenharia e Enfermagem, sem resultados na área jurídica. A consulta por "immersive learning experience" produziu 21 documentos, entre teses de doutorado e dissertações de mestrado de diferentes cursos, como Matemática, Educação, Música e História. Já a pesquisa por "immersive educational environment" resultou em uma tese de doutorado em Engenharia. Em suma, os resultados da pesquisa no *ProQuest* realçam novamente o ineditismo e originalidade da presente tese.

Tabela 2 – Pesquisa no catálogo internacional ProQuest

Termo pesquisado no catálogo internacional ProQuest	Número de resultados iniciais	Número de trabalhos vinculado à área jurídica
"immersive education"	16	1
"immersive learning environment"	21	0
"immersive virtual learning environment"	3	0
"immersive teaching"	4	0
"immersive learning"	130	0
"educational simulation"	25	0
"educational simulations"	18	0
"immersive media"	45	0
"immersive technology"	37	0
"virtual reality"	2.026	1
"augmented reality"	786	0
"extended reality"	32	0
"mixed reality"	220	1
"metaverse"	94	0
"immersive virtual learning"	8	0
"immersive digital learning"	0	0
"immersive virtual education"	1	0
"immersive educational technology"	2	0
"immersive learning experience"	23	0
"immersive educational environment"	1	0

Fonte: ProQuest (junho de 2024)

Esta pesquisa almeja preencher lacunas existentes na literatura acadêmica sobre o uso de tecnologias imersivas e o desenvolvimento de AVAIs no contexto da educação jurídica. Inicialmente, há uma escassez de estudos que exploram a aplicação de tecnologias imersivas na educação jurídica. A maioria das pesquisas disponíveis concentra-se no uso de VR e AR em outros campos, não havendo abordagens expressivas sobre o desenvolvimento de AVAIs para auxiliar o processo de ensino-aprendizagem dos estudantes de Direito. Ademais, há uma carência de *frameworks* práticos e detalhados que orientem os educadores a construir ambientes de aprendizagem imersivos e envolventes. Geralmente, os modelos descrevem "o que" fazer, mas não "como fazer", sem oferecer recursos ou diretrizes bem estruturadas. Essa falta de suporte prático impede, por via de consequência, a implementação eficaz de tecnologias imersivas na educação jurídica.

A principal contribuição esperada da tese é a formulação de um *framework* prático e replicável para a implementação e avaliação de AVAIs no contexto da educação jurídica. (A ideia de "replicável" é no sentido de que o modelo possa ser reproduzido e utilizado por diferentes educadores para alcançar resultados semelhantes, independentemente do ambiente ou das condições específicas, servindo assim a uma variedade de configurações educacionais.) O *framework* facilitará a adoção de tecnologias imersivas nas salas de aula dos cursos de Direito, oferecendo diretrizes claras para que os educadores possam desenvolver ambientes virtuais eficazes e avaliar seu impacto no processo de ensino-aprendizagem.

O capítulo intitulado "Despertando para múltiplas dimensões na educação" inicia com uma análise do conceito *OnLife*, introduzido por Luciano Floridi,[5] que descreve uma realidade hiperconectada onde a distinção entre estar *online* ou *offline* perde o sentido. A relevância e atualidade do conceito, somadas aos desafios enfrentados pelos sistemas educacionais, inspiraram a concepção da "educação *OnLife*", abordagem que vai além do simples uso de tecnologias digitais, propondo uma transformação na forma de ensinar e aprender, adaptando-se às complexidades e incertezas do mundo hiperconectado. O capítulo também explora a evolução dos sistemas educacionais desde suas origens, direcionados às exigências da Revolução Industrial, período em que a educação estava voltada para a preparação de trabalhadores para uma economia centrada na manufatura e na engenharia. À época, as escolas se assemelhavam a fábricas, com ambientes fechados, horários fixos e conteúdos padronizados, limitando a criatividade e autonomia dos alunos.

Em seguida, são examinados os desafios impostos à educação convencional, centrada na transmissão de conhecimento pelo professor, por meio de novas metodologias e práticas pedagógicas que enfatizam a aprendizagem ativa e criativa. Diversas metodologias são analisadas no capítulo, com ênfase nas abordagens imersivas, que utilizam tecnologias avançadas para criar experiências de aprendizagem envolventes. Também são apresentadas iniciativas relevantes no âmbito da educação imersiva, sobretudo aquelas desenvolvidas pelo Grupo Internacional de Pesquisa em Educação Digital (GPe-dU) da UNISINOS, que integram tecnologias digitais para aprimorar a interação e a aprendizagem.

O capítulo intitulado "Tecnologias imersivas na educação" explora a definição e aplicação do conceito de imersão em diferentes contextos, abordando também as múltiplas interpretações do termo e sua relação com noções como "presença", "envolvimento" e "engajamento". Apresenta-se uma taxonomia de-

---

5. FLORIDI, Luciano (Ed.). *The onlife manifesto*: being human in a hyperconnected era. New York: Springer Open, 2014.

senvolvida por Nilsson, Nordahl e Serafin,[6] que categoriza a imersão em quatro dimensões, quais sejam: propriedade do sistema, resposta perceptual, resposta a narrativas e resposta a desafios. Cada dimensão é discutida de forma detalhada, destacando-se as contribuições de autores relevantes no campo, como Slater, Witmer e Singer, Ermi e Mäyrä, Sheridan, e Brown e Cairns.

Ainda no capítulo, examina-se o impacto das tecnologias imersivas na educação, destacando a evolução das capacidades e a redução dos custos da realidade estendida (XR), termo abrangente que inclui diversas tecnologias, como Realidade Virtual (VR), Realidade Mista (MR), Realidade Aumentada (AR), Interfaces Tangíveis de Usuário (TUI) e Ambientes Virtuais Multiusuário (MUVE). Em seguida, são abordadas as barreiras para a adoção dessas tecnologias na educação, conforme identificado no "State of XR & Immersive Learning Outlook Report 2021",[7] destacando-se seis elementos cruciais: acesso, custo, treinamento, interoperabilidade, conteúdo e infraestrutura. O capítulo oferece ainda uma perspectiva sobre a convergência entre inteligência artificial (IA) e tecnologias imersivas, explorando como essa combinação pode revolucionar o processo de ensino-aprendizagem.

O capítulo intitulado "Educação jurídica imersiva: uma proposta de *framework*" explora inicialmente o momento atual dos *frameworks* de educação imersiva, detalhando como esses modelos teóricos e práticos auxiliam na comunicação, comparação e validação de resultados, além de apoiar o desenvolvimento de novos métodos e recursos. O capítulo cita ainda o estudo conduzido por Fernandes, Rodrigues, Teixeira e Werner,[8] que analisou diferentes *frameworks* de educação imersiva, identificando lacunas significativas e destacando a necessidade de um *framework* prático capaz de orientar educadores no desenvolvimento de ambientes imersivos que efetivamente aprimorem a aprendizagem dos estudantes.

Ainda, o capítulo propõe um *framework* prático para a criação de AVAIs focados na educação jurídica. O *framework*, motivado pela lacuna identificada na literatura acadêmica e pela experiência do autor no desenvolvimento da pri-

---

6. NILSSON, Christian Nilsson; NORDAHL, Rolf; SERAFIN, Stefania. Immersion revisited: a review of existing definitions of immersion and their relation to different theories of presence. *Human Technology*, Jyväskylä, v. 12, n. 2, p. 108-134, nov. 2016. Disponível em: https://ht.csr-pub.eu/index.php/ht/article/view/176. Acesso em: 16 jun. 2024.

7. LEE, Mark J. W.; GEORGIEVA, Maya; CRAIG, Emory. *State of XR & Immersive Learning Outlook Report 2021*. Walnut: Immersive Learning Research Network, 2021. Disponível em: https://immersivelearning.research.net. Acesso em: 16 jun. 2024.

8. FERNANDES, Filipe Arantes; RODRIGUES, Claudia Susie Camargo; TEIXEIRA, Eldânae Nogueira; WERNER, Cláudia. *Immersive learning frameworks: a systematic literature review. IEEE Transactions on Learning Technologies*, v. 16, n. 1, p. 1-17, jan. 2023. Disponível em: https://ieeexplore.ieee.org/document/10036969. Acesso em: 16 jun. 2024.

meira vara judicial no metaverso, conforme descrito no início do capítulo, oferece diretrizes aos educadores para desenvolver os ambientes de aprendizagem, indo além da simples descrição do que deve ser feito. Estruturado em cinco fases, o *framework* começa com a definição dos objetivos de aprendizagem, fundamentais para orientar todo o planejamento subsequente. A seleção da tecnologia é a segunda etapa, onde a escolha do *hardware* e *software* adequados assegura que os sistemas complementem os objetivos educacionais. A terceira fase trata da elaboração do conteúdo educacional, que deve ser alinhado com os objetivos de aprendizagem e otimizado para a tecnologia selecionada. A quarta fase envolve a criação do AVAI, onde o *design* do espaço e a incorporação de recursos interativos são fundamentais. A quinta etapa é dedicada à avaliação e *feedback* do ambiente virtual, utilizando métodos para medir o alcance dos objetivos de aprendizagem e para aprimorar continuamente o AVAI.

Esta tese de doutorado amolda-se à linha de pesquisa "Sociedade, novos direitos e transnacionalização"[9], ao "investigar as mudanças ocorridas no Direito, incrementadas pelas transformações nas estruturas institucionais contemporâneas", em especial as instituições de ensino. A investigação tem como foco específico a integração de novas tecnologias na educação jurídica, por meio do desenvolvimento de AVAIs, refletindo as transformações nas estruturas institucionais decorrentes da globalização e do avanço tecnológico. Ao explorar a integração de tecnologias imersivas na educação jurídica, a tese aborda as implicações e transformações que essas tecnologias oferecem para a formação de juristas. Ademais, ao incorporar aportes teóricos contemporâneos, a pesquisa promove uma reflexão crítica sobre como as novas tecnologias podem ser utilizadas para preparar os estudantes de Direito a lidar com as novas demandas e direitos emergentes, essenciais para uma formação jurídica atualizada e relevante no contexto atual.

A investigação também se adequa ao projeto de pesquisa do orientador, Prof. Dr. Wilson Engelmann, sobretudo quanto ao projeto que sustenta a sua bolsa de produtividade em pesquisa do CNPq, intitulado "Experimentos no Direito: desafios e possibilidades para a regulação baseada em princípios da inteligência artificial e sua testagem em Living Lab Regulatório", ao investigar a implementação e avaliação de AVAIs dentro do contexto da educação jurídica *OnLife*. À semelhança do projeto de pesquisa citado, a seção intitulada "Inteligência artificial e tecnologias imersivas" reconhece a rápida evolução da inteligência artificial (IA) e os desafios que o campo jurídico enfrenta para acompanhar o ritmo. A pesquisa explora a intersecção entre a IA generativa e as tecnologias imersivas, destacando

---

9. UNISINOS. São Leopoldo: Unisinos, [data da publicação não informada]. Disponível em: https://www.unisinos.br/pos/doutorado-academico/direito/presencial/sao-leopoldo. Acesso em: 10 jun. 2024.

seu potencial para transformar o ambiente educacional. A convergência poderá ser investigada em fases subsequentes, por meio de possíveis projetos piloto a serem conduzidos no *Living Lab* do Parque Tecnológico São Leopoldo (UNITEC) da UNISINOS.

A metodologia utilizada nesta tese fundamenta-se em três pilares principais: a revisão da literatura, a observação participante e a criação de um *framework*. A revisão da literatura oferece um embasamento teórico robusto, explorando estudos e modelos anteriores que contextualizam e legitimam o uso de metodologias inovadoras no contexto da educação jurídica. A observação participante permite uma compreensão aprofundada e direta das dinâmicas e interações em ambientes virtuais, proporcionando *insights* valiosos sobre a aplicação prática das tecnologias imersivas. A metodologia, descrita no capítulo "Educação jurídica imersiva: uma proposta de framework" e ilustrada pela experiência do autor no desenvolvimento da primeira vara judicial no metaverso, foi crucial para a formulação do *framework*. O *framework*, por sua vez, é o produto do cruzamento dos métodos anteriores. Propõe-se um modelo estruturado e replicável para a implementação e avaliação de AVAIs, oferecendo diretrizes práticas para educadores integrarem essas tecnologias de forma eficaz e acessível, baseando-se nas observações e no conhecimento teórico acumulado ao longo da pesquisa.

Ao longo do trabalho, figuras e tabelas são empregadas com o objetivo de aprimorar a comunicação e a exposição dos conceitos. Anteriormente recebidos com resistência pelos profissionais da área jurídica, os recursos visuais passaram a ser valorizados nos últimos anos. Essa mudança de perspectiva deve-se, em grande parte, à disseminação dos conceitos de *Legal Design* e *Visual Law* no Brasil,[10] que introduziram novas técnicas de comunicação no campo jurídico. O movimento se espalhou pelo ecossistema de Justiça,[11] incentivando um número crescente de profissionais a repensar a linguagem jurídica para que todos compreendam os conceitos técnicos e a dinâmica dos atos processuais. Pesquisas conduzidas nas últimas décadas demonstram que os seres humanos possuem uma capacidade notável de reter informações visuais[12] e que apresentações que

---

10. BRANDINO, Géssica. Juízes criticam textos de advogados e indicam espaço para ampliar recursos visuais em processos. *Folha de S. Paulo*. São Paulo, abril 2021. Disponível em: https://www1.folha.uol.com.br/cotidiano/2021/04/juizes-criticam-textos-de-advogados-e-indicam-espaco-para-ampliar-recursos-visuais-em-processos.shtml. Acesso em: 17 jun. 2024.

11. O termo "ecossistema de Justiça" contempla os órgãos da Justiça (Justiça Estadual, Justiça Federal, Justiça do Trabalho, Justiça Eleitoral, Justiça Militar, Tribunais Superiores, Tribunais Regionais Federais), os Ministérios Públicos, as Defensorias Públicas e as Procuradorias.

12. STANDING, Lionel; CONEZIO, Jerry; HABER, Ralph Norman. Perception and memory for pictures: Single-trial learning of 2500 visual stimuli. *Psychonomic Science*, Chicago, v. 19, n. 2, p. 73-74, ago. 1970.

utilizam recursos visuais são até 43% mais persuasivas.[13] Esses estudos indicam que o uso de recursos visuais no ambiente jurídico, incluindo trabalhos acadêmicos, pode melhorar a comunicação e a exposição dos conceitos, tornando-os mais acessíveis e compreensíveis.

Por fim, a tese de doutorado integra diferentes campos do saber, como Direito, Educação, Ciência da Computação, Psicologia, Sociologia e Neurociência, promovendo uma compreensão interconectada dessas disciplinas, em sintonia com os desafios de um mundo hiperconectado e as necessidades da educação *OnLife*. Ao tratar dos desafios na adoção de tecnologias imersivas e oferecer soluções práticas para a educação jurídica, a pesquisa enriquece o conhecimento acadêmico e fornece recursos valiosos para educadores e instituições de ensino. Espera-se que o *framework* sirva como um modelo para futuras pesquisas e práticas educacionais, promovendo assim uma educação mais dinâmica, envolvente e eficaz, que prepare os estudantes de Direito para as complexidades e exigências do mundo contemporâneo.

---

13. VOGEL, Douglas R.; DICKSON, Gary W.; LEHMAN, John A. *Persuasion and the role of visual presentation support. University of Minnesota*, Minneapolis, Working Paper Series, WP-86-11, p. 1-26, jun. 1986.

2
DESPERTANDO PARA MÚLTIPLAS DIMENSÕES NA EDUCAÇÃO

Em 1884, o professor inglês Edwin A. Abbott escreveu um romance satírico que se passa em um mundo fictício bidimensional denominado *Flatland*,[1] em que todos os seres possuem largura e comprimento, mas não altura. Devido à incapacidade de perceber a terceira dimensão, todos os residentes da cidade, independentemente de sua forma (quadrados, triângulos, pentágonos, hexágonos etc.), enxergam a si mesmos como linhas retas. Em *Flatland*, os habitantes estão familiarizados com as direções "esquerda-direita" e "frente-atrás", sem compreender a concepção de "acima-abaixo". Contudo, essa limitação, compartilhada pelos habitantes, muda, ao menos para o protagonista, o Quadrado, quando ele recebe uma visita inesperada de um ser da terceira dimensão.

Certo dia, uma criatura tridimensional, a Esfera, aparece sobre a cidade, flutuando acima dela. Ao observar um quadrado particularmente acolhedor, a Esfera decide, em um gesto de amizade, cumprimentá-lo, perguntando como ele está e se apresentando como um visitante da terceira dimensão. O Quadrado, confuso, olha ao redor de sua residência plana e não vê ninguém à vista, acreditando que a saudação, vinda de cima, está saindo de seu corpo plano, à semelhança de uma voz interna. Frustrada por não ter sido reconhecida, a Esfera desce para *Flatland*, mas, para sua surpresa, não consegue ser percebida: tudo o que o Quadrado vê é uma seção transversal; apenas os pontos de contato com a superfície plana podem ser percebidos pelo ser bidimensional. Diz a Esfera:

> Veja que o senhor nem sequer sabe o que é o Espaço. O senhor imagina que ele tem apenas duas dimensões; porém eu vim anunciar a você uma Terceira – altura, largura e extensão. [...] O senhor não pode na verdade ver mais do que uma de minhas seções, ou círculos, por vez; pois o senhor não tem a capacidade de elevar seu olhar para fora do plano de Flatland; mas o senhor pode pelo menos ver que, à medida que me ergo no espaço, minha seção se torna menor. Veja agora, vou me erguer; e o efeito para seu olhar será que meu Círculo se tornará cada vez menor, até se reduzir a um ponto e finalmente desaparecer. (Tradução livre)[2]

---

1. ABBOTT, Edwin A. *Flatland*: a romance of many dimensions. 2. ed. High Falls: Warbler Press, 2019.
2. ABBOTT, Edwin A. *Flatland*: a romance of many dimensions. 2. ed. High Falls: Warbler Press, 2019.

À medida que dialoga com o Quadrado, a Esfera percebe que, enquanto permanecer em *Flatland*, seu anfitrião bidimensional nunca conseguirá entender a terceira dimensão. A Esfera, então, toma a decisão de elevar o Quadrado para afastá-lo da superfície plana de *Flatland*. Ao sair da cidade, o Quadrado fica completamente perplexo, sem compreender o que está ocorrendo, já que está muito além de sua experiência. Contudo, com o tempo, começa a perceber que está observando *Flatland* de uma perspectiva única, qual seja, de cima, contemplando o seu universo de modo extraordinário. A viagem através de outra dimensão oferece uma espécie de "visão de raio-X", e o Quadrado percebe que sua compreensão do mundo estava limitada a apenas duas dimensões.[3]

Figura 1 – Visão bidimensional e visão tridimensional

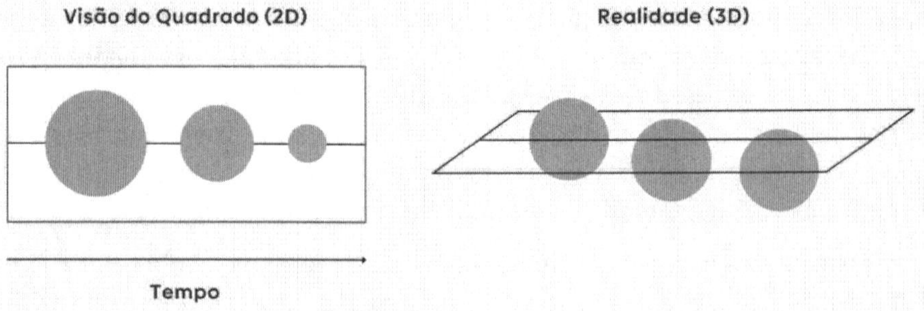

A representação da esquerda ilustra como um objeto 3D (no caso, a Esfera) seria percebido por um habitante do mundo bidimensional de *Flatland*. À medida que a Esfera atravessa o plano 2D, um habitante de *Flatland* (no caso, o Quadrado) veria apenas seções transversais, que apareceriam como círculos que crescem e diminuem em tamanho. Já a representação da direita apresenta a Esfera atravessando um plano 3D, como o mundo realmente é. A essência da ilustração é demonstrar como um objeto 3D pode parecer muito diferente quando observado de uma perspectiva 2D, e como sua passagem por um mundo plano como o de *Flatland* pode parecer estranha e misteriosa para seus habitantes que não podem perceber diretamente a terceira dimensão. Fonte: elaborado pelo autor.

A história de *Flatland* serve como uma metáfora pertinente para se repensar a educação contemporânea em uma perspectiva dimensionalmente expandida. Assim como o Quadrado estava limitado a compreender apenas duas dimensões até ser apresentado à terceira dimensão pela Esfera, muitos sistemas educacionais permanecem bidimensionais e limitados em sua abordagem. Os estudantes são frequentemente ensinados de maneira linear, com foco em informações e conceitos isolados, sem a oportunidade de explorar novos olhares para expandir sua compreensão do mundo. Assim, a educação moderna deve levar os alunos *além da superfície plana do aprendizado*, oferecendo a oportunidade de experimentar o conhecimento de forma mais abrangente e multifacetada.

---

3. ABBOTT, Edwin A. *Flatland*: a romance of many dimensions. 2. ed. High Falls: Warbler Press, 2019.

Da mesma forma que a Esfera teve de realizar um esforço considerável para ajudar o Quadrado a superar suas limitações, os educadores devem adotar estratégias pedagógicas inovadoras e abordagens que ampliem os horizontes dos alunos, capacitando-os a pensar criticamente, solucionar problemas e aplicar seus conhecimentos em situações do mundo real. Logo, a educação deve ser moldada de maneira mais intuitiva e adaptada à realidade em que se vive, o que implica adotar abordagens pedagógicas que permitam aos alunos explorar o conhecimento de modo holístico. À semelhança do Quadrado, que expandiu sua compreensão ao ser introduzido à terceira dimensão – mudando, literalmente, sua visão de mundo –, os alunos da atualidade devem explorar além de *Flatland*,[4] desenvolvendo as habilidades e competências necessárias para prosperar em um mundo acelerado, no qual as barreiras entre o real e o virtual não mais existem: um mundo *OnLife*.

2.1 EM BUSCA DE UMA EDUCAÇÃO *ONLIFE*

O filósofo italiano Luciano Floridi introduziu a expressão *OnLife* como uma fusão das palavras "online" e "life" (vida), para se referir "à nova experiência de uma realidade hiperconectada na qual não faz mais sentido perguntar se alguém está online ou offline".[5] Esse novo cenário está sendo impactado por Tecnologias da Informação e Comunicação (TICs), que, mais do que ferramentas, são descritas por Floridi como verdadeiras forças ambientais capazes de alterar nossa identidade, nossa percepção da realidade e nossas interações com outras pessoas e com o mundo ao nosso redor. As TICs tornam a linha divisória entre realidade e virtualidade cada vez mais tênue, confundindo a distinção entre o que é humano, máquina e natureza. Ademais, transformam a natureza da informação, mudando-a de escassa para abundante, e deslocam o enfoque das propriedades individuais e binárias para as interações, processos e redes.[6]

Na introdução do *The Onlife Manifesto*, Floridi destaca que a compreensão da realidade pelos seres humanos é influenciada por conceitos, que servem como meios para interagir e atribuir significado ao mundo. Uma vez que se apreende a realidade por meio de concepções e se rejeita aquilo que não se consegue compreender, quando acontecem mudanças rápidas e significativas, como as provocadas pelas TICs, há uma desorientação conceitual. A *Onlife Initiative*,

---

4. ABBOTT, Edwin A. *Flatland*: a romance of many dimensions. 2. ed. High Falls: Warbler Press, 2019.
5. FLORIDI, Luciano (Ed.). *The onlife manifesto*: being human in a hyperconnected era. New York: Springer Open, 2014.
6. PASSARELI, Brasilina. Mediação da informação no hibridismo contemporâneo: um breve estado da arte. *Ciência da Informação*, Brasília, v. 43, n. 2, 2016, p. 231-240.

sob a liderança de Floridi e um grupo de acadêmicos, busca ampliar o conjunto de conceitos disponíveis para repensar a filosofia subjacente às políticas em um mundo hiperconectado e compreender os desafios das TICs:

> Para reconhecer essa inadequação e explorar conceitualizações alternativas, um grupo de 15 acadêmicos em antropologia, ciência cognitiva, ciência da computação, engenharia, direito, neurociência, filosofia, ciência política, psicologia e sociologia iniciou a Onlife Initiative, um exercício de pensamento coletivo para explorar as consequências politicamente relevantes dessas mudanças. Este exercício de reengenharia de conceitos busca inspirar a reflexão sobre o que nos acontece e reimaginarmos o futuro com mais confiança. (Tradução livre)[7]

A humanidade está cada vez mais imersa em um ambiente multifacetado e forjado em torno de redes interconectadas, que se tornaram fundamentais para o progresso humano. As TICs desempenham um constante impacto na condição humana, provocando transformações sociais e modificando a maneira como interagimos com as redes.[8] Como referem Schlemmer, Di Felipe e Serra,[9] os seres humanos estão inseridos em um hibridismo que engloba espaços, tecnologias e culturas, resultando em um estado de viver conectado, ou seja, um estado *OnLife*. Impulsionada pelas tecnologias e por novas mentalidades sociais, essa era de transformações não admite abordagens desconectadas da realidade.

Conforme Floridi, a nossa existência é permeada por um fluxo constante entre deslocamentos físicos em ambientes urbanos e interações em aplicativos e plataformas sociais, resultando em uma sociedade hiperconectada. No documento *The Onlife Manifesto: Being Human in a Hyperconnected Era*,[10] o filósofo italiano nos desafia a reconsiderar nossa condição humana frente a essa sociedade complexa, que mescla o mundo físico e o digital, e nos incentiva a refletir sobre nossa relação com "as tecnologias digitais, inclusive em rede, e mesmo a que acontece, de modo conectivo e reticular, entre diferentes materialidades conectadas (não humanas), que têm se constituído sem a interferência humana".[11]

---

7. FLORIDI, Luciano (Ed.). *The onlife manifesto*: being human in a hyperconnected era. New York: Springer Open, 2014.
8. ENGELMANN, Wilson. Como lidar com o impacto da economia digital no mundo do trabalho? Fundação Dom Cabral (Org.). *Digital*: o desafio da confiança e da segurança na economia digital. Nova Lima: Fundação Dom Cabral, 2021. p. 154-162.
9. SCHLEMMER, Eliane; DI FELIPE, Massimo; SERRA, Ilka Márcia Ribeiro de Souza. Educação *onlife*: a dimensão ecológica das arquiteturas digitais de aprendizagem. *Educar em Revista*, Curitiba, v. 36, p. 1-21, 2020.
10. FLORIDI, Luciano (Ed.). *The onlife manifesto*: being human in a hyperconnected era. New York: Springer Open, 2014.
11. OLIVEIRA, Lisiane Cézar; SCHLEMMER, Eliane. A cidade como espaço de aprendizagem e a educação *OnLIFE*. In: LUCENA, Simone; NASCIMENTO, Marilene Batista da Cruz; SORTE, Paulo Boa (Ed.). *Pesquisas em educação e redes colaborativas*. Ilhéus: EDITUS, 2023. p. 19-38.

As relações interpessoais estão em constante transformação diante da crescente dificuldade em distinguir o real do virtual e dissolver as fronteiras entre humano, máquina e natureza. Nesse contexto, o conceito *OnLife* passa a adquirir cada vez mais espaço em diferentes discussões e âmbitos, sendo incorporado por empresas como Amazon, Magazine Luiza, entre outras, que buscam eliminar a distinção entre real e virtual. Como resultado, os consumidores não fazem distinção em relação ao ambiente (se real ou virtual) em que estão adquirindo os produtos, contanto que satisfaçam seus desejos e necessidades.[12]

Nesse cenário de profundas mudanças, a educação como um todo está enfrentando diversos desafios e incertezas em relação ao seu futuro.[13] No que se refere especificamente à educação jurídica, que já lidava com dificuldades há tempos, o cenário se tornou ainda mais complexo diante da instabilidade do mundo atual. A realidade hiperconectada em que as pessoas estão imersas – resultante da fusão entre o mundo físico, biológico e digital –, aliada às experiências educacionais vivenciadas durante a pandemia e no período que se segue após ela, tem provado questionamentos significativos. Essas reflexões nos motivam a repensar a educação e remodelá-la com um foco voltado ao ambiente *OnLife*, incorporando as transformações e desafios originados pela nova realidade.[14]

O momento atual é marcado pela convergência de tecnologias inovadoras e pelo estreitamento de limites entre os mundos físico, biológico e digital. Está-se à beira de uma série de transformações com potencial de promover impactos abrangentes em diferentes áreas, economias e indústrias, ao mesmo tempo em que desafiam a nossa compreensão do que significa ser humano. O período, conhecido como a "Quarta Revolução Industrial", foi amplamente popularizado pelo economista Klaus Schwab, fundador do Fórum Econômico Mundial. Explorado nos livros "A Quarta Revolução Industrial"[15] e "Aplicando a Quarta Revolução Industrial",[16] esse conceito estendeu-se para além do escopo original de Schwab, sendo adotado por diversas empresas, organizações e instituições globais.

---

12. SANTOS, Katia Ethiénne Esteves dos; TORRES, Patricia Lupion. Educação digital: híbrida e *onlife*. *Revista UFG*, Goiânia, v. 21, n. 27, p. 1-20, out./dez. 2021.
13. MAROCCO, Andréa de Almeida Leite. As metodologias ativas e as novas diretrizes curriculares dos cursos de direito. In: RODRIGUES, Horácio Wanderlei (Org.). *Educação jurídica no século XXI*: novas diretrizes curriculares nacionais do curso de direito – limites e possibilidades. Florianópolis: Habitus, 2019.
14. SCHLEMMER, Eliane; PALAGI, Ana Maria. RIEOnLIFE: uma rede para potencializar a emergência de uma educação ONLIFE. *EmRede – Revista de Educação a Distância*, Cuiabá, v. 8, n. 2, p. 77-98, 2021. Disponível em: https://www.aunirede.org.br/index.php/emrede/article/view/1532. Acesso em: 16 jun. 2024.
15. SCHWAB, Klaus. *A quarta revolução industrial*. Rio de Janeiro: Edipro, 2015.
16. SCHWAB, Klaus. *Aplicando a quarta revolução industrial*. Rio de Janeiro: Edipro, 2018.

Em um proposital resgate histórico, o economista assinala que a Primeira Revolução Industrial (1760-1840) foi iniciada com o surgimento das ferrovias e a invenção da máquina a vapor, inaugurando a era da produção mecânica. Seguindo essa transformação, a Segunda Revolução Industrial (1870-1914) foi caracterizada pelo uso generalizado da eletricidade e pela introdução da linha de montagem, que juntos viabilizaram a fabricação em larga escala. A Terceira Revolução Industrial (1960-2010) foi marcada pelo avanço dos semicondutores, pelo advento da computação centralizada, pela expansão da computação pessoal e pelo surgimento e popularização da internet. As três revoluções, respectivamente, libertaram a humanidade da força muscular dos animais, viabilizaram a produção em larga escala e democratizaram o acesso a recursos digitais para bilhões de pessoas.

Figura 2 – As revoluções industriais

1.0	2.0	3.0	4.0
Máquinas a vapor e tear mecânico	Produção em massa e eletricidade	Sistemas eletrônicos e automação	Sistemas ciber-físicos e descentralização

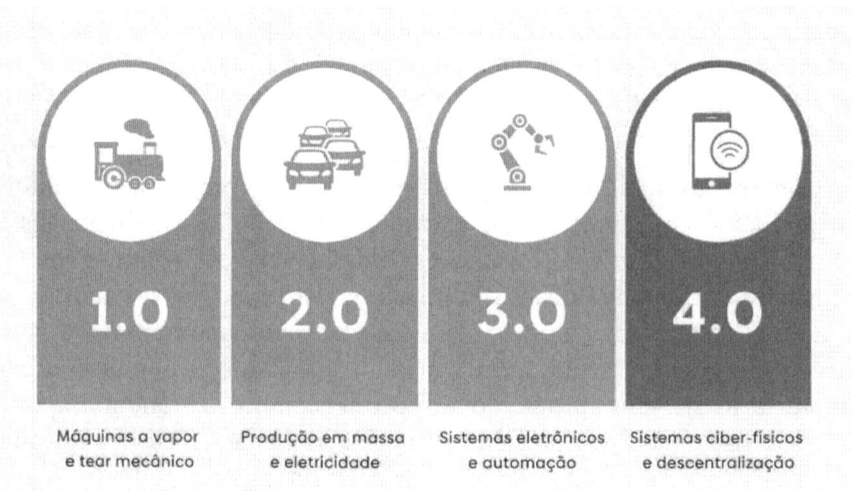

A figura apresenta um resumo das quatro revoluções industriais, cada uma representando uma era de inovação tecnológica na indústria. Fonte: elaborado pelo autor.

Diferentemente das revoluções industriais que a precederam, a Quarta Revolução Industrial é desenvolvida a uma velocidade exponencial, não linear, como consequência de um mundo hiperconectado e multifacetado.[17] A noção de "exponencialidade", mencionada pelo economista em suas obras, é explorada no livro *Abundância*, de Diamandis e Kotler.[18] Os autores exemplificam que, ao

---

17. SCHWAB, Klaus. *A quarta revolução industrial*. Rio de Janeiro: Edipro, 2015.
18. DIAMANDIS, Peter; KOTLER, Steven. *Abundância*: o futuro é melhor do que você imagina. São Paulo: HSM Editora, 2018.

longo dos últimos 150 mil anos, o *Homo Sapiens* evoluiu em um contexto local e linear. *Local*, porque quase todos os eventos importantes estavam confinados a um alcance que podia ser percorrido em um dia de caminhada; e *linear*, porque as mudanças eram lentas, com a vida de uma geração para a seguinte se mantendo praticamente inalterada.

Em contraposição, vive-se hoje em um mundo acelerado, no qual o progresso da tecnologia avança em ritmo exponencial. Em síntese, nunca antes na história foram observadas tantas tecnologias, como inteligência artificial, robótica e nanotecnologia, progredindo em tal velocidade.[19] No entanto, nossos cérebros locais e lineares não foram arquitetados para compreender o ritmo exponencial. Na analogia de Diamandis e Kotler, ao dar 30 passos lineares de um metro cada, uma pessoa avançaria 30 metros a partir de sua casa. Contudo, se os passos fossem exponenciais, com cada passo dobrando a distância do anterior (um metro, dois metros, quatro metros, e assim por diante), a pessoa alcançaria uma distância de um bilhão de metros, equivalente a cerca de 26 voltas ao redor do mundo.[20]

Figura 3 – Crescimento linear e crescimento exponencial

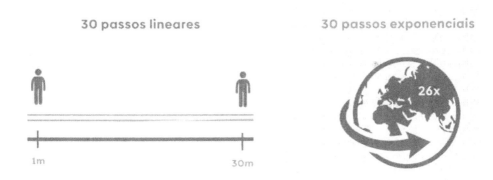

A imagem ilustra a analogia de Diamandis e Kotler e revela o poder do crescimento exponencial, que no início parece lento, mas depois de certo ponto cresce rapidamente, superando o crescimento linear ao longo do mesmo número de etapas ou períodos de tempo. Fonte: elaborado pelo autor.

---

19. ISMAIL, Salim; MALONE, Michael S.; VAN GEEST, Yuri. *Organizações exponenciais*: por que elas são 10 vezes melhores, mais rápidas e mais baratas que a sua (e o que fazer a respeito). São Paulo: Alta Books, 2019.
20. DIAMANDIS, Peter; KOTLER, Steven. *Abundância*: o futuro é melhor do que você imagina. São Paulo: HSM Editora, 2018.

Além de ser caracterizada pela exponencialidade, a Quarta Revolução Industrial é marcada pela combinação de diversas tecnologias avançadas – como inteligência artificial, nanotecnologia, biotecnologia, manufatura aditiva, robótica, Internet das Coisas, veículos autônomos, energias renováveis, ciência dos materiais e computação quântica –, cuja fusão está gerando mudanças sem precedentes na economia, nos negócios, na sociedade e nas interações pessoais. Embora muitas das inovações estejam em estágios iniciais, elas estão rapidamente atingindo um ponto de inflexão em seu desenvolvimento, à medida que se fortalecem e se complementam, integrando os domínios físico, digital e biológico.[21]

No contexto educacional surge a visão de uma educação *OnLife*, que se desenvolve na hiperconectividade e é caracterizada pela mobilidade e ubiquidade, com uma presença significativa de tecnologias digitais e em rede, como dispositivos móveis e aplicativos. A educação *OnLife* implica estar conectado à vida através das questões emergentes da era hiperconectada, promovendo uma abordagem de aprendizagem inovadora focada no desenvolvimento sustentável e na transformação social.[22] Como bem enfatizado por Schlemmer,[23] "educar a atual geração e as futuras, a partir dessa compreensão de educação *OnLife*, além de permitir uma maior atribuição de sentido às instituições educacionais, pode contribuir significativamente para a melhoria da qualidade de vida no planeta".

A educação *OnLife* representa uma evolução e ampliação da educação híbrida e multimodal. O novo paradigma envolve a compreensão dos conceitos de "hibridismo" e "multimodalidade", os quais, embora interligados, não são intercambiáveis. O conceito de hibridismo tem suas origens nas ciências biológicas e relaciona-se ao cruzamento genético entre duas espécies, resultando em descendentes que geralmente são estéreis devido a incompatibilidades genéticas. Explorado inicialmente por Kölreuter no século XVIII, no âmbito da botânica, o conceito foi ressignificado posteriormente nas ciências sociais para englobar as culturas híbridas, que abrangem as intersecções entre diferentes culturas, revelando cruzamentos, fusões, conflitos e contradições, como destacado por Canclini. Nas palavras do antropólogo argentino, o hibridismo (ou hibridação) abrange "processos socioculturais nos quais estruturas ou práticas discretas, que

---

21. SCHWAB, Klaus. *A quarta revolução industrial*. Rio de Janeiro: Edipro, 2015.
22. OLIVEIRA, Lisiane Cézar; SCHLEMMER, Eliane. A cidade como espaço de aprendizagem e a educação OnLIFE. In: LUCENA, Simone; NASCIMENTO, Marilene Batista da Cruz; SORTE, Paulo Boa (Ed.). *Pesquisas em educação e redes colaborativas*. Ilhéus: EDITUS, 2023. p. 19-38.
23. SCHLEMMER, Eliane. *Ecossistemas de inovação na educação na cultura híbrida e multimodal*. Relatório do pós-doutoramento em Educação a Distância e eLearning (EDeL). Lisboa: LE@D, Universidade Aberta, 2020.

existem de forma separada, se combinam para gerar novas estruturas, objetos e práticas".[24]

Em anúncios veiculados nos meios de comunicação de massa, é comum se encontrar uma variedade de produtos, como veículos híbridos, óculos híbridos e máquinas fotográficas híbridas, todos associados a um adjetivo que carrega significados diversos. Essa profusão da hibridização, como observa Latour,[25] reflete a constatação de que a realidade nunca foi pura. Para o antropólogo francês, ao refletir-se sobre nossa própria identidade, está-se continuamente em interação com os objetos, mediados e entrelaçados por tramas que se moldam em redes flexíveis, históricas e empíricas. Cada distinção delineada resulta em sobreposições que propiciam hibridismos: para falar sobre o céu, é preciso contemplar a terra; para entender o global, é preciso olhar para o local, e assim por diante.[26]

O hibridismo está intrinsecamente ligado ao contexto cibercultural atual, onde as pessoas incorporam uma variedade de Tecnologias Digitais da Informação e Comunicação (TDICs) em seus cotidianos. Pode-se falar, assim, em um "hibridismo tecnológico e digital", que se refere à integração de um conjunto de TDICs para facilitar a interação, conexão e compartilhamento de ideias entre os indivíduos.[27] Em diversos contextos, como os sociais, educacionais e profissionais, os seres humanos criam espaços de convivência distintos, em conformidade com o ambiente ao seu redor, como apontam Maturana e Varela.[28]

Em decorrência das transformações nos espaços de convivência por meio das TDICs, Backes e Schlemmer formularam a tecnologia-conceito "Espaço de Convivência Digital Virtual (ECoDI)", que, posteriormente, no âmbito do GPe-dU Unisinos/CNPq, evoluiu para o "Espaço de Convivência Híbrido, Multimodal, Pervasivo e Ubíquo" (ECHIM). O modelo implica uma (re)interpretação do conceito de "espaço de convivência", como proposto por Maturana e Varela, e sua conexão com as noções de hibridismo e multimodalidade:

---

24. CANCLINI, Néstor García. *Culturas híbridas*: estratégias para entrar e sair da modernidade. São Paulo: EDUSP, 2006.
25. LATOUR, Bruno. *Jamais fomos modernos*. Rio de Janeiro: 34, 1994.
26. SCHLEMMER, Eliane; LOPES, Daniel de Queiroz; BACKES, Luciana. Hibridismo tecnológico e as práticas em Informática na Educação. *Informática na Educação*, Porto Alegre, 25 maio 2021. Disponível em: https://ieducacao.ceie-br.org. Acesso em: 16 jun. 2024.
27. BACKES, Luciana. O hibridismo tecnológico digital na configuração do espaço digital virtual de convivência: formação do educador. *Inter-ação* (UFG. Impresso), Goiânia, n. 40, p. 435-457, 2015. Disponível em: https://revistas.ufg.br/interacao/article/view/35419. Acesso em: 16 jun. 2024.
28. MATURANA, Humberto; VARELA, Francisco J. *A árvore do conhecimento*: as bases biológicas da compreensão humana. São Paulo: Palas Athena, 2001.

Um ECOHIM compreende: – diferentes tecnologias analógicas e digitais integradas, de forma que juntas favoreçam distintas formas de comunicação e interação (textual, oral, gráfica e gestual) na coexistência e no imbricamento dos mundos presenciais e virtuais; – fluxo de comunicação e interação entre os sujeitos presentes nesse espaço; – fluxo de interação entre os sujeitos e o meio, ou seja, o próprio espaço híbrido; – um contexto multimodal (integrando a modalidade presencial e a modalidade online – que pode incluir e-learning, m-learning, p-learning, u-learning, i-learning, g-learning e GBL). Um ECHIM pressupõe, fundamentalmente, um tipo de ação e interação que possibilite aos habitantes e e-habitantes desse espaço-sujeitos (considerando sua ontogenia) configurá-lo de forma colaborativa e cooperativa, por meio de seu viver e conviver.[29]

Segundo Maturana e Varela, a configuração dos espaços de convivência se dá no fluxo de interações entre os seres humanos entre si e com o meio ambiente, o que permite a transformação tanto de um quanto de outro. A configuração do espaço de convivência ocorre, portanto, no cotidiano do viver e conviver, na harmonia entre os seres humanos e o meio ambiente, resultando na emergência conjunta do sujeito e do mundo. Maturana e Varela destacam que o entendimento da vida exige uma compreensão do conhecimento que os seres vivos têm do mundo e enfatizam que os indivíduos habitam o mundo e integram seu processo vital junto a outros organismos. Cada pessoa contribui para a construção do mundo ao mesmo tempo em que é influenciada por ele. O mundo não é preexistente à experiência individual, mas sim construído ao longo de cada jornada. Consequentemente, ao modificar a natureza do ambiente, ocorrem mudanças na configuração do espaço.[30]

O termo "híbrido" refere-se à fusão de elementos diversos que resulta em um novo composto. No âmbito educacional, o "hibridismo" envolve o "imbricamento dos espaços (geográficos e digitais), tempos (síncronos e assíncronos), tecnologias (analógicas e digitais), linguagens (textual, oral, gestual, gráfica, computacional, metafórica), presenças (física, telepresença, digital – perfil, personagem, avatar, prop e holograma) e culturas (analógicas, digitais – maker, gamer...)".[31] O conceito é inspirado pelas ideias de Latour,[32] que o vê como uma combinação de elementos da natureza e da cultura, sem separação rígida entre

---

29. SCHLEMMER, Eliane. Mídia social em contexto de hibridismo e multimodalidade: o percurso da experiência na formação de mestres e doutores. *Revista Diálogo Educacional*, Curitiba, v. 15, n. 45, p. 399-421, maio/ago. 2015. Disponível em: https://periodicos.pucpr.br/index.php/dialogoeducacional/article/view/35417. Acesso em: 16 jun. 2024.
30. MATURANA, Humberto; VARELA, Francisco J. *A árvore do conhecimento*: as bases biológicas da compreensão humana. São Paulo: Palas Athena, 2001.
31. SCHLEMMER, Eliane; BACKES, Luciana; PALAGI, Ana Maria Marques. O habitar do ensinar e do aprender onlife: vivências na educação contemporânea. In: SCHLEMMER, Eliane; BACKES, Luciana; BITTENCOURT, João Ricardo; PALAGI, Ana Maria Marques (Org.). *O habitar do ensinar e do aprender onlife*: vivências na educação contemporânea. São Leopoldo: Casa Leiria, 2021. p. 35-60.
32. LATOUR, Bruno. *Jamais fomos modernos*. Rio de Janeiro: 34, 1994.

cultura e natureza, e humano e não humano. As interações entre agentes humanos e não humanos são híbridas, ocorrendo em espaços físicos e digitais, e formando redes que conectam diferentes domínios.

O conceito de multimodalidade, conforme Schlemmer, Backes e La Rocca,[33] envolve a integração da modalidade presencial-física com a modalidade *online*, incluindo a hibridização de diversas abordagens, como *Electronic learning (e-Learning), Mobile learning (m-Learning), Pervasive learning (p-Learning), Ubiquitous learning (u-Learning), Immersive Learning (i-Learning), Gamification Learning (g-Learning) e Game-based learning (GBL)*. A seguir, são apresentadas as características de cada uma das modalidades:

O *Electronic learning (e-Learning)*, conforme Moreira e Schlemmer,[34] refere-se ao processo de aprendizagem com tecnologias digitais, em rede, que se estrutura sobre o paradigma de uma educação 'fixa', "ou seja, privilegia o uso de dispositivo fixo, tal como PC, o qual, conectado a uma rede digital, possibilita que o humano ascenda a uma 'sala de aula virtual', criada em um Ambiente Virtual de Aprendizagem (AVA)". Para os autores, alguns teóricos consideram a aprendizagem eletrônica como uma evolução do ensino a distância (EaD) e destacam que, ao longo dos últimos anos, a letra "e", de *electronic* (eletrônico, em português), adquiriu outros significados, como "experiência", "extensão" e "expansão". Na atualidade, o *e-Learning* vem fomentando reflexões sobre a interação entre tecnologias e pedagogias, colocando o ensino e a aprendizagem em uma relação mais estreita.

O *e-Learning* envolve a aquisição de conhecimento por meio de tecnologias e mídias eletrônicas. Essa modalidade, que pode ser definida como o "aprendizado possibilitado eletronicamente", geralmente ocorre via Internet, permitindo que os estudantes acessem os conteúdos educativos *online* em qualquer lugar e a qualquer momento. Tamm[35] refere que o *e-Learning* se apresenta em diferentes formatos, entre as quais se destacam os MOOCs (*Massive Open Online Courses* ou Cursos Online Abertos e Massivos, em português), que se caracterizam por serem abertos a qualquer pessoa interessada e por serem oferecidos em grande escala, alcançando milhares ou até mesmo milhões de alunos, e os *nanodegrees*,

---

33. SCHLEMMER, Eliane; BACKES, Luciana; LA ROCCA, Fabio. L'Espace de coexistence hybride, multimodal, pervasif et ubiquitaire: le quotidien de l'éducation à la citoyenneté. *Educação Unisinos (Online)*, São Leopoldo, v. 20, p. 297-306, set./dez. 2016. Disponível em: https://www.redalyc.org/articulo.oa?id=20346272003. Acesso em: 16 jun. 2024.
34. SCHLEMMER, Eliane; MOREIRA, J. António. Ampliando conceitos para o paradigma de educação digital OnLIFE. *Revista Interações*, v. 16, n. 55, p. 103-122, 2020. Disponível em: https://repositorioaberto.uab.pt/handle/10400.2/13154. Acesso em: 16 jun. 2024.
35. TAMM, Sander. What is the definition of e-Learning? *E-student*. Talín, 11 jan. 2023. Disponível em: https://e-student.org/what-is-elearning. Acesso em: 16 jun. 2024.

que são programas de educação projetados para serem concluídos em um período curto de tempo, variando de alguns meses a cerca de um ano, e se concentram no desenvolvimento de habilidades e competências específicas.

Figura 4 – Exemplos de e-Learning

A figura ilustra as páginas iniciais de duas plataformas que exemplificam o e-Learning: Coursera à esquerda e edX à direita.
Fonte: elaborado pelo autor, com base em https://coursera.org e https://edx.org.

O *Mobile learning (m-Learning)*, como referido por Saccol, Schlemmer e Barbosa,[36] relaciona-se a processos de aprendizagem com uso de dispositivos móveis conectados a redes de comunicação *wireless*. Com origens na computação móvel, essa modalidade engloba o emprego de dispositivos de computação portáteis em conjunto com tecnologias de comunicação sem fio, com objetivo de permitir que os usuários acessem e transfiram dados de forma síncrona e assíncrona, interajam com aplicativos e colaborem com outros colegas. A abordagem implica o uso de tecnologia móvel,[37] seja de forma independente ou em conjunto com outras tecnologias de informação e comunicação, com a finalidade de viabilizar o aprendizado a qualquer momento e em qualquer lugar.

---

36. SACCOL, Amarolinda; SCHLEMMER, Eliane; BARBOSA, Jorge. *M-learning e u-learning*: novas perspectivas da aprendizagem móvel e ubíqua. São Paulo: Pearson Universidades, 2010.
37. PEÑA-AYALA, Alejandro; CÁRDENAS, Leonor. A revision of the literature concerned with mobile, ubiquitous, and pervasive Learning: a survey. In: PEÑA-AYALA, Alejandro (Ed.). *Mobile, ubiquitous, and pervasive learning*: fundaments, applications, and trends. Berlin: Springer International Publishing, 2016. p. 58-59.

A característica fundamental do *m-Learning* consiste na mobilidade dos aprendizes, que podem estar distantes uns dos outros e de espaços formais de educação, permitindo tanto a comunicação síncrona quanto assíncrona. Portanto, o foco está na aprendizagem em movimento. Essa mobilidade é física, uma vez que as pessoas são capazes de aprender durante uma viagem ou enquanto aguardam por um transporte público ou privado; temporal, já que com as tecnologias digitais em rede é possível aprender em diferentes locais e momentos; e também tecnológica, conceitual e sociointeracional:

> Mobilidade tecnológica: diferentes dispositivos móveis (notebook, tablet, smartphone, dentre outros) podem ser utilizados quando se está em movimento, dependendo da necessidade e das situações propiciadas pelo ambiente no qual ele se encontra. Mobilidade conceitual: em situação de movimento encontramos diversas oportunidades e novas necessidades de aprendizagem, as quais vinculam conceitos. Mobilidade sociointeracional: aprendemos em interação com diferentes níveis e grupos sociais, incluindo família, empresa ou colegas num curso formal. Enquanto nos movimentamos, interagimos com esses grupos ou com mais de um deles ao mesmo tempo, por exemplo, por smartphone.[38]

Há diversas formas de fornecer educação por meio da aprendizagem móvel. Os aplicativos de *m-Learning* empregam uma variedade de técnicas para facilitar o processo de aprendizagem e adaptá-las de acordo com a organização, departamento ou equipe-alvo. O Duolingo tem sido líder no campo da aprendizagem móvel por anos, em virtude de seu aplicativo gamificado para aprender idiomas. Os usuários são encorajados a completar pelo menos uma lição por dia, acompanhando seu progresso por meio de placares, pontos e sequências de uso. O TED-Ed, a vertente educacional da plataforma TED (*Technology, Entertainment, Design*), é também um exemplo de *m-Learning*. Os vídeos do TED-Ed variam em duração e abrangem uma ampla gama de temas, enriquecendo a experiência de aprendizado, incentivando os alunos a responder perguntas sobre o vídeo, explorar recursos e discutir o conteúdo. Ao incluir exercícios, o TED-Ed transforma os alunos de meros espectadores passivos em participantes ativos do processo de aprendizagem.[39]

---

38. SCHLEMMER, Eliane; MOREIRA, J. António. Ampliando conceitos para o paradigma de educação digital OnLIFE. *Revista Interações*, v. 16, n. 55, p. 103-122, 2020. Disponível em: https://repositorioaberto.uab.pt/handle/10400.2/13154. Acesso em: 16 jun. 2024.
39. ANDREEV, Ivan. Mobile Learning [mLearning]: benefits, examples, tips on how to choose. *Valamis*. 21 fev. 2023. Disponível em: https://www.valamis.com/hub/mobile-learning. Acesso em: 16 jun. 2024.

Figura 5 – Exemplos de m-Learning

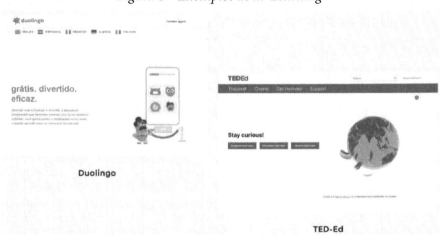

A figura ilustra as páginas iniciais de duas plataformas que exemplificam o m-Learning: Duolingo à esquerda e TED-Ed à direita.
Fonte: elaborado pelo autor com base em https://duolingo.com e https://ed.ted.com.

Com origens no *m-Learning*, o *Pervasive Learning (p-Learning)* tem como objetivo principal oferecer aos usuários um ambiente de aprendizagem que não esteja limitado a um local ou horário específico. Essa abordagem expande o *m-learning*, adotando a computação pervasiva para aumentar a imersão durante o processo de aprendizagem.[40] De acordo com Saccol, Schlemmer e Barbosa, o *p-Learning* refere-se a métodos de aprendizado que ocorrem de modo onipresente, integrando-se a diversos contextos e locais. Na abordagem, o aprendizado está diretamente ligado ao ambiente, permitindo uma conexão profunda entre o conteúdo e o local onde acontece, favorecendo interações mais ricas e estimulando uma compreensão aprimorada do tema em estudo.[41]

A expressão "aprendizagem pervasiva" foi criada por Pontefract em 2013, que a definiu como o ato de "aprender na velocidade da necessidade através de modalidades de aprendizagem formal, informal e social".[42] Conforme o conceito, a aprendizagem transcende o que se absorve nas típicas salas de aula convencionais. O *p-Learning*, portanto, não se limita a ambientes educacionais formais; essa modalidade ocorre quando necessário, em momentos oportunos, integrando-se

---

40. COELHO, António; RODRIGUES, Rui; NÓBREGA, Rui; JACOB, João; MORGADO, Leonel; CARDOSO, Pedro; VAN ZELLER, Maria; SANTOS, Liliana; SOUSA, António Augusto de. Serious pervasive games. *Frontiers in Computer Science*, v. 2, n. 30, p. 1-13, Aug. 2020. Disponível em: https://www.frontiersin.org/articles/10.3389/fcomp.2020.00030/full. Acesso em: 16 jun. 2024.
41. SACCOL, Amarolinda; SCHLEMMER, Eliane; BARBOSA, Jorge. *M-learning e u-learning*: novas perspectivas da aprendizagem móvel e ubíqua. São Paulo: Pearson Universidades, 2010.
42. PONTEFRACT, Dan. *Flat army*: creating a connected and engaged organization. San Francisco: Jossey-Bass, 2013.

à rotina por meio de dispositivos móveis. Segundo Shubina e Kulakli,[43] a modalidade inclui diferentes ações de aprendizado, como sala de aula (presencial), fora da sala de aula (virtual), jogos, *e-Learning*, conferências, fóruns, *webinars*, *workshops*, *podcasts*, estudos de caso, wikis, *blogs* e redes sociais.

O *Ubiquitous Learning* (*u-Learning*) tem suas origens na computação ubíqua, termo originalmente cunhado por Weiser,[44] à época tecnólogo-chefe do centro de pesquisa da Xerox, para se referir à integração contínua e onipresente de tecnologias no cotidiano, de tal modo que sua presença se torne imperceptível.[45] O termo "ubíquo" significa "estar em todos os lugares ao mesmo tempo" e, na computação, consiste na presença generalizada das tecnologias em todos os ambientes. Conforme Saccol, Schlemmer e Barbosa, o *u-Learning* refere-se a "processos de aprendizagem com dispositivos móveis, conectados a redes de comunicação sem fio, sensores e mecanismos de geolocalização, capazes de colaborar para integrar os alunos a contextos de aprendizagem, permitindo formar redes físicas e digitais virtuais entre pessoas, objetos, situações ou eventos".[46]

Segundo Peña-Ayala e Cárdenas, o *u-Learning* é integrado de forma contínua e natural à vida cotidiana do aluno, transcendendo as barreiras tradicionais delineadas pelos ambientes educacionais formais. Para os autores, baseia-se na ideia de que a aprendizagem pode acontecer em qualquer lugar e a qualquer momento, aproveitando-se de *smartphones* e *tablets*, bem como ambientes físicos enriquecidos com tecnologia. Essa modalidade requer conectividade constante e a disponibilidade de dispositivos móveis, que possibilitam o acesso a conteúdo educacional *online*, participação em atividades e colaboração com outros alunos e educadores por meio de plataformas virtuais de aprendizado.[47] Ademais, adota recursos como conteúdo digital, ambiente físico e comunicação *wireless*, para proporcionar experiências de ensino-aprendizagem de forma acessível e flexível, independentemente do tempo, local ou modalidade.[48]

---

43. SHUBINA, Ivanna; KULAKLI, Atik. Pervasive learning and technology usage for creativity development in education. *International Journal of Emerging Technologies in Learning (iJET)*, v. 14, n. 01, p. 95-109, 2019. Disponível em: https://online-journals.org/index.php/i-jet/article/view/9067. Acesso em: 16 jun. 2024.

44. WEISER, Mark. O computador para o século XXI. *Scientific American*, v. 265, n. 3, p. 94-104, set. 1991. Disponível em: https://ics.uci.edu/~corps/phaseii/Weiser-Computer21stCentury-SciAm.pdf. Acesso em: 16 jun. 2024.

45. CHARLEAUX, Lupa. O que é computação ubíqua? *Canaltech*. São Paulo, 24 mar. 2022. Disponível em: https://canaltech.com.br/computacao/o-que-e-computacao-ubiqua/. Acesso em: 16 jun. 2024.

46. SACCOL, Amarolinda; SCHLEMMER, Eliane; BARBOSA, Jorge. *M-learning e u-learning*: novas perspectivas da aprendizagem móvel e ubíqua. São Paulo: Pearson Universidades, 2010.

47. PEÑA-AYALA, Alejandro; CÁRDENAS, Leonor. A revision of the literature concerned with mobile, ubiquitous, and pervasive Learning: a survey. In: PEÑA-AYALA, Alejandro (Ed.). *Mobile, ubiquitous, and pervasive learning*: fundaments, applications, and trends. Berlim: Springer International Publishing, 2016. p. 58-59.

48. CÁRDENAS-ROBLEDO, Leonor Adriana; PEÑA-AYALA, Alejandro. Ubiquitous learning: A systematic review. *Telematics and Informatics*, v. 35, n. 5, p. 1097-1132, 2018. Disponível em: https://sci-hub.ru/10.1016/j.tele.2018.01.009. Acesso em: 16 jun. 2024.

As distinções entre aprendizagem pervasiva e aprendizagem ubíqua nem sempre são evidentes, e muitas vezes os conceitos são utilizados de maneira intercambiável. Uma forma de diferenciá-los envolve o grau de integração das tecnologias educacionais na rotina diária dos usuários. A mobilidade também tem um papel fundamental para distinguir os conceitos, representando a capacidade de acessar recursos educacionais e oportunidades de aprendizado independentemente da localização física do usuário.[49] O *p-Learning* possui alto nível de incorporação, mas baixo nível de mobilidade, o que significa que a tecnologia educacional está profundamente integrada no ambiente e na rotina do usuário, mas não é necessariamente acessível fora desse espaço. Por sua vez, o *u-Learning* tem um alto nível de incorporação e de mobilidade, o que significa que a tecnologia está tanto profundamente integrada na vida diária dos usuários quanto acessível em ambientes e situações diversas, permitindo a aprendizagem em qualquer local e momento.

Figura 6 – Softwares para p-Learning e u-Learning

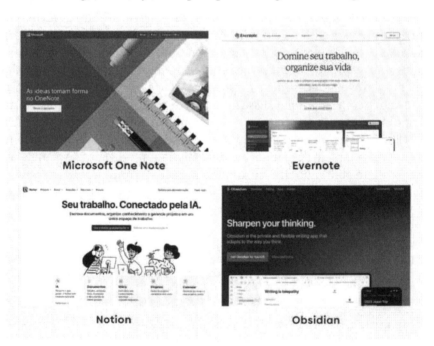

A figura ilustra as *homepages* de plataformas para p-Learning e u-Learning: Microsoft OneNote, no canto superior esquerdo; Evernote, no canto superior direito; Notion, no canto inferior esquerdo; e Obsidian, no canto inferior direito. Fonte: elaborado pelo autor com base em https://onenote.com, https://evernote.com, https://notion.so e https://obsidian.md.

---

49. SCHLEMMER, Eliane; MOREIRA, J. António. Ampliando conceitos para o paradigma de educação digital OnLIFE. *Revista Interações*, v. 16, n. 55, p. 103-122, 2020. Disponível em: https://repositorioaberto.uab.pt/handle/10400.2/13154. Acesso em: 16 jun. 2024.

Tanto o *p-Learning* quanto o *u-Learning* são apoiados por *softwares* de anotações, organização e produtividade, como Microsoft OneNote, Evernote, Notion e Obsidian, que auxiliam a manter os alunos envolvidos em estudos contínuos. Esses *softwares* oferecem recursos que aproveitam a natureza pervasiva e ubíqua das novas tecnologias, permitindo que estudantes acessem e gerenciem seu conteúdo educacional de forma conveniente em diferentes dispositivos e em qualquer lugar.

Quando integrados, o *m-Learning, u-Learning* e *p-Learning* convergem para originar o conceito de *MUP-Learning*. Essas abordagens combinadas amplificam a experiência de aprendizagem das pessoas, lidando com um conjunto específico de desafios, como a baixa integração do *m-Learning*, a ausência de uma teoria de aprendizagem amplamente aceita para o *u-Learning* e a dependência de localização associada ao *p-Learning*:

> O campo do MUP-Learning representa o ponto de junção de três caminhos que possuem sua própria personalidade da seguinte forma: a capacidade de fornecer e obter conteúdo educacional em qualquer lugar, que distingue a aprendizagem móvel (m-learning), a capacidade de recriar cenários sensíveis ao contexto que retratam a aprendizagem ubíqua (u-learning), e a oportunidade de obter informações do ambiente físico e de seus objetos através do uso de dispositivos embutidos em tempo real que correspondem à aprendizagem pervasiva (p-learning).[50]

O *Game-based learning (GBL)* é uma abordagem inovadora que incorpora o uso de jogos com propósitos específicos de ensino. Trata-se de uma aprendizagem baseada em jogos, que busca proporcionar uma experiência engajante e interativa que vai além do entretenimento.[51] Essa modalidade tem o potencial de promover a assimilação eficaz de conteúdos em diversas áreas do conhecimento, oferecendo aos alunos uma experiência dinâmica e envolvente para a aprendizagem. Segundo Schlemmer,[52] o GBL integra a multimodalidade através de três abordagens distintas:

---

50. CÁRDENAS-ROBLEDO, Leonor Adriana; PEÑA-AYALA, Alejandro. Ubiquitous learning: A systematic review. *Telematics and Informatics*, v. 35, n. 5, p. 1097-1132, 2018. Disponível em: https://sci-hub.ru/10.1016/j.tele.2018.01.009. Acesso em: 16 jun. 2024.
51. RIBEIRO, Louise Helena de Freitas; GERMANO, Victória Escóssia; BRUNO, Luana Pedrosa; FREIRE, Marcela Lopes Bezerra; NASCIMENTO, Ellany Gurgel Cosme do; FERNANDES, Thales Allyrio Araújo de Medeiros. Game-based learning como estratégia de ensino e aprendizagem no ensino médico. *Research, Society and Development*, v. 11, n. 12, 2022. Disponível em: https://rsdjournal.org/index.php/rsd/article/view/32183. Acesso em: 16 jun. 2024.
52. SCHLEMMER, Eliane. Laboratórios digitais virtuais em 3D: anatomia humana em metaverso, uma proposta em immersive learning. *Revista e-Curriculum (PUCSP)*, v. 12, p. 2119-2157, 2014. Disponível em: https://revistas.pucsp.br/index.php/curriculum/article/view/21681/15955. Acesso em: 16 jun. 2024.

A primeira abrange os jogos educacionais, também conhecidos como "jogos sérios", que são projetados com propósitos educacionais e buscam desenvolver competências, habilidades e conteúdos. Um exemplo é o *DragonBox Algebra*, um jogo que ensina álgebra de forma divertida e intuitiva para crianças. Nele, os jogadores resolvem quebra-cabeças que representam conceitos algébricos, sem perceber que estão aprendendo matemática. Há, ainda, o *Big Brain Academy: Brain vs. Brain*, um jogo para Nintendo Switch que avalia cinco áreas essenciais das funções cerebrais: identificação, memorização, análise, cálculo e visualização, por meio de uma variedade de desafios rápidos.

A segunda abordagem envolve os jogos comerciais, que, embora não sejam criados originalmente com objetivos educacionais, podem ser adaptados e utilizados em diversos contextos de aprendizagem para esse propósito. Jogos como *Age of Empires* e *Civilization* podem ser empregados no estudo da História, oferecendo aos alunos a oportunidade de explorar diferentes períodos e eventos históricos enquanto desenvolvem habilidades de estratégia e pensamento crítico. Títulos como *Globetrotter XL* e *Carmen Sandiego* podem ser usados para ensinar Geografia, permitindo aos alunos que explorem diferentes regiões do mundo e aprendam sobre características geográficas de forma interativa.

A terceira abordagem engloba o desenvolvimento de jogos, por meio da utilização de *softwares* que permitem aos usuários (co)criar seus próprios jogos de maneira personalizada e criativa. Um exemplo notável é o *Scratch*,[53] desenvolvida no *Media Lab* do *Massachusetts Institute of Technology* (MIT). Com ele, os usuários podem desenvolver jogos, animações e histórias interativas, sem a necessidade de conhecimentos avançados em programação. Outra plataforma é o *ARIS Games*,[54] que permite criar jogos baseados em localização e realidade aumentada. Com a plataforma, os jogadores são capazes de "completar missões, coletar itens e conversar com personagens virtuais, tudo isso enquanto exploram o mundo ao seu redor".

---

53. SCRATCH. Cambridge: Scratch, [data de publicação não informada]. Disponível em: https://scratch. mit.edu. Acesso em: 22 mar. 2024.

54. FIELD DAY LAB. Madison: Field Day Lab, [data de publicação não informada]. Disponível em: https:// fielddaylab.org/make/aris. Acesso em: 22 mar. 2024.

Figura 7 – Exemplos de GBL

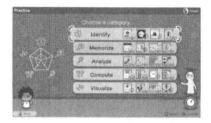
Big Brain Academy: Brain vs. Brain

Sid Meier's Civilization VI

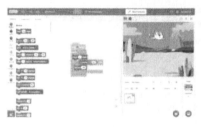
Scratch

A figura apresenta três diferentes exemplos de GBL, a partir das abordagens mencionadas. No canto superior esquerdo, há uma interface de usuário de *Big Brain Academy: Brain vs. Brain*. A seção superior direita exibe uma captura de tela de *Sid Meier's Civilization VI*. Na parte inferior central, está representado o *Scratch*. Fonte: elaborado pelo autor com base em https://www.nintendo.com/pt-br/store/products/big-brain-academy-brain-vs-brain-switch, https://civilization.2k.com/civ-iv/ e https://scratch.mit.edu/explore/projects/games.

O *Gamification Learning* (*g-Learning*) refere-se à incorporação da lógica, estilos e estratégias presentes nos jogos com elementos de *design* de jogos, tais como mecânicas e dinâmicas, em contextos que não são de jogo, para envolver os participantes na resolução de problemas. Segundo Zichermann e Cunningham,[55] a gamificação é um termo novo, mas a ideia de utilizar o pensamento e as mecânicas de jogo para resolver problemas e envolver audiências não é. Os militares têm empregado jogos e simulações por séculos, e as Forças Armadas dos Estados Unidos lideram o uso de *videogames* em diversas áreas. Ademais, desde os anos 1960 autores têm investigado o aspecto lúdico da vida e da psicologia, enquanto Hollywood passou a se interessar pela gamificação a partir dos anos 1980, explorando o conceito em filmes como "Jogos de Guerra" (*WarGames*).

---

55. ZICHERMANN, Gabe; CUNNINGHAM, Christopher. *Gamification by design*: implementing game mechanics in web and mobile apps. Sebastopol: O'Reilly Media, 2011.

Figura 8 – Exemplos de g-Learning

A figura ilustra as páginas iniciais de duas plataformas que exemplificam o g-Learning: EdApp à esquerda e Gametize à direita.
Fonte: elaborado pelo autor com base em https://web.edapp.com e https://gametize.com.

A gamificação não se resume à criação de novos jogos ou ao uso exclusivo de jogos existentes. Essa abordagem incorpora os princípios, estratégias e elementos dos jogos para resolver problemas, seja por meio de tecnologias digitais em contextos do mundo físico, seja aproveitando recursos não tecnológicos. No âmbito educacional, a gamificação tem sido empregada para reimaginar e projetar ambientes de ensino e aprendizagem que engajem os participantes a identificar e resolver problemas. Conforme Schlemmer e Moreira, sob a ótica do *design* de materiais e *design* de experiência, a gamificação pode ser concebida de duas maneiras distintas, quais sejam, persuasão e empoderamento:

> Persuasão, a qual estimula a competição, tendo um sistema de pontuação, de recompensa e de atribuição de prémios etc., como o que encontramos no PBL – points, badges e leaderboard. Essa perspectiva, do ponto de vista da educação, reforça a teoria comportamentalista – estímulo-resposta, condicionamento, o que representa a perspectiva epistemológica empirista e uma pedagogia diretiva. Empowerment, a qual propicia o desenvolvimento da autonomia, da autoria, da colaboração, da cooperação, da inventividade. É provocada por narrativas, missões, desafios, descobertas, em grupo. Essa perspectiva, do ponto de vista da educação, está fundamentada nas teorias interacionistas e sociointeracionistas, tais como o construtivismo piagetiano, a perspectiva sócio-histórica de Vygotsky, a biologia do conhecer e a biologia do amor de Maturana e Varela, o que representa uma perspectiva epistemológica interacionista-construtivista-sistêmica. Mais recentemente, a partir de teorias como a Cognição Enativa, proposta por Francisco Varela, a Cognição Inventiva, proposta por Virgínia Kastrup, Silvia Tedesco e Eduardo Passos e, a TAR, proposta por Bruno Latour, tem

nos instigado a compreendê-la a partir de uma perspectiva epistemológica reticular (rede), conectiva (conexão) e atópica.[56]

O *Immersive learning (I-learning)*, conforme destacado por Laux e Schlemmer,[57] é uma modalidade educacional na qual os processos de ensino e aprendizagem ocorrem em ambientes gráficos em 3D, nos quais os indivíduos participam de forma imersiva, utilizando um avatar ou personagem, conceitos que, embora interligados, não são intercambiáveis. A distinção entre "avatar" e "personagem" reside principalmente na interatividade e controle dentro de um contexto de jogo ou narrativa. No âmbito dos jogos eletrônicos, especialmente em RPGs, um avatar é uma entidade controlada pelo jogador que serve como ponto de entrada no universo do jogo e influencia o desenrolar dos acontecimentos. Personalizável e moldado pelas escolhas do jogador, o avatar representa uma extensão da vontade do jogador no jogo, impactando a narrativa e a experiência imersiva. Já uma personagem é uma entidade cujas ações são independentes da vontade e intervenção do jogador.[58]

As tecnologias da Web 3D, que permitem exibir e navegar em sites usando gráficos 3D, nos conduzem a um novo paradigma no *design* de ambientes de aprendizagem em rede, desafiando as práticas tradicionais centradas no professor ou na mera entrega de conteúdo de forma unidirecional. Esse novo paradigma enfatiza a (co)criação de Mundos Digitais Virtuais Tridimensionais (MDV3D), onde a aprendizagem é compartilhada por meio de avatares telepresentes e digitalmente presentes. Conforme Schlemmer e Moreira, algumas das vantagens dos MDV3D incluem a "combinação de telepresença, presença digital virtual, feedback visual imediato, interação, interatividade, imersão e diversão, tanto no sentido da ludicidade quanto no sentido de uma ação diversa, distinta".[59] (Há diferentes formas de tecnologias imersivas, as quais suportam uma variedade crescente de experiências de aprendizagem, como Realidade Virtual (VR), Ambientes Virtuais Multiusuário (MUVE), Realidade Mista (MR) e Interfaces de Usuário Tangíveis (TUIs), as quais serão exploradas na tese.)

---

56. SCHLEMMER, Eliane; MOREIRA, J. António. Ampliando conceitos para o paradigma de educação digital OnLIFE. *Revista Interações*, v. 16, n. 55, p. 103-122, 2020. Disponível em: https://repositorioaberto.uab.pt/handle/10400.2/13154. Acesso em: 16 jun. 2024.
57. LAUX, Lara Cristina Pereira Dourado; SCHLEMMER, Eliane. Anatomia no Metaverso Second Life: colaboração e cooperação interdisciplinar e interinstitucional. *Anais do VII Congresso Internacional de Educação*, São Leopoldo: Casa Leiria, 2011. p. 1-13.
58. RAMOS, Cremilson Oliveira. *Lendo Fable 2*: os videogames como espaço possível de negociações e produção de efeitos de sentido. 2013. Dissertação (Mestrado em Ciências da Linguagem) – Universidade do Sul de Santa Catarina, Tubarão, 2013.
59. SCHLEMMER, Eliane; MOREIRA, J. António. Ampliando conceitos para o paradigma de educação digital OnLIFE. *Revista Interações*, v. 16, n. 55, p. 103-122, 2020. Disponível em: https://repositorioaberto.uab.pt/handle/10400.2/13154. Acesso em: 16 jun. 2024.

Ao integrar as modalidades presencial e online, a multimodalidade promove uma fluidez dos espaços, permitindo que os seres humanos ampliem seu instinto nômade. Embora a ideia de "nômade" seja tradicionalmente empregada para representar pessoas ou povos que se deslocam frequentemente sem ter um local fixo, Maffesoli[60] propõe uma reinterpretação do conceito, para abranger os deslocamentos de corpos e informações, e a fragmentação da identidade individual em múltiplas facetas. O conceito amplia-se e adquire novas perspectivas no contexto da sociedade *OnLife*:

> Assim como os nômades, os nômades digitais virtuais movimentam-se na rede em busca de informação, de interação que satisfaçam as suas necessidades enquanto humanos. Os nômades digitais virtuais habitam comunidades digitais virtuais de aprendizagem, de relacionamento, de prática, blogs, fotologs, web chats, fóruns, mídias sociais, mundos virtuais, games, entre outros e, a partir de suas interações, constroem uma movimentação, uma rede de caminhos indefinidos, presente num espaço de fluxos.[61]

Os nômades digitais habitam os chamados *espaços intersticiais*, que, na concepção de Santaella,[62] são "misturas inextricáveis entre os espaços físicos e o ciberespaço, possibilitadas pelas mídias móveis". Os espaços intersticiais surgem quando o acesso aos ambientes digitais não requer mais sair do espaço físico, diluindo as fronteiras entre o físico e o digital, tornando-os menos distintos e definidos. Eles fundem o físico e o digital, criando ambientes nos quais as pessoas são capazes de se conectar e se relacionar por meio de dispositivos móveis. Como destacam Santos e Weber, "não conseguimos perceber os espaços físicos e espaços digitais como espaços desconexos, não havendo mais a sensação de entrarmos na Internet, é como se estivéssemos imersos nela".[63]

As noções de "hibridismo" e "multimodalidade" discutidas anteriormente integram a educação *OnLife*, conceito explorado no âmbito do GPe-dU. De acordo com Schlemmer, essa abordagem está implicada em um "processo de construção epistemológica que exige mudança de paradigma e que vem se constituindo desde 2005, quando elaboramos uma primeira compreensão de hibridismo, posteriormente dando origem ao conceito de Educação Híbrida e Multimodal, de onde emergiram as Metodologias Inventivas." Assim, o conceito carrega "as construções

---

60. MAFFESOLI, Michel. *O tempo retorna*: formas elementares do pós-modernidade. Rio de Janeiro: Forense Universitária, 2012.
61. SCHLEMMER, Eliane; MOREIRA, J. António. Ampliando conceitos para o paradigma de educação digital OnLIFE. *Revista Interações*, v. 16, n. 55, p. 103-122, 2020. Disponível em: https://repositorioaberto.uab.pt/handle/10400.2/13154. Acesso em: 16 jun. 2024.
62. SANTAELLA, Lucia. *Culturas e artes do pós-humano*. São Paulo: Paulus, 2010.
63. SANTOS, Edméa; WEBER, Aline. A criação de atos de currículo no contexto de espaços intersticiais. *TECCOGS: Revista Digital de Tecnologias Cognitivas*, n. 7, p. 45-48, jan.-jun. 2013. Disponível em: https://revistas.pucsp.br/index.php/teccogs/article/view/52849/34675. Acesso em: 16 jun. 2024.

anteriores, e vai se diferenciando, a partir da necessidade de novos elementos que surgem no percurso do desenvolvimento das metodologias inventivas e de práticas pedagógicas simpoiéticas, imersivas e gamificadas.[64]

Schlemmer, Backes e Palagi[65] apontam que a formulação conceitual da educação *OnLife* não apenas evoluiu a partir dos espaços de convivência híbridos e multimodais, mas igualmente demandou a introdução de novos elementos, quais sejam: cognição inventiva (Kastrup[66]); epistemologias reticulares (Di Felice[67]); ato conectivo transorgânico, transubstanciação e habitar atópico (Di Felice[68]); aprendizagem enquanto mestiçagem (Serres[69]); complexidade (Morin[70]); simpoiese (Haraway[71]); e econectografia (GPe-dU).

A *cognição inventiva* é um conceito apresentado por Kastrup no livro "A invenção de si e do mundo",[72] fruto de sua tese de doutorado em Psicologia Clínica defendida em 1997. Na obra, a autora critica a noção de cognição autopoiética, formulada por Maturana e Varela no livro "De máquinas y seres vivos",[73] e propõe em seu lugar o conceito de cognição inventiva. Enquanto os biólogos descrevem os seres vivos como sistemas que se autocriam e mantêm sua própria organização por meio de processos internos, enxergando a cognição como um processo ativo no qual o cérebro e a mente constantemente criam e recriam a realidade através da interação com o ambiente, Kastrup argumenta que a cognição não está limitada a um sistema fechado de autorregulação, sendo também um ato criativo e dinâmico que se interliga com o ambiente social e cultural.

---

64. SCHLEMMER, Eliane. Metodologias inventivas na educação híbrida e OnLIFE. In: DIAS, Paulo; FREITAS, João Correia de (Org.). *Educação digital, a distância e em rede digital.* Lisboa: Universidade Aberta – Imprensa da Universidade de Coimbra, 2022. p. 124-150.

65. SCHLEMMER, Eliane; BACKES, Luciana; PALAGI, Ana Maria Marques. O habitar do ensinar e do aprender onlife: vivências na educação contemporânea. In: SCHLEMMER, Eliane; BACKES, Luciana; BITTENCOURT, João Ricardo; PALAGI, Ana Maria Marques (Org.). *O habitar do ensinar e do aprender onlife:* vivências na educação contemporânea. São Leopoldo: Casa Leiria, 2021. p. 15-34.

66. KASTRUP, Virgínia. *A invenção de si e do mundo:* uma introdução do tempo e do coletivo no estudo da cognição. Campinas: Papirus, 1999.

67. DI FELICE, Massimo. Redes sociais digitais, epistemologias reticulares e a crise do antropomorfismo social. *Revista USP*, São Paulo, n. 92, p. 6-19, 2012. Disponível em: https://www.revistas.usp.br/revusp/article/view/34877/37613. Acesso em: 16 jun. 2024.

68. DI FELICE, Massimo. *Paisagens pós-urbanas:* o fim da experiência urbana e as formas comunicativas do habitar. São Paulo: Annablume, 2009; DI FELICE, Massimo. *Net-ativismo:* da ação social para o ato conectivo. São Paulo: Paulus, 2017.

69. SERRES, Michel. *Filosofia mestiça.* Rio de Janeiro: Nova Fronteira, 1993.

70. MORIN, Edgar. *Introdução ao pensamento complexo.* Porto Alegre: Sulina, 2005.

71. HARAWAY, Donna. *Staying with the trouble:* making kin in the Chthulucene. Durham: Duke University Press, 2016.

72. KASTRUP, Virgínia. *A invenção de si e do mundo:* uma introdução do tempo e do coletivo no estudo da cognição. Campinas: Papirus, 1999.

73. MATURANA, Humberto; VARELA, Francisco. *De máquinas y seres vivos autopoiesis:* la organización de lo vivo. 5. ed. Santiago: Editorial Universitaria, 1998.

Em sua obra, Kastrup concebe a cognição não como "solução de problemas", mas como "invenção de problemas", propondo a noção de *cognição inventiva*, que, segundo refere Dalmaso, implica "um constante movimento de problematização, de afetar-se pela novidade e pela surpresa, potencializando-se na possibilidade e capacidade do vivo de problematizar, de eliminar o determinismo que a cognição impõe".[74]

Com ênfase na "invenção de problemas", a cognição inventiva amolda-se à dinâmica da educação *OnLife*. Em um ambiente em que as fronteiras entre o mundo físico e o digital se mesclam cada vez mais e onde a definição da realidade é continuamente moldada pela interação entre humanos e não humanos, a capacidade de se adaptar, criar e reinventar se torna essencial. A cognição inventiva enfatiza a importância da novidade, da surpresa e da problematização como motores do desenvolvimento cognitivo. Em vez de se concentrar exclusivamente na resolução de problemas já estabelecidos, a educação pode se beneficiar através de estratégias que promovam a criação de novos desafios, motivando os alunos a explorar o desconhecido e aprimorar suas habilidades criativas e críticas.

A educação *OnLife* inclui a noção de *epistemologias reticulares*, conforme definido por Di Felice. Segundo o autor, os seres humanos são biologicamente predispostos à conexão e à conectividade, sendo compostos por proteínas, água e outros elementos que frequentemente consideram externos, mas que na verdade integram sua composição. No contexto da digitalização e da conectividade, o modelo comunicativo das redes baseia-se na inclinação inata da espécie humana de se conectar.[75] O termo-chave para ilustrar a dinâmica é "reticular", que se refere a "redes" e pode ser entendido como aquilo que se desenvolve dentro de um ecossistema complexo por meio da colaboração de diversos elementos, como circuitos informativos, interfaces, mídias, corpos, paisagens, conceitos e ideias.[76]

Nesse contexto, Di Felice apresenta o conceito de epistemologias reticulares para se referir à ideia de que, durante a história da humanidade, o conhecimento sempre foi produzido em rede. Desde a invenção do alfabeto até a era digital, o conhecimento foi criado através de um diálogo entre a mente humana e outras

---

74. DALMASO, Alice Copetti. A perspectiva da invenção numa pesquisa em educação: processos e aprendizagens de um pesquisar-inventivo. *Revista Digital do LAV*, Santa Maria, v. 7, n. 2, p. 005-029, maio/ago. 2014.

75. SCHLEMMER, Eliane. *Ecossistemas de inovação na educação na cultura híbrida e multimodal*. Relatório do pós-doutoramento em Educação a Distância e eLearning (EDeL). Lisboa: LE@D, Universidade Aberta, 2020.

76. DI FELICE, Massimo. Redes sociais digitais, epistemologias reticulares e a crise do antropomorfismo social. *Revista USP*, São Paulo, n. 92, p. 6-19, 2012. Disponível em: https://www.revistas.usp.br/revusp/article/view/34877/37613. Acesso em: 16 jun. 2024.

formas de inteligência, como tecnologias e sistemas de informação. Como descreve o autor,

> A expressão "epistemologias reticulares" exprime uma evidente contradição, de um lado os conhecimentos (episteme) próprios da mente e dos métodos de conhecimento, do outro, as redes, as linguagens dos instrumentos técnicos utilizados para a observação e todos os atores que contribuem à produção do conhecimento científico. O ponto de partida é a constatação da característica não exclusivamente humana do conhecimento produzido pelos humanos.[77]

Ao longo dos séculos, a epistemologia ocidental – ramo da filosofia que investiga o conhecimento humano, suas origens, natureza, validade e limitações – desenvolveu uma narrativa que considera o conhecimento como um artefato exclusivo da inteligência humana. Nessa perspectiva, os seres humanos são vistos como os únicos capazes de compreender a natureza e o universo. No entanto, segundo Di Felice, a espécie humana deve se distanciar dessa visão e se reconhecer parte de outras formas de inteligência, cuja complexidade nos proporciona a oportunidade de importantes transformações: "a lógica de dominação do homem e do sujeito racional e político sobre o mundo deve ser substituída pela lógica da relação, conexão e diálogo entre diversas linguagens e inteligências".[78]

O *ato conectivo transorgânico* é um conceito de Di Felice que descreve um novo tipo de ecologia originado com a expansão das redes digitais.[79] Essa perspectiva sugere que as ações e interações em ambientes digitais não se restringem apenas a atividades humanas, mas envolvem uma variedade de atores não humanos (como dispositivos tecnológicos, algoritmos e outras formas de inteligência, incluindo a artificial), formando um ecossistema interativo e complexo. O conceito de ato conectivo transorgânico expande a compreensão do ativismo ao englobar a ação conjunta de elementos orgânicos e inorgânicos, reconhecendo a complexidade e a interdependência desses componentes que caracterizam as novas ecologias de interação.

A noção de *transubstanciação* tem suas origens na tradição cristã, especificamente no ritual católico da consagração. Como descreve Di Felice,[80] a transubstanciação "indica o particular processo de alteração de substância que ocorre no ritual católico da consagração, quando, durante a oração eucarística e a imposição das mãos do sacerdote, o pão e o vinho, segundo a fé e a tradição cristã, sofrem uma alteração transubstancial, tornando-se no corpo e no sangue de Cristo." O

---

77. DI FELICE, Massimo. Epistemologias reticulares e crise do humanismo. In: FELICE, Massimo Di. 2014. Disponível em: http://massimodifelice.net/epistemologia-reticulares. Acesso em: 24 mar. 2024.
78. DI FELICE, Massimo. Epistemologias reticulares e crise do humanismo. In: FELICE, Massimo Di. 2014. Disponível em: http://massimodifelice.net/epistemologia-reticulares. Acesso em: 24 mar. 2024.
79. DI FELICE, Massimo. *Net-ativismo*: da ação social para o ato conectivo. São Paulo: Paulus, 2017.
80. DI FELICE, Massimo. *Net-ativismo*: da ação social para o ato conectivo. São Paulo: Paulus, 2017.

professor também refere que essa alteração, no contexto da concepção religiosa, "é considerada não como um evento simbólico, mas como a real alteração das substâncias, que, mesmo mantendo a forma de origem em espécie, assumem nova identidade e composição (corpo e sangue de Cristo)".

Di Felice emprega a analogia da cerimônia de consagração para ilustrar o ambiente atual. Assim como no ritual católico, onde o pão e o vinho se metamorfoseiam no corpo e sangue de Cristo, o ambiente atual está passando por uma transição de seu estado físico original para um estado informativo, assemelhando-se à ideia de transubstanciação. Como refere o professor em sua obra, a digitalização, uma característica fundamental do mundo atual, deve ser "aproximada a um processo de transubstanciação, que, ao transformar as coisas e as relações em código binário, altera todo o estatuto da natureza da própria substância, tornando-a outro de si e, sobretudo, capaz, nesse novo estado, de alterar sua própria dimensão material e originária".[81]

Por sua vez, o conceito de *habitar atópico* está relacionado a uma forma de existir e interagir com o mundo que é continuamente moldada e redefinida por fluxos de informação, tecnologias de conectividade, bancos de dados e a relação entre diversos atores, incluindo humanos e não humanos. O termo "atopia" vem da palavra grega "atopos", que significa "lugar estranho" ou "fora de lugar", refletindo a natureza indefinível e dinâmica desse novo modo de habitar. A título de exemplo, quando as pessoas caminham com seus *smartphones* em mãos, elas são capazes de se comunicar com indivíduos em locais completamente distintos. Mesmo que estejam fisicamente se movendo em uma direção, elas podem, através da conexão digital dos dispositivos, explorar outras dimensões e espaços que normalmente não estariam acessíveis. Há, assim, uma sensação única de estar em vários lugares ao mesmo tempo, que Di Felice define como "habitar atópico".[82]

Os conceitos expostos por Di Felice estabelecem os alicerces para se repensar o paradigma educacional no contexto *OnLife*, direcionando-se para uma reconfiguração das bases epistemológicas que fundamentam a educação. A nova ótica implica abandonar os modelos mentais antropocêntricos e dualistas em favor de estruturas reticulares, em rede. As tecnologias digitais, que desempenham um papel crucial nessa abordagem, não devem ser encaradas como meros recursos para a inteligência coletiva, na concepção proposta por Lévy.[83] Pelo contrário,

---

81. DI FELICE, Massimo. *Net-ativismo*: da ação social para o ato conectivo. São Paulo: Paulus, 2017.
82. PIRES, Eduardo Felipe Weinhardt. Entrevista com Massimo Di Felice. *Teccogs*: Revista Digital de Tecnologias Cognitivas, TIDD | PUC-SP, São Paulo, n. 13, p. 7-19, jan./jun. 2016. Disponível em: https://revistas.pucsp.br/teccogs/article/view/52497. Acesso em: 16 jun. 2024.
83. LÉVY, Pierre. *A inteligência coletiva*: por uma antropologia do ciberespaço. 4. ed. São Paulo: Loyola, 2003.

devem assumir um papel mais abrangente, conectando não apenas indivíduos, "mas também as biodiversidades e as inteligências dos dados",[84] para criar uma nova ecologia inteligente, na qual os seres humanos não ocupam mais uma posição central ou periférica, mas sim participam como cocriadores, integrando diversas inteligências.

A *aprendizagem enquanto mestiçagem* é um conceito apresentado por Serres no livro "Filosofia Mestiça". O filósofo francês argumenta que todo aprendizado é resultado da abertura para o outro, sendo uma mistura e uma mestiçagem. Desse modo, propõe uma filosofia mestiça, que reconhece que nenhuma ideia, solução, ciência ou disciplina tem sentido pleno se não se abrir para o que lhe é exterior. Serres enfatiza a importância dos ruídos e imperfeições da experiência como partes legítimas do processo de conhecimento e salienta que as instituições universitárias deveriam criar um ambiente propício à inovação e à integração de conhecimentos, mas falham em promover esse tipo de aprendizado. A "aprendizagem enquanto mestiçagem" reflete uma abordagem que enfatiza a diversidade e a interconexão de saberes, ultrapassando as fronteiras disciplinares convencionais. Assim como a mestiçagem biológica enriquece a diversidade genética, a aprendizagem enquanto mestiçagem alimenta nossa compreensão e capacidade de inovação:

> O aprendizado consiste numa mestiçagem [...]. Estranha e original, já misturando os genes de pai e mãe, a criança só evolui por novos cruzamentos; toda pedagogia recomeça o engendramento e o nascimento de uma criança: canhoto nato, aprende a se servir da mão direita, permanece canhoto, renasce destro, na confluência dos dois sentidos; nascido gascão, ele assim permanece e se torna francês, de fato, mestiço; francês, viaja e se faz espanhol, italiano, inglês ou alemão; esposa e aprende a cultura deles, sua língua, ei-lo mestiço de quarta ou oitava geração, alma e corpo mesclados. Seu espírito se assemelha.ao casaco furta-cor de Arlequim.[85]

A aprendizagem enquanto mestiçagem conecta-se ao conceito de Educação *OnLife* na medida em que, na atualidade, os seres humanos devem estar continuamente expostos a diferentes fontes de informação, métodos de ensino e estilos de aprendizagem que correspondem à riqueza descrita por Serres. Essa mistura de recursos e interações reflete a abertura para o outro e o externo que o filósofo francês vê como essencial para fomentar uma aprendizagem genuína e inovadora. Ademais, a educação *OnLife* abraça os ruídos e imperfeições que Serres considera

---

84. SCHLEMMER, Eliane; DI FELICE, Massimo; SERRA, Ilka Márcia Ribeiro de Souza. Educação On-LIFE: a dimensão ecológica das arquiteturas digitais de aprendizagem. *Educar em Revista*, v. 36, 2020. Disponível em: https://doi.org/10.1590/0104-4060.76120. Acesso em: 16 jun. 2024.
85. SERRES, Michel. *Filosofia mestiça*. Rio de Janeiro: Nova Fronteira, 1993.

partes legítimas do processo de conhecimento, bem como encoraja integração de uma vasta gama de conhecimentos e experiências.

A *complexidade*, de acordo com Morin,[86] é a intrincada interconexão de elementos heterogêneos que formam nosso mundo, manifestando-se através de eventos, ações e interações que ocorrem de forma imprevisível e muitas vezes caótica. Originário do latim, o termo *complexus* significa "aquilo que é tecido junto". Derivado dessa ideia, o pensamento complexo proposto por Morin questiona o paradigma da razão e da ciência como a única forma de compreender a realidade, buscando integrar conhecimentos dispersos e unir a cultura científica e humanística, a partir da premissa de que "tudo está interligado".[87]

Em sua obra, o sociólogo francês propõe uma reforma do pensamento, incentivando a superação das limitações impostas pela fragmentação, hiperespecialização e redução do conhecimento. Como destaca Ribeiro,[88] a ideia é que "possamos abrir tais 'gavetinhas' nas quais os saberes estão arquivados, para que, então, possamos tecer os saberes de forma complexa". O pensamento complexo amplia a compreensão dos problemas, fortalecendo a capacidade de lidar com a incerteza. A abordagem busca conectar elementos separados e abrir novos olhares, ao mesmo tempo em que reconhece que nunca terá todas as respostas, pois a dificuldade em encontrá-las é inerente ao pensamento complexo.

A teoria da complexidade oferece uma contribuição significativa para repensar a educação de forma complexa, promovendo a integração de diversos campos do saber e uma reforma do pensamento, que inclua também uma revisão curricular. Segundo Morin,

> A reforma da Universidade tem um objetivo vital: uma reforma do pensamento que viabilize e permita o emprego total da inteligência. Trata-se de uma reforma não pragmática, mas paradigmática, concernente à nossa aptidão para organizar o conhecimento. [...] Todas as reformas da Universidade concebidas até agora têm girado ao redor de um buraco negro que concerne à necessidade profunda do ensino. Essas reformas têm sido incapazes de percebê-la, porque se encontram atreladas a um tipo de inteligência que é preciso reformar.[89]

---

86. MORIN, Edgar. *Introdução ao pensamento complexo*. Porto Alegre: Sulina, 2005.
87. RIBEIRO, Flávia Nascimento. Edgar Morin, o pensamento complexo e a educação. *Revista Pró-Discente*, v. 17, n. 2, dez. 2011. Disponível em: https://periodicos.ufes.br/prodiscente/article/view/5804. Acesso em: 16 jun. 2024.
88. PETRAGLIA, Izabel. Edgar Morin e o pensamento complexo. *Revista Ensino Superior*. 12 jan. 2022. Disponível em: https://revistaensinosuperior.com.br/2022/01/12/edgar-morin-e-o-pensamento--complexo. Acesso em: 24 mar. 2024.
89. MORIN, Edgar; ALMEIDA, Maria da Conceição de; CARVALHO, Edgar de Assis (Org.). *Educação e complexidade*: os sete saberes e outros ensaios. 4. ed. São Paulo: Cortez, 2007.

No contexto da educação *OnLife*, a visão de Morin propõe um ensino que capacite os educadores a explorar as disciplinas em diferentes contextos, adotando enfoques e abordagens inovadoras. Esse modelo educacional busca promover uma compreensão que integre a interseção dos conhecimentos, preparando os indivíduos para navegar e interagir efetivamente em um mundo acelerado e hiperconectado. Porém, a abordagem do sociólogo francês enfrenta um desafio considerável ao ser implementada em um sistema educacional que se baseia em um currículo disciplinar, fragmentando o conhecimento e promovendo a hiperespecialização. Como refere Petraglia,[90] o currículo escolar é reducionista e carece de uma visão integrada do saber, dificultando a comunicação entre diferentes áreas.

De acordo com Haraway,[91] *simpoiese* é uma expressão apropriada para descrever sistemas históricos complexos, dinâmicos, responsivos e situados, possuindo o significado de "fazer-com" e "fazer-mundo-com", sempre em conjunto. Na perspectiva da simpoiese, nenhum elemento na natureza é considerado autônomo ou autopoiético. Sejam humanos, animais, plantas, minerais, computadores, vírus ou bactérias, todos estão interconectados e passam por transformações por meio da troca de informações.[92]

Esse conceito não exclui a noção de *autopoiese* proposta por Maturana e Varela.[93] Enquanto a simpoiese prioriza a coprodução, a autopoiese volta-se para a autoprodução, oferecendo abordagens distintas e complementares para compreender os seres vivos. A autopoiese propõe que os seres humanos são, primordialmente, unidades, e que, por meio da autoprodução, estabelecem acoplamentos e se relacionam. Já a simpoiese sugere que os seres humanos são interações, em vez de unidades isoladas. Para Schlemmer,[94] simpoiese também é "cocriação com dados e algoritmos que produzem o mundo que habitamos".

---

90. PETRAGLIA, Izabel. *Edgar Morin*: a educação e a complexidade do ser e do saber. 6. ed. Petrópolis: Vozes, 1995.
91. HARAWAY, Donna. *Staying with the trouble*: making kin in the Chthulucene. Durham: Duke University Press, 2016.
92. SCHLEMMER, Eliane; DI FELICE, Massimo. A (trans)formação do corpo em dados: um território a ser habitado pela educação digital em saúde. In: TEIXEIRA, Carla Pacheco; GASQUE, Kellen Cristina da Silva; GUILAM, Maria Cristina Rodrigues; MACHADO, Maria de Fátima Antero Sousa; AZEVEDO, Néliton Gomes; CASTRO, Rafael Fonseca de (Org.). *Educação na saúde: fundamentos e perspectivas.* 28. ed. Porto Alegre: Rede Unida, 2023. p. 189-204.
93. MATURANA, Humberto; VARELA, Francisco J. *A árvore do conhecimento*: as bases biológicas da compreensão humana. São Paulo: Palas Athena, 2001.
94. SCHLEMMER, Eliane. O protagonismo ecológico-conectivo e a emergência das hiperinteligências no Paradigma da educação OnLIFE. *Cadernos IHU Ideias*, São Leopoldo, n. 348, p. 53-83, 9 maio 2023. Disponível em: https://www.ihu.unisinos.br. Acesso em: 16 jun. 2024.

O conceito de simpoiese conecta-se à Educação *OnLife* ao sugerir que o processo educacional é essencialmente colaborativo e interconectado. Dentro do paradigma da simpoiese, aprender não é uma atividade solitária, mas um ato de "fazer-com". Trata-se de um processo em que alunos, professores, tecnologia, informação e ambientes estão em constante interação e cocriação. Na educação *OnLife*, a simpoise enfatiza a cocriação de conhecimento e a noção de que a aprendizagem emerge não apenas dentro de indivíduos, mas nas interações e redes de relações que formam o ecossistema educacional. Assim sendo, enquanto a autopoiese nos permite enxergar os alunos como unidades autônomas capazes de gerar seus próprios processos de aprendizagem, a simpoiese expande essa perspectiva, reconhecendo que a aprendizagem é um processo distribuído e compartilhado que ocorre em um ambiente interativo e mutuamente influenciado.

A *econectografia* é um conceito em desenvolvimento no Grupo Internacional de Pesquisa Educação Digital (GPe-dU), que envolve o estudo do movimento conectivo entre várias superfícies, tanto físicas-geográficas quanto digitais, formando diferentes espaços. Conforme Schlemmer e Moreira, a econectografia pode ser definida como "ecologia de conexões transorgânicas, portanto, entre entidades humanas e não humanas, constituindo outros/novos espaços informacionais, interacionais, conectivos, em rede, em fluxo".[95] Para Schlemmer e Kersch,[96] a educação *OnLife* não apenas implica a superação do dualismo entre "online" e "offline", mas deve incentivar um modo de habitar atópico que se desenvolve em uma econectografia, conectando diferentes inteligências.

O conceito de econectografia está intimamente relacionado à Educação *OnLife*, que se desenvolve em uma "ecologia de conexões transorgânicas", isto é, um ambiente fluido onde diferentes inteligências se conectam e colaboram, formando um espaço educativo em constante evolução e adaptação. A econectografia reflete a compreensão de que o ensino e a aprendizagem vão além da divisão tradicional entre espaços físicos e digitais. Em vez de tratar o *online* e o *offline* como entidades separadas, propõe um ambiente de aprendizagem transorgânico e atópico, onde a interação e a transferência de conhecimento e competências ocorrem em um espaço simultaneamente físico e digital.

---

95. SCHLEMMER, Eliane; MOREIRA, José António Marques. Do ensino remoto emergencial ao HyFlex: um possível caminho para a educação OnLIFE? *Revista da FAEEBA*: Educação e Contemporaneidade, Salvador, v. 31, n. 65, p. 138-155, jan./mar. 2022. Disponível em: https://repositorioaberto.uab.pt/handle/10400.2/13396. Acesso em: 16 jun. 2024.

96. SCHLEMMER, Eliane; KERSCH, Doroteia Frank. Inventividade e inovação curricular e metodológica na formação de professores do ensino superior para a docência *onlife*. *Cadernos de Pesquisa*: Pensamento Educacional, Curitiba, v. 18, p. 10-35, 2023. Disponível em: https://interin.utp.br/index.php/a/article/view/3031. Acesso em: 16 jun. 2024.

Para Schlemmer, Backes e Palagi, a educação *OnLife* não é apenas uma educação habilitada e potencializada pelo digital; é um processo de digitalização e conectividade que altera profundamente a forma como se concebe e se implementa a educação, por meio de movimentos disruptivos que impulsionam a transformação das instituições, das ofertas educacionais, dos currículos e até mesmo do próprio conceito de "sala de aula", emergindo como um novo paradigma no ensino e aprendizado em rede.[97]

A linha tênue entre o "real" e o "virtual" destacada por Floridi[98] é um chamado para repensarmos todas as atividades humanas, com especial destaque para a educação. O conceito de educação *OnLife*, que nos remete a uma educação "conectada na vida", engloba as tecnologias digitais em rede, que não apenas transformam estudantes e professores, como também reconfiguram a forma como interagem, promovendo mudança nos processos de ensino e aprendizagem. Segundo Schlemmer e Palagi,[99] a educação *OnLife* é aquela "transubstanciada e cibricidadã, ligada, conectada na vida, a partir de problematizações que emergem do tempo presente, nessa realidade hiperconectada".

As tecnologias digitais que compõem a realidade hiperconectada – e, por extensão, a educação *OnLife* – não devem ser encaradas como meras ferramentas, instrumentos ou apoios à educação, devendo ser vistas como forças ambientais capazes de originar ecologias inteligentes[100] e ecossistemas educativos que modificam a maneira como se ensina e se aprende. A educação *OnLife* combina a análise crítica da realidade hiperconectada com suas tecnologias digitais e o processo de digitalização global. Juntos, esses fatores têm desafiado as teorias, metodologias e práticas pedagógicas, as quais, ao limitar o agir apenas aos seres humanos, não conseguem compreender a imensa complexidade do contexto atual.[101]

Diante de todos esses avanços científicos e tecnológicos que moldam o período de hipercomplexidade em que se vive, não é mais possível estabelecer verdades absolutas em qualquer campo do conhecimento. Assim, deve-se

---

97. SCHLEMMER, Eliane; BACKES, Luciana; PALAGI, Ana Maria Marques. O habitar do ensinar e do aprender onlife: vivências na educação contemporânea. In: SCHLEMMER, Eliane; BACKES, Luciana; BITTENCOURT, João Ricardo; PALAGI, Ana Maria Marques (Org.). *O habitar do ensinar e do aprender onlife*: vivências na educação contemporânea. São Leopoldo: Casa Leiria, 2021. p. 35-60.

98. FLORIDI, Luciano (Ed.). *The onlife manifesto*: being human in a hyperconnected era. New York: Springer Open, 2014.

99. SCHLEMMER, Eliane; PALAGI, Ana Maria. RIEOnLIFE: uma rede para potencializar a emergência de uma educação ONLIFE. *EmRede – Revista de Educação a Distância*, Cuiabá, v. 8, n. 2, 2021. Disponível em: https://www.aunirede.org.br/revista/emrede/article/view/11767. Acesso em: 16 jun. 2024.

100. DI FELICE, Massimo. *Net-ativismo*: da ação social para o ato conectivo. São Paulo: Paulus, 2017.

101. SCHLEMMER, Eliane; PALAGI, Ana Maria. RIEOnLIFE: uma rede para potencializar a emergência de uma educação ONLIFE. *EmRede – Revista de Educação a Distância*, Cuiabá, v. 8, n. 2, 2021. Disponível em: https://www.aunirede.org.br/revista/emrede/article/view/11767. Acesso em: 16 jun. 2024.

preparar os estudantes para se engajar na cidadania global, em um contexto de transformações contínuas impulsionadas pela digitalização e pela interconectividade, navegando por territórios ainda não explorados.[102]

Para que a educação *OnLife* se desenvolva de forma plena, é necessário implantar mudanças fundamentais no paradigma educacional, o que envolve reconhecer que o ensino e aprendizagem em rede não devem ser centralizados em nenhum dos atores envolvidos (alunos, professores, equipes de formação) e fomentar o desenvolvimento de metodologias que estimulem abordagens não convencionais para o ensino e aprendizagem.[103] No entanto, superar essa mentalidade é uma tarefa desafiadora, e o problema reside justamente na forma como os sistemas educacionais foram construídos.

2.2 DESAFIOS E TRANSFORMAÇÃO DOS SISTEMAS EDUCACIONAIS

Os desafios atuais enfrentados na educação são maiores do que os sistemas educacionais foram projetados para lidar. Como destacam Robinson e Aronica, esses sistemas surgiram para atender às demandas de um período histórico anterior, emergindo em resposta às necessidades da Revolução Industrial e sendo moldados, em termos de estrutura e cultura, à semelhança do Industrialismo. Na Europa e na América do Norte, a construção dos sistemas educacionais foi impulsionada pelas exigências de uma economia industrial baseada na manufatura, na engenharia e em áreas como mineração e produção de aço. A preponderância de trabalhos manuais no setor industrial e a menor demanda por profissionais especializados influenciaram significativamente a configuração dos sistemas de educação pública, espelhando as necessidades do mercado de trabalho da época.[104]

Antes da Revolução Industrial, a oferta de escolaridade formal era escassa em quase todas as localidades, dependendo de taxas e mensalidades, sendo geralmente voluntária e predominantemente destinada aos homens. No século XVI, na Europa, apenas 5% (cinco por cento) da população total residia em cidades, que funcionavam como pequenos centros de comércio e atividades

---

102. ALVES, Gabrielle de Souza; PALADINI, João Velasques; SCHLEMMER, Eliane Schlemmer. *Formação permanente para a promoção de uma educação OnLIFE*. In: SCHLEMMER, Eliane; BACKES, Luciana; BITTENCOURT, João Ricardo; PALAGI, Ana Maria Marques (Org.). *O habitar do ensinar e do aprender onlife*: vivências na educação contemporânea. São Leopoldo: Casa Leiria, 2021.

103. SCHLEMMER, Eliane; OLIVEIRA, Lisiane Cézar; MENEZES, Janaina. O habitar do ensinar e do aprender em tempos de pandemia e a virtualidade de uma educação onlife. *Práxis Educacional*, Vitória da Conquista, v. 17, n. 45, p. 137-161, abr./jun. 2021. Disponível em: https://www.redalyc.org/articulo.oa?id=695474034008. Acesso em: 16 jun. 2024.

104. ROBINSON, Ken; ARONICA, Lou. *Creative schools*: the grassroots revolution that's transforming education. Londres: Penguin Books, 2016.

empresariais. As pessoas viviam em áreas rurais, estavam sujeitas às regras feudais das antigas aristocracias e tinham suas rotinas ditadas pelos ritmos das estações. A maioria era analfabeta e recebia pouca ou nenhuma educação, exceto aquela relacionada ao aprendizado de habilidades comerciais ou artesanais para sustentar suas vidas. A educação formal era reservada para os ricos e os associados à Igreja.[105]

Contudo, a Revolução Industrial, a partir de meados do século XVIII, revolucionou os métodos de fabricação, especialmente de lã e algodão, e originou novos produtos de ferro e aço. A introdução de ferramentas e máquinas a vapor impulsionou o transporte, permitindo viagens mais rápidas e distantes por meio de ferrovias e navios a vapor. Ademais, gerou uma grande demanda por energia de carvão e gás, impulsionando o surgimento de novas indústrias de mineração e refino de matérias-primas. Muitas pessoas migraram das áreas rurais para as cidades em busca de trabalho em fábricas e minas. Conforme a Revolução Industrial avançava no século XIX, uma nova estrutura social emergia. A classe trabalhadora urbana vendia sua força de trabalho em condições frequentemente precárias, enquanto uma nova classe média prosperava nas economias em transformação. Ambas passaram a pressionar por maior participação, dando lugar a uma nova ordem política.[106]

O industrialismo desencadeou um aumento contínuo nas taxas de produtividade, inicialmente na economia britânica e, em seguida, na Europa Continental, no norte dos Estados Unidos e no Alto Canadá. À medida que a indústria cresceu, o apoio à educação pública aumentou, levando à sua transformação de uma oferta limitada para a criação de sistemas generalizados e hierárquicos.[107] A influência do industrialismo afetou a estrutura da educação em massa, deixando uma marca na cultura organizacional das escolas.

Assim como as fábricas, as escolas são ambientes fechados com fronteiras definidas em relação ao mundo exterior. As escolas estabelecem horários de funcionamento e impõe regras de conduta, fundamentadas em princípios de uniformização e conformidade. Os alunos geralmente recebem conteúdos similares e são avaliados a partir de critérios padronizados de desempenho. O ensino é voltado para atender às exigências do sistema em vez das necessidades

---

105. ROBINSON, Ken. *Out of our minds*: learning to be creative. North Mankato: Capstone, 2011.
106. ROBINSON, Ken; ARONICA, Lou. *Creative schools*: the grassroots revolution that's transforming education. Londres: Penguin Books, 2016.
107. CARL, Jim. Industrialization and public education: social cohesion and social stratification. *Springer International Handbooks of Education*, Nova York, v. 22, 2009, p. 503-518. Disponível em: https://sci-hub.se/10.1007/978-1-4020-6403-6_32. Acesso em: 10 jun. 2024.

dos próprios estudantes, limitando sua criatividade e autonomia, bem como impedindo que desenvolvam plenamente suas habilidades.[108]

Os sistemas educacionais são estruturados de acordo com a idade dos alunos, agrupando-os com base em sua data de nascimento, como se a faixa etária fosse o fator mais relevante para a organização. (No Brasil, o sistema escolar é organizado de acordo com a idade dos estudantes, agrupando os alunos por faixas etárias específicas, conforme o modelo a seguir: Educação Infantil, com duração de 4 anos e alunos entre 0 a 3 anos; Pré-Escola: com duração de 3 anos e alunos entre 4 a 6 anos; Ensino Fundamental, com duração de 9 anos e alunos de 7 a 14 anos; Ensino Médio, com duração de 3 anos e alunos entre 15 a 17 anos; e Ensino Médio Técnico, com duração variável, entre 1 a 3 anos, que pode incluir cursos técnicos adicionais em períodos extraclasse aos alunos).[109]

Nas escolas de Ensino Médio, o dia é dividido em unidades de tempo padronizadas e as mudanças de atividade são anunciadas por sinais sonoros (sinos e campainhas). O ensino, fragmentado em disciplinas ministradas por diferentes professores, segue uma abordagem semelhante à de uma linha de montagem industrial.[110] A estrutura é baseada no princípio de produção linear, onde cada etapa é cuidadosamente planejada, com resultados gerais capazes de ser previstos com confiabilidade. A premissa subjacente é que, se os alunos seguirem o plano estabelecido pelo sistema, emergirão bem educados e preparados para enfrentar quaisquer desafios que o mundo possa lhes apresentar. Embora esse modelo tenha sido relevante por anos, Canário refere que os sistemas educacionais perderam seu prazo de validade e ultrapassaram um ponto sem retorno:

> A escola que temos hoje e que cresceu de uma maneira exponencial na segunda metade do século XX em todo o mundo, que é a escola herdada do século XIX, é uma escola que perdeu o prazo de validade, é obsoleta e não tem futuro. Não sou adivinho, não faço profecias, portanto não posso dizer como vai ser a educação daqui a cinquenta anos. Agora, o de que estou convicto é que a escola já está sofrendo uma mutação profunda e passando por uma situação que não tem volta, quer dizer, a escola não tem retorno, é uma suposta idade de ouro do passado em que funcionava bem, os atuais problemas que a escola tem, e que são muito graves, são inultrapassáveis com base na própria lógica da escola.[111]

---

108. ROBINSON, Ken. *Out of our minds*: learning to be creative. North Mankato: Capstone, 2011.

109. CAMPIONI, Paula. Sistema educacional brasileiro: entenda a divisão da nossa educação. *Politize*. Florianópolis, 27 jun. 2023. Disponível em: https://www.politize.com.br/sistema-educacional-brasileiro-entenda-a-divisao-da-nossa-educacao/. Acesso em: 16 jun. 2024.

110. HORN, Michael; STAKER, Heather. *Blended*: using disruptive innovation to improve schools. Hoboken: Jossey-Bass, 2014.

111. CANÁRIO, Rui. A educação não formal e os destinos da escola (Entrevista). In: MOSÉ. Viviane (Org.). *A escola e os desafios contemporâneos*. 4. ed. Rio de Janeiro, Civilização Brasileira, 2015.

O modelo educacional, ora moldado pela lógica da modernidade, enfrenta desafios significativos, demandando a busca por abordagens que promovam processos de ensino e aprendizagem mais profundos, incentivando a criatividade e a formação de indivíduos plenamente capacitados.[112] Frente ao declínio dos sistemas educacionais, deve-se construir uma nova estrutura capaz de enfrentar os desafios contemporâneos de forma eficaz:

> Em todos os lugares e não somente na escola, o programa institucional declina. E essa mutação é muito mais ampla que a simples confrontação da escola com novos alunos e com os problemas engendrados por novas demandas. É também porque se trata de uma mutação radical que a identidade dos atores da escola fica fortemente perturbada, para além dos problemas específicos com os quais eles se deparam. A escola foi um programa institucional moderno, mas um programa institucional apesar de tudo. Hoje somos "ainda mais modernos", as contradições desse programa explodem, não apenas sob o efeito de uma ameaça externa, mas de causas endógenas, inscritas no germe da própria modernidade.[113]

Entre os autores brasileiros comprometidos em encontrar respostas para superar os desafios da educação no âmbito jurídico, merecem destaque Streck e Rocha, ambos professores permanentes do PPG em Direito da Unisinos. Para Streck, o ensino jurídico continua preso a práticas antiquadas. Embora a pesquisa jurídica tenha avançado consideravelmente com a expansão dos PPGs, esses avanços não se manifestam nas salas de aula dos cursos de graduação. Os exemplos adotados em sala de aula ou em determinadas obras jurídicas estão desconectados da realidade, o que resulta de uma cultura padronizada. Há uma proliferação de manuais que buscam "explicar" o Direito com base em verbetes jurisprudenciais descontextualizados, tanto histórica quanto temporalmente. O resultado da crise na educação jurídica é um Direito desvinculado da sociedade.[114]

Ao analisar a crise da educação jurídica contemporânea, Rocha e Costa destacam um crescente movimento de compartimentalização do conhecimento, observado nas estruturas curriculares do Direito. As disciplinas organizam-se de maneira verticalizada, distribuídas ao longo de vários semestres, resultando em pouca ou nenhuma interação entre elas. Como consequência dessa formação fragmentada, tanto alunos quanto professores demonstram resistência a uma

---

112. CANDAU, Vera Maria. Prefácio. In: PISCHETOLA, Magda; MIRANDA, Lyana Thédiga de. *A sala de aula como ecossistema*: tecnologias, complexidade e novos olhares para a educação. Petrópolis: Vozes, 2021.

113. DUBET, François. Mutações cruzadas: a cidadania e a escola. *Revista Brasileira de Educação*, v. 16, n. 47, 2011, p. 289-305. Disponível em: https://www.scielo.br/j/rbedu/a/bzZkFChRWYBRmyfnbbDq-NHT/?lang=pt. Acesso em: 16 jun. 2024.

114. STRECK, Lenio Luiz. Hermenêutica e ensino jurídico em Terrae Brasilis. Revista da Faculdade de Direito UFPR, Curitiba, v. 46, p. 23-54, 2007. Disponível em: https://revistas.ufpr.br/direito/article/view/13495. Acesso em: 6 jul. 2024.

abordagem integrada de construção do conhecimento.[115] Os educadores, em particular, tendem a trabalhar de forma isolada, desenvolvendo seus conteúdos de maneira independente e sem colaboração com outras áreas do curso. A metodologia pedagógica predominante nas escolas de Direito é centrada no professor, relegando o estudante ao papel de mero ouvinte em aulas com pouca ou nenhuma interação. Esse paradigma, no entanto, precisa ser superado:

> [...] pensar a educação jurídica no século XXI exige o rompimento desse modelo paradigmático. É preciso, para tanto, enfrentar a incapacidade das faculdades de Direito de formarem profissionais aptos a atuarem em um contexto que convive com a insegurança, o risco, os paradoxos e as contingências. Isso porque o paradigma adotado tradicionalmente pela ciência (e que tem consequências em sistemas como o educativo e o jurídico) está centrado nos postulados de ordem, certeza e estabilidade.[116]

Para Hupffer, a educação jurídica deve estar alinhada com os interesses da sociedade democrática e acompanhar as transformações no Direito, notadamente diante do surgimento de novas áreas jurídicas. O aluno recebe frequentemente apenas instruções sobre como aplicar a lei a determinados fatos, sem desenvolver a capacidade crítica necessária para questionar a realidade social e entender uma norma em sua concretude e historicidade. Conforme a professora, um dos fatores que impacta diretamente a qualificação profissional dos futuros bacharéis em Direito é o excesso de criação de cursos de Direito no Brasil nos últimos anos.[117] Enquanto na década de 1980 os cursos de Direito estavam predominantemente localizados em universidades nas regiões metropolitanas e em instituições públicas e comunitárias, a década de 1990 foi marcada por uma verdadeira explosão na oferta desses cursos.[118]

A proibição da abertura de novos cursos de Direito no Brasil não é, porém, a solução para a crise na educação jurídica. Segundo Hupffer, é necessário implementar um sistema de supervisão rigoroso para avaliar a qualidade da expansão existente e aumentar as possibilidades de um controle eficaz das variáveis envolvidas no processo. Propostas que ofereçam diferenciação na oferta, com ênfase na diversificação pedagógica e de conteúdos, são igualmente bem-vindas. Para a

---

115. COSTA, Bárbara Silva; ROCHA, Leonel Severo. Educação jurídica e a formação de profissionais do futuro. Curitiba: Appris, 2018.
116. COSTA, Bárbara Silva; ROCHA, Leonel Severo. Educação jurídica e a formação de profissionais do futuro. Curitiba: Appris, 2018.
117. HUPFFER, Haide Maria. Educação jurídica e hermenêutica filosófica. 2006. 381 f. Tese (Doutorado em Direito) – Universidade do Vale do Rio dos Sinos, Programa de Pós-Graduação em Direito, São Leopoldo, 2006.
118. Streck destaca que o crescimento dos PPGs é significativamente menor em comparação com a rápida proliferação de novas faculdades de direito nos últimos anos. In: STRECK, Lenio Luiz. Hermenêutica e ensino jurídico em Terrae Brasilis. Revista da Faculdade de Direito UFPR, Curitiba, v. 46, p. 23-54, 2007. Disponível em: https://revistas.ufpr.br/direito/article/view/13495. Acesso em: 6 jul. 2024.

professora, é essencial manter a abertura para projetos inovadores, pois mesmo instituições de ensino de menor porte têm o potencial de se tornarem referências em qualidade e inovação.[119]

As instituições que se abrem para projetos inovadores têm a capacidade de desenvolver ambientes transformadores que vão além do ensino convencional, afastando-se do modelo hierarquizado, repetitivo e previsível, à semelhança das "aulas mágicas" de Warat. Freitas observa que o encontro pedagógico muitas vezes se caracteriza por uma rotina repetitiva, na qual o docente segue um ritual padronizado: entra na sala de aula, começa a preencher o quadro, para, só então, criar conexões com os alunos, iniciando a transferência de conhecimento ao longo da aula, o que resulta em uma relação pedagógica superficial.[120] Warat seguiu um caminho diferente, rompendo com esse método simplista e buscando estabelecer uma relação pedagógica profunda com seus alunos. O professor argentino adotava uma abordagem em sala de aula marcada pela ludicidade, pelo amor, pelo diálogo e pelas provocações. Essas características eram a essência de sua prática, projetadas para romper a postura passiva dos alunos e superar a estagnação de um modelo de ensino puramente transmissivo:[121]

> Ministro sempre uma lição de amor, provoco e teatralizo um território de carências. Quando invado uma sala de aula se amalgamam ludicamente todas as ausências afetivas. O aprendizado é sempre um jogo de carências. De diferentes maneiras, sempre me preocupo em expor a crítica à vontade de verdade, partir da vontade do desejo, como bom alquimista que sou, transformo o espaço de uma sala de aula em um circo mágico. [122]

A ideia de "aula mágica" é ilustrada por Rocha, em um texto baseado em sua palestra durante o II Congresso da Associação Brasileira de Pesquisadores de Sociologia do Direito (ABRASD), realizado em Porto Alegre, em 2011. Rocha enfatiza que o conceito busca transformar a sala de aula em um espaço onde a aprendizagem se torna uma experiência envolvente e ativa. Warat utiliza a afetividade como um elemento essencial para criar um ambiente onde os alunos

---

119. HUPFFER, Haide Maria. Educação jurídica e hermenêutica filosófica. 2006. 381 f. Tese (Doutorado em Direito) – Universidade do Vale do Rio dos Sinos, Programa de Pós-Graduação em Direito, São Leopoldo, 2006.

120. FREITAS, Vinícius Maia. A aula mágica de Luis Alberto Warat: prática docente e ensino jurídico no Brasil. 2019. 137 f. Dissertação (Mestrado em Educação e Contemporaneidade) – Departamento de Educação, Universidade do Estado da Bahia, Salvador, 2019. Disponível em: https://periodicos.ufpi. br/index.php/epeduc/article/view/1872. Acesso em: 6 jul. 2024.

121. FREITAS, Vinícius Maia. A aula mágica de Luis Alberto Warat: expandindo a docência no ensino jurídico. Revista Epistemologia e Práxis Educativa, Teresina, ano 04, v. 04, n. 04, p. 120-128, set./dez. 2020. Disponível em: https://revistas.ufpi.br/index.php/epeduc/article/view/11610. Acesso em: 06 jul. 2024.

122. WARAT, Luis Alberto. A ciência jurídica e seus dois maridos. 2. ed. Santa Cruz do Sul: EDUNISC, 1985.

se sintam valorizados e motivados a participar. A "aula mágica" oferece a cada aluno uma sensação de ser especial, incentivando um sentimento de privilégio e pertencimento. O objetivo é promover o engajamento significativo dos alunos, contribuindo para "construir, desde a sala de aula, um novo mundo".[123]

> Um professor que comunica ao exigir a abertura do sentido. Não pretende exercer uma postura dominadora e centralizadora do processo pedagógico, mas uma atitude capaz de proporcionar um tapete mágico onde os alunos começassem a assumir um papel mais ativo nessa viagem. Com isso revelou o segredo para um momento importantíssimo de criação, quando um professor conseguiria transformar a sala de aula num lugar mágico, onde se criaria algo que, a princípio, seria impossível. Esse processo pressupõe a afetividade como um elemento fundamental. Na constituição desses espaços é notável a capacidade de Warat em fazer com que todos os seus alunos se sentissem como sendo prediletos. Como um bom sedutor, todos se sentiam escolhidos. Uma espécie de Don Juan dos professores, num bom sentido, ou em todos os sentidos. Embora todos os alunos se sentissem privilegiados, por acharem terem sido escolhidos por ele, lamento dizer, nem todos eram contemplados. Esta é a ideia da Aula Mágica.[124]

A crise da educação jurídica é um problema multifacetado, que vem sendo analisado também no contexto das novas tecnologias. Arrabal destaca que a introdução das tecnologias digitais no Direito é relativamente recente, com a informatização dos processos judiciais ganhando impulso significativo apenas a partir de 2006. A informatização tornou-se essencial para o Direito apenas nas últimas duas décadas. Esse atraso deve-se a duas razões: por um lado, "as Tecnologias da Informação precisaram atingir maturidade estrutural mínima para que as condições operacionais fossem viáveis às instituições jurídicas"; por outro, a geração dos nativos digitais "precisou gradualmente pertencer aos diversos espaços do Direito, para que então fossem possíveis aproximações epistêmicas e operacionais".[125]

O professor enfatiza a importância de uma transição de uma educação centrada em conteúdos disciplinares para uma focada no desenvolvimento de

---

123. ROCHA, Leonel Severo. A aula mágica de Luis Alberto Warat: genealogia de uma pedagogia da sedução para o ensino do Direito. In: ROCHA, Leonel Severo; ENGELMANN, Wilson; STRECK, Lenio Luiz. (Org.). Constituição, sistemas sociais e hermenêutica - Anuário do Programa de Pós-Graduação em Direito da UNISINOS: mestrado e doutorado. Porto Alegre: Livraria do Advogado, 2012, v. 9, p. 203-212.

124. ROCHA, Leonel Severo. A aula mágica de Luis Alberto Warat: genealogia de uma pedagogia da sedução para o ensino do Direito. In: ROCHA, Leonel Severo; ENGELMANN, Wilson; STRECK, Lenio Luiz. (Org.). Constituição, sistemas sociais e hermenêutica - Anuário do Programa de Pós-Graduação em Direito da UNISINOS: mestrado e doutorado. Porto Alegre: Livraria do Advogado, 2012, v. 9, p. 203-212.

125. ARRABAL, Alejandro Knaesel. Ensino jurídico e competências digitais em perspectiva: Interseções entre as diretrizes curriculares dos cursos de direito e a política nacional de educação digital. Revista Eletrônica Direito & TITI, Porto Alegre, v. 2, n. 18, p. 62-86, 2024. Disponível em: http://direitoeti. com.br/. Acesso em: 6 jul. 2024.

competências, alertando igualmente para os desafios no contexto tecnológico atual.[126] Os obstáculos incluem a necessidade de uma infraestrutura tecnológica adequada e acessível para todos os alunos e professores, garantindo que todos possam aproveitar o potencial das novas ferramentas e recursos digitais; a capacitação contínua dos educadores, permitindo que integrem eficazmente as tecnologias digitais em suas práticas pedagógicas e se adaptem às mudanças constantes do ambiente digital; e uma educação que ofereça aos alunos a oportunidade de participar ativamente e de forma transformadora, abordando as questões e desafios específicos de suas vidas.

Apesar da constatação do declínio dos sistemas educacionais, observada por muitos pesquisadores e estudiosos no decorrer dos tempos, é curioso notar que a educação sempre esteve intrinsecamente ligada à tecnologia. As primeiras tecnologias educacionais datam do século XV, com o surgimento do *horn-book* (1450), uma placa de madeira utilizada para alfabetização infantil e para transmitir textos religiosos. Com cerca nove polegadas de comprimento e cinco a seis polegadas de largura, essa placa servia de suporte para uma folha ou página, geralmente apresentando o alfabeto, os nove dígitos (números de 1 a 9) e o Pai Nosso. O conteúdo impresso ou escrito era protegido por uma fina camada de chifre transparente, fixada à madeira por uma moldura, geralmente de latão.[127] Conforme Bruzzi, essa tecnologia era utilizada com uma dupla finalidade, tanto para instrução quanto para disciplina de alunos dispersos ou com dificuldades de aprendizagem.[128]

Como destaca Haran,[129] embora Johannes Gutenberg tenha inventado a prensa em 1436, o primeiro livro (a Bíblia) somente foi impresso em 1455. Devido ao custo elevado e à escassez de obras publicadas nos anos subsequentes, os livros não eram amplamente utilizados na educação primária. Assim, o *horn-book* emergiu como uma solução rudimentar e econômica para ensinar crianças a ler, preenchendo a lacuna deixada pela falta de acesso a livros impressos. Embora tenha sido útil na época, ele tornou-se obsoleto à medida que os custos de impressão diminuíram e os textos se tornaram amplamente disponíveis.

---

126. ARRABAL, Alejandro Knaesel. Ensino jurídico e competências digitais em perspectiva: Interseções entre as diretrizes curriculares dos cursos de direito e a política nacional de educação digital. Revista Eletrônica Direito & TITI, Porto Alegre, v. 2, n. 18, p. 62-86, 2024. Disponível em: http://direitoeti. com.br/. Acesso em: 6 jul. 2024.

127. TUER, Andrew W. *History of the horn-book*. Nova York, Arno Press: 1979.

128. BRUZZI, Demerval Guilarducci. Uso da tecnologia na educação, da história à realidade atual. *Polyphonía*, Goiânia, v. 27, n. 1, 2016, p. 475-483. Disponível em: https://revistas.ufg.br/sv/article/view/42325. Acesso em: 16 jun. 2024.

129. HARAN, Michael. A history of education technology. Institute of Progressive Education & Learning. 29 maio 2015. Disponível em: https://institute-of-progressive-education-and-learning.org/a-history- -of-education-technology/. Acesso em: 16 jun. 2024.

Mais adiante, no século XVII, surgiu uma tecnologia precursora do projetor de slides, conhecida como lanterna mágica,[130] que empregava um espelho côncavo posicionado atrás de uma fonte de luz para projetar imagens de slides de vidro pintados em uma superfície, como uma parede. A invenção é associada ao cientista Christiaan Huygens, entre 1640 e 1660, e a primeira descrição do dispositivo é atribuída ao sacerdote Athanasius Kircher, em sua obra "Ars Magna Lucis et Umbrae", publicada em 1645. Contudo, foi o empreendedor Thomas Rasmussen Walgenstein quem efetivamente deu o nome de "lanterna mágica" ao invento de Huygens e desempenhou um papel crucial em sua disseminação.

Segundo Molenda,[131] a utilização das lanternas mágicas na educação foi inicialmente limitada em razão do alto custo de aquisição e manutenção dos aparelhos, que funcionavam com gás, óleo ou hidrogênio combinados com cal, todos os quais com um custo elevado por hora de uso. A invenção da iluminação incandescente alimentada por eletricidade por Thomas Edison na década de 1890 tornou a projeção de slides mais acessível e, no século XIX, as lanternas mágicas passaram a ser amplamente utilizadas na educação. (No final da Primeira Guerra Mundial, o sistema escolar público de Chicago, nos Estados Unidos, possuía uma coleção de aproximadamente 8.000 slides de lanternas mágicas.)

No século XIX, surgiram duas tecnologias precursoras do quadro branco: as lousas de ardósia, apresentadas em 1801 e destinadas ao uso individual por cada estudante, e os quadro-negros, introduzidos em 1841. Embora as lousas de ardósia fossem mais fáceis de manusear, aprender a integrar o quadro-negro ao ensino em sala de aula não foi uma tarefa simples. Por anos, essa tecnologia não foi amplamente adotada até que os professores perceberam que poderiam utilizá-la para instrução em grupo. No final do século XIX, o quadro-negro tornou-se um elemento permanente na maioria das salas de aula. Apesar de parecer contraditório chamá-lo de "tecnologia educacional", ele é um dos poucos inventos que resistiram ao teste do tempo e ainda são usados nas salas de aula.[132]

Entre os anos de 1850 e 1870 foi introduzida outra tecnologia educacional: o ferule, que consistia em um grosso espeto de madeira utilizado como indicador. À semelhança do *horn-book*, também era usado como dispositivo de punição

---

130. BRUZZI, Demerval Guilarducci. Uso da tecnologia na educação, da história à realidade atual. *Polyphonía*, Goiânia, v. 27, n. 1, 2016, p. 475-483. Disponível em: https://revistas.ufg.br/sv/article/view/42325. Acesso em: 16 jun. 2024.

131. MOLENDA, Michael. Historical foundations. In: SPECTOR, J. Michael; MERRILL, M. David; VAN MERRIËNBOER, Jeroen; DRISCOLL, Marcy P. (Ed.). *Handbook of research on educational communications and technology*. 3. ed. New York: Routledge, 2008.

132. HARAN, Michael. A history of education technology. *Institute of Progressive Education & Learning*. 29 maio 2015. Disponível em: https://institute-of-progressive-education-and-learning.org/a-history-of-education-technology/. Acesso em: 16 jun. 2024.

corporal, sendo principalmente usado por professores e diretores para disciplinar alunos desobedientes. Enquanto alguns modelos apresentavam pontas afiadas, outros possuíam discos pesados nas extremidades, que eram usados para golpear a palma da mão dos alunos.[133] Embora os registros históricos sugiram que o ferule tenha sido desenvolvido no século XIX, pinturas de artistas do século XVII, como "Salão de Aula com Retrato de uma Família", de Jan Miense Molenaer (1634), "Interior de uma Sala de Aula", de Matthys Naiveu (1647), e "O Mestre Escolar", de Jan Steen (1663), revelam que instrumentos similares já eram usados para punição escolar.

Na virada do século XX, surgiram os lápis de grafite, que prontamente se tornaram disponíveis e gradualmente passaram a substituir as lousas escolares. Segundo Bruzzi,[134] a partir desse momento, ocorreram "apenas melhoramentos (aperfeiçoamento com base nas tecnologias já existentes) das invenções já descritas". A tabela a seguir ilustra a evolução das tecnologias educacionais, desde os primórdios até os dias atuais:

Tabela 3 – Evolução das tecnologias educacionais

Nome, data e descrição	Ilustração
Horn-book (1450) Essa tecnologia emergiu como uma solução rudimentar e econômica para ensinar crianças a ler, preenchendo a lacuna deixada pela falta de acesso a livros impressos.	

---

133. BRUZZI, Demerval Guilarducci. Uso da tecnologia na educação, da história à realidade atual. *Polyphonía*, Goiânia, v. 27, n. 1, 2016, p. 475-483. Disponível em: https://revistas.ufg.br/sv/article/view/42325. Acesso em: 16 jun. 2024.

134. BRUZZI, Demerval Guilarducci. Uso da tecnologia na educação, da história à realidade atual. *Polyphonía*, Goiânia, v. 27, n. 1, 2016, p. 475-483. Disponível em: https://revistas.ufg.br/sv/article/view/42325. Acesso em: 16 jun. 2024.

Lanterna mágica (1640) Empregava um espelho côncavo posicionado atrás de uma fonte de luz para projetar imagens de slides de vidro pintados em uma superfície, como uma parede.	
Lousas de ardósia (1801) Inicialmente eram destinadas ao uso individual por cada estudante. Os alunos utilizavam as lousas para escrever a matéria e responder perguntas do professor.	
Quadro-negros (1841) Foi introduzido em 1841 e, no fim do século XIX, tornou-se um elemento permanente na maioria das salas de aula, vigorando até hoje.	
Ferule (1850) Era um espeto grosso de madeira usado como indicador ou apontador. Também era usado por professores para disciplinar alunos que não cumpriam as regras escolares.	
Lápis de grafite (1901) Surgiram na virada do século XX e prontamente se tornaram disponíveis. Gradualmente, os lápis passaram a substituir as lousas escolares.	

Estereoscópio (1905)

Em 1905, a Keystone View Company introduziu os estereoscópios nas escolas, oferecendo conjuntos educacionais tridimensionais com centenas de imagens.

Projetor de Tira de Filme (1925)

Precursor do projetor de cinema, esse dispositivo projetava imagens fotográficas sequenciais em uma tela ou superfície para exibição.

Rádio (1925)

Nova York foi pioneira na transmissão de lições para escolas por meio de uma estação de rádio.

Nas décadas seguintes, a cidade transmitiu programas para milhões de alunos americanos.

Retroprojetor (1930)

O retroprojetor inicialmente foi usado pelo Exército dos EUA, durante a Segunda Guerra Mundial, para treinar suas tropas.

Mais tarde, o dispositivo acabou sendo adotado em escolas.

Mimeógrafo (1940)

O Mimeógrafo ganhou destaque por volta de 1940. A máquina produzia cópias através de um mecanismo de manivela manual e persistiu até a era das máquinas de xerox.

Fones de ouvido para ensino (1950)

Inspiradas na eficácia do aprendizado de línguas por meio de exercícios e repetição, as escolas começaram a construir laboratórios equipados com recursos de áudio.

Acelerador de leitura (1957)

Com uma barra de metal ajustável que ajudava o leitor a percorrer uma página, o dispositivo busca melhorar a eficiência da leitura.

Máquina de Ensino de Skinner (1957)

Esse dispositivo desenvolvido por Burrhus Skinner buscava solucionar o problema do déficit no processo de aprendizagem humana.

Televisão educacional (1958) No início dos anos 1960, havia nos EUA mais de 50 canais que incluíam programação educacional.	
Corretivo líquido (1956) Em 1956, Bette Nesmith Graham inventou o primeiro fluido corretivo em sua cozinha. O produto segue sendo usado até os dias de hoje no contexto educacional.	
Visualizador de Tira de Filme (1965) Permitia aos usuários visualizar e analisar tiras de filme de maneira mais direta e individualizada, sem a necessidade de projetá-las em uma tela grande.	
Calculadora portátil (1972) Os professores foram lentos em adotá-las com medo de que elas minassem a aprendizagem de habilidades básicas.	

Scantron (1972)
A Scantron Corporation simplificou a correção de exames de múltipla escolha, oferecendo máquinas gratuitas para uso, mas gerando receita por meio da venda de formulários de correção proprietários.

Plato (1980)
O Plato (*Programmed Logic for Automated Teaching Operations*) era um sistema de computadores desenvolvidos principalmente para educação e treinamento.

Drive de CD-ROM (1985)
Um único disco de CD-ROM poderia armazenar vasto conteúdo educacional, incluindo enciclopédias completas, vídeos instrutivos e áudios.

Calculadora gráfica portátil (1985)
Facilitou a resolução de equações cartesianas e a compreensão de conceitos matemáticos de forma mais visual e interativa.

2 • DESPERTANDO PARA MÚLTIPLAS DIMENSÕES NA EDUCAÇÃO

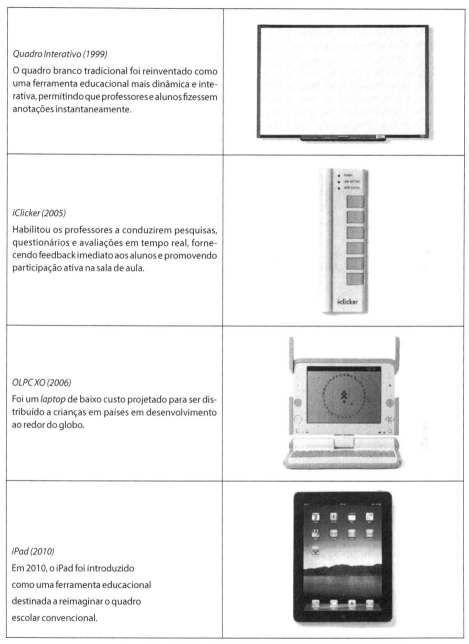

Quadro Interativo (1999) O quadro branco tradicional foi reinventado como uma ferramenta educacional mais dinâmica e interativa, permitindo que professores e alunos fizessem anotações instantaneamente.	
iClicker (2005) Habilitou os professores a conduzirem pesquisas, questionários e avaliações em tempo real, fornecendo feedback imediato aos alunos e promovendo participação ativa na sala de aula.	
OLPC XO (2006) Foi um *laptop* de baixo custo projetado para ser distribuído a crianças em países em desenvolvimento ao redor do globo.	
iPad (2010) Em 2010, o iPad foi introduzido como uma ferramenta educacional destinada a reimaginar o quadro escolar convencional.	

Fonte: elaborado pelo autor com base em The New York Times[135]

---

135. THE NEW YORK TIMES. New York, The New York Times, 2010. Disponível em: https://archive.nytimes.com/www.nytimes.com/interactive/2010/09/19/magazine/classroom-technology.html?_r=0. Acesso em: 26 mar. 2024.

Parte das estruturas, princípios e tecnologias descritas foi também implementada nos sistemas educacionais brasileiros. Resgatando suas memórias de adolescência, na década de 1970, Schlemmer, Backes e Palagi recordam que a estrutura das escolas no Brasil era composta basicamente por formas quadradas ou retangulares, como salas de aulas, bibliotecas e cantinas, e longos corredores com quadras e ginásios:

> Grama, árvore e flores disputavam espaço entre pedras e concreto. Com o tempo, chegaram os muros, demarcando os limites desse espaço. A sala de aula, um espaço mais ou menos padronizado quanto ao tamanho, janelas e número de classes, comportava também a classe do professor, um armário e um quadro verde ou preto que ocupava praticamente toda a largura de uma das paredes, giz, às vezes colorido e apagador. Com exceção dos vinte minutos de recreio e das aulas de educação física esse, certamente, foi o espaço mais habitado por todos nós. Era na sala de aula, com o professor, nas bibliotecas públicas e nas enciclopédias Delta-Larrousse e Barsa que tinham acesso à informação.[136]

As autoras, que passaram a habitar o mesmo espaço como professoras no final dos anos 1980, recordam que "o material passou a ser composto por cadernos de chamada, mais livros, caixa de giz e caneta vermelha para corrigir as tarefas, testes e provas, e, em algumas situações, flanelógrafo, quadro de pregas, ábaco e caixa de materiais". Com o tempo, surgiram as máquinas de xerox, os retroprojetores e os quadros brancos. Os computadores, que hoje atuam como próteses cognitivas",[137] amplificando as capacidades dos usuários e potencializando sua velocidade, foram introduzidos logo após, inicialmente nos laboratórios de informática e nas salas dos professores, para elaboração de exercícios, testes e provas. Quanto ao desenho arquitetônico da escola, permanecia muito similar, mas, além dos muros, começavam a aparecer grades, cercas elétricas e arames.[138]

Na década de 1990, testemunhou-se o surgimento dos primeiros celulares, que simplificaram a comunicação móvel e sem fio. Já nos anos 2000, houve um grande avanço tanto na capacidade computacional quanto na conectividade, e a internet deixou de ser apenas uma ferramenta para conectar computadores (Web 1.0), passando a conectar também pessoas (Web 2.0). A comunicação assumiu

---

136. SCHLEMMER, Eliane; BACKES, Luciana; PALAGI, Ana Maria Marques. O habitar do ensinar e do aprender onlife: vivências na educação contemporânea. In: SCHLEMMER, Eliane; BACKES, Luciana; BITTENCOURT, João Ricardo; PALAGI, Ana Maria Marques (Org.). *O habitar do ensinar e do aprender onlife*: vivências na educação contemporânea. São Leopoldo: Casa Leiria, 2021. p. 35-60.

137. KASTRUP, Virgínia. Novas tecnologias cognitivas: o obstáculo e a invenção. In: PELLANDA, Nize Maria Campos; PELLANDA, Eduardo Campos (Org.). *Ciberespaço: um hipertexto com Pierre Lévy*. Porto Alegre: Artes e Ofícios, 2000. p. 38-54.

138. SCHLEMMER, Eliane; BACKES, Luciana; PALAGI, Ana Maria Marques. O habitar do ensinar e do aprender onlife: vivências na educação contemporânea. In: SCHLEMMER, Eliane; BACKES, Luciana; BITTENCOURT, João Ricardo; PALAGI, Ana Maria Marques (Org.). *O habitar do ensinar e do aprender onlife*: vivências na educação contemporânea. São Leopoldo: Casa Leiria, 2021.

uma abordagem multidirecional. Os aparelhos celulares evoluíram para *smartphones* e logo as pessoas possuíam redes sem fio (Wi-Fi e 3G).[139] A pandemia de COVID-19, que ainda perdura, acelerou ainda mais a adoção de tecnologias digitais, exigindo que educadores, alunos e pais se adaptem a uma variedade de recursos em rede para garantir a continuidade do processo educativo.

Nesse sentido, compreender a evolução da Web 1.0, 2.0 e 3.0 é fundamental para contextualizar o cenário atual da tecnologia e da comunicação. A Web 1.0, também chamada de "Web Estática", marcou a primeira fase da *World Wide Web*, em especial durante a década de 1990 e o início dos anos 2000. Ela foi concebida conforme a visão inicial de Tim Berners-Lee em 12 de março de 1989. Nessa fase inicial da internet, houve distinções significativas no que diz respeito à funcionalidade, interatividade e *design* de *sites* em comparação com versões posteriores. Os sítios eletrônicos da Web 1.0 eram predominantemente estáticos, compostos por páginas HTML simples que apresentavam informações fixas e destinavam-se principalmente à leitura passiva. As informações eram estáticas por longos períodos, com poucas atualizações em tempo real, e a interação era limitada, com os visitantes tendo poucas oportunidades de participação além de formulários de contato. Os *sites* eram simples, com *layouts* básicos, cores e gráficos limitados.[140]

Na era da Web 1.0, as redes sociais ainda não existiam como na atualidade, e a comunicação *online* era principalmente por e-mail, fóruns de discussão e alguns serviços de mensagens instantâneas, como o mIRC (*Microsoft Internet Relay Chat*). A personalização do conteúdo com base nas preferências do usuário era praticamente inexistente nessa fase inicial da internet, e o comércio eletrônico, embora em desenvolvimento, era primitivo em comparação com as plataformas avançadas de compras online atuais. A Web 1.0 foi uma etapa fundamental que lançou os alicerces para o futuro desenvolvimento da internet. No entanto, com o avanço da tecnologia e a expansão da conectividade, surgiu a Web 2.0, marcada por uma interatividade muito mais robusta e pela participação ativa dos usuários na produção de conteúdo e no engajamento em redes sociais.[141]

---

139. SCHLEMMER, Eliane; BACKES, Luciana; PALAGI, Ana Maria Marques. O habitar do ensinar e do aprender onlife: vivências na educação contemporânea. In: SCHLEMMER, Eliane; BACKES, Luciana; BITTENCOURT, João Ricardo; PALAGI, Ana Maria Marques (Org.). *O habitar do ensinar e do aprender onlife*: vivências na educação contemporânea. São Leopoldo: Casa Leiria, 2021.

140. TERRA, John. What is web 1.0, web 2.0, and web 3.0? definitions, differences & similarities. *Simplilearn*. Califórnia, 7 ago. 2023. Disponível em: https://www.simplilearn.com/what-is-web-1-0-web-2-0-and-d-web-3-0-article. Acesso em: 16 jun. 2024.

141. O'REILLY, Tim. What is web 2.0: design patterns and business models for the next generation of software. In: O'REILLY. Califórnia, 30 set. 2005. Disponível em: https://www.oreilly.com/pub/a/web2/archive/what-is-web-20.html. Acesso em: 16 jun. 2024.

A Web 2.0, também conhecida como "Web Social e Interativa", representou uma evolução significativa em relação à Web 1.0,[142] marcando uma mudança fundamental na interação e uso da internet. O conceito surgiu durante uma conversa pré-evento entre Tim O'Reilly, fundador da O'Reilly Media, e Dale Dougherty, pioneiro da web. A expressão rapidamente ganhou popularidade e, em menos de dois anos, já contava com mais de 9 milhões de citações no Google. A interatividade aumentou consideravelmente na nova fase da internet. Os usuários deixaram de ser consumidores passivos para se tornarem ativos, criando, compartilhando, comentando e interagindo, tanto com conteúdo quanto com outros usuários, em *blogs*, fóruns, *wikis* e, especialmente, em redes sociais.

Plataformas como Facebook, Twitter e MySpace revolucionaram as conexões *online*, permitindo o compartilhamento de atualizações pessoais, fotos e interações com amigos e seguidores. Paralelamente, *blogs* e *fotologs* (semelhantes aos *blogs* tradicionais, mas com foco em imagens) emergiram como meios populares para expressar opiniões e compartilhar informações relevantes. Ferramentas como WordPress, Blogger e Tumblr democratizaram a criação de *blogs*, alcançando uma audiência global. Além disso, plataformas como YouTube (para vídeos) e Flickr (para fotos) facilitaram o *upload*, compartilhamento e interação com diversos tipos de mídia, resultando numa explosão de conteúdo *online*. A popularização dos feeds RSS também foi notável, permitindo aos usuários acompanhar e agregar conteúdo de várias fontes em um único local, impulsionando a disseminação de informações.[143]

Os *sites* evoluíram para proporcionar experiências mais personalizadas, introduzindo mecanismos de recomendação baseados no histórico de navegação. No comércio eletrônico, a Web 2.0 impulsionou um desenvolvimento significativo, oferecendo uma experiência de compra *online* com avaliações de produtos, recomendações personalizadas e interação com outros compradores, além de opções de pagamento cada vez mais seguras. Os dispositivos móveis foram fundamentais nesse cenário, dando início à revolução móvel ao levar a internet dos lares para *smartphones* e tablets. A partir de 2007, tornaram-se essenciais para a expansão da Web 2.0, possibilitando o acesso à internet de qualquer lugar. A Web 2.0 representou uma transformação significativa na maneira como as pessoas interagem na internet, possibilitando maior colaboração, interatividade e parti-

---

142. TERRA, John. What is web 1.0, web 2.0, and web 3.0? definitions, differences & similarities. *Simplilearn*. Califórnia, 7 ago. 2023. Disponível em: https://www.simplilearn.com/what-is-web-1-0-web-2-0-and-web-3-0-article. Acesso em: 16 jun. 2024.

143. O'REILLY, Tim. What is web 2.0: design patterns and business models for the next generation of software. In: O'REILLY. Califórnia, 30 set. 2005. Disponível em: https://www.oreilly.com/pub/a/web2/archive/what-is-web-20.html. Acesso em: 16 jun. 2024.

cipação ativa dos usuários. Ademais, preparou o terreno para futuras inovações e avanços na *web*, incluindo o surgimento da Web 3.0, que busca tornar a internet mais inteligente e semântica.[144]

A Web 3.0, também chamada de "Web Semântica" ou "Web Inteligente", representa uma visão em constante desenvolvimento da internet que marca uma evolução significativa em relação às fases anteriores. A expressão "Web 3.0" foi originalmente introduzida pelo jornalista John Markoff,[145] do *The New York Times*, em novembro de 2006. Em 2014, Gavin Wood e Vitalik Buterin, cofundadores da Ethereum, plataforma descentralizada capaz de executar contratos inteligentes e aplicações descentralizadas usando a tecnologia *blockchain*, popularizaram o termo ao referir-se a esse novo estágio como "Web3", motivo pelo qual são frequentemente citados como criadores do termo.

A Web 3.0 tem como foco principal a criação de uma internet mais inteligente, na qual as máquinas são capazes de compreender e interpretar dados de forma avançada. A característica fundamental da Web 3.0 é a semântica, que possibilita à internet entender o significado dos dados, aprimorando a pesquisa e a relevância das informações encontradas. Tanto a inteligência artificial quanto a *blockchain* desempenham um papel fundamental no contexto da Web 3.0, possibilitando a automação de tarefas complexas, a criação de sistemas interativos, a implementação de contratos inteligentes e o estabelecimento de modelos de negócios descentralizados. A integração mais abrangente da realidade virtual (VR) e aumentada (AR) promete criar ambientes online mais imersivos e interativos, abrindo novas possibilidades para trabalho, aprendizado e entretenimento, além de permitir uma personalização avançada, adaptando os serviços às preferências dos usuários.

Mesmo com todos os avanços tecnológicos e a crescente conectividade, percebe-se que a infraestrutura dos sistemas educacionais, o modelo de aula magistral e o *design* do processo de ensino-aprendizagem permanecem similares ao formato de antigamente. Para Streck, embora os professores possam agora usar recursos como o *PowerPoint* ou *tablets*, o cerne da abordagem permanece o mesmo: o detentor do conhecimento lê para os alunos o que está projetado, enquanto os estudantes apenas escutam e copiam.[146] Segundo Neves, o papel

---

144. JACOB, Raphael Rios Chaia. *Liberdade de expressão, internet e telecidadania*. 2. ed. São Paulo: Literando, 2023.

145. MARKOFF, John. Entrepreneurs see a web guided by common sense. *The New York Times*. Nova York, 12 nov. 2006. Disponível em: https://www.nytimes.com/2006/11/12/business/12web.html. Acesso em: 16 jun. 2024.

146. STRECK, Lenio Luiz. Aplicar a "letra da lei" é uma atitude positivista? *Revista NEJ – Eletrônica*, Itajaí, v. 15, n. 1, jan./abr. 2010, p. 158-173. Disponível em: https://periodicos.univali.br/index.php/nej/article/view/2308. Acesso em: 8 jun. 2024.

do professor deve ir além de simplesmente transmitir conhecimento, devendo atuar como um agente cultural e científico, buscando resgatar a importância do aluno e a qualidade que o define, evitando que a educação seja tratada como um produto.[147]

Em tempos complexos e hiperacelerados, existem muitos desafios que devem ser superados no contexto educacional, especialmente para educadores sem as competências necessárias para aproveitar as plataformas que podem enriquecer a educação. Embora as tecnologias digitais sejam essenciais para inovar na educação, é preciso avançar. A inovação vai além do uso e apropriação das tecnologias digitais, sendo "resultado de um processo de acoplamento, de coengendramento entre o humano, diferentes entidades, incluindo as tecnologias digitais e a lógica das redes, o qual possibilita transformar significativamente a forma de pensar e fazer educação, provocando a sua transformação".[148]

A mera transposição de uma aula presencial para plataformas digitais não satisfaz as demandas contemporâneas da educação. É necessário adotar uma abordagem de rede capaz de englobar toda a ecologia da aprendizagem.[149] Em vez de simplesmente replicar metodologias e práticas presenciais no ambiente digital, é crucial repensar completamente a maneira como se ensina e se aprende, o que requer uma abordagem mais holística e integrada, que leve em consideração a interação de todos os participantes envolvidos no processo educacional. Essa nova perspectiva é fundamental para efetivar uma verdadeira transformação na educação, adequada ao mundo hiperconectado em que se vive.[150]

Para Robinson, a educação não se restringe a preparar os alunos para o futuro, mas também tem a missão de capacitá-los a se engajar com o mundo atual. As experiências desempenham um papel na moldagem do nosso futuro e, ao contrário dos sistemas industriais, a vida humana é completa e não segue uma trajetória linear. O progresso tecnológico é contínuo, as economias passam por flutuações e os valores culturais estão em constante evolução. Diante dessas

---

147. NEVES, António Castanheira. *Digesta*: escritos acerca do direito, do pensamento jurídico, da sua metodologia e outros. Coimbra: Coimbra Editora, 2008.

148. SCHLEMMER, Eliane; DI FELICE, Massimo; SERRA, Ilka Márcia Ribeiro de Souza. Educação On-LIFE: a dimensão ecológica das arquiteturas digitais de aprendizagem. *Educar em Revista*, v. 36, 2020. Disponível em: https://doi.org/10.1590/0104-4060.76120. Acesso em: 16 jun. 2024.

149. ANJOS, Rosana Abutakka Vasconcelos dos; ALONSO, Katia Morosov. Ecologia da aprendizagem e cultura digital: a transcendência dos espaços instituídos na formação no ensino superior. *Dialogia*, São Paulo, n. 44, 2023. Disponível em: https://periodicos.uninove.br/dialogia/article/view/24016/10165. Acesso em: 16 jun. 2024.

150. SCHLEMMER, Eliane; DI FELICE, Massimo; SERRA, Ilka Márcia Ribeiro de Souza. Educação On-LIFE: a dimensão ecológica das arquiteturas digitais de aprendizagem. *Educar em Revista*, v. 36, 2020. Disponível em: https://doi.org/10.1590/0104-4060.76120. Acesso em: 16 jun. 2024.

grandes ondas de mudança em todas as áreas e setores, os sistemas educacionais em todo o mundo precisam se adaptar e evoluir.[151]

Floridi argumenta que as mudanças trazem consigo não apenas incertezas, mas também oportunidades e descobertas.[152] À medida que as características e a capacidade das tecnologias digitais continuam a evoluir constantemente, é imperativo compreender tanto as possibilidades quanto às limitações dessas "forças ambientais", de modo a adaptar as práticas pedagógicas, metodologias e currículos. Para oferecer uma educação de alta qualidade, deve-se fomentar habilidades digitais e técnico-pedagógicas que permitam a exploração de novas abordagens. Compreender a realidade hiperconectada é essencial para repensar o paradigma educacional e aproveitar as oportunidades que ela oferece.[153]

A digitalização está originando uma nova forma de conexão global, englobando redes interativas que incluem não apenas seres e tecnologias, mas também objetos, dados e redes de inteligência. Na década de 90, o filósofo francês Pierre Lévy delineou a ideia de *inteligência coletiva*, destacando que o compartilhamento de informações, a colaboração e a interação entre os membros de uma comunidade desempenham um papel social para sua formação e ampliação.[154] Contudo, a evolução da internet desde então revela uma expansão e, sobretudo, uma complexificação desse conceito. A internet transformou-se em uma rede intrincada de dados impulsionada por dispositivos móveis, *softwares* e sensores, moldando o ambiente dinâmico em que se vive e se interage diariamente.

Esse é o momento ideal, portanto, para inovar efetivamente no campo educacional, evitando a simples transposição de metodologias e práticas no ensino presencial para o ambiente digital. Deve-se desenvolver uma educação alinhada com as tecnologias digitais e implementar abordagens pedagógicas adequadas à realidade hiperconectada. É chegada a hora de construir uma educação que não separe os mundos "online" e "offline" e reconheça as tecnologias e redes de comunicação não como meras ferramentas, mas como influências ambientais capazes de conectar ecologias inteligentes e ecossistemas educacionais, para aprimorar a forma como se aprende e se ensina, sobretudo na área jurídica.[155]

---

151. ROBINSON, Ken. *Out of our minds*: learning to be creative. North Mankato: Capstone, 2011.
152. FLORIDI, Luciano (Ed.). *The onlife manifesto*: being human in a hyperconnected era. New York: Springer Open, 2014.
153. SCHLEMMER, Eliane; DI FELICE, Massimo; SERRA, Ilka Márcia Ribeiro de Souza. Educação On-LIFE: a dimensão ecológica das arquiteturas digitais de aprendizagem. *Educar em Revista*, v. 36, 2020. Disponível em: https://doi.org/10.1590/0104-4060.76120. Acesso em: 16 jun. 2024.
154. LÉVY, Pierre. *As tecnologias da inteligência*: o futuro do pensamento na era da informática. Rio de Janeiro: 34, 1993.
155. SCHLEMMER, Eliane; DI FELICE, Massimo; SERRA, Ilka Márcia Ribeiro de Souza. Educação On-LIFE: a dimensão ecológica das arquiteturas digitais de aprendizagem. *Educar em Revista*, v. 36, 2020. Disponível em: https://doi.org/10.1590/0104-4060.76120. Acesso em: 16 jun. 2024.

2.3 NOVAS TECNOLOGIAS E PRÁTICAS PEDAGÓGICAS

Ao longo da história, a educação convencional tem sido caracterizada pela ênfase na transmissão de conhecimento pelo professor ou especialista, com os alunos assumindo um papel passivo. O ciclo de ensino frequentemente encerrava-se com a entrega do conteúdo, sem necessariamente garantir a efetiva aprendizagem por parte dos alunos. No entanto, nas últimas décadas tem ocorrido um movimento teórico e prático no cerne da educação, que direciona o foco do ensino para a aprendizagem, tratando-o como prioridade. Estudos de caso, projetos e jogos têm ganhado destaque, substituindo as tradicionais aulas expositivas e criando ambientes de aprendizagem dinâmicos e envolventes. Filatro, Cavalcanti, Azevedo Júnior e Nogueira[156] utilizam o termo "metodologias inov-ativas" para englobar parte dessas transformações, dividindo-as em quatro grupos, quais sejam: 1) metodologias (cri)ativas; 2) metodologias ágeis; 3) metodologias imersivas; e 4) metodologias analíticas.

O primeiro grupo abrange as *metodologias (cri)ativas*, as quais se fundamentam no conceito de criatividade. Esse termo representa uma evolução das metodologias ativas, já amplamente difundidas nos ambientes escolares, acadêmicos e cada vez mais presentes no contexto corporativo. As metodologias (cri)ativas são orientadas por princípios essenciais, entre os quais se destaca o protagonismo do aluno. A concepção convencional de como as pessoas aprendem geralmente se baseia na metáfora da "transferência" de conhecimento de um professor ou especialista para alunos, os quais são vistos como "recipientes" a serem preenchidos. Essa perspectiva começou a ser reavaliada nos anos 1950 com o surgimento do cognitivismo, em resposta ao behaviorismo, o qual compreendia a aprendizagem como uma mudança de comportamento resultante de estímulos e recompensas:

> É no cognitivismo, surgido como contraponto ao behaviorismo na metade dos anos 1950, que se começam a reconhecer as relações entre o conhecimento e as experiências pessoais, isto é, a aprendizagem está intimamente relacionada às características individuais de quem aprende. Essa perspectiva se sedimenta com o (socio)construtivismo no início da década 1980, que considera o aluno como um participante ativo do processo de aprendizagem, incluindo o contexto em que opera e as interações que realiza com outras pessoas, artefatos e ferramentas.[157]

---

156. FILATRO, Andrea; CAVALCANTI, Carolina Magalhães Costa; AZEVEDO JÚNIOR, Delmir Peixoto; NOGUEIRA, Osvaldo. *Design instrucional 4.0*. São Paulo: Saraiva Uni, 2019.
157. FILATRO, Andrea; CAVALCANTI, Carolina Magalhães Costa; AZEVEDO JÚNIOR, Delmir Peixoto; NOGUEIRA, Osvaldo. *Design instrucional 4.0*. São Paulo: Saraiva Uni, 2019.

No começo do século XXI, surge o conectivismo para explicar a aprendizagem no mundo digital e integrar princípios de redes, complexidade e auto-organização. Segundo essa corrente educacional, a aprendizagem ocorre em ambientes mutáveis e não totalmente controlados pelo indivíduo. Em contraste com a "transferência", o conectivismo emprega a metáfora da viagem, na qual o professor é um guia que orienta os alunos em um terreno desconhecido, fornecendo recursos para estimular a criatividade e fomentar conexões. Essa perspectiva se manifesta na criação de ambientes de aprendizagem abertos, dinâmicos e em rede, facilitando a aquisição e aplicação de conhecimento, a participação em equipes interdisciplinares e a abordagem de problemas desafiadores em diferentes contextos.[158]

As metodologias (cri)ativas englobam diversas estratégias educacionais, sendo as salas de aula invertidas uma das mais significativas. O conceito de *flipped classroom* foi difundido por Bergmann e Sams em 2007, quando ambos eram educadores em uma escola em Woodland Park, nos EUA. O conceito foi assim definido: "o que tradicionalmente é feito em sala de aula, agora é realizado em casa, e o que tradicionalmente é feito como trabalho de casa, agora é feito em sala de aula." Em sua essência, a sala de aula invertida desafia o modelo de ensino convencional , no qual a sala de aula é usada pelo professor para transmitir informações aos alunos. No lugar, os alunos são incentivados a estudar o material antes da aula e a participar de atividades práticas e colaborativas durante o tempo em sala de aula para reforçar o aprendizado.[159] (Embora muitos atribuam a Bergmann e Sams a criação do conceito, os autores reconhecem que não são os "donos" da designação. Valente acrescenta que o conceito foi inicialmente elaborado como "inverted classroom" e usado pela primeira vez em uma disciplina de Microeconomia em 1996 na Miami University[160]).

De acordo com Bergmann e Sams, é comum, no contexto estadunidense, que alguns alunos participem de competições esportivas, o que muitas vezes resulta em faltas consecutivas às aulas. Ademais, há outros alunos que, mesmo presentes em todas as aulas, enfrentam dificuldades e não conseguem absorver o conteúdo ensinado. Diante do cenário, os autores decidiram iniciar, em 2007, a prática de gravar aulas ao vivo e disponibilizá-las *online* para que os alunos pudessem acessá-las. A partir da iniciativa, perceberam que muitos alunos, incluindo aqueles

---

158. FILATRO, Andrea; CAVALCANTI, Carolina Magalhães Costa; AZEVEDO JÚNIOR, Delmir Peixoto; NOGUEIRA, Osvaldo. *Design instrucional 4.0*. São Paulo: Saraiva Uni, 2019.

159. BERGMANN, Jonathan; SAMS, Aaron. *Sala de aula invertida*: uma metodologia ativa de aprendizagem. Tradução de Afonso Celso da Cunha Serra. Rio de Janeiro: LTC, 2016.

160. VALENTE, José Armando. Blended learning e as mudanças no ensino superior: a proposta da sala de aula invertida. *Educar em Revista*, Curitiba, n. 4, p. 79-97, 2014. Disponível em: https://revistas.ufpr.br/educar/article/view/38645. Acesso em: 16 jun. 2024.

que não faltavam às aulas, assistiam aos vídeos das aulas previamente. Nas aulas subsequentes, os estudantes discutiam e tiravam dúvidas sobre os temas abordados nos vídeos, o que permitia mais tempo para outras atividades em sala de aula. A abordagem espalhou-se mundo afora e hoje é utilizada em diversos países:

> O desenvolvimento do que se tornou conhecido como sala de aula invertida foi uma jornada e tanto para nós dois. Sentimo-nos humildemente gratos ao observar a explosão de algo que começou em duas salas de aula da zona rural do Colorado, Estados Unidos, e em outros lugares dispersos, mas que agora se difunde por todo o mundo. Éramos apenas um par de professores que queriam fazer o melhor para seus alunos, e que mergulharam de cabeça em um projeto inovador. Não podíamos imaginar as implicações de nossa iniciativa. Agora, contudo, percebemos que o modelo da sala de aula invertida e o método reverso de aprendizagem para o domínio são capazes de produzir impacto positivo na educação.[161]

As metodologias (cri)ativas também englobam outras técnicas, como aprendizagem baseada em problemas, aprendizagem baseada em times e *peer instruction*. No âmbito internacional, universidades já despertaram para a necessidade de mudança no ensino, adotando essas metodologias em diversas áreas do conhecimento. A *Harvard University* implementou uma série de projetos de aprendizagem (cri)ativa em suas faculdades e departamentos, enfatizando experiências educacionais interativas e práticas. Entre elas destacam-se os *Active Learning Labs* (ALL),[162] que proporcionam um ambiente que vai além das salas de aula, capacitando os alunos a desenvolverem suas habilidades a partir de abordagens centradas no *design thinking* e aprendizagem baseada em projetos, e o ABLConnect,[163] um repositório para atividades de aprendizagem ativa que oferece uma ampla gama de planos de aula interativos e tarefas usadas em salas de aula.

Sediado na cidade de Needham, Massachusetts (EUA), o *Olin College of Engineering* igualmente se destaca por sua abordagem inovadora e focada no aprendizado (cri)ativo de engenharia. O currículo da faculdade é fundamentado na ideia de que a engenharia começa e termina com as pessoas, abrangendo desde a compreensão do público-alvo dos projetos, seus valores e as oportunidades para gerar valor, até a apreciação do contexto social do trabalho e capacidade de fazer uma diferença positiva no mundo. Na Olin, os estudantes imergem na engenharia desde o início, participando ativamente de projetos que enfrentam desafios do mundo real. Muitas aulas são conduzidas em estúdios, oferecendo aos alunos um

---

161. BERGMANN, Jonathan; SAMS, Aaron. *Sala de aula invertida*: uma metodologia ativa de aprendizagem. Tradução de Afonso Celso da Cunha Serra. Rio de Janeiro: LTC, 2016.
162. HARVARD BOK CENTER. Cambridge: Harvard University, 2024. Disponível em: https://bokcenter. harvard.edu/active-learning. Acesso em: 10 mar. 2024.
163. ABL CONNECT. Cambridge: Harvard University, 2024. Disponível em: https://ablconnect.harvard. edu. Acesso em: 10 mar. 2024.

espaço dedicado e priorizando a participação ativa. O objetivo é ir além da mera audição, incentivando a exploração cooperativa dos conceitos apresentados.[164]

O Tecnológico de Monterrey, no México, implementou o modelo educacional Tec21, com a finalidade "preparar os estudantes com uma educação abrangente, que lhes permita enfrentar os desafios exigidos por um mundo em constante mudança, global e incerto, e garantir a competitividade internacional dos graduados".[165] O modelo é baseado em quatro pilares fundamentais: 1) aprendizagem baseada em desafios; 2) flexibilidade; 3) professores capacitados e inspirados; e 4) experiências educacionais integradas e memoráveis. Ademais, há duas categorias de competências a serem desenvolvidas: disciplinares e transversais. A primeira compreende todo o conhecimento, habilidades, atitudes e valores essenciais para a prática profissional, enquanto a segunda aborda aspectos comportamentais, culturais e valores fundamentais para uma formação profissional abrangente.

A Universidade de Toronto, no Canadá, emprega diversas práticas de aprendizado (cri)ativo em sua faculdade de Direito, buscando preparar os alunos para os desafios jurídicos contemporâneos. Dentre as técnicas de ensino adotadas destaca-se o *Think Pair Share*, no qual os educadores fornecem um tempo hábil para que os alunos reflitam e, então, compartilhem suas ideias em duplas com a classe. O método é complementado por sessões de *brainstorming* realizadas tanto em grupos grandes quanto pequenos, análises de diferentes formas de mídia, além de discussões e estudos de casos, para solucionar questões complexas com base em cenários da vida real.[166]

No Brasil, instituições de ensino também têm adotado abordagens pedagógicas que vão além do ensino convencional. A título de exemplo, o Centro Universitário Salesiano de São Paulo (UNISAL) vem empregando metodologias (cri)ativas em suas atividades educacionais, como é o caso do TBL – *Team-Based Learning* (Aprendizagem Baseada em Times). Essa abordagem vai além da mera apresentação do conteúdo, concentrando-se em assegurar que os alunos tenham a oportunidade de aplicar ativamente os conceitos na resolução de problemas. A TBL é estruturada para oferecer aos estudantes não apenas a compreensão conceitual, mas também o fomento de habilidades, proporcionando-lhes uma base

---

164. OLIN COLLEGE OF ENGINEERING. Needham: Olin College, 2021. Disponível em: https://olin.smartcatalogiq.com/2021-22/catalog. Acesso em: 10 mar. 2024.
165. CARATOZZOLO, Patricia; MEMBRILLO-HERNÁNDEZ, Jorge. Evaluation of challenge based learning experiences in engineering programs: the case of the Tecnológico de Monterrey, Mexico. In: AUER, Michael; CENTEA, Dan (Ed.). *Visions and concepts for education 4.0*: proceedings of the 9th International Conference on Interactive Collaborative and Blended Learning (ICBL2020). Berlim: Springer, 2021. p. 419-428.
166. UNIVERSITY OF TORONTO. Toronto: Centre for Teaching Support & Innovation, [data não informada]. Disponível em: https://teaching.utoronto.ca/resources. Acesso em: 11 mar. 2024.

sólida para sua aprendizagem. Para tanto, envolve múltiplas tarefas em grupo, que são projetadas para melhorar a aprendizagem e promover o desenvolvimento de equipes.[167]

Pesquisadores da Universidade Federal de Viçosa (UFV) conduziram um estudo sobre a metodologia *Peer Instruction* (PI), com objetivo de entender seu funcionamento prático, a reação dos alunos e os desafios de aplicação na disciplina de Química. Em síntese, a PI busca "promover a interação entre os alunos e atentá-los aos conceitos subjacentes – aqueles que são subliminares e/ou implícitos",[168] estimulando-os a pensar com base nos argumentos em desenvolvimento.[169] Os resultados obtidos pela pesquisa, que contou com a participação de 160 alunos do primeiro ano do Ensino Médio em uma escola pública de Viçosa, apontam que a PI é adequada e eficaz para o ensino de Química, permitindo aos estudantes aprofundar sua compreensão sobre conceitos fundamentais.

No âmbito da educação jurídica, a Fundação Getúlio Vargas (FGV) desenvolveu o projeto "Clínicas Jurídicas", no qual os alunos aprimoram a prática profissional em diversas áreas do direito, ao mesmo tempo em que desenvolvem competências como negociação, formulação de estratégias, trabalho em equipe, ética profissional e redação de documentos jurídicos. As clínicas compõem o currículo obrigatório da Graduação da FGV Direito SP, sendo oferecidas no sexto e sétimo semestres do curso. Entre os temas abordados nas clínicas jurídicas estão os seguintes: Desenvolvimento Sustentável; Direito Penal; Direito Tributário; Direito dos Negócios; Direito Público nos Negócios; Direitos Humanos e Empresas; Mediação e Facilitação de Diálogos; Políticas de Diversidade; Litigância Estratégica; e Acesso à Justiça e Advocacia de Interesse Público.[170]

Ademais, em parceria com a Clínica de Direitos Humanos Luiz Gama da Faculdade de Direito da Universidade de São Paulo (USP), a FGV lançou uma plataforma colaborativa destinada a centralizar informações sobre clínicas jurídicas em todo o território nacional. A Rede de Clínicas Jurídicas tem por propósito promover a interação e o compartilhamento de conhecimentos, fomentando a conexão entre diferentes experiências e facilitando a troca de informações. O

---

167. MICHAELSEN, Larry; SWEET, Michael. The essential elements of team-based learning. *New Directions for Teaching and Learning*, n. 116, p. 7-27, 2008. Disponível em: https://eric.ed.gov/?id=EJ824754. Acesso em: 16 jun. 2024.

168. DUMONT, Luiza Dumont de Miranda; CARVALHO, Regina Simplício; NEVES, Álvaro José Magalhães. Peer Instruction como proposta de metodologia ativa no ensino de Química. *Journal of Chemical Engineering and Chemistry – JCEC*, v. 2, n. 3, p. 107-131, 2016. Disponível em: https://periodicos.ufv.br/jcec/article/view/2446941602023016107. Acesso em: 16 jun. 2024.

169. MAZUR, Eric. *Peer instruction*: a user's manual. Nova Jersey: Prentice Hall, 1997.

170. FUNDAÇÃO GETÚLIO VARGAS (FGV) São Paulo: Fundação Getulio Vargas, [data não informada]. Disponível em: https://direitosp.fgv.br/clinicas-juridicas. Acesso em: 10 mar. 2024.

espaço *online* busca reunir informações sobre as clínicas jurídicas em todo o país. Ao criar um catálogo público com dados de contato, responsáveis, localização e áreas de atuação, a rede facilita o acesso e a interação entre as clínicas, promovendo um ambiente de colaboração e fortalecimento mútuo, sobretudo em um cenário caracterizado pela ampla diversidade de iniciativas que emergem e se consolidam.[171]

O segundo grupo compreende as *metodologias ágeis*, que incorporam conceitos e práticas que gerenciam eficientemente o tempo e a atenção, reconhecendo esses recursos como valiosos e escassos na experiência humana. Elas são moldadas pela mentalidade ágil (*agile*), originada na área de desenvolvimento de software e sintetizada no "Manifesto para o Desenvolvimento Ágil de Software".[172] As metodologias ágeis também se fundamentam no fenômeno da "economia da atenção", proposto por Davenport e Beck,[173] que investiga a relação entre a atenção e a quantidade de informações disponíveis para processamento na atualidade. Essas influências originaram uma das características das metodologias ágeis na educação: "a fragmentação e a componentização da aprendizagem em micromomentos, microconteúdos e microatividades empregados conforme a necessidade dos envolvidos".[174]

Esses microcomponentes podem ser reunidos sob a denominação de *microlearning*, abordagem que oferece informações em pequenos "blocos", com alto nível de interação e *feedback* imediato após cada atividade do usuário. Na microaprendizagem, os estudantes, motivados pela urgência de receber ajuda imediata, buscam conteúdos e respostas para questões específicas. Enquanto a aprendizagem convencional enfatiza uma compreensão mais ampla e a construção de significados amplos, o *microlearning* se baseia na chamada "aprendizagem de lembranças" (*refresher*). Essa abordagem fundamenta-se no fenômeno da "curva do esquecimento" de Ebbinghaus,[175] segundo o qual os seres humanos tendem a esquecer uma quantidade significativa do conhecimento adquirido em questão de dias ou semanas, a menos que revisem conscientemente o conteúdo aprendido.

---

171. FUNDAÇÃO GETÚLIO VARGAS (FGV) São Paulo: Fundação Getulio Vargas, [data não informada]. Disponível em: https://direitosp.fgv.br/clinicas-juridicas. Acesso em: 10 mar. 2024.
172. Publicado em 2001 por 17 líderes da indústria de software, o documento estabelece os valores e princípios fundamentais para guiar métodos ágeis de desenvolvimento de software. In: AGILE Manifesto. Chicago: Agile Manifesto, 2001. Disponível em: https://agilemanifesto.org. Acesso em: 16 jun. 2024.
173. DAVENPORT, Thomas; BECK, John. *The attention economy*: understanding the new currency of business. Boston: Harvard Business School Press, 2001.
174. FILATRO, Andrea; CAVALCANTI, Carolina Magalhães Costa; AZEVEDO JÚNIOR, Delmir Peixoto; NOGUEIRA, Osvaldo. *Design instrucional 4.0*. São Paulo: Saraiva Uni, 2019.
175. EBBINGHAUS, Hermann. *Memory*: a contribution to experimental psychology. Martino Fine Books: Mansfield Center, 2011.

Do ponto de vista tecnológico, a microaprendizagem está alinhada com os padrões de utilização de dispositivos móveis e redes de comunicação móvel. O conteúdo entregue em pequenas unidades se amolda à tela reduzida de *smartphones* e *tablets*, além de se adaptar ao contexto de multimodalidade, por meio de abordagens como *Mobile Learning* (*m-Learning*) e o *Ubiquitous Learning* (*u-Learning*), já apresentadas anteriormente. Conforme Filatro e Cavalcanti,[176] a mobilidade possibilita a transição entre diferentes ambientes e contextos, onde surgem novas necessidades, oportunidades, grupos sociais e horários. Até mesmo os períodos considerados como "mortos" ou "ociosos", como esperar por uma consulta médica ou pelo transporte, podem ser aproveitados para aprender.

Entre os exemplos de metodologias ágeis no contexto educacional merece destaque a iniciativa da Sociedade Espanhola de Microbiologia, que ofereceu um microcurso inovador de Microbiologia Básica através do Twitter. Trinta professores participantes prepararam uma série de palestras, cada uma contendo de 30 a 50 *tweets*, com até 140 caracteres, incluindo *links* para conteúdos gratuitos. Os alunos foram encorajados a acompanhar o microcurso em seus *smartphones* ou computadores, usando a hashtag #microMOOCSEM para interagir com os professores. Com base no número total de *tweets* e na frequência de liberação, o microcurso teve uma duração aproximada de 20 horas. Durante o período de atividade, a conta do Twitter da Sociedade Espanhola de Microbiologia recebeu um total de 442.172 impressões e mais de 175.000 visitas.[177]

Uma estratégia alinhada com as metodologias ágeis e implementada no âmbito da educação corporativa é a aprendizagem *just-in-time* (no momento exato). Essa abordagem se baseia na ideia de que, ao invés de participarem de extensas sessões de treinamento em sala de aula, os alunos podem acessar tutoriais *online*, recursos de mídia interativa, bancos de dados autoguiados e fragmentos de informações conforme necessário. Nesse sentido, a empresa de serviços financeiros Charles Schwab & Co. lançou um centro de aprendizagem *online*, para fornecer educação financeira gratuita aos seus clientes. Concebido para ser de fácil uso, o centro concede aos clientes a opção de seguir um curso sequencialmente ou selecionar apenas tópicos de interesse, conforme necessidade. Os conteúdos englobam desde os fundamentos básicos da educação financeira até lições destinadas a investidores mais experientes, para mitigar as preocupa-

---

176. FILATRO, Andrea; CAVALCANTI, Carolina. *Metodologias inov-ativas*: na educação presencial, a distância e corporativa. São Paulo: Saraiva Uni, 2022.
177. LÓPEZ-GOÑI, Ignacio. Twitter as a tool for teaching and communicating microbiology: the #micro-MOOCSEM Initiative. *Journal of Microbiology & Biology Education*, v. 17, n. 3, p. 492-494, dez. 2016.

ções dos clientes em relação a investimentos e incentivá-los a tomar decisões de investimento com maior confiança.[178]

O terceiro grupo abarca as *metodologias imersivas*, que dependem de mídias e tecnologias para oferecer experiências de aprendizagem envolventes.[179] Assim como as anteriores, elas igualmente desafiam os padrões convencionais da educação ao deslocar o centro do poder para os aprendizes e ao envolver novos atores e agentes no cenário educacional. Para Filatro e Cavalcanti,[180] a implementação de experiências imersivas requer habilidades que muitos professores não têm, além de exigir investimentos em *hardwares* e *softwares*, o que demanda um compromisso institucional claro com a inovação contínua e sustentável. No sistema educacional convencional, no qual os professores atuam como mediadores do processo de aprendizagem, a falta de habilidades no uso de recursos imersivos é uma barreira para aplicação de metodologias imersivas em sala de aula.

As metodologias imersivas estão sendo apresentadas em eventos desde a década de 90. O *IEEE Virtual Reality Annual International Symposium*, que teve sua primeira edição em 1993, está agora em sua 31ª edição.[181] No Brasil, em 2023 realizou-se a 25ª edição do *Symposium on Virtual and Augmented Reality* (SVR), na cidade de Rio Grande (RS). O evento, organizado pela Sociedade Brasileira de Computação (SBC), abordou diversos tópicos relacionados à realidade virtual e aumentada e suas aplicações em diversos campos, incluindo educação, saúde e indústria. Alguns dos temas tratados no SVR 2023, que ocorreu nos dias 6 a 9 de novembro de 2023, foram: introdução à realidade virtual e realidade aumentada; simuladores imersivos; visualização imersiva; infográficos imersivos; engajamento em realidade mista; e uso de realidade virtual na educação infantil.[182]

O Grupo de Pesquisa Educação Digital (GPe-dU), vinculado à Universidade do Vale do Rio dos Sinos (UNISINOS), conduziu uma série de estudos, pesquisas e experimentos relacionados à educação imersiva desde o seu cadastramento no diretório de pesquisa do CNPq em 2014. Um dos primeiros projetos concebidos pelo GPe-dU foi o chamado "Espaço de Convivência Digital Virtual" (ECoDI), que se destacou por sua integração com diferentes tecnologias digitais, como

---

178. SAMBATARO, Monica. Just-in-time learning. *Computerworld. Needham*, 3 abr. 2000. Disponível em: https://www.computerworld.com/article/1377442/just-in-time-learning.html. Acesso em: 16 jun. 2024.
179. FILATRO, Andrea; CAVALCANTI, Carolina. *Metodologias inov-ativas*: na educação presencial, a distância e corporativa. São Paulo: Saraiva Uni, 2022.
180. FILATRO, Andrea; CAVALCANTI, Carolina. *Metodologias inov-ativas*: na educação presencial, a distância e corporativa. São Paulo: Saraiva Uni, 2022.
181. IEEE VR. Orlando, FL: IEEE VR, 2024. Disponível em: https://ieeevr.org. Acesso em: 11 mar. 2024.
182. SOCIEDADE BRASILEIRA DE COMPUTAÇÃO (SBC). Rio Grande: SBC, 2024. Disponível em: https://svr.sbc.org.br. Acesso em: 11 mar. 2024.

Ambientes Virtuais de Aprendizagem (AVAs) e Mundos Virtuais em 3D. Nesse ambiente pioneiro, a comunicação se dava entre avatares que representavam uma diversidade de indivíduos, incluindo tanto humanos virtuais quanto *bot*s, e contava com agentes comunicativos programados para aprimorar a interação.[183]

Figura 9 – Ilha Unisinos

A figura retrata a concepção e implementação do projeto Ilha UNISINOS, cujo objetivo primordial era criar um ambiente digital virtual destinado à circulação de informações, comunicação e interação para os membros da comunidade acadêmica da universidade. Fonte: arquivo do GPe-dU, disponível em https://gpedu.com.br. Acesso em: 13 jan. 2024.

Em 2005, o GPe-dU migrou para a plataforma *Second Life*, onde desenvolveu a Ilha UNISINOS. O principal objetivo do projeto era "criar um espaço digital virtual de informação, de comunicação e de interação para a comunidade acadêmica da Unisinos, a fim de que professores-pesquisadores e estudantes pudessem explorar, experimentar, vivenciar esse novo espaço no âmbito da Educação Online".[184] No contexto da Ilha UNISINOS, surgiu a segunda proposição do ECoDI-UNISINOS, que combinou tecnologias da Web 2.0 e permanece acessível a toda a comunidade acadêmica da universidade. Atualmente, a principal atividade realizada na Ilha UNISINOS consiste em pesquisas na área de Educação Digital.

---

183. SCHLEMMER, Eliane; BACKES, Luciana; FRANK, Patrícia Silva Smurra; SILVA, Andros da; DEL SENT, Deise Tavares. ECoDI: a criação de um espaço de convivência digital virtual. *Anais do XVII Simpósio Brasileiro de Informática na Educação – SBIE*, 17, Brasília: SBIE, 2006.
184. SCHLEMMER, Eliane. Formação docente no ensino superior e na pós-graduação: dos espaços de convivência digitais virtuais à educação híbrida. In: SCHLEMMER, Eliane; KERSCH, Dorotea Frank; OLIVEIRA, Lisiane Cézar de (Org.). *A universidade no paradigma da educação OnLIFE*: formação docente e práticas pedagógicas no ensino superior e na pós-graduação. São Leopoldo: Casa Leiria, 2024. p. 45-70.

Figura 10 – Espaço de Convivência Digital Virtual (ECoDI-UNISINOS)

Primeira versão do ECoDI-UNISINOS   Ampliação do ECoDI-ECoDI-UNISINOS

A figura ilustra duas versões do projeto ECoDI-UNISINOS: uma versão inicial, lançada no início do GPe-dU, e outra mais avançada, que integra tecnologias da web 2.0. Fonte: arquivo do GPe-dU, disponível em https://gpedu.com.br. Acesso em: 13 jan. 2024.

Em 2014, um estudo conduzido pelo Grupo de Pesquisa Educação Digital (GPe-dU), vinculado à Universidade do Vale do Rio dos Sinos (UNISINOS), concluiu que a imersão em ambientes virtuais tridimensionais, ao ser combinada com problemas reais, resulta em maior envolvimento dos estudantes. A pesquisa, intitulada "Anatomia no Metaverso Second Life: uma proposta em i-Learning", revelou que experiências de educação imersiva contribuem para o ensino da anatomia humana. A abordagem multimodal, que envolveu a criação de um laboratório digital tridimensional e interação por meio de avatares, ofereceu aos estudantes perspectivas inovadoras e envolventes.[185]

Algumas das pesquisas mais recentes do GPe-dU incluem: *Transformação digital na educação: ecossistemas de Inovação em contexto híbrido e multimodal* (2020 – Atual), que discute as "diferentes tecnologias digitais interligadas por redes de comunicação sem fio e as transformações que podem promover na educação", e *[InovADe] Ecossistemas de inovação como ambientes de aprendizagem e cultura de design: uma reflexão pelo design estratégico* (2020-Atual), que busca "conhecer a realidade dos eventos de inovação aberta, que acontecem conexos ao ecossistema de inovação da UNISINOS, interpretar sinais de avanços e mudanças para a

---

185. SCHLEMMER, Eliane. Laboratórios digitais virtuais em 3D: anatomia humana em metaverso, uma proposta em immersive learning. *Revista e-Curriculum*, São Paulo, v. 12, n. 03, p. 2119-2157, out./dez. 2014. Disponível em: https://revistas.pucsp.br/index.php/curriculum/article/view/21681/15955. Acesso em: 16 jun. 2024.

prática e, então, propor estratégias orientadas pelo design para os ecossistemas de inovação como ambientes de aprendizagem e cultura de design".[186]

O quarto grupo engloba as *metodologias analíticas*, que compreendem a utilização do poder computacional de coletar, processar e transformar dados relativos à aprendizagem humana. Os dados desempenham um papel fundamental nessas metodologias ao fornecer uma base para a tomada de decisões por parte de professores, especialistas, *designers* instrucionais, gestores e alunos. No âmbito das metodologias analíticas, são explorados conceitos como "mineração de dados educacionais (*educational data mining*), analítica da aprendizagem (*learning analytics*), analítica acadêmica/institucional (*academic/institutional analytics*), aprendizagem personalizada, aprendizagem adaptativa e visualização da informação".[187] Esses conceitos impulsionam aplicações robustas voltadas para o contexto educacional, contando com o suporte de sistemas computacionais.

De acordo com Filatro, Cavalcanti, Azevedo Júnior e Nogueira, as metodologias analíticas apoiam-se em três princípios fundamentais, sendo o primeiro deles a *analítica da aprendizagem*. Com origens em 2011, o *learning analytics* é definido como "a abordagem para medição, coleta, análise e divulgação de dados sobre os alunos e seus contextos, com o propósito de compreender e otimizar a aprendizagem e os ambientes em que ocorre". Conforme os autores, do mesmo modo que empresas como Amazon, Netflix e Google têm cada vez mais utilizado dados dos usuários para adaptar recomendações e propagandas, educadores, pesquisadores e alunos também podem se basear em dados para adaptar a proposta original de um curso às necessidades e interesses individuais:

> [...] a analítica da aprendizagem busca traçar o perfil dos alunos e coletar o maior número possível de dados sobre suas interações em atividades de aprendizagem on-line e móvel, a fim de prover um feedback robusto sobre as ações realizadas e os resultados alcançados. Ela coleta e analisa as "migalhas de pão digitais" deixadas pelas pessoas durante a interação com diferentes sistemas digitais, a fim de buscar correlações entre essas atividades e os resultados de aprendizagem.[188]

As vastas quantidades de dados geradas no processo de ensino-aprendizagem são analisadas para identificar padrões de boas práticas, determinar probabilidades de sucesso (ou insucesso) e até mesmo iniciar intervenções direcionadas

---

186. PLATAFORMA LATTES. Brasília: CNPq, 2024. Disponível em: https://lattes.cnpq.br. Acesso em: 11 jun. 2024.
187. FILATRO, Andrea; CAVALCANTI, Carolina. *Metodologias inov-ativas*: na educação presencial, a distância e corporativa. São Paulo: Saraiva Uni, 2022.
188. FILATRO, Andrea; CAVALCANTI, Carolina Magalhães Costa; AZEVEDO JÚNIOR, Delmir Peixoto; NOGUEIRA, Osvaldo. *Design instrucional 4.0*. São Paulo: Saraiva Uni, 2019.

para auxiliar os estudantes a atingirem melhores resultados. Exemplos de dados que podem ser coletados incluem:

Tabela 4 – Tipos de dados coletados em metodologias analíticas

Tipos de dados	Exemplos
Dados demográficos	Idade, sexo, região, renda, formação
Dados organizacionais	Cargo, tempo na empresa, resultados de avaliação de desempenho
Dados de acesso	Número de acessos aos conteúdos, vídeos, *podcasts*, testes, fóruns ou redes sociais
Dados de participação	Número de entregas de testes, tentativas de resposta a testes e atividades
Dados de desempenho	Pontuação em testes, atividades, discussões em fóruns ou redes sociais,
Dados de interação	Número de mensagens enviadas ou recebidas de/para professores, tutores, colegas de estudo
Dados temporais	Intervalo de tempo entre o início de o fim de um curso, tempo gasto em cada atividade

Fonte: adaptado pelo autor com base em Filatro, Cavalcanti, Azevedo Júnior e Nogueira[189]

O segundo princípio é a *adaptação/personalização*, que compreende a habilidade de ajustar e personalizar a proposta educacional de acordo com as características individuais do aluno. A aprendizagem adaptativa se destaca pela capacidade de adaptar o *design* instrucional (DI)[190] às particularidades de um aluno ou um grupo de alunos, reconhecendo que as pessoas têm estilos de aprendizagem diversos. Portanto, a abordagem de DI não pode ser uniforme a todos, mesmo que os objetivos de aprendizagem sejam compartilhados pelo grupo de aprendizes. Ademais, a adaptação pode ocorrer em várias dimensões, desde a customização da *interface*, a modificação das atividades de aprendizagem até a formação de grupos de usuários com base no perfil ou desempenho. As *trilhas de aprendizagem* são um exemplo de aprendizagem adaptativa, oferecendo rotas

---

189. FILATRO, Andrea; CAVALCANTI, Carolina Magalhães Costa; AZEVEDO JÚNIOR, Delmir Peixoto; NOGUEIRA, Osvaldo. *Design instrucional 4.0*. São Paulo: Saraiva Uni, 2019.

190. O design instrucional é o "processo (conjunto de atividades) de identificar um problema (uma necessidade) de aprendizagem e desenhar, implementar e avaliar uma solução para esse problema". In: FILATRO, Andrea. *Design instrucional na prática*. São Paulo: Pearson, 2008. "De maneira mais prática, o DI consiste em uma sequência de etapas que permitem construir soluções variadas – seja um curso, um programa de estudos, uma trilha de aprendizagem, um vídeo educativo, um tutorial multimídia, um livro didático impresso ou digital – para necessidades educacionais específicas". In: FILATRO, Andrea; CAVALCANTI, Carolina Magalhães Costa; AZEVEDO JÚNIOR, Delmir Peixoto; NOGUEIRA, Osvaldo. *Design instrucional 4.0*. São Paulo: Saraiva Uni, 2019.

personalizadas e individuais para aprendizado, desenvolvimento, conhecimento e navegação.[191]

Por último, o terceiro princípio é a *inteligência humano-computacional*, que combina a inteligência artificial (IA) com a capacidade humana de pensar criticamente, lidar com incertezas e agir com empatia e ética. A IA pode ser compreendida como uma disciplina que incorpora métodos de várias áreas, como psicologia, matemática, economia e engenharia, para desenvolver agentes capazes de agir de forma inteligente. Para Russel e Norvig, o objetivo da IA não é apenas imitar o comportamento humano, mas encontrar os princípios subjacentes da inteligência que permitem o comportamento ou pensamento racional.[192] Com o auxílio da IA, os sistemas educacionais adaptativos anteriormente citados podem examinar as características e o nível geral de conhecimento dos alunos, para, em seguida, sugerir recomendações sobre os conteúdos que devem ser estudados.[193]

Figura 11 – Plataformas com metodologias analíticas integradas

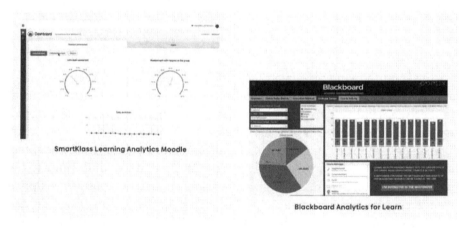

A figura apresenta as *homepages* de plataformas com metodologias analíticas integradas: SmartKlass Learning Analytics Moodle à esquerda e Blackboard Analytics for Learn à direita. Fonte: elaborado pelo autor com base em https://moodle.org/plugins/local_smart_klass e https://help.blackboard.com/Learn/Instructor/Ultra/Performance/Analytics_for_Learn.

Segundo Filatro, Cavalcanti, Azevedo Júnior e Nogueira, cada vez mais estão sendo desenvolvidas ferramentas para a análise de dados integradas aos sistemas de gestão da aprendizagem, oferecendo *interfaces* simples através de painéis de

---

191. FILATRO, Andrea; CAVALCANTI, Carolina Magalhães Costa; AZEVEDO JÚNIOR, Delmir Peixoto; NOGUEIRA, Osvaldo. *Design instrucional 4.0*. São Paulo: Saraiva Uni, 2019.
192. RUSSEL, Stuart; NORVIG, Peter. *Artificial intelligence*: a modern Approach. 4. ed. Londres: Pearson, 2020.
193. FILATRO, Andrea; CAVALCANTI, Carolina Magalhães Costa; AZEVEDO JÚNIOR, Delmir Peixoto; NOGUEIRA, Osvaldo. *Design instrucional 4.0*. São Paulo: Saraiva Uni, 2019.

controle (*dashboards*), recursos para compartilhamento de dados e relatórios de análise. Algumas plataformas que incorporam metodologias analíticas em sua concepção incluem o *SmartKlass Learning Analytics Moodle*, que permite aprimorar a experiência de gestão de aprendizagem, fornecendo análises sobre o desempenho dos cursos, alunos e atividades realizadas; e o *Blackboard Analytics for Learn*, que também fornece *insights* sobre como os alunos utilizam ferramentas do curso, conteúdo e avaliações.

Com a onipresença das Tecnologias Digitais de Informação e Comunicação (TDICs) e a ascensão da cultura digital, hoje dispomos de uma gama diversificada de mídias muito mais atrativas do que as antigas narrativas orais apoiadas em livros ou escritas em quadros negros. Como destacam Perrier e Almeida, as redes de comunicação e a integração de diferentes mídias no mundo digital desencadeiam processos de ensino e aprendizagem multidirecionais, nos quais as interações e o desenvolvimento de produções colaborativas ocorrem em diversos espaços e momentos. Neles, o docente pode assumir o relevante papel de orientador da aprendizagem, sendo "capaz de oferecer condições para que os estudantes consigam extrair conhecimentos no universo de informações ilimitadas a que têm acesso, para que possam construir suas próprias narrativas de aprendizagem".[194]

Durante suas trajetórias acadêmicas, muitos alunos são expostos a metodologias de ensino que priorizam a memorização mecânica do conteúdo, por meio de repetições e decorebas. Essas deficiências resultam na passividade e na falta de hábito dos alunos para reflexões críticas, prejudicando a comunicação, leitura, escrita, interpretação e aplicação de conceitos teóricos à prática jurídica. Lamentavelmente, muitos alunos concluem o curso sem compreender o significado daquilo que estudaram, o que pode levá-los a abandonar a profissão, buscar novas carreiras ou exercer suas funções de modo insatisfatório.[195]

> Mesmo diante de algumas dificuldades, há que pensar o ensino do Direito em uma outra ótica. São tempos em que, o conhecimento acrítico, desprovido de sentido, não encontra mais espaço, diante de tantas inovações e das necessidades de uma sociedade globalizada,

---

194. PERRIER, Gerlane Romão Fonseca; ALMEIDA, Maria Elizabeth Bianconcini de. Narrativas digitais: Metodologias ativas com o uso das TDIC na educação técnica e tecnológica. In: FONSECA, Eduardo (Coord.); BRITO, Glaucia da Silva; ESTEVAM, Marcelo; CAMAS, Nuria Pons Villardel (Org.). *Metodologias pedagógicas inovadoras*: contextos da educação básica e da educação superior (v. 1). Curitiba: IFPR, 2018. p. 135-162.

195. MAROCCO, Andréa de Almeida Leite. As metodologias ativas e as novas diretrizes curriculares dos cursos de direito. In: RODRIGUES, Horácio Wanderlei (Org.). *Educação jurídica no século XXI*: novas diretrizes curriculares nacionais do curso de direito – limites e possibilidades. Florianópolis: Habitus, 2019.

em constante transição. São novos saberes, novos momentos, novas necessidades, que clamam por construções teórico-práticas que ultrapassem a reprodução.[196]

No âmbito da educação jurídica, Bichels, Von Hohendorff e Engelmann[197] salientam que o ensino tem sido predominantemente expositivo, carecendo de estímulos à interação. A abordagem adotada por muitos educadores brasileiros dificulta a construção efetiva do conhecimento e resulta na mera transmissão de um conteúdo dogmático que tende a manter os estudantes passivos, sem engajamento significativo. Como referem os autores: "na maioria das vezes, o tema e objetivo das aulas não ficam claros, e elas acabam por se tornar um verdadeiro monólogo, com base apenas nos textos legais vigentes". O ato de ensinar não se resume simplesmente a transmitir conhecimento, mas principalmente a criar as condições para que o aprendiz desenvolva sua autonomia, promovendo produções e reconstruções significativas para si mesmo e para a sociedade. A busca pela autonomia criativa e prospectiva é, aliás, uma característica da Pedagogia Inaciana, cujos fundamentos se originam em 1599, influenciados por Inácio de Loyola e pelos primeiros jesuítas.

Ao longo dos séculos, a educação tem sido concebida como uma acumulação de conhecimento adquirido através de lições e testes. O ensino seguia um modelo primitivo de comunicação, no qual a informação era transmitida e o conhecimento era transferido do professor para o aluno. Os alunos recebiam um tema claramente apresentado e totalmente explicado, e o professor solicitava, em troca, que demonstrassem, muitas vezes recitando de memória, que haviam assimilado o que lhes fora comunicado. Uma característica essencial da Pedagogia Inaciana é a introdução da reflexão como dinâmica essencial, buscando que a experiência de aprendizagem conduza, além do estudo memorístico, ao desenvolvimento das habilidades de aprendizagem mais complexas, como compreensão, aplicação, análise, síntese, avaliação e, sobretudo, a reflexão. Através da reflexão, os alunos são estimulados a ponderar sobre o significado e a relevância humana do que estão estudando, integrando esse entendimento para amadurecerem como indivíduos conscientes e compassivos.[198]

---

196. MAROCCO, Andréa de Almeida Leite. As metodologias ativas e as novas diretrizes curriculares dos cursos de direito. In: RODRIGUES, Horácio Wanderlei (Org.). *Educação jurídica no século XXI*: novas diretrizes curriculares nacionais do curso de direito – limites e possibilidades. Florianópolis: Habitus, 2019.

197. BICHELS, Àgueda; HOHENDORF, Raquel Von; ENGELMANN, Wilson. Ensino jurídico na pandemia: desafios e possibilidades a partir da Pedagogia Inaciana e de relatos de experiências docentes. *Boletín del CVPI – Centro Virtual de Pedagogía Ignaciana – CPAL*, Lima, Peru, p. 1-12, 01 jun. 2023.

198. COMPAÑÍA DE JESÚS. Pedagogía ignaciana: un planteamiento práctico. *Pedagogia Ignaciana*. 1993. Disponível em: http://pedagogiaignaciana.com. Acesso em: 23 out. 2024.

Segundo Balladares-Burgos e Jaramillo-Baquerizo,[199] nos últimos anos a Pedagogia Inaciana tem se adaptado aos desafios do mundo atual. Nesse cenário, a educação virtual, incluindo as modalidades de *Electronic Learning* (e-Learning), *Mobile Learning* (m-Learning) e *Ubiquitous Learning* (u-Learning), surge como o ambiente ideal para a integração dessa pedagogia em uma proposta educacional do século XXI. Segundo os autores, essa abordagem pedagógica é capaz de responder às demandas de aprendizagem das novas gerações digitais, sobretudo daqueles que ingressam no ensino superior e se identificam com a geração Z (pessoas que nasceram entre meados dos anos 1990 e meados dos anos 2010). Os corolários e princípios da Pedagogia Inaciana abrem novos horizontes para a pesquisa educacional, criando oportunidades para fortalecer e adaptar a abordagem diante do contexto das redes sociais e da internet.

Após a exposição das metodologias inov-ativas, com suas diversas abordagens e técnicas, e enfoques como a Pedagogia Inaciana, é desafiador explicar a persistência de métodos educacionais que permanecem desvinculados da realidade e desconectados das necessidades sociais. Daí porque é fundamental estabelecer uma identidade tanto para os professores quanto para os alunos que valorize a inovação, a mudança e a transformação do processo educacional. Por natureza, os seres humanos tendem a se acomodar naquilo que oferece mais conforto e tranquilidade, evitando as instabilidades e dificuldades que surgem ao trilhar caminhos desconhecidos, principalmente aqueles que parecem complexos no começo. Contudo, assumir riscos parece ser uma escolha vantajosa quando as certezas não conduzem aos resultados desejados na educação jurídica.

O conhecimento, destaca Morin,[200] é "uma aventura incerta que carrega consigo, permanentemente, o risco de ilusão e erro". O sociólogo nos lembra que é necessário estar aberto a novas perspectivas, questionar continuamente e reconhecer que não há certezas absolutas. Deve-se, assim, empregar novas metodologias para que o Direito se mantenha atualizado e acompanhe o desenvolvimento das demais áreas do saber. As faculdades devem preparar pensadores capazes de questionar o papel do Direito na sociedade de modo autêntico e, para alcançar o objetivo, é crucial adotar práticas de ensino inovadoras e superar o receio quanto a metodologias educacionais não tradicionais.[201]

---

199. BALLADARES-BURGOS, Jorge; JARAMILLO-BAQUERIZO, Christian. Corolarios de la pedagogía ignaciana y la educación virtual. *Revista de la Pontificia Universidad Católica del Ecuador (PUCE)*, Quito, n. 113, p. 163-180, nov. 2021-maio 2022. Disponível em: https://www.revistapuce.edu.ec/index.php/revpuce/article/view/407/353. Acesso em: 16 jun. 2024.

200. MORIN, Edgar. *Os sete saberes necessários à educação do futuro*. Brasília: UNESCO, 2000.

201. ENGELMANN, Wilson; HOHENDORF, Raquel Von. Cultura digital onlife e educação jurídica: cruzamentos e oportunidades. In: MIRANDA, José Eduardo de; HUPFFER, Haide Maria (Org.). *En-*

Apesar das incertezas em relação ao melhor caminho a seguir, existem bases sólidas para explorar novas dimensões na educação jurídica, notadamente o conceito de *immersive learning* (ou *I-learning*), que será desenvolvido no capítulo seguinte.

---

sino jurídico na era disruptiva. Boa Vista: Editora IOLE, 2022, v. 1, p. 287-306. Disponível em: https://revistas.ufpr.br/psicologia/article/view/3321. Acesso em: 16 jun. 2024.

3
TECNOLOGIAS IMERSIVAS NA EDUCAÇÃO

A expressão *immersive learning* pode ser traduzida de diferentes maneiras, como "educação imersiva", "ensino imersivo" e "aprendizagem imersiva". Embora as expressões "educação", "ensino" e "aprendizagem" sejam polissêmicas, apresentando uma variedade de conceitos na literatura acadêmica, há um consenso em considerar a educação como mais ampla, englobando tanto o processo de ensino quanto o de aprendizagem. Assim, para fins desta tese, optou-se por utilizar "educação imersiva" em detrimento das alternativas "ensino imersivo" e "aprendizagem imersiva", por assumir uma perspectiva mais holística e abrangente. A escolha adequa-se aos objetivos desta pesquisa, bem como se alinha com o consenso acadêmico que vê a educação como um conceito integral e inclusivo.

Como destaca Oliveira, a educação é um termo amplo que engloba tanto o processo de educar quanto o resultado desse processo. De acordo com a autora, a educação pode ser compreendida em um plano social e em um plano individual. No plano social, a educação é um processo contínuo e universal, no qual as gerações mais adultas transmitem às mais novas o patrimônio cultural do grupo, com a finalidade de preservar, continuar, renovar e enriquecer essa mesma cultura. Em resumo, é um processo fundamental, pois, sem ele, "o grupo não sobreviveria nem a cultura criaria novas formas, mais ajustadas e mais perfeitas, de atender às necessidades humanas".[1]

Embora haja um consenso sobre a importância social da educação, as opiniões são divergentes quando se trata do plano individual e podem ser resumidas em três correntes principais: a primeira corrente enfatiza que a educação compreende o desenvolvimento das capacidades inatas do aluno; a segunda concebe a educação como sendo um processo de reconstrução da experiência, que incorpora tanto os elementos inatos quanto a influência do ambiente externo; por fim, a terceira corrente, mais abrangente, propõe que a educação deve promover o desenvol-

---

1. OLIVEIRA, Irene Estevão de. Educação, ensino e aprendizagem. *Curriculum*, Rio de Janeiro, v. 9, n. 1, p. 7-19, jan./mar. 1970.

vimento integral da personalidade do indivíduo, o que abrange aspectos físicos, temperamentais, de caráter e intelectuais.[2]

Ao longo da história, a educação passou por diferentes concepções e propósitos. Desde a preparação para a vida após a morte até a adaptação à sociedade em constante mudança, seu objetivo evoluiu. Para Oliveira, a educação atualmente busca equipar as novas gerações com os conhecimentos, habilidades e atitudes necessárias para assumir suas responsabilidades como membros da família, cidadãos e profissionais em uma sociedade em constante mudança. Além de preparar para a vida, a educação é parte integrante dela, proporcionando experiências que impulsionam o desenvolvimento pessoal e facilitam a adaptação a diferentes contextos.[3]

O conceito de "ensino", por sua vez, pode ser compreendido como o ato de "dirigir tecnicamente a aprendizagem", o que implica uma estreita relação entre ensinar e aprender. Como refere Oliveira: "se ensinamos e o aluno não aprendeu, então o ensino não ocorreu de fato. Estamos seguindo um caminho equivocado e não estamos colhendo os frutos do nosso trabalho. (...) É necessário encontrar uma abordagem diferente, reformular nossa técnica e utilizar diferentes métodos". Deve-se superar a visão de que ensinar se resume a "transmitir conhecimentos", pois a perspectiva propõe que o aprendiz desempenha um papel passivo, à semelhança de um receptáculo, sugerindo que a mente humana é uma tela em branco na qual podemos imprimir o que quisermos, o que não corresponde à realidade.[4]

No mesmo sentido, Kubo e Botomé destacam que o sucesso do ensino é medido pela efetividade da aprendizagem dos alunos. Ensinar é mais do que a ação do professor em sala de aula; é garantir que ocorra a aprendizagem. O ato de ensinar envolve a relação entre as ações do professor e a aprendizagem do aluno. A ocorrência de aprendizagem é, portanto, crucial para afirmar que houve ensino: "ensinar define-se por obter aprendizagem do aluno e não pela intenção (ou objetivo) do professor ou por uma descrição do que ele faz em sala de aula. A relação entre o que o professor faz e a efetiva aprendizagem do aluno é o que, mais apropriadamente, pode ser chamado de ensinar".[5]

---

2. Atualmente, para além dessas abordagens, há a reticular e conectiva proposta Di Felice, a qual será desenvolvida ao longo da tese.
3. OLIVEIRA, Irene Estevão de. Educação, ensino e aprendizagem. *Curriculum*, Rio de Janeiro, v. 9, n. 1, p. 7-19, jan./mar. 1970.
4. OLIVEIRA, Irene Estevão de. Educação, ensino e aprendizagem. *Curriculum*, Rio de Janeiro, v. 9, n. 1, p. 7-19, jan./mar. 1970.
5. KUBO, Olga; BOTOMÉ, Silvio. Ensino-aprendizagem: uma interação entre dois processos comportamentais. *Interação*, Curitiba, n. 5, p. 123-132, 2001. Disponível em: https://revistas.ufpr.br/psicologia/article/view/3321. Acesso em: 16 jun. 2024.

A palavra "aprendizagem" tem sua etimologia proveniente do verbo "aprender", que tem origem no termo latino "apprehendere" ("compreensão"). O termo pode ser usado tanto para descrever o processo de aprender quanto para se referir aos resultados alcançados. Alguns especialistas adotam a palavra "aprendizado" para o processo em si ("o aprendizado da Matemática apresenta dificuldades para alunos com pouca capacidade de abstração") e reservam o termo "aprendizagem" para os resultados desse processo ("a aprendizagem foi superior à observada em anos anteriores").[6]

Por muitas décadas, os estudiosos da área do desenvolvimento humano têm se dedicado a entender como a aprendizagem ocorre. Para Piaget, a aprendizagem em geral é provocada por situações externas e ocorre apenas quando há uma assimilação ativa por parte do sujeito. Conforme o biólogo, o indivíduo é o principal responsável por seu processo de aprendizagem. Se o contexto educacional não oferecer espaços e oportunidades para que ele interaja com o objeto de conhecimento e o compreenda, é improvável que ocorra qualquer aprendizagem significativa ocorra e seja capaz de promover mudanças: "toda a ênfase é colocada na atividade do próprio sujeito, e eu acredito que sem essa atividade não há didática ou pedagogia possível que transforme significativamente o sujeito".[7]

Segundo Piaget, a aquisição de conhecimentos ocorre por meio da interação ativa entre o indivíduo e o ambiente,[8] e segue uma evolução natural-cognitiva em quatro estágios: a) *sensório-motor*, que ocorre desde o nascimento até cerca de dois anos de idade, quando a criança desenvolve uma estrutura linguística conceitual; b) *pré-operatório*, que vai dos 2 aos 7-8 anos, quando a criança começa a constituir uma estrutura operatória; c) *operatório concreto*, que começa no final do segundo estágio e dura, em média, até 11-12 anos, caracterizado pela capacidade de coordenar ações em sistemas estruturados; d) *operatório formal*, que começa no final do terceiro estágio e é permanente na vida adulta, onde a pessoa atinge um estado de equilíbrio por volta dos 14-15 anos de idade.[9]

Para Maturana, biólogo que se dedicou à compreensão dos processos cognitivos, da autopoiese e da construção do conhecimento, aprender é o ato de se transformar por meio de interações particulares e recorrentes. Esse ato acontece

---

6. OLIVEIRA, Irene Estevão de. Educação, ensino e aprendizagem. *Curriculum*, Rio de Janeiro, v. 9, n. 1, p. 7-19, jan./mar. 1970.
7. PIAGET, Jean. Part I: Cognitive development in children: Piaget development and learning. *Journal of Research in Science Teaching*, v. 2, n. 3, p. 176-186, set. 1964.
8. PIAGET, Jean. *O nascimento da inteligência na criança*. Rio de Janeiro: Zahar, 1975.
9. ABREU, Luiz Carlos de; OLIVEIRA, Márcio Alves de; CARVALHO, Tatiana Dias de; MARTINS, Sonia R.; GALLO, Paulo Rogério; REIS, Alberto Olavo Advíncula. A epistemologia genética de Piaget e o construtivismo. *Revista Brasileira de Crescimento e Desenvolvimento Humano*, São Paulo, v. 20, n. 2, p. 361-366, ago. 2010. Disponível em: https://doi.org/10.7322/jhgd.19973. Acesso em: 16 jun. 2024.

quando um ser vivo muda sua forma de agir ao longo do tempo, de acordo com as transformações que acontecem à sua volta e como interage com o ambiente.[10] Em colaboração com Varela,[11] Maturana destaca que, como a vida é um processo de conhecimento, os seres vivos não constroem a cognição de forma passiva, mas por meio da interação ativa com o mundo ao redor. Adicionalmente, em coautoria com Rezepka,[12] o biólogo chileno enfatiza que, a menos que estejam sob condições neurológicas graves, todos os seres humanos são capazes de aprender, porque são autônomos, autopoiéticos e vivem em harmonia com o ambiente ao seu redor.

As compreensões de Piaget sobre aprendizagem como um processo ativo, onde a interação significativa com o ambiente é crucial, e de Maturana sobre a transformação através de interações particulares e recorrentes, tecem o pano de fundo para explorar o que Morgado chama de *espaços de aprendizagem imersivos*. Nesses espaços, aprendizagem e imersão acontecem concomitantemente, envolvendo o indivíduo em uma experiência de profundo envolvimento cognitivo. Conforme Morgado, ambientes de aprendizagem devem ser compreendidos como os "contextos onde o fenômeno da aprendizagem se manifesta",[13] englobando desde os espaços físicos, como salas de aula e laboratórios de pesquisa, até lugares atópicos, na concepção de Di Felice,[14] que interligam diferentes atores:

> Ou seja, podem ser os espaços físicos tradicionais, como uma sala de aula ou o laboratório de uma equipa de investigação; mas podem também ser espaços online de comunicação e interação entre participantes; podem ser os espaços isolados onde um indivíduo reflete e explora a sua cognição; podem ser as profundezas das redes informáticas onde sistemas inteligentes arquitetam os seus padrões de decisão; as configurações físicas dos sistemas biológicos que refletem a sua aprendizagem na interação com o mundo; podem ser a miríade de pontos de contacto entre uma organização e os exterior e a estrutura interna dessa organização; ou mesmo as circunstâncias, história e atores de onde emergem a aprendizagem de uma sociedade. Se atendermos às redes informáticas de que atualmente dispomos, podemos encontrar ambientes de aprendizagem que interligam diferentes aspetos, atores e espaços, criando realidades dissociadas de um local específico, ou seja, ambientes atópicos.[15]

---

10. MATURANA, Humberto. *As bases biológicas do aprendizado*. Belo Horizonte: Primavera, 1993.
11. MATURANA, Humberto; VARELA, Francisco. *A árvore do conhecimento*: as bases biológicas da compreensão humana. São Paulo: Palas Athena, 2001.
12. MATURANA, Humberto; REZEPKA, Sima Nisis de. *Formación humana y capacitación*. Santiago: Dolmen Ediciones, 1995.
13. MORGADO, Leonel. Ambientes de aprendizagem imersivos. *Video Journal of Social and Human Research*, Lisboa, v. 1, n. 2, p. 102-116, jul./dez. 2022. Disponível em: https://doi.org/10.18817/vjshr.v1i2.32. Acesso em: 16 jun. 2024.
14. PIRES, Eduardo Felipe Weinhardt. Entrevista com Massimo Di Felice. *Teccogs: Revista Digital de Tecnologias Cognitivas*, TIDD | PUC-SP, São Paulo, n. 13, p. 7-19, jan./jun. 2016. Disponível em: https://revistas.pucsp.br/index.php/teccogs/article/view/31636. Acesso em: 16 jun. 2024.
15. MORGADO, Leonel. Ambientes de aprendizagem imersivos. *Video Journal of Social and Human Research*, Lisboa, v. 1, n. 2, p. 102-116, jul./dez. 2022. Disponível em: https://doi.org/10.18817/vjshr.v1i2.32. Acesso em: 16 jun. 2024.

Na visão de Morgado, o que torna um "espaço de aprendizagem" em um "espaço de aprendizagem imersivo" é a ocorrência simultânea e integrada entre a aprendizagem e a imersão. Essa (co)ocorrência sugere que a imersão não é apenas um adicional ou mesmo um resultado, mas um aspecto intrínseco que opera junto com a aprendizagem para criar uma experiência mais rica e envolvente. Como refere o professor da Universidade Aberta, em Portugal, o fenômeno da imersão "não deve ser encarado apenas como uma transformação de um ambiente de aprendizagem, nem apenas como uma característica intrínseca desses ambientes, mas sim como lente teórica para os interpretar, analisar e neles intervir".[16]

Tanto Piaget quanto Maturana destacam a relevância da interação do indivíduo com o ambiente, sendo possível conectar as ideias de ambos os biólogos com o conceito de educação imersiva. Essa abordagem busca engajar os alunos de forma holística, oferecendo experiências de aprendizado ricas, multidimensionais e contextualizadas em um ambiente que replica ou simula a complexidade do mundo real. A educação imersiva oferece uma vantagem significativa em relação à aprendizagem convencional, permitindo que os alunos experimentem interações e atividades que seriam impossíveis ou perigosas na realidade, explorar lugares distantes ou situações diversas sem quaisquer riscos físicos.[17]

A abordagem da educação imersiva proporciona a alunos e professores uma imersão em ambientes tridimensionais, permitindo que explorem conceitos, fenômenos, processos e situações de forma envolvente e inspiradora. Uma de suas principais capacidades é ampliar o sentimento de *presença* dos estudantes, por meio do uso de avatares ou personagens em mundos tridimensionais. O elemento 3D oferece um papel crucial na educação imersiva, permitindo que os alunos experimentem percepções espaciais que os capacitam a observar eventos imediatos e práticos, intervindo neles individualmente ou em grupo. Como aponta Moretti, o estudante, ao agir e interagir com objetos virtuais dentro de espaços imersivos de aprendizagem, deixa de ser "espectador" para se tornar "ator".[18]

---

16. MORGADO, Leonel. Ambientes de aprendizagem imersivos. *Video Journal of Social and Human Research*, Lisboa, v. 1, n. 2, p. 102-116, jul./dez. 2022. Disponível em: https://doi.org/10.18817/vjshr. v1i2.32. Acesso em: 16 jun. 2024.
17. JACOBSON, Jeffrey. Authenticity in immersive design for education. In: LIU, Dejian; DEDE, Chris; HUANG, Ronghuai; RICHARDS, John (Ed.). *Virtual, augmented, and mix realities in education*. Singapura: Springer, 2017. p. 21-32.
18. MORETTI, Gaia. Comunidades virtuais de aprendizagem e de prática em metaverso. In: SCHLEMMER, Eliane; MALIZIA, Pierfranco; BACKES, Luciana; MORETTI, Gaia. *Comunidades de aprendizagem e de prática em metaverso*. São Paulo: Cortez, 2012, p. 127-178.

3.1 COMPREENDENDO O FENÔMENO DA IMERSÃO

O estudo sobre a educação imersiva engloba inicialmente compreender a *imersão*, um conceito abordado de modos distintos por diferentes autores e frequentemente usado de forma intercambiável com as expressões "presença", "envolvimento" e "engajamento". Ao longo do tempo, a imersão se expandiu para englobar uma ampla variedade de experiências e foi aplicada em diferentes domínios, incluindo pesquisas em ambientes virtuais e estudos relacionados a videogames. No entanto, como destacam Nilsson, Nordahl e Serafin,[19] a falta de precisão da expressão "imersão", somado ao seu uso intercambiável com outros conceitos, prejudica o estudo de noções importantes, como a "presença", que desempenha um papel fundamental na compreensão dos ambientes virtuais.

Em seu livro *Hamlet on the Holodeck*, Murray define "imersão" como um termo metafórico derivado da experiência física de estar submerso na água: "buscamos a mesma sensação de uma experiência psicologicamente imersiva que temos de um mergulho no oceano ou na piscina: a sensação de estar cercado por uma realidade completamente diferente, tão diferente quanto a água é do ar, que toma toda a nossa atenção, todo o nosso aparato perceptual".[20] Ainda que a visão predominante considere a imersão como a sensação de estar ou se sentir cercado por algo, as interpretações sobre a natureza dessa experiência são diversificadas. Em síntese, há quem interprete a imersão como um indicativo de quão profundamente alguém está submerso em meio líquido, enquanto há quem a entenda como a experiência subjetiva de estar submerso em algo.[21]

Ao revisar a literatura acadêmica sobre tecnologias imersivas, Fernandes, Rodrigues, Teixeira e Werner constataram que o conceito de "imersão" é abordado de diferentes maneiras pelos estudiosos e pesquisadores. Com base nos estudos analisados pelos pesquisadores, o termo "imersão" pode se referir:

---

19. NILSSON, Christian Nilsson; NORDAHL, Rolf; SERAFIN, Stefania. Immersion revisited: a review of existing definitions of immersion and their relation to different theories of presence. *Human Technology*, Jyväskylä, v. 12, n. 2, p. 108-134, nov. 2016. Disponível em: https://ht.csr-pub.eu/index.php/ht/article/view/176. Acesso em: 16 jun. 2024.

20. MURRAY, Janet Horowitz. *Hamlet on the holodeck*: the future of narrative in cyberspace. Nova York: The MIT Press, 1998.

21. SLATER, Mel. Place illusion and plausibility can lead to realistic behaviour in immersive virtual environments. *Philosophical Transactions of the Royal Society B: Biological Sciences*, v. 364, n. 1535, p. 3549-3557, 12 dez. 2009. Disponível em: https://core.ac.uk/display/19959807. Acesso em: 16 jun. 2024. WITMER, Bob; SINGER, Michael. Measuring presence in virtual environments: a presence questionnaire. *Presence*: Teleoperators and Virtual Environments, v. 7, n. 3, p. 225-240, jun. 1998. Disponível em: https://doi.org/10.1162/105474698565686. Acesso em: 16 jun. 2024. RYAN, Marie-Laure. *Narrative as virtual reality*: immersion and interactivity in literature and electronic media. Baltimore: Johns Hopkins University Press, 2001.

- A uma experiência quantificável;
- Às características do sistema;
- A um estado em que o usuário está cercado por outra realidade que exige sua atenção completa;
- Aos aspectos tecnológicos que oferecem ao usuário a sensação de presença em um ambiente artificial;
- Ao estado mental de total absorção no ambiente virtual;
- Às capacidades técnicas da tecnologia de realidade virtual para renderizar estímulos sensoriais;
- A um conceito que pode conectar as experiências tecnológicas, psicológicas e pedagógicas;
- Às propriedades tecnológicas do sistema.

Já a noção de "presença", frequentemente relacionada ao fenômeno da imersão e que será explorada mais adiante, pode se referir:

- A uma experiência não quantificável;
- A um estado mental;
- A um estado psicológico;
- À experiência subjetiva de estar em um lugar ou ambiente, mesmo quando alguém está fisicamente situado em outro;
- À experiência subjetiva de estar em um local ou ambiente específico, mesmo quando alguém está fisicamente localizado em outro lugar;
- Ao estado psicológico que pode surgir de um sistema imersivo;
- À sensação psicológica de "estar lá" no ambiente gerado pelo sistema;
- À sensação psicológica de "estar presente" no ambiente virtual;
- À resposta psicológica subjetiva do usuário a um sistema.[22]

Em decorrência das diferentes definições de imersão, Nilsson, Nordahl e Serafin[23] desenvolveram uma taxonomia de quatro dimensões para estruturar

---

22. FERNANDES, Filipe Arantes; RODRIGUES, Claudia Susie Camargo; TEIXEIRA, Eldânae Nogueira; WERNER, Cláudia. *Immersive learning frameworks: a systematic literature review. IEEE Transactions on Learning Technologies*, v. 16, n. 1, p. 1-17, jan. 2023. Disponível em: https://ieeexplore.ieee.org/document/10036969. Acesso em: 16 jun. 2024.

23. NILSSON, Christian Nilsson; NORDAHL, Rolf; SERAFIN, Stefania. Immersion revisited: a review of existing definitions of immersion and their relation to different theories of presence. *Human Technology*, Jyväskylä, v. 12, n. 2, p. 108-134, nov. 2016. Disponível em: https://ht.csr-pub.eu/index.php/ht/article/view/176. Acesso em: 16 jun. 2024.

o conceito: (a) imersão como propriedade do sistema; (b) imersão como resposta perceptual; (c) imersão como resposta a narrativas; e (d) imersão como resposta a desafios. Diante do progresso contínuo das interfaces imersivas e da representação gráfica dos ambientes virtuais, a proposta dos autores oferece um ponto de partida para profissionais novos em relação aos conceitos de imersão e presença, bem como para aqueles já familiarizados com o modo como os termos são adotados em estudos e pesquisas.

Slater, um dos principais defensores da *imersão como propriedade do sistema*, sustenta que a imersão pode ser mensurada de forma objetiva e que dois componentes principais contribuem para o fenômeno: a ilusão de presença (*place illusion* – PI), que está ligada à sensação de estar realmente presente em um ambiente virtual, sendo moldada pelas informações sensoriais e motoras fornecidas pelo sistema de realidade virtual, e a ilusão de plausibilidade (*plausibility illusion* – Psi), que consiste na convicção de que as situações representadas no cenário virtual estão de fato acontecendo, sendo influenciada pela capacidade do sistema em criar eventos que se conectam com o participante.[24]

Segundo Slater, o nível de imersão é determinado pelo funcionamento e pelas propriedades físicas dos sistemas. Uma experiência virtual pode ser considerada mais "imersiva" quando leva em consideração, entre outros aspectos, a taxa de quadros gráficos (velocidade com que uma sequência de imagens é exibida), extensão geral do rastreamento (monitoramento dos movimentos do corpo, além da cabeça), latência do rastreamento (período de tempo entre um movimento e a resposta correta na imagem exibida), qualidade das imagens (resoluções de brilho, cor e contraste), campo de visão (amplitude do ângulo em que um observador pode perceber informações visuais), qualidade visual da cena renderizada (fidelidade com que os objetos são representados), dinâmica (correspondência do comportamento dos objetos com as expectativas do usuário) e a gama de modalidades sensoriais (visuais, auditivos, táteis, cinestésicos, olfativos e gustativos).[25]

A PI é frequentemente associada à ideia de "presença", que se refere à "sensação de estar lá", ou seja, de estar presente no ambiente fabricado por um sistema

---

24. SLATER, Mel. Place illusion and plausibility can lead to realistic behaviour in immersive virtual environments. *Philosophical Transactions of the Royal Society B*: Biological Sciences, v. 364, n. 1535, p. 3549-3557, 12 dez. 2009. Disponível em: https://core.ac.uk/display/19959807. Acesso em: 16 jun. 2024.

25. SLATER, Mel. Place illusion and plausibility can lead to realistic behaviour in immersive virtual environments. *Philosophical Transactions of the Royal Society B*: Biological Sciences, v. 364, n. 1535, p. 3549-3557, 12 dez. 2009. Disponível em: https://core.ac.uk/display/19959807. Acesso em: 16 jun. 2024.

de realidade virtual. De acordo com Rubin,[26] "presença" é o que ocorre quando nosso cérebro é tão enganado por uma experiência virtual que faz nosso corpo responder como se a experiência fosse real. Entre as diferentes tecnologias de realidade estendida (XR), termo que engloba a Realidade Virtual (VR), Realidade Aumentada (AR) e Realidade Mista (MR), a VR é mais imersiva para persuadir o usuário de que está imerso nela. Quando é bem implementada, os sentidos físicos convencem o cérebro de que está experienciando o que ocorre virtualmente, levando o indivíduo a aceitar as experiências no mundo digital como realidade.

As origens da noção da "presença" remontam aos sistemas teleoperados, nos quais os usuários, ao controlar remotamente robôs físicos, tinham a sensação de estar no local de trabalho remoto e não na estação de controle.[27] Nos anos 90, a ideia foi adaptada para o contexto da realidade virtual, para descrever a experiência do ambiente simulado por computador, em vez do local físico real. Levando em conta os múltiplos significados que o conceito acumulou com o tempo, Slater defende que o termo "ilusão de presença" (PI) é mais apropriado para descrever a sensação de "estar presente" em um ambiente. A opção terminológica busca evitar mal-entendidos, referindo-se especificamente à forte ilusão de estar em um lugar e não aos demais significados atribuídos à palavra "presença".[28]

Enquanto a PI trata de como o mundo é percebido, a Psi trata do que é percebido. Conforme Slater, atingir a Psi é mais desafiador do que alcançar a PI. O autor introduziu o conceito de Psi para descrever a ilusão de que aquilo que está ocorrendo é real, mesmo que o usuário esteja ciente de que não é. A Psi é uma sensação semelhante à PI, que surge de uma avaliação pessoal do usuário, questionando se o que está enxergando é real. Mesmo que, em um nível cognitivo mais elevado, o usuário tenha consciência de que nada está realmente acontecendo e possa ajustar deliberadamente seu comportamento de acordo com essa percepção, a ilusão fabricada é capaz de provocar alterações fisiológicas, como aumento da frequência cardíaca e ruborização da pele.[29]

---

26. RUBIN, Peter. *Future presence*: how virtual reality Is changing human connection, intimacy, and the limits of ordinary life. New York: HarperOne, 2018.

27. WITMER, Bob; SINGER, Michael. Measuring presence in virtual environments: a presence questionnaire. *Presence*: Teleoperators and Virtual Environments, v. 7, n. 3, p. 225-240, jun. 1998. Disponível em: https://doi.org/10.1162/105474698565686. Acesso em: 16 jun. 2024.

28. SLATER, Mel. Place illusion and plausibility can lead to realistic behaviour in immersive virtual environments. *Philosophical Transactions of the Royal Society B*: Biological Sciences, v. 364, n. 1535, p. 3549-3557, 12 dez. 2009. Disponível em: https://core.ac.uk/display/19959807. Acesso em: 16 jun. 2024.

29. SLATER, Mel. Place illusion and plausibility can lead to realistic behaviour in immersive virtual environments. *Philosophical Transactions of the Royal Society B*: Biological Sciences, v. 364, n. 1535, p. 3549-3557, 12 dez. 2009. Disponível em: https://core.ac.uk/display/19959807. Acesso em: 16 jun. 2024.

Ainda que a ilusão provoque mudanças fisiológicas, dificilmente o usuário será capaz de esquecer que não se está na vida real, pois as telas são compostas por *pixels*. Quanto menos densamente os *pixels* estiverem agrupados, mais visíveis eles serão, tornando mais evidente que se está olhando para uma tela. No caso dos *headsets*, dispositivos de visualização equipados com sensores que rastreiam a movimentação da cabeça, a tela fica a poucos centímetros dos nossos olhos. Para alcançar uma representação visual indistinguível do mundo real, seria necessário superar a marca de dois mil *pixels* por polegada. Contudo, mesmo as telas "Retina" da Apple, reconhecidas por sua alta densidade de pixels e imagens nítidas e detalhadas, "só" conseguem atingir aproximadamente 220 pixels por polegada – o que é dez vezes menos do que o ideal para imitar perfeitamente a realidade.[30]

Witmer e Singer, defensores da *imersão como resposta perceptual*, argumentam que a imersão é um fenômeno subjetivo, sendo experimentado por cada usuário de forma individualizada.[31] Para eles, a presença é um conceito complexo e multifacetado, que inclui o nível de envolvimento de um indivíduo no ambiente virtual, o grau de influência que o usuário exerce sobre o ambiente (controle), a concentração em determinados estímulos específicos dentro do cenário virtual (atenção seletiva) e a precisão com que o ambiente virtual reproduz as experiências sensoriais (fidelidade perceptiva). Embora esses fatores sejam relevantes para proporcionar a presença, Witmer e Singer reconhecem que outros aspectos também desempenham um papel e se entrelaçam para influenciar essa sensação. Até o momento, sua compreensão ainda não está completamente esclarecida.[32]

Adepto da mesma corrente, Sheridan prefere empregar o termo "presença" no lugar de "imersão". De acordo com o autor, a presença é uma sensação subjetiva que não pode ser facilmente definida ou quantificada objetivamente por meio de medições fisiológicas, sendo influenciada por três elementos principais, quais sejam: (a) a extensão da informação sensorial, que se refere aos *bits* de informação transmitidos para os sensores do observador sobre uma variável saliente; (b) o controle da relação dos sensores com o ambiente, que envolve a capacidade de alterar a posição ou perspectiva dentro do ambiente virtual, bem como discernir

---

30. NUNES, Pedro Henrique. O que é uma tela Retina? *MacMagazine*. São Paulo, 16 jul. 2023. Disponível em: https://macmagazine.com.br/post/2023/07/16/o-que-e-uma-tela-retina/. Acesso em: 16 jun. 2024.
31. WITMER, Bob; SINGER, Michael. Measuring presence in virtual environments: a presence questionnaire. *Presence*: Teleoperators and Virtual Environments, v. 7, n. 3, p. 225-240, jun. 1998. Disponível em: https://doi.org/10.1162/105474698565686. Acesso em: 16 jun. 2024.
32. WITMER, Bob; SINGER, Michael. Measuring presence in virtual environments: a presence questionnaire. *Presence*: Teleoperators and Virtual Environments, v. 7, n. 3, p. 225-240, jun. 1998. Disponível em: https://doi.org/10.1162/105474698565686. Acesso em: 16 jun. 2024.

a localização dos sons; e, ainda, (c) a modificação do ambiente físico, que diz respeito à possibilidade do usuário alterar objetos no espaço virtual.[33]

Os defensores de ambas as perspectivas concordam que o fenômeno da imersão está intrinsecamente ligado às características do sistema tecnológico usado para mediar a experiência. Porém, como apontado por Nilsson, Nordahl e Serafin,[34] a diferença essencial reside no fato de que, na primeira abordagem (imersão como propriedade do sistema), a imersão é considerada uma característica da forma de mídia, enquanto na segunda (imersão como resposta perceptual), a imersão se refere à experiência subjetiva da forma de mídia.

A terceira perspectiva (*imersão como resposta a narrativas*) envolve a sensação de estar dentro da narrativa, aceitando o mundo e os eventos da história como se fossem reais. Ela acontece quando o indivíduo se envolve mentalmente com o mundo fictício onde a narrativa se desenrola. Como refere Adams, especialista em *design* de jogos, "é a mesma imersão que ocorre com um bom livro ou filme, mas nos videogames, o jogador também se torna um ator dentro da história".[35] Para alcançar um alto nível de imersão narrativa, é essencial garantir uma jogabilidade adequada que se integre ao contexto da história, bem como contar com um enredo emocionante, personagens cativantes e situações dramáticas, evitando tramas inverossímeis, figuras superficiais e acontecimentos clichês.

Há diferentes definições alternativas que compartilham semelhanças com a imersão como resposta a narrativas. Ermi e Mäyrä utilizam a expressão "imersão imaginativa" para descrever a sensação de se envolver profundamente nas histórias e no universo do jogo, ou de desenvolver empatia e identificação com algum personagem.[36] Arsenault entende ser mais adequado o termo "imersão ficcional", porque os jogadores podem ficar imersos em uma história sem exercitar a imaginação.[37] Já Ryan aprofunda a análise sobre o que leva os indivíduos a submergir na história, categorizando a imersão em três categorias: (a) tem-

---

33. SHERIDAN, Thomas. Musings on telepresence and virtual presence. *Presence*: Teleoperators and Virtual Environments, v. 1, n. 1, p. 120–126, 1992. Disponível em: https://direct.mit.edu/pvar/article/1/1/120/58751/Musings-on-Telepresence-and-Virtual-Presence. Acesso em: 16 jun. 2024.

34. NILSSON, Christian Nilsson; NORDAHL, Rolf; SERAFIN, Stefania. Immersion revisited: a review of existing definitions of immersion and their relation to different theories of presence. *Human Technology*, Jyväskylä, v. 12, n. 2, p. 108-134, nov. 2016. Disponível em: https://ht.csr-pub.eu/index.php/ht/article/view/176. Acesso em: 16 jun. 2024.

35. ADAMS, Ernest. *Fundamentals of game design*. 2. ed. New Riders, 2010.

36. ERMI, Laura; MÄYRÄ, Frans. Fundamental components of the gameplay experience: analysing Immersion. In: JENSON, Jennifer (Ed.). *Changing views*: worlds in play, Digital Games Research Association's Second International Conference, Vancouver, 2005, p. 15-27.

37. ARSENAULT, Dominic. Dark waters: spotlight on immersion. *Proceedings of the GAMEON-NA International Conference*, Québec: Eurosis, 2005. p. 50-52.

poral, que abarca o envolvimento do leitor na passagem do tempo da história; (b) espacial, que envolve estabelecer uma conexão íntima com o ambiente e se sentir presente nas cenas descritas; e (c) emocional, que se refere à experiência de imersão resultante do investimento emocional do indivíduo no destino dos protagonistas ou antagonistas da narrativa.[38]

Além das diferentes terminologias e categorias, a discussão em torno da imersão narrativa aborda diferentes níveis. Os jogadores podem desfrutar dos jogos tanto em níveis diegéticos quanto em níveis não diegéticos.[39] Segundo define Bahiana,[40] os elementos diegéticos referem-se àqueles que fazem parte do "mundo da história", ou seja, são "tudo o que, visível ou concebível em uma cena, pode ser interpretado como fonte sonora". Nas palavras da autora: "se numa cena de uma diligência cruzando o Deserto Pintado ouvimos o uivo do vento, o estalo do chicote ou o ruído dos cascos – assumimos que esses sons 'naturalmente fazem parte' da cena". Por sua vez, os elementos não diegéticos são "tudo aquilo que é ouvido mas não visto na cena por ser impossível ou improvável no contexto da história. E, mesmo assim, aceitamos como parte do 'realismo emocional' do filme...".

As categorias de elementos diegéticos e não diegéticos na discussão sobre imersão narrativa podem agregar ao tema da presente tese. No contexto da educação jurídica, por exemplo, os elementos diegéticos podem envolver os alunos na narrativa da prática jurídica, permitindo-lhes explorar e aplicar conceitos em um contexto simulado, como ambientes virtuais de tribunais ou cenários que recriam situações jurídicas reais. Por outro lado, os elementos não diegéticos, como informações contextuais adicionais, *feedbacks* visuais ou sonoros, podem ser incorporados para enriquecer a experiência educacional. Ao utilizar essas categorias na concepção de tecnologias imersivas para a educação jurídica, pode-se desenvolver um *framework* que assegure a integração fluida de elementos narrativos e contextuais, resultando em uma experiência de aprendizado envolvente e eficaz para os estudantes de Direito, preparando-os para os desafios do mundo jurídico.

Em estudo aprofundado sobre a imersão em jogos, Brown e Cairns[41] propuseram três níveis de imersão (quais sejam, engajamento, absorção e imersão total),

---

38. RYAN, Marie-Laure. *Narrative as virtual reality*: immersion and interactivity in literature and electronic media. Baltimore: Johns Hopkins University Press, 2001.
39. McMAHAN, Alison. Immersion, engagement, and presence: a method for analyzing 3-D video games. In: WOLF, Mark; PERRON, Bernard (Ed.). *The video game theory reader*. Nova York: Routledge, 2003. p. 67-86.
40. BAHIANA, Ana Maria. *Como ver um filme*. Rio de Janeiro: Nova Fronteira, 2012.
41. BROWN, Emily; CAIRNS, Paul. A grounded investigation of game immersion. *Proceedings of the CHI Conference on Extended Abstracts on Human Factors in Computing Systems*, 24-29 April 2004, Vienna. New York: ACM Press, 2004. p. 1297-1300.

sendo que cada estágio só pode ser alcançado após a superação de obstáculos específicos. Por meio de entrevistas semiestruturadas realizadas com jogadores que mantinham prática regular de jogos de computador, os pesquisadores chegaram à conclusão de que os jogos integram elementos fundamentais de atenção, abrangendo os domínios visual, auditivo e mental. Os autores identificaram, ainda, que o nível de imersão experimentado pelos jogadores está conectado intrinsecamente ao número de fontes e à quantidade de atenção exigidas.

O primeiro nível de imersão (engajamento) representa o estágio mais básico de envolvimento com um jogo e depende tanto de elementos objetivos quanto subjetivos para ser alcançado. As preferências pessoais do jogador, assim como a qualidade dos controles e feedbacks, são barreiras iniciais para o engajamento. Como referem Brown e Cairns, se o jogador não aprecia determinado gênero de jogo, é improvável que tente se envolver com ele. Ademais, se os controles do jogo não permitem que o jogador se torne competente na jogabilidade, é provável que ele desista por completo da experiência.[42]

Apesar de não haver consenso entre os estudiosos de jogos eletrônicos sobre a definição de jogabilidade, o conceito é composto por três elementos principais, conforme descrito em definições encontradas na literatura: controle do jogo, *design* e experiência de jogo. Como destaca Mello, em estudo sobre o conceito de jogabilidade:

> O controle de jogo se operaria na jogabilidade a partir da possibilidade de ações na interface para interagir com o jogo e vincular o resultado intencionado pelo agente; a importância do design para a jogabilidade diria respeito aos métodos usados (pelos criadores do jogo) para aprimorar e permitir que a interface (física e gráfica) gere uma interação entre jogo e jogador, a partir de suas ações (agência); por sua vez, a experiência de jogar teria relevância na base a compor a jogabilidade definindo-se pelas interações geradas a partir da manipulação dos controles e considerando seus efeitos (audiovisuais in-game e físicos – hápticos) na interface, se beneficiando do conhecimento de linguagens e códigos acumulados pelos jogadores em sessões de jogo anteriores.[43]

Presumindo que o jogador tenha afinidade com o gênero do jogo e que os controles e *feedbacks* sejam adequados, ainda assim deverá alocar tempo, que pode variar conforme o jogo em questão, bem como esforço, investindo energia para

---

42. BROWN, Emily; CAIRNS, Paul. A grounded investigation of game immersion. *Proceedings of the CHI Conference on Extended Abstracts on Human Factors in Computing Systems*, 24-29 April 2004, Vienna. New York: ACM Press, 2004. p. 1297-1300.

43. MELLO, Vinicius David de Lima. *Histórico e discussão do conceito de jogabilidade em videogames.* 2012. 133 f. Dissertação (Mestrado em Educação) – Faculdade de Educação, Universidade do Estado do Rio de Janeiro, Rio de Janeiro, 2012.

aprender a jogar e alcançar as recompensas esperadas.[44] Ademais, é fundamental dedicar atenção, que diz respeito à disposição para se concentrar, aspecto que depende tanto do jogador quanto do próprio jogo, que deve oferecer algo que justifique a concentração.[45] (À medida que os jogos se tornam mais imersivos, o jogador precisa investir mais tempo, esforço e atenção).

Uma vez superadas essas barreiras iniciais, o usuário começa a se sentir engajado e avança para o segundo estágio, denominado "absorção". Aqui, o jogador poderá se envolver ainda mais com o jogo e ficar completamente imerso, mas a imersão também depende dos esforços de *designers*, programadores e roteiristas na construção do jogo. Os elementos do jogo devem se combinar de maneira a impactar diretamente as emoções do jogador, e o jogador é plenamente capaz de identificar quando um jogo foi bem desenvolvido. Aspectos visuais impressionantes, missões desafiadoras e um enredo envolvente desempenham um papel fundamental no processo, contribuindo para uma experiência de jogo imersiva.[46]

Nesse estágio de imersão, devido ao investimento de tempo, esforço e atenção, há um profundo envolvimento emocional com o jogo. Esse comprometimento motiva o jogador a continuar jogando e, às vezes, pode deixá-lo se sentindo emocionalmente cansado ao interromper a experiência de jogo. O jogo passa a receber mais atenção do jogador e exerce uma influência direta sobre suas emoções. Em comparação com o estágio anterior, o jogador se torna menos consciente do ambiente ao seu redor e em relação a si mesmo.

A título de exemplo, em 2019 foi notado um estágio semelhante ao de "absorção" em estudantes do Ensino Médio. A coordenação do Curso de Ciências Jurídicas e Sociais da Unisinos foi desafiada pelos organizadores do evento "Unisinos Conecta" a criar um jogo capaz de atrair e demonstrar aos alunos do Ensino Médio o impacto do Direito em suas vidas, bem como incentivá-los a refletir sobre questões contemporâneas que envolvem a sociedade e o Direito. (O evento acontece todos os anos no campus da Universidade em São Leopoldo e todas as escolas de Ensino Médio da região metropolitana de Porto Alegre são convidadas a participar, reunindo, em média, mais de 5.000 alunos.) Na oportunidade, uma professora da Unisinos foi convocada pela coordenação do curso

---

44. ARSENAULT, Dominic. Dark waters: spotlight on immersion. *Proceedings of the GAMEON-NA International Conference*, Québec: Eurosis, 2005. p. 50-52.

45. ERMI, Laura; MÄYRÄ, Frans. Fundamental components of the gameplay experience: analysing Immersion. In: JENSON, Jennifer (Ed.). *Changing views*: worlds in play, Digital Games Research Association's Second International Conference, Vancouver, 2005, p. 15-27.

46. BROWN, Emily; CAIRNS, Paul. A grounded investigation of game immersion. *Proceedings of the CHI Conference on Extended Abstracts on Human Factors in Computing Systems*, 24-29 April 2004, Vienna. New York: ACM Press, 2004. p. 1297-1300.

para desenvolver um jogo, que, mais tarde, recebeu o nome de "Você Sabia? O Direito te Desafia!"[47]

O jogo é composto de um tabuleiro com cartas, mescla características de um *quiz* com diversas situações e pode ser jogado por até quatro jogadores (ou grupos), utilizando peças montadas com blocos de Lego e um dado. O tabuleiro possui marcações coloridas, e os jogadores, ao moverem suas peças, retiram cartas correspondentes à cor da posição em que param. As cartas incluem perguntas variadas sobre profissionais da área jurídica, como advogados e juízes, questionários sobre aspectos atuais e relatos de eventos pessoais positivos ou negativos. Vence o primeiro jogador que alcançar o fim do tabuleiro.

Durante o evento "Unisinos Conecta", o jogo foi construído ao longo de todo o dia, contando com a participação de cerca de 500 pessoas. A aplicação do jogo ficou a cargo de professores e de alunos monitores, o que facilitou a integração com os jovens estudantes do Ensino Médio. A experiência foi altamente inovadora e despertou a curiosidade não apenas do público-alvo, mas de todos os presentes no evento. Especificamente em relação à interação dos alunos do Ensino Médio, ficou evidente o interesse, concentração, diversão e entusiasmo durante o jogo. Ao colocar os estudantes em situações que exigiam soluções jurídicas, tanto em contextos reais quanto fictícios, a metodologia permitiu a comunicação entre o sistema educacional e o subsistema da educação jurídica. As experiências dos alunos do Ensino Médio e dos graduandos de Direito em diversas atividades acadêmicas foram positivas, evidenciando uma boa aceitação da metodologia utilizada.[48]

---

47. HOHENDORFF, Raquel von; ENGELMANN, Wilson; FRÖHLICH, Afonso Vinicio Kirschner; MENDONÇA, Isabelle de Cássia. "Você Sabia? O Direito te Desafia?": Relato de caso do uso de jogo de tabuleiro com cartas para demonstrar a alunos de ensino médio o quanto o Direito pode ser instigante. *V Congresso sobre Tecnologias na Educação (Ctrl+E 2020)*, 25-28 de agosto de 2020, João Pessoa, PB, Brasil, Online.

48. HOHENDORFF, Raquel von; ENGELMANN, Wilson; FRÖHLICH, Afonso Vinicio Kirschner; MENDONÇA, Isabelle de Cássia. "Você Sabia? O Direito te Desafia?": Relato de caso do uso de jogo de tabuleiro com cartas para demonstrar a alunos de ensino médio o quanto o Direito pode ser instigante. *V Congresso sobre Tecnologias na Educação (Ctrl+E 2020)*, 25-28 de agosto de 2020, João Pessoa, PB, Brasil, Online.

Figura 12 – Jogo "Você Sabia? O Direito te Desafia!"

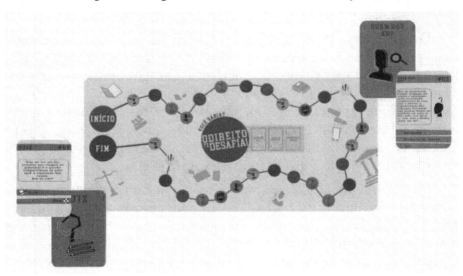

A figura apresenta um *layout* do jogo educativo "Você Sabia? O Direito te Desafia!". O percurso no tabuleiro forma uma trilha que inicia na palavra "Início" e termina em "Fim", com paradas marcadas por ícones. O título do jogo é destacado no centro do tabuleiro, sendo acompanhado de espaços para cartas Fonte: elaborado pelo autor com base no artigo "Você Sabia? O Direito te Desafia?"[49]

Retomando a pesquisa de Brown e Cairns, o terceiro e último nível (imersão total) representa o ápice da experiência do jogador, levando-o a se desconectar por completo da realidade e perceber o jogo como sua única preocupação. Nesse estágio, o jogador esquece o mundo ao seu redor e concentra todas as suas energias no jogo. As representações gráficas, o enredo, os sons e a atmosfera do jogo são essenciais para atingir a imersão total. (No estudo referido, os participantes descreveram um "estado de isolamento da realidade e desconexão ao ponto em que o jogo era tudo o que importava"[50]).

Para Brown e Cairns, esse terceiro estágio é equivalente ao conceito de "presença" e compartilha características comuns com o estado de fluxo. O psicólogo

---

49. HOHENDORFF, Raquel von; ENGELMANN, Wilson; FRÖHLICH, Afonso Vinicio Kirschner; MENDONÇA, Isabelle de Cássia. "Você Sabia? O Direito te Desafia?": Relato de caso do uso de jogo de tabuleiro com cartas para demonstrar a alunos de ensino médio o quanto o Direito pode ser instigante. *V Congresso sobre Tecnologias na Educação (Ctrl+E 2020)*, 25-28 de agosto de 2020, João Pessoa, PB, Brasil, Online.
50. BROWN, Emily; CAIRNS, Paul. A grounded investigation of game immersion. *Proceedings of the CHI Conference on Extended Abstracts on Human Factors in Computing Systems*, 24-29 April 2004, Vienna. New York: ACM Press, 2004. p. 1297-1300.

Csikszentmihalyi[51] descreve o fluxo (*flow*) como um estado mental caracterizado por uma experiência intensa e extrema, no qual o indivíduo se encontra profundamente focado em uma atividade ao ponto de perder a consciência do tempo, submergindo totalmente no processo e experimentando um nível elevado de satisfação pessoal. Para Ermi e Mäyrä, os termos "fluxo" e "imersão" não podem ser adotados como sinônimos. Segundo elas, as experiências de jogos podem, no máximo, ser chamadas de *microflow* ou *gameflow*.[52] Para diferenciar ambos os estados, são necessárias evidências comportamentais e neurofisiológicas mais substanciais, obtidas por meio de experimentos cuidadosamente planejados e executados.[53]

Por fim, a *imersão como resposta a desafios* conecta-se aos desafios apresentados pelo jogo e as habilidades que o jogador precisa adquirir para superar os obstáculos.[54] Os jogos demandam a participação ativa dos jogadores, os quais enfrentam desafios físicos e mentais que requerem habilidades motoras e cognitivas.[55] Sob essa perspectiva, a imersão não se origina do sistema, da resposta perceptual ou do conteúdo narrativo, mas do foco intenso na execução de determinados desafios, como coletar recursos, completar missões ou tomar decisões capazes de impactar o desenrolar do jogo.[56] Ermi e Mäyrä descrevem a imersão baseada em desafios como aquela que "atinge o seu auge quando alguém é capaz de alcançar um equilíbrio satisfatório entre desafios e habilidades".[57]

Cada pensamento que o jogador tem ao enfrentar um desafio e tomar uma decisão requer um determinado nível de atenção, o que implica se concentrar na atividade e ignorar quaisquer estímulos não relacionados a ela. Após estudar a conexão entre *design* de jogos e neurociência, Zuanon concluiu que há dois tipos

---

51. CSIKSZENTMIHALYI, Mihaly. *Flow*: the psychology of optimal experience. Nova York: Harper Perennial, 2008.

52. ERMI, Laura; MÄYRÄ, Frans. Fundamental components of the gameplay experience: analysing Immersion. In: JENSON, Jennifer (Ed.). *Changing views*: worlds in play, Digital Games Research Association's Second International Conference, Vancouver, 2005, p. 15-27.

53. MICHAILIDIS, Lazaros; BALAGUER-BALLESTER, Emili; HE, Xun. Flow and immersion in video games: the aftermath of a conceptual challenge. *Frontiers in Psychology*, Lausanne, v. 9, 2018. Disponível em: https://doi.org/10.3389/fpsyg.2018.01682. Acesso em: 16 jun. 2024.

54. ZUANON, Rachel. Game design and neuroscience cooperation in the challenge-based immersion in mobile devices as tablets and smartphones. *DAPI 2016*: Distributed, Ambient and Pervasive Interactions, 2016, p. 142-153.

55. VLAHOVIC, Sara; SUZNJEVIC, Mirko; SKORIN-KAPOV, Lea. A framework for the classification and evaluation of game mechanics for virtual reality games. *Electronics*, 2022, 11, 2946. Disponível em: https://doi.org/10.3390/electronics11182946. Acesso em: 16 jun. 2024.

56. RYAN, Marie-Laure. *Narrative as virtual reality*: immersion and interactivity in literature and electronic media. Baltimore: Johns Hopkins University Press, 2001.

57. ERMI, Laura; MÄYRÄ, Frans. Fundamental components of the gameplay experience: analysing Immersion. In: JENSON, Jennifer (Ed.). *Changing views*: worlds in play, Digital Games Research Association's Second International Conference, Vancouver, 2005, p. 15-27.

de atenção envolvidos no processo: o primeiro ocorre quando informações capturam a atenção do jogador sem esforço consciente; já o segundo acontece quando a mente é deliberadamente direcionada para um tópico de interesse específico. Ambos resultam da interação entre neurotransmissores em áreas do cérebro, que levam em consideração elementos como excitação, orientação e foco.[58]

A excitação é gerada por um conjunto de núcleos localizados na região média do cérebro, no topo do tronco cerebral, conhecido como sistema ativador reticular, que origina ondas cerebrais alfa de 20 a 40 Hz associadas ao estado de alerta. A orientação engloba neurônios do colículo superior e no córtex parietal, que, respectivamente, coordenam o movimento dos olhos em direção a um novo estímulo e desvinculam a atenção do estímulo atual.[59] Por fim, o foco é coordenado pelo pulvinar lateral, uma região do tálamo que atua como um refletor de luz, orientando a atenção de acordo com o estímulo e transmitindo informações sobre o contexto aos lobos frontais, encarregados de manter a atenção.[60]

A literatura acadêmica sobre jogos[61] demonstra que níveis mais altos de desafio estão associados a uma maior imersão, mas essa sensação somente se manifesta quando o jogador investe esforço ativo e acredita ser capaz de concluir a tarefa. Estudos comprovam que indicadores neurofisiológicos de esforço são reduzidos quando o indivíduo enfrenta níveis impossíveis de desafio durante os jogos.[62] Manter o equilíbrio entre a dificuldade da partida e a habilidade do jogador é crucial: desafios muito simples podem levar ao tédio, ao passo que muito difíceis podem gerar frustração nos jogadores. Para manter o interesse e a fidelidade dos jogadores, os desenvolvedores de jogos têm se empenhado em evitar esses extremos.[63]

---

58. ZUANON, Rachel. Game design and neuroscience cooperation in the challenge-based immersion in mobile devices as tablets and smartphones. *DAPI 2016*: Distributed, Ambient and Pervasive Interactions, 2016, p. 142-153.
59. CARTER, Rita. *Mapping the mind*. Londres: Weidenfeld & Nicolson, 2013.
60. ZUANON, Rachel. Game design and neuroscience cooperation in the challenge-based immersion in mobile devices as tablets and smartphones. *DAPI 2016*: Distributed, Ambient and Pervasive Interactions, 2016, p. 142-153.
61. QIN, Hua; RAU, Pei-Luen Patrick; SALVENDRY, Gavriel. Effects of different scenarios of game difficulty on player immersion. *Interacting with Computers*, Londres, v. 22, n. 3, p. 230-239, maio 2010. Disponível em: https://doi.org/10.1016/j.intcom.2009.12.004. Acesso em: 17 jun. 2024. FAIRCLOUGH, Stephen. Use of auditory event-related potentials to measure immersion during a computer game. *International Journal of Human-Computer Studies*, Londres, v. 73, p. 107-114, jan. 2015. Disponível em: https://doi.org/10.1016/j.ijhcs.2014.09.002. Acesso em: 17 jun. 2024.
62. EWING, Kate; FAIRCLOUGH, Stephen; GILLEADE, Kiel. Evaluation of an adaptive game that uses EEG measures validated during the design process as inputs to a biocybernetic loop. *Frontiers in Human Neuroscience*, Lausanne, v. 10, p. 223, maio 2016. Disponível em: https://www.frontiersin.org/articles/10.3389/fnhum.2016.00223/full. Acesso em: 17 jun. 2024.
63. PRZYBYLSKI, Andrew; RIGBY, Scott; RYAN, Richard. A motivational model of video game engagement. *Review of General Psychology*, Washington, DC, v. 14, n. 2, p. 154-166, jun. 2010. Disponível em: https://doi.org/10.1037/a0019440. Acesso em: 17 jun. 2024.

Segundo Fairclough, Stamp, Dobbins e Poole,[64] a indústria de jogos tem se dedicado à criação de experiências centradas em desafios e superação de objetivos. Desenvolvedores de títulos como Pong e Donkey Kong, que dominaram os fliperamas nas décadas de 1970 e 1980, elaboraram esses ambientes virtuais de forma a aumentar os desafios à medida que o jogador progride no jogo. Desde então, os jogos expandiram seus *designs* e cenários para atender às crescentes demandas por autonomia, oferecendo maior flexibilidade em relação a metas, estratégias e ações, bem como estimulando os jogadores a desenvolverem suas habilidades[65] e perseverarem mesmo diante de repetidos fracassos.[66]

Tabela 5 – Estrutura taxonômica do fenômeno da imersão

Modalidade	Descrição
Imersão como propriedade do sistema	A imersão é alcançada quando o sistema tecnológico é capaz de criar uma ilusão de presença e plausibilidade, fazendo com que o usuário se sinta completamente presente no ambiente virtual.
Imersão como resposta perceptual	A imersão é alcançada quando o usuário experimenta uma forte sensação de envolvimento e presença dentro do ambiente virtual, percebendo os estímulos sensoriais de forma convincente.
Imersão como resposta a narrativas	A imersão é alcançada quando o jogador se envolve mentalmente com a narrativa do jogo, aceitando os eventos da história como reais e experimentando um alto grau de identificação emocional com os personagens e eventos narrados.
Imersão como resposta a desafios	A imersão é alcançada quando o jogador enfrenta desafios significativos e se concentra intensamente na execução das tarefas do jogo, encontrando um equilíbrio satisfatório entre a dificuldade dos desafios e suas próprias habilidades para superá-los.

Fonte: elaborado pelo autor com base em Nilsson, Nordahl e Serafin[67]

---

64. FAIRCLOUGH, Stephen; STAMP, Kellyann; DOBBINS, Chelsea; POOLE, Helen. Computer games as distraction from pain: Effects of hardware and difficulty on pain tolerance and subjective immersion. *International Journal of Human-Computer Studies*, Londres, n. 139, p. 102427, jul. 2020. Disponível em: https://doi.org/10.1016/j.ijhcs.2020.102427. Acesso em: 17 jun. 2024.

65. BOYLE, Elizabeth; CONNOLLY, Thomas; HAINEY, Thomas; BOYLE, James. Engagement in digital entertainment games: a systematic review. *Computers in Human Behavior*, v. 28, n. 3, p. 771-780, maio 2012. Disponível em: https://doi.org/10.1016/j.chb.2011.11.020. Acesso em: 17 jun. 2024.

66. ANDERSON, Craig; STEINKUEHLER, Constance. Building persistence through failure: the role of challenge in video games. *Proceedings of the 14th International Conference on the Foundations of Digital Games*, San Luis Obispo, California, USA, August 26-30, 2019. ACM, 2019. p. 1-34. ISBN 978-1-4503-7217-6.

67. NILSSON, Christian Nilsson; NORDAHL, Rolf; SERAFIN, Stefania. Immersion revisited: a review of existing definitions of immersion and their relation to different theories of presence. *Human Technology*, Jyväskylä, v. 12, n. 2, p. 108-134, nov. 2016. Disponível em: https://ht.csr-pub.eu/index.php/ht/article/view/176. Acesso em: 16 jun. 2024.

3.2 TECNOLOGIAS IMERSIVAS NA EDUCAÇÃO

A humanidade está diante de um período de rápida evolução nas capacidades e nos custos relacionados à realidade estendida (XR), designação que engloba diversas formas de tecnologias imersivas. Esses avanços oferecem oportunidades significativas para aprimorar a motivação e a aprendizagem em várias disciplinas e contextos educacionais. Com base em Schneider,[68] Dede, Jacobson e Richards,[69] existem quatro tipos de tecnologias imersivas que impulsionam um crescente número de experiências de aprendizado:

- Realidade Virtual (*Virtual Reality* – VR);
- Realidade Mista (*Mixed Reality*), que engloba também a Realidade Aumentada (*Augmented Reality* – AR);
- Interface de Usuário Tangível (*Tangible User Interface* – TUI); e
- Ambiente Virtual Multiusuário (*Multi-User Virtual Environment* – MUVE).

A origem das tecnologias imersivas remonta às décadas de 1950 e 1960, quando foram criados os primeiros dispositivos de visualização tridimensional, como o "Sensorama" e a "Espada de Dâmocles", que serão explorados no próximo tópico desta tese. Diferentemente dos *head-mounted displays* (HMDs) atuais, naquela época os aparelhos eram grandes, desajeitados e pesados. Embora fossem inconvenientes e sem uso comercial, esses dispositivos foram cruciais para estabelecer ambientes laboratoriais nos quais os desenvolvedores pudessem testá-los e aprimorá-los. Desde então, houve avanços em termos de rede, resolução, taxa de atualização e latência das tecnologias imersivas. Com a chegada do Wi-Fi e do 5G, os dispositivos se tornaram portáteis, passando de capacetes para óculos. As melhorias nas unidades centrais de processamento (CPUs) tornaram possível a remoção do *mainframe*, originando uma indústria de tecnologias imersivas comercialmente viáveis.[70]

Conforme o *Worldwide Augmented and Virtual Reality Spending Guide*, publicado pela *International Data Corporation* (IDC) no ano de 2022, os gastos mundiais em VR e AR deverão atingir US$ 50,9 bilhões em 2026. O relatório

---

68. SCHNEIDER, Bertrand. Preparing students for future learning with mixed reality interfaces. In: LIU, Dejian; DEDE, Chris; HUANG, Ronghuai; RICHARDS, John (Ed.). *Virtual, augmented, and mixed realities in education*. Singapore: Springer Singapore, 2017. p. 123-138.
69. DEDE, Chris; JACOBSON, Jeffrey; RICHARDS, John. Introduction: virtual, augmented, and mixed realities in education. In: LIU, Dejian; DEDE, Chris; HUANG, Ronghuai; RICHARDS, John (Ed.). *Virtual, augmented, and mixed realities in education*. Singapore: Springer Singapore, 2017. p. 1-19.
70. LEE, Kai-Fu; QIUFAN, Chen. *2041*: como a inteligência artificial vai mudar sua vida nas próximas décadas. Globo Livros, 2022.

indica que a VR representará mais de 70% desses gastos durante o período de 2022 a 2026. Ademais, as vendas de HMDs devem compreender mais de um terço de todos os gastos com XR ao longo da previsão, seguidas pelo *software*, que crescerá para mais de um quarto de todos os gastos até o final do período.[71] As projeções destacam o rápido crescimento do mercado de XR nos próximos anos, um desenvolvimento que, segundo René e Mapes, reflete cada vez mais a capacidade humana de processar e integrar informações de forma visualmente rica e eficaz.[72]

De acordo com os autores, a evolução é constante em direção a interfaces imersivas, que englobam interações por meio da voz, do olhar e dos gestos. Essas *interfaces,* também chamadas de *espaciais*, estão se tornando cada vez mais valiosas e permitem interações mais eficientes no mundo real. Como referem René e Mapes, não se está aderindo a essas interfaces apenas porque são novas e divertidas, mas porque correspondem à biologia humana. Os seres humanos têm visão binocular com percepção de profundidade e retinas que abrigam cerca de 150 milhões de bastonetes e cones sensíveis à luz. Os neurônios dedicados ao processamento visual ocupam em torno de 30% do córtex, em comparação com 8% para o tato e 3% para a audição. Ademais, o cérebro processa dados visuais melhor do que qualquer outro tipo de dado e reconhece padrões visuais rapidamente.[73]

A visão binocular dos seres humanos lhes permite perceber imagens com sensação de profundidade e a avaliação da distância dos objetos. Essa percepção tridimensional, "resultado da interpretação, pelo cérebro, das duas imagens bidimensionais que cada olho capta a partir de seu ponto de vista e das informações de acomodação visual sobre o grau de convergência e divergência visual",[74] torna tarefas cotidianas, como agarrar um objeto em cima de uma mesa, consideravelmente mais fáceis de realizar. Se os seres humanos só pudessem enxergar com um olho (visão monocular), sua percepção de profundidade seria mais limitada, dificultando a realização de diversas tarefas.

---

71. TORCHIA, Marcus; SHIRER, Michael. IDC spending guide forecasts strong growth for augmented and virtual reality. *Business Wire*. San Francisco, 30 nov. 2022. Disponível em: https://www.businesswire. com/news/home/20221130005846/en/IDC-Spending-Guide-Forecasts-Strong-Growth-for-Augmented-and-Virtual-Reality. Acesso em: 17 jun. 2024.
72. RENÉ, Gabriel; MAPES, Dan. The spatial web: how web 3.0 will connect humans, machines, and AI to transform the world. In: RENÉ, Gabriel. Los Angeles, 2019. Disponível em: https://thespatialweb. com. Acesso em: 17 jun. 2024.
73. RENÉ, Gabriel; MAPES, Dan. The spatial web: how web 3.0 will connect humans, machines, and AI to transform the world. In: RENÉ, Gabriel. Los Angeles, 2019. Disponível em: https://thespatialweb. com. Acesso em: 17 jun. 2024.
74. SISCOUTTO, Robson; SOARES, Luciano. Estereoscopia. In: TORI, Romero; HOUNSELL, Marcelo da Silva (Org.). *Introdução à realidade virtual e aumentada*. 3. ed. Porto Alegre: SBC, 2021. p. 87-104.

A visão humana é fundamentalmente um processo binocular que transforma duas imagens observadas a partir de pontos de vista ligeiramente diferentes em uma percepção perfeita de um espaço tridimensional coeso. Essa habilidade de perceber a profundidade, conhecida como *estereopsia*, é resultado das diferenças nos ângulos pelos quais os olhos capturam duas imagens do mesmo objeto. Ao receber duas imagens distintas, o cérebro as interpreta e as combina em uma única imagem tridimensional. A capacidade de mesclar as variações entre as imagens esquerda e direita para criar uma imagem única é denominada *fusão*, e a *estereoscopia* é o efeito de profundidade que resulta desse processo.[75]

A capacidade humana de perceber o mundo em três dimensões contrasta com a predominância de *softwares* bidimensionais em nossas rotinas diárias. Segundo Palmer, os desenvolvedores de *software* historicamente optaram por apresentar objetos em 2D como forma de simplificar a compreensão. Acreditava-se que, ao projetar os *softwares* em planos bidimensionais em vez de representar a profundidade no espaço, as aplicações se tornariam mais simples e adequadas para os usuários. No entanto, existem casos em que aumentar a dimensionalidade para 3D pode tornar as aplicações mais intuitivas:

> Os humanos são criaturas espaciais. Experimentamos a maior parte da vida em relação ao espaço. Sentamos em círculo com nossa família. Dirigimos pelo lado esquerdo da estrada na Irlanda e tentamos permanecer na nossa pista. Andamos de scooter por um caminho ao longo da água. Esculpimos um corpo humano em pedra. Seguimos as indicações para o nosso trem. Caminhamos através de arcos, ou em faixas de pedestres ao lado de ciclovias, ou para seguir nosso irmão através de uma ponte. Posicionamos nossa câmera para enquadrar a foto enquanto nosso amigo se inclina sobre uma varanda. Nós nos sentimos no espaço em relação a todos os outros objetos em nosso ambiente. E este é um conhecimento poderoso que deixamos de fora de muitos softwares.[76]

A transição de uma predominância de interfaces bidimensionais para a exploração de espaços tridimensionais reflete uma maior sintonia com a forma como os seres humanos naturalmente percebem e interagem com o mundo ao seu redor. Ao reconhecer que os humanos são intrinsecamente seres espaciais, que vivenciam a realidade em uma constante relação com o espaço tridimensional, torna-se claro o potencial das tecnologias imersivas não apenas ampliar nossas capacidades de percepção espacial, mas também para modificar a maneira como interagimos com conteúdos digitais, tornando a aprendizagem mais rica e envolvente. Neste contexto, e com base nos estudos dos especialistas

---

75. SISCOUTTO, Robson; SOARES, Luciano. Estereoscopia. In: TORI, Romero; HOUNSELL, Marcelo da Silva (Org.). *Introdução à realidade virtual e aumentada*. 3. ed. Porto Alegre: SBC, 2021. p. 87-104.

76. PALMER, John. Spatial interfaces. *Dark Blue Heaven*. Nova York, 30 ago. 2019. Disponível em: https://darkblueheaven.com/spatial-interfaces. Acesso em: 17 jun. 2024.

Schneider,[77] Dede, Jacobson e Richards,[78] serão agora explorados os quatro tipos de tecnologias imersivas que estão liderando a transformação das experiências educacionais.

3.2.1 Realidade Virtual (VR)

As origens da realidade virtual remontam aos anos 1950, quando Morton Heilig[79] criou o "Sensorama", um simulador que permitia ao usuário se sentar diante de uma tela e escolher entre diferentes experiências pré-gravadas, envolvendo bicicletas, motocicletas e helicópteros. O dispositivo, concebido à época como um vislumbre do "cinema do futuro", ofereceu uma experiência imersiva até então inimaginável, envolvendo os usuários em uma variedade de sensações, movimentos, sons, vento e aromas. Embora não tenha conseguido transformar sua invenção em um sucesso comercial, Heilig lançou as bases da ideia que, mais tarde, evoluíram para o que hoje se entende como realidade virtual.[80]

Na década de 1960, logo após a criação do *Sketchpad*, um sistema estabeleceu os alicerces para o que se conhece como computação gráfica, Ivan Sutherland[81] começou a trabalhar em um dispositivo chamado *Ultimate Display*, com a finalidade de simular a realidade envolvendo todos os sentidos humanos. Embora não tenha sido realmente construído por Sutherland, o conceito originou, no ano de 1968, o primeiro HMD, batizado de "Espada de Dâmocles" devido à necessidade de ser pendurado no teto para funcionar. O equipamento era composto de óculos com dois tubos de raios catódicos em miniatura, fixados à cabeça do usuário, um gerador responsável por fornecer sinais de deflexão aos tubos, além de sensores ultrassônicos para medir a posição da cabeça do usuário.[82]

---

77. SCHNEIDER, Bertrand. Preparing students for future learning with mixed reality interfaces. In: LIU, Dejian; DEDE, Chris; HUANG, Ronghuai; RICHARDS, John (Ed.). *Virtual, augmented, and mixed realities in education*. Singapore: Springer Singapore, 2017. p. 123-138.

78. DEDE, Chris; JACOBSON, Jeffrey; RICHARDS, John. Introduction: virtual, augmented, and mixed realities in education. In: LIU, Dejian; DEDE, Chris; HUANG, Ronghuai; RICHARDS, John (Ed.). *Virtual, augmented, and mixed realities in education*. Singapore: Springer Singapore, 2017. p. 1-19.

79. HEILIG, Morton. The cinema of the future. In: JORDAN, Ken; PACKER, Randall (Ed.). *Multimedia*: from Wagner to virtual reality. Nova York: W. W. Norton & Company, 2002. p. 239-251.

80. TORI, Romero; HOUNSELL, Marcelo da Silva; KIRNER, Claudio. Realidade virtual. In: TORI, Romero; HOUNSELL, Marcelo da Silva (Org.). *Introdução à realidade virtual e aumentada*. 3. ed. Porto Alegre: SBC, 2021. p. 25-46.

81. SUTHERLAND, I. E. The ultimate display. In: KALENICH, Wayne (Ed.). *Information Processing 1965: Proceedings of IFIP Congress 65*. London: Macmillan and Co., 1965. v. 2, p. 506-508.

82. SUTHERLAND, Ivan E. A head-mounted three dimensional display. *Association for Computing Machinery*, Nova York, 1968, p. 758-760. Disponível em: https://dl.acm.org/doi/10.1145/1476589.1476686. Acesso em: 17 jun. 2024.

Foi somente no início dos anos 1980, porém, que surgiram as primeiras tentativas de comercializar a tecnologia. Uma das empresas pioneiras no desenvolvimento de *hardwares* e *softwares* em VR foi a VPL Research. Fundada por Jaron Lanier, reconhecido por ter cunhado a expressão "realidade virtual", a empresa fabricou dispositivos icônicos como a DataGlove, que se assemelhava a uma luva para interação virtual, e o EyePhone, um visor que fornecia experiência visual imersiva.[83] Segundo Lanier,[84] o EyePhone não foi apenas o primeiro *headset* de realidade virtual comercial, como também o primeiro a apresentar suporte para a cabeça e cores. O principal problema dos EyePhones era o peso: embora pudesse ser suportado pelo pescoço humano, era consideravelmente pesado.

Figura 13 – Evolução da realidade virtual

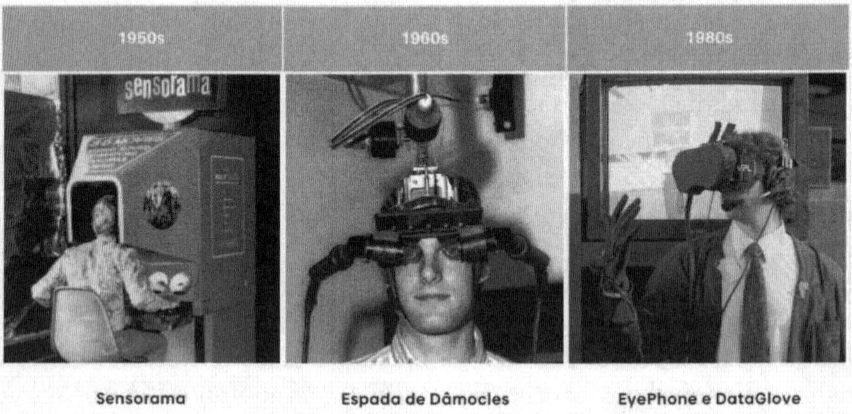

A figura apresenta uma linha do tempo visual que destaca a evolução da realidade virtual através de três marcos tecnológicos importantes em décadas diferentes. Fonte: elaborado pelo autor com base em imagens extraídas de https://www.comsoc.org/node/19151, https://www.researchgate.net/figure/The-Sword-of-Damocles-by-Ivan-Sutherland_fig2_291516650 e https://flashbak.com/wp-content/uploads/2014/11/PA-9197076.jpg.

O uso do termo "realidade virtual" despertou grande entusiasmo assim que começou a ser difundido, sobretudo porque a tecnologia por trás do conceito prometia a criação de mundos imaginários indistinguíveis do mundo real, mas a empolgação durou pouco e logo se dissipou devido às promessas não cumpridas. De fato, a realidade virtual não estava preparada para tornar as representações computacionais tão realistas quanto a realidade em si, ocasionando frustração aos entusiastas. Embora fosse considerada uma tecnologia revolucionária em sua

---

83. GUTIÉRREZ, Mario; VEXO, Frédéric; THALMANN, Daniel. *Stepping into virtual reality*. 2. ed. Nova York: Springer, 2023.
84. LANIER, Jaron. *Dawn of the new everything*: encounters with reality and virtual reality. Nova York: Henry Holt and Co., 2016.

concepção, a VR estava além dos limites do seu "possível adjacente", na concepção proposta por Kauffman e popularizada por Johnson.

Segundo o biólogo Stuart Kauffman, o conceito de "possível adjacente" refere-se ao conjunto de todas as combinações moleculares iniciais e suas transformações possíveis na Terra primitiva, conhecida como *sopa primordial*. Essas combinações, ainda que vastas em número, eram finitas e limitadas às interações diretas entre moléculas básicas como água, nitrogênio, hidrogênio e metano. Embora capazes de formar elementos essenciais para a vida, essas interações iniciais não eram capazes de criar toda a complexidade observada na atualidade. O desenvolvimento de sistemas biológicos mais complexos exigiria inovações evolutivas que levariam bilhões de anos para surgir a partir das condições primordiais.[85]

O escritor de ciência Steven Johnson expandiu o conceito de Kauffman para o campo das inovações humanas, sugerindo que a evolução da vida e das ideias segue um padrão de exploração contínua dentro dos limites do que é imediatamente realizável. Para Johnson, o possível adjacente serve como um mapa para entender como o presente pode evoluir. Ele destaca que, embora possam ocorrer transformações extraordinárias, apenas determinadas mudanças são viáveis em qualquer ponto da história. O possível adjacente é utilizado para explicar o sucesso ou fracasso de invenções ao longo do tempo, demonstrando como, em muitos casos, uma invenção pode falhar porque a sociedade ou a tecnologia ainda não estavam prontas para ela.[86]

Ao aplicar o conceito do possível adjacente à VR, torna-se evidente que, mesmo após décadas desde o surgimento dessa tecnologia, ainda não alcançamos os níveis de realismo desejados. Até o momento, nossas realizações se limitaram a criar representações virtuais que são consideradas apenas "aceitáveis" em termos de objetos ou ambientes, principalmente para propósitos de treinamento e entretenimento. Em outras palavras, ainda não mergulhamos completamente no possível adjacente da VR, mas estamos diante de um horizonte repleto de promessas renovadas. Em suma, a VR pode estar à beira de adentrar uma nova evolução, sobretudo no contexto do metaverso, conceito que será aprofundado em momento posterior.[87]

---

85. KAUFFMAN, Stuart. The adjacent possible: and how it explains human innovation. [Vídeo]. TED, abr. 2023. Disponível em: https://www.ted.com/talks/stuart_kauffman_the_adjacent_possible_and_how_it_explains_human_innovation. Acesso em: 17 jun. 2024.
86. JOHNSON, Steven. *Como chegamos até aqui*: a história das inovações que fizeram a vida moderna possível. Rio de Janeiro: Zahar, 2015.
87. GUTIÉRREZ, Mario; VEXO, Frédéric; THALMANN, Daniel. *Stepping into virtual reality*. 2. ed. Nova York: Springer, 2023.

Embora a VR exista há mais de meio século, ainda não há um consenso claro em relação ao seu conceito. De forma geral, é possível defini-la a partir de duas perspectivas: a tecnológica e a psicológica. Do ponto de vista tecnológico, é composta por um conjunto de tecnologias que integram diversas formas de mídia (como áudio, texto, vídeo e imagem) em um ambiente 3D, possibilitando experiências imersivas e interatividades que se diferenciam da mídia convencional. Sob o viés psicológico, é uma experiência imersiva que se conecta ao conceito de "presença", já explorado anteriormente.[88] Conectando ambos os olhares, a VR consiste em um ambiente tridimensional gerado por computador que emprega uma gama de tecnologias, mantém atualizações em tempo real, proporciona experiências imersivas e viabiliza a interação humana por meio de vários dispositivos de entrada e saída.

Em seus estudos sobre sociedade em rede, Castells oferece subsídios que apontam para uma mudança de paradigma em relação ao conceito de "realidade virtual". Ele argumenta que não se pode mais conceber a VR como uma entidade externa ou uma ficção criada e acessada por meio de diferentes dispositivos tecnológicos sensoriais. Conforme o autor, não há mais uma separação clara entre "realidade" e representação simbólica, uma vez que a realidade sempre foi percebida por meio de símbolos em todas as sociedades. Castells propõe, então, o termo "virtualidade real", com o objetivo de ilustrar que a própria realidade das pessoas é completamente capturada e imersa em um ambiente de imagens virtuais. Como consequência, há uma fusão entre o que é real e o que é representado, ao ponto em que a distinção entre ambos se torna turva. Nas palavras de Castells,

> Então, o que é um sistema de comunicação que, ao contrário da experiência histórica anterior, gera virtualidade real? É um sistema em que a própria realidade (ou seja, a experiência simbólica/material das pessoas) é inteiramente captada, totalmente imersa em uma composição de imagens virtuais no mundo do faz-de-conta, no qual as aparências não apenas se encontram na tela comunicadora da experiência, mas se transformam na experiência.[89]

A VR busca convencer o usuário de que se está em outro lugar e o faz enganando o cérebro humano, especialmente o córtex visual e as áreas responsáveis pela percepção de movimento. De acordo com Parisi,[90] uma variedade de tecnologias atua para criar a ilusão, incluindo *displays* estereoscópicos, que produzem

---

88. LIU, Dejian; BHAGAT, Kaushal Kumar; GAO, Yuan; CHANG, Ting-Wen; HUANG, Ronghuai. The potentials and trends of virtual reality in education. In: LIU, Dejian; DEDE, Chris; HUANG, Ronghuai; RICHARDS, John (Ed.). *Virtual, augmented, and mixed realities in education.* Singapura: Springer, 2017. p. 25-38.

89. CASTELLS, Manuel. *A sociedade em rede.* 24. ed. São Paulo: Paz e Terra, 2013.

90. PARISI, Tony. *Learning virtual reality:* developing immersive experiences and applications for desktop, web, and mobile. Sebastopol: O'Reilly, 2015.

imagens interpretadas por nossos olhos como tendo profundidade tridimensional; *hardwares* de rastreamento, como giroscópios e acelerômetros, que captam a movimentação do corpo e da cabeça; dispositivos de entrada, que reconhecem os gestos; e plataformas de *desktop e móveis, q*ue incluem sistemas operacionais e motores que executam aplicativos. Sem a presença desses componentes essenciais, é difícil alcançar uma experiência totalmente imersiva.

Para oferecer a representação visual tridimensional, que transmite uma sensação de profundidade, o usuário deve utilizar um HMD ou *display* estereoscópico. Dispositivos como o Oculus Rift são capazes de gerar uma imagem separada para cada olho, ligeiramente deslocada uma da outra, para simular a *paralaxe* – fenômeno em que o cérebro percebe a profundidade com base na diferença na posição aparente dos objetos, devido à separação dos olhos. Para tornar a ilusão ainda mais convincente, distorce-se a imagem para melhor simular a forma esférica do olho, empregando uma técnica chamada "distorção de barril".

Outro elemento essencial para levar o cérebro a acreditar que está em outro lugar é rastrear os movimentos da cabeça e atualizar a cena renderizada em tempo real, simulando o que ocorre quando se olha ao redor no mundo físico. Como nossos sistemas perceptuais são altamente sensíveis ao movimento, é fundamental que o rastreamento da cabeça seja realizado com a maior rapidez possível, para evitar a sensação de náusea e preservar a imersão.[91] A imersão é atingida quando a renderização e o rastreamento de movimentos são combinados de maneira apropriada e atualizados com a frequência correta. Sherman e Craig descrevem o processo de renderização em tempo real da seguinte forma:

> A renderização é o processo de criar imagens sensoriais que representam um mundo virtual. Para realidade virtual e outras mídias interativas geradas por computador, novas imagens sensoriais precisam ser produzidas rapidamente o suficiente para serem percebidas como um fluxo contínuo em vez de instâncias discretas. A capacidade de criar e exibir imagens em um ritmo realista é chamada de renderização em tempo real. Para a realidade virtual, existe a restrição adicional de que a renderização deve responder rapidamente (imperceptivelmente) aos movimentos e ações do usuário dentro do mundo virtual.[92]

HDMs mais recentes, como o Meta Quest 2, oferecem ao usuário uma experiência de "seis graus de liberdade" (*6 Degrees of Freedom* ou, simplesmente, 6DoF). O termo "graus de liberdade" refere-se ao número específico de eixos que um corpo rígido pode se mover livremente no espaço tridimensional. O corpo humano é capaz de realizar translações ao longo de três eixos lineares (X, Y e Z)

---

91. PARISI, Tony. *Learning virtual reality*: developing immersive experiences and applications for desktop, web, and mobile. Sebastopol: O'Reilly, 2015.
92. SHERMAN, William R.; CRAIG, Alan B. *Understanding virtual reality*: interface, application, and design. 2. ed. San Francisco: Morgan Kaufmann, 2019.

e rotações em torno de três eixos angulares (φ, ψ e χ). Os eixos lineares compreendem o movimento para cima e para baixo (X); para os lados (Y) e para frente e para trás (Z), ao passo que os eixos angulares abarcam o movimento de girar o corpo ou partes dele ao redor de seu próprio eixo (φ), a inclinação lateral do corpo ou de suas partes (ψ) e a rotação em torno de um eixo vertical (χ).[93]

Todos esses movimentos são observados no funcionamento do Meta Quest 2, que é capaz de rastrear o movimento das mãos, a posição da cabeça e o corpo do usuário. Logo, quanto maior o número de graus de liberdade, maior será a capacidade de movimentação. (Enquanto os seres humanos estão limitados a um número específico de movimentos no espaço 3D, os robôs podem atingir uma quantidade maior de graus de liberdade. Isso ocorre porque os módulos individuais podem ser desenvolvidos de maneira autônoma ou como parte de um conjunto maior. Um braço robótico com três segmentos, onde cada segmento é articulado com 6DoF, resultará em um braço robótico com 18 graus de liberdade.)[94]

Figura 14 – Graus de liberdade

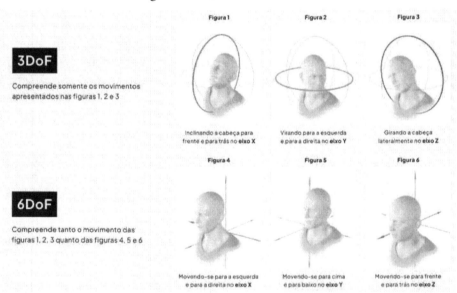

A figura ilustra os conceitos de "3 Degrees of Freedom" (3DoF) e "6 Degrees of Freedom" (6DoF), os quais são usados para descrever o movimento e a orientação de um corpo no espaço tridimensional. Dispositivos de realidade virtual mais antigos, como Google Cardboard, possuíam menos graus de liberdade. Dispositivos mais recentes, como Meta Quest 2, possuem seis graus de liberdade. Fonte: elaborado pelo autor.

---

93. HARTON, Jacob Pieter Den. *Vibrações nos sistemas mecânicos*. São Paulo: Edgar Blücher, 1972.
94. ROUSSE, Margareth. Six degrees of freedom. *Techopedia*. Edmonton, 10 abr. 2019. Disponível em: https://www.techopedia.com/six-degrees-of-freedom/7/33394. Acesso em: 17 jun. 2024.

A experiência imersiva na VR é construída através de uma variedade de representações e simulações sensoriais que abrangem não apenas a visão, mas também a audição e o tato. (Os sentidos do olfato e do paladar desempenham papeis relevantes na biologia humana, mas até o momento foram menos explorados devido à complexidade da tecnologia necessária.) Para aprimorar a experiência, é possível utilizar áudio espacializado, o que proporciona uma imersão mais envolvente.[95] Ademais, os desenvolvedores de VR buscam garantir a rápida atualização das imagens para oferecer uma imersão completa no ambiente virtual, capturando com precisão os movimentos e a paralaxe à medida que o usuário interage e gira a cabeça.

Bailenson complementa essa perspectiva ao afirmar que, para criar a sensação de "presença", a VR deve executar perfeitamente os seguintes elementos: rastreamento, que envolve medir os movimentos do corpo no espaço tridimensional, incluindo a rotação da cabeça do indivíduo; renderização, que compreende transformar um modelo tridimensional em informações visuais, sonoras e táteis para a localização recém-rastreada; e exibição, que se trata da maneira pela qual substituímos os sentidos físicos por informações digitais, com auxílio de HMDs e dispositivos hápticos (tecnologias que proporcionam *feedback* tátil para o usuário, replicando a sensação de toque ou movimento no mundo físico). Se algum desses elementos não estiver funcionando corretamente, os usuários podem experimentar o "enjoo de simulador", que ocorre quando há uma discrepância entre as expectativas do corpo em relação ao que deveria estar ocorrendo e o que está sendo visualizado.[96]

A VR utiliza computadores para criar ambientes 3D nos quais se pode navegar, que implica a capacidade de se mover e explorar as características de uma cena (como caminhar por uma floresta), e interagir, que envolve a possibilidade de manipular objetos no ambiente (como coletar e examinar uma flor encontrada na mesma floresta). O foco principal é simular a realidade estimulando os sentidos. Embora a visão seja o sentido perceptual dominante e o principal meio de adquirir informações, a realidade não se restringe apenas ao que se pode ver. Por isso, outros elementos da experiência sensorial estão sendo constantemente aprimorados.[97]

---

95. LIU, Dejian; BHAGAT, Kaushal Kumar; GAO, Yuan; CHANG, Ting-Wen; HUANG, Ronghuai. The potentials and trends of virtual reality in education. In: LIU, Dejian; DEDE, Chris; HUANG, Ronghuai; RICHARDS, John (Ed.). *Virtual, augmented, and mixed realities in education*. Singapura: Springer, 2017. p. 25-38.
96. BAILENSON, Jeremy. *Experience on demand*: what virtual reality is, how it works, and what it can do. Nova York: W. W. Norton & Company, 2019.
97. GUTIÉRREZ, Mario; VEXO, Frédéric; THALMANN, Daniel. *Stepping into virtual reality*. 2. ed. Nova York: Springer, 2023.

Quando aplicada ao contexto educacional, a VR torna o processo de aprendizagem mais eficaz ao usar movimentos corporais. Ao experimentar uma simulação, os estudantes se movimentam como se estivessem participando de um evento no mundo físico. Esse fenômeno, chamado de "cognição corporificada" no campo da psicologia, sugere que outros órgãos do corpo além do cérebro humano desempenham um papel crucial na compreensão do ambiente ao redor. Em síntese, quando os seres humanos pensam, as áreas do cérebro relacionadas aos movimentos corporais são ativadas, e a simples observação de uma dança ou evento esportivo, seguida de reflexão, faz com que o cérebro se ative como se estivesse efetivamente executando os movimentos.[98]

A VR tem sido muito explorada no âmbito educacional, sendo capaz de transformar conceitos abstratos em experiências concretas. Ela capacita os alunos a agirem em vez de apenas observarem, tornando prático o que seria inviável ou impossível na realidade. Ainda, possibilita a exploração de manipulações da realidade e a transcendência dos limites da realidade para alcançar benefícios positivos.[99] Porém, para que uma aplicação educacional baseada em VR seja eficaz e alcance os resultados de aprendizagem desejados, é essencial que a abordagem pedagógica seja cuidadosamente planejada.[100]

Mais do que simplesmente reproduzir cenas do mundo real, a VR pode transcender os limites do tempo, espaço e até mesmo dos sentidos físicos humanos para trazer à vida cenas que não existem na sociedade atual ou criar um mundo inteiramente imaginário. Como destacam Schlemmer e Backes,[101] com base nas lições de Castells,[102] as tecnologias de hoje permitem aos alunos vivenciar tanto experiências em "realidade virtual" (ou seja, representações ou criações de mundos virtuais que imitam a realidade física) quanto em "virtualidade real" (ou seja, representações de mundos fictícios sem correspondência direta com o mundo físico, mas que provocam e produzem novos significados para a existência física, ao mesmo tempo que constituem uma existência digital virtual). Com a VR, portanto, o espaço físico pode ser ampliado e transferido para representar

---

98. BAILENSON, Jeremy. *Experience on demand*: what virtual reality is, how it works, and what it can do. Nova York: W. W. Norton & Company, 2019.

99. SLATER, Mel. Implicit learning through embodiment in immersive virtual reality. In: LIU, Dejian; DEDE, Chris; HUANG, Ronghuai; RICHARDS, John (Ed.). *Virtual, augmented, and mixed realities in education*. Singapura: Springer, 2017. p. 69-83.

100. LIU, Dejian; BHAGAT, Kaushal Kumar; GAO, Yuan; CHANG, Ting-Wen; HUANG, Ronghuai. The potentials and trends of virtual reality in education. In: LIU, Dejian; DEDE, Chris; HUANG, Ronghuai; RICHARDS, John (Ed.). *Virtual, augmented, and mixed realities in education*. Singapura: Springer, 2017. p. 25-38.

101. SCHLEMMER, Eliane; BACKES, Luciana. *Learning in metaverses*: co-existing in real virtuality. Hershey: IGI Global: International Academic Publisher, 2015. v. 1.

102. CASTELLS, Manuel. *A sociedade em rede*. 24. ed. São Paulo: Paz e Terra, 2013.

3 • TECNOLOGIAS IMERSIVAS NA EDUCAÇÃO

tanto micro quanto macromundos, tornando conceitos abstratos em conceitos concretos.[103]

A VR também proporciona aprendizagem tátil, permitindo que os alunos manipulem objetos em ambientes virtuais, observando e experimentando com suas próprias mãos. Com ela, os alunos recebem *feedback* imediato sobre as suas ações, o que auxilia na correção de erros durante a aprendizagem. Ao simular cenários reais no treinamento de habilidades, a VR possibilita ainda que os estudantes pratiquem repetidamente, facilitando a transferência de habilidades para situações do mundo real, como em casos de cirurgias médicas.[104]

Embora algumas pesquisas não tenham encontrado efeitos positivos e até mesmo indicado desvantagens da VR no contexto educacional, estudos apontam que a tecnologia promove resultados benéficos na aprendizagem. Por ora, não é possível responder se a VR contribui definitivamente para o aprendizado, pois as experiências podem ser influenciadas por fatores como o ambiente e o conteúdo de aprendizagem. Essa variabilidade, a propósito, pode explicar as conclusões contraditórias de algumas pesquisas. Para entender melhor os efeitos da VR no processo de ensino-aprendizagem, é fundamental realizar mais estudos empíricos que investiguem e validem consistentemente esses efeitos.[105]

3.2.2 Realidade Mista (MR) e Realidade Aumentada (AR)

Durante décadas, o paradigma estabelecido considerava os conceitos de "realidade" e "virtualidade" como essencialmente dicotômicos e mutuamente excludentes. Contudo, durante os anos 1990 emergiu a noção de realidade aumentada (AR), que fundamentou a capacidade de integrar elementos virtuais com o contexto do mundo físico. Em 1994, Milgram e Kishino delinearam uma estrutura conceitual para descrever as tecnologias de exibição existentes na época,

---

103. LIU, Dejian; BHAGAT, Kaushal Kumar; GAO, Yuan; CHANG, Ting-Wen; HUANG, Ronghuai. The potentials and trends of virtual reality in education. In: LIU, Dejian; DEDE, Chris; HUANG, Ronghuai; RICHARDS, John (Ed.). *Virtual, augmented, and mixed realities in education.* Singapura: Springer, 2017. p. 25-38.

104. LIU, Dejian; BHAGAT, Kaushal Kumar; GAO, Yuan; CHANG, Ting-Wen; HUANG, Ronghuai. The potentials and trends of virtual reality in education. In: LIU, Dejian; DEDE, Chris; HUANG, Ronghuai; RICHARDS, John (Ed.). *Virtual, augmented, and mixed realities in education.* Singapura: Springer, 2017. p. 25-38.

105. LIU, Dejian; BHAGAT, Kaushal Kumar; GAO, Yuan; CHANG, Ting-Wen; HUANG, Ronghuai. The potentials and trends of virtual reality in education. In: LIU, Dejian; DEDE, Chris; HUANG, Ronghuai; RICHARDS, John (Ed.). *Virtual, augmented, and mixed realities in education.* Singapura: Springer, 2017. p. 25-38.

que posteriormente veio a ser conhecida como "continuum de Milgram".[106] Esse modelo compreende todo o espectro de possibilidades entre o ambiente completamente físico e o ambiente totalmente digital. Na disposição da estrutura, o mundo "real" (HRI) está posicionado no extremo esquerdo, enquanto a "realidade virtual" (VR) é representada no extremo direito. Entre esses dois extremos são identificados dois estados intermediários, a "realidade aumentada" (AR) e a "virtualidade aumentada" (AV), que são categorizados sob o termo abrangente de "realidade mista" (MR).

Figura 15 – Continuum da realidade-virtualidade

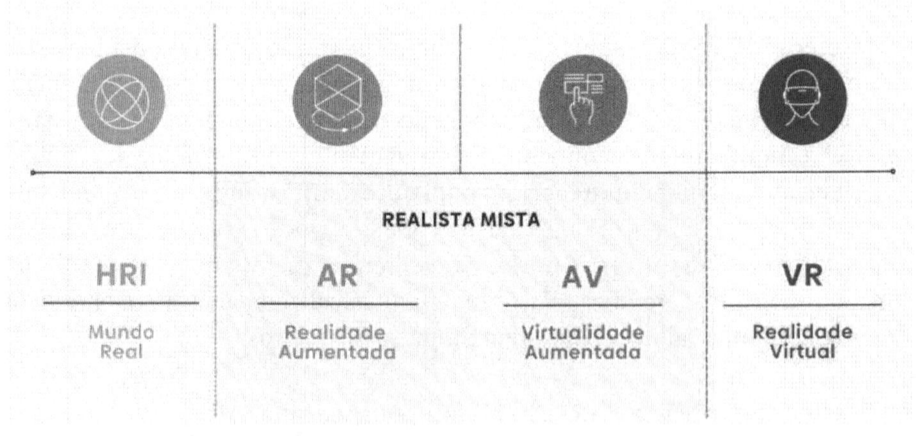

A figura demonstra o espectro entre o mundo real e o mundo virtual, apresentando as diferentes maneiras pelas quais as tecnologias digitais podem criar experiências que mesclam elementos físicos e virtuais. Fonte: elaborado pelo autor com base em Milgram e Kishino.[107]

Quanto aos estados intermediários, a realidade aumentada (AR) é alcançada quando o usuário permanece imerso no ambiente real e interage com elementos integrados ao espaço físico. Já a virtualidade aumentada (AV) ocorre quando o usuário é transportado para uma realidade sintética enriquecida com elementos do mundo real. Apesar das diferenças conceituais, é desafiador definir os limites que demarcam um tipo de realidade da outra. Segundo Tori, Hounsell e Kirner,[108] "a única distinção clara é aquela existente entre os ambientes totalmente virtuais, os totalmente reais e aqueles que misturam real e virtual em qualquer propor-

---

106. MILGRAM, Paul; KISHINO, Fumio. Taxonomy of mixed reality visual displays. *IEICE Trans.* Information and Systems, v. E77-D, n. 12, 1994. p. 1321-1329.

107. MILGRAM, Paul; KISHINO, Fumio. Taxonomy of mixed reality visual displays. *IEICE Trans.* Information and Systems, v. E77-D, n. 12, 1994. p. 1321-1329.

108. TORI, Romero; HOUNSELL, Marcelo da Silva; KIRNER, Claudio. Realidade virtual. In: TORI, Romero; HOUNSELL, Marcelo da Silva (Org.). *Introdução à realidade virtual e aumentada.* 3. ed. Porto Alegre: SBC, 2021. p. 25-46.

ção." Embora a "virtualidade aumentada" (AV) não seja explorada comercial ou academicamente, a "realidade aumentada" (AR) é amplamente difundida e consolidada, sendo frequentemente adotada como sinônimo de "realidade misturada" ou "realidade mista" (MR).

De acordo com Marr,[109] no entanto, AR e MR não são conceitos intercambiáveis. Para o futurista, a distinção-chave é que a MR envolve uma fusão mais imersiva do mundo real com elementos digitais, permitindo que o usuário interaja com objetos digitais como se fossem reais. Por outro lado, a AR projeta imagens digitais sobre o mundo físico, mas não oferece a mesma capacidade de manipulação convincente por parte do usuário. Conforme Tremosa, a distinção reside na capacidade de interação com o ambiente e objetos digitais. Enquanto na MR o usuário é capaz de visualizar e interagir com elementos tanto digitais quanto físicos, na AR essa interação simplesmente não é possível:

> Na experiência de AR, é possível ver uma visão composta de elementos físicos ou do mundo real e elementos digitais. Embora algumas experiências de AR possam oferecer um certo grau de interação entre elementos físicos e virtuais, normalmente não há interação direta ou limitada entre os componentes do mundo digital e físico. Na experiência de MR, o usuário pode ver e interagir tanto com os elementos digitais quanto com os físicos. Portanto, as experiências de MR recebem informações do ambiente e mudam de acordo com ele.[110]

A distinção entre MR e AR pode parecer sutil a depender da experiência imersiva, sobretudo quando comparada à VR. Uma analogia útil para diferenciar as três espécies de interfaces imersivas é do "pato de borracha", proposta por Avi Barel.[111] Na figura apresentada a seguir, três versões do mesmo pato de borracha representam os diferentes pontos no espectro de possibilidades do *continuum* de Milgram.

---

109. MARR, Bernard. *Extended reality in practice*: 100+ amazing ways virtual, augmented and mixed reality are changing business and society. New Jersey: Wiley, 2021.
110. TREMOSA, Laia. Beyond AR vs. VR: what is the difference between AR vs. MR vs. VR vs. XR? *Interaction Design Foundation*. Aarhus, 25 jul. 2023. Disponível em: https://www.interaction-design.org/literature/article/beyond-ar-vs-vr-what-is-the-difference-between-ar-vs-mr-vs-vr-vs-xr. Acesso em: 17 jun. 2024.
111. BAREL, Avi. The differences between VR, AR & MR. *Medium*. San Francisco, 7 ago. 2017. Disponível em: https://medium.com/@avi_barel/the-differences-between-vr-ar-mr-1234567890. Acesso em: 17 jun. 2024.

Figura 16 – Diferença entre VR, AR e MR

A figura explica visualmente as diferenças entre VR, AR e MR, a partir da analogia do pato de borracha proposta por Avi Barel. Fonte: elaborado pelo autor com base em Avi Barel.[112]

Na imagem da esquerda, que representa a realidade virtual (VR), o pato de borracha está totalmente renderizado em ambiente digital e não integra o mundo físico. Na imagem do centro, que ilustra a realidade aumentada (AR), o pato está translúcido sobre o cenário do mundo físico, planando sobre uma mesa de madeira. Essa combinação se deve porque a AR sobrepõe dados digitais ao mundo real, adicionando-as ao cenário, mas não substitui o ambiente. Na imagem da direita, que exemplifica a realidade mista (MR), o pato é exibido como uma figura sólida, sentada no chão atrás da mesa. Isso porque a MR incorpora objetos digitais no mundo real de tal forma que eles possam interagir com o mundo físico ou que o usuário possa interagir com eles. Na MR, ao invés de planar sobre a mesa de madeira como na AR, o pato reconhece o ambiente e se integra perfeitamente a ele.[113]

Embora a MR seja mais imersiva, conforme a concepção anterior, os aplicativos de AR têm recebido mais atenção nas últimas décadas. Um dos fatores mais significativos que justifica o interesse na AR é que essa tecnologia não exige *hardwares* caros e máquinas avançadas, como os HMDs. Muitos aplicativos de AR são integrados com *smartphones* e *tablets*, sendo mais convenientes e acessíveis para utilização em ambientes educacionais, e a facilidade de integração com dispositivos móveis torna a experiência dos usuários mais práticas e flexíveis. Logo, a AR está sendo cada vez mais empregada no contexto educacional, enriquecendo as experiências dos alunos por meio da integração estratégica de objetos digitais em ambientes reais.[114]

---

112. BAREL, Avi. The differences between VR, AR & MR. *Medium*. San Francisco, 7 ago. 2017. Disponível em: https://medium.com/@avi_barel/the-differences-between-vr-ar-mr-1234567890. Acesso em: 17 jun. 2024.
113. BAREL, Avi. The differences between VR, AR & MR. *Medium*. San Francisco, 7 ago. 2017. Disponível em: https://medium.com/@avi_barel/the-differences-between-vr-ar-mr-1234567890. Acesso em: 17 jun. 2024.
114. GODOY JR., Carlo. Augmented reality for education: a review. *International Journal of Innovative Science and Research Technology*, v. 5, n. 6, p. 39, jun. 2020. Disponível em: https://arxiv.org/abs/2109.02386. Acesso em: 17 jun. 2024.

No contexto educacional, a AR auxilia na compreensão do conteúdo, no aprendizado de construções espaciais, no estabelecimento de conexões linguísticas[115] e na retenção de memória a longo prazo. Ainda, a AR permite que os estudantes participem de explorações autênticas do mundo real, como investigações sobre a vida marinha, por exemplo, que nem todos tiveram a oportunidade de realizar. O ensino com AR envolve desafios complexos e variados, exigindo o desenvolvimento de novos recursos educacionais para aumentar a conscientização sobre os ambientes e sistemas.[116] A figura a seguir ilustra diferentes dispositivos de AR e MR que podem ser usados em experiências educacionais:

Figura 17 – Dispositivos de Realidade Aumentada e Realidade Mista

A figura apresenta diferentes dispositivos de AR e MR, organizados cronologicamente de acordo com o ano de lançamento.
Fonte: elaborado pelo autor.

Quanto à MR, embora demande investimentos significativos em equipamentos e tecnologia, dados fornecidos pela Microsoft indicam que a integração dessa tecnologia na educação resulta em melhorias substanciais nas avaliações dos alunos. Os alunos que utilizaram essa interface apresentaram um incremento de 22% nas notas dos testes, além de um aumento de 35% no engajamento e na capacidade de retenção. Esses resultados destacam o impacto positivo da MR na aprendizagem, sublinhando seu potencial para aprimorar a experiência educacional, embora os valores relacionados a essa modalidade de tecnologia imersiva representem um obstáculo significativo para a democratização de seu uso:

---

115. ZAINUDDIN, Nurkhamimi; SAHRIR, Muhammad. Multimedia courseware for teaching arabic vocabulary: let's learn from the experts. *Universal Journal of Educational Research*, v. 4, n. 5, 2016, p. 1167–1172. Disponível em: https://archive.org/details/ERIC_EJ1099878. Acesso em: 17 jun. 2024.
116. GODOY JR., Carlo. Augmented reality for education: a review. *International Journal of Innovative Science and Research Technology*, v. 5, n. 6, p. 39, jun. 2020. Disponível em: https://arxiv.org/abs/2109.02386. Acesso em: 17 jun. 2024.

As tecnologias imersivas oferecem uma ampla gama de benefícios tangíveis para educadores, não apenas em termos de engajamento dos alunos, mas também na eficiência da entrega e retenção de materiais. [...] Ao encorajar e capacitar os alunos não apenas a visualizar, mas a experimentar ativamente uma variedade de simulações e cenários de diferentes perspectivas, os professores podem ajudá-los a desenvolver habilidades sociais e emocionais mais sólidas, criando ambientes de aprendizagem muito mais inclusivos no processo.[117]

Pesquisas revelam impactos positivos decorrentes da implementação de AR e MR no contexto educacional, abarcando uma variedade de disciplinas e níveis acadêmicos, desde o ensino fundamental até o ensino superior. Porém, a produção de conteúdo para as tecnologias imersivas apresenta desafios significativos. O processo de criação de modelos 3D e o desenvolvimento de experiências de aprendizagem são complexos e envolvem várias etapas. As estratégias para enfrentar esses desafios variam desde a adoção de soluções proprietárias para alcançar máxima flexibilidade, embora com uma curva de aprendizado acentuada, até a escolha de plataformas de desenvolvimento que requerem habilidades de codificação.[118]

3.2.3 Interfaces Tangíveis de Usuário (TUIs)

Conforme Schneider,[119] Interfaces Tangíveis de Usuário (TUIs, na sigla em inglês) são sistemas nos quais os usuários interagem com informações digitais por meio do mundo físico. Uma das implementações mais comuns da *interface* é uma mesa interativa horizontal, que detecta a posição e orientação de objetos físicos para, em seguida, exibir informações sobre eles por meio de um projetor. Os objetos físicos são conectados a marcadores fiduciais, geralmente em forma de códigos bidimensionais, que permitem sua identificação e rastreamento por sistemas de visão computacional. Desse modo, as TUIs transformam itens tradicionais em objetos dinâmicos que respondem às ações dos usuários por meio de uma camada de realidade aumentada.

As TUIs aproveitam objetos ou materiais comuns do cotidiano, com os quais os usuários já estão familiarizados, reduzindo assim significativamente o tempo necessário para aprender a utilizá-las. Quando a *interface* é bem projetada e intuitiva, os usuários podem simplesmente mergulhar e explorar o sistema por

---

117. BONASIO, Alice. Immersive experiences in education: new places and spaces for learning. *Microsoft*. Redmond, 2019. Disponível em: https://educationblog.microsoft.com/en-us/2019/immersive-experiences-in-education-new-places-and-spaces-for-learning. Acesso em: 17 jun. 2024.
118. MECCAWY, Maram. Creating an immersive XR learning experience: a roadmap for educators. *Electronics*, v. 11, n. 21, p. 3547, out. 2022. Disponível em: https://www.mdpi.com/2079-9292/11/21/3547. Acesso em: 17 jun. 2024.
119. SCHNEIDER, Bertrand. Preparing students for future learning with mixed reality interfaces. In: LIU, Dejian; DEDE, Chris; HUANG, Ronghuai; RICHARDS, John (Ed.). *Virtual, augmented, and mixed realities in education*. Singapore: Springer Singapore, 2017. p. 123-138.

conta própria, sem que sejam necessários tutoriais ou explicações. Ainda, as TUIs proporcionam *feedback* tátil, permitindo aos usuários identificar facilmente a orientação e configuração dos objetos em suas mãos. (Schneider[120] exemplifica que as *interfaces* de toque encontradas em dispositivos móveis como *smartphones* exigem que os usuários verifiquem se selecionaram corretamente um item virtual ou se estão arrastando-o conforme desejado.)

Um exemplo de TUI é o Reactable, uma mesa interativa desenvolvida para apoiar a criatividade por meio da exploração musical. Nela, cada objeto está associado a um som ou ação musical específica, permitindo que os usuários conectem facilmente os objetos para criar composições musicais de forma intuitiva e divertida. Outro exemplo é o sistema Sandscape, que permite aos usuários projetar e compreender paisagens usando areia. A *interface* oferece diferentes informações sobre o modelo da paisagem, como altura, inclinação, contornos, sombras, drenagem e outras características da simulação.

Figura 18 – Exemplos de TUIs

Reactable   Sandscape

A figura ilustra duas imagens de *interfaces* tangíveis, Reactable e SandScape, que permitem aos usuários interagirem com informações digitais. Fonte: elaborado pelo autor com base em Schneider[121]

---

120. SCHNEIDER, Bertrand. Preparing students for future learning with mixed reality interfaces. In: LIU, Dejian; DEDE, Chris; HUANG, Ronghuai; RICHARDS, John (Ed.). *Virtual, augmented, and mixed realities in education*. Singapore: Springer Singapore, 2017. p. 123-138.
121. SCHNEIDER, Bertrand. Preparing students for future learning with mixed reality interfaces. In: LIU, Dejian; DEDE, Chris; HUANG, Ronghuai; RICHARDS, John (Ed.). *Virtual, augmented, and mixed realities in education*. Singapore: Springer Singapore, 2017. p. 123-138.

Tuddenham, Kirk e Izadi apontam que a ascensão das superfícies *multi-touch* nos últimos anos, as quais viabilizam a interação com dados digitais ao manipular objetos virtuais graficamente renderizados em superfícies interativas, levanta questionamos sobre o uso e utilidade das TUIs. Conforme os autores, os benefícios comumente citados dessas *interfaces*, como a interação com duas mãos e uso colaborativo, podem ser aplicáveis também às superfícies *multi-touch*: "isso é especialmente verdadeiro quando os objetos tangíveis estão necessariamente conectados a uma superfície interativa",[122] como é o caso do reacTable, referido anteriormente.

Figura 19 – Exemplos de TUIs na educação

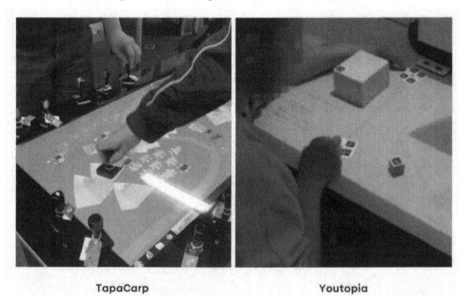

A figura ilustra duas imagens de *interfaces* tangíveis aplicadas no contexto educacional, quais sejam, TapaCarp e Youtopia.
Fonte: elaborado pelo autor com base em Schneider.[123]

Em pesquisa conduzida com participantes de 18 e 34 anos, Tuddenham, Kirk e Izadi observaram uma superioridade dos dispositivos tangíveis em tarefas de controle simples, tanto em termos de manipulação quanto em tempo de aquisição. Os resultados sugerem que os dispositivos tangíveis tornam a manipulação dos objetos mais precisa e eficiente, proporcionando maior adaptabilidade de controle

---

122. TUDDENHAM, Philip; KIRK, David; IZADI, Shahram. Graspables revisited: multi-touch vs. tangible input for tabletop displays in acquisition and manipulation tasks. *Proceedings of the SIGCHI Conference on Human Factors in Computing Systems*, 2010, New York: ACM, 2010. p. 2223-2232.
123. SCHNEIDER, Bertrand. Preparing students for future learning with mixed reality interfaces. In: LIU, Dejian; DEDE, Chris; HUANG, Ronghuai; RICHARDS, John (Ed.). *Virtual, augmented, and mixed realities in education*. Singapore: Springer Singapore, 2017. p. 123-138.

e variedade mais ampla de interações do usuário. O estudo, porém, tem limitações, pois não foram pesquisados movimentos mais complexos dos usuários para agrupar objetos ou elementos na *interface*, concluindo que "TUIs e tecnologias multitouch podem se adequar a diferentes tipos de tarefas, portanto, é prudente começar a considerar as diversas capacidades que essas tecnologias oferecem aos usuários e afastar-se da discussão sobre qual delas pode ser melhor".[124]

No contexto educacional, as TUIs abarcam diversas áreas de aprendizado, incluindo biologia molecular, química, programação, narrativa e sistemas dinâmicos. A atividade de aprendizagem com TUIs oferece diferentes formas pelas quais os alunos podem interagir com o material educacional. Marshall[125] destaca que os benefícios da aprendizagem com as TUIs são diversos. Com as *interfaces* tangíveis, a aprendizagem pode se tornar mais lúdica, incentivando a descoberta e a experimentação, além de apresentar uma novidade nas conexões que podem ser estabelecidas entre os conceitos, o que melhora o envolvimento e a retenção de informações. Ademais, as TUIs são inclusivas e colaborativas, possibilitando a interação de vários alunos com o conteúdo e incentivando o trabalho em equipe.

Houve algumas tentativas de projetar TUIs educacionais. O sistema Youtopia, por exemplo, permite que crianças analisem a relação entre o desenvolvimento econômico das comunidades e seus recursos disponíveis. Os estudantes usam fichas físicas para "carimbar" a paisagem e modificá-la construindo uma instalação, utilizando recursos ou verificando seu progresso. Um estudo constatou que, ao designar fichas físicas específicas a usuários distintos, ocorreu uma distribuição mais equilibrada em seu envolvimento verbal e físico durante as atividades e interações.[126] O TapaCarp é outro exemplo de TUI na educação. Aprendizes em marcenaria utilizam objetos físicos para entender projeções ortográficas exibidas ao lado deles. Em um estudo, os autores descobriram que os TUIs ajudaram os alunos a obter melhor desempenho em comparação com uma representação virtual.[127]

---

124. TUDDENHAM, Philip; KIRK, David; IZADI, Shahram. Graspables revisited: multi-touch vs. tangible input for tabletop displays in acquisition and manipulation tasks. *Proceedings of the SIGCHI Conference on Human Factors in Computing Systems*, 2010, New York: ACM, 2010. p. 2223-2232.

125. MARSHALL, Paul. Do tangible interfaces enhance learning? *Proceedings of the 1st international conference on Tangible and embedded interaction*, Baton Rouge, Louisiana, USA, February 15-17, New York: ACM, 2007, p. 163-170.

126. FAN, Min; ANTLE, Alissa; NEUSTAEDTER, Carman; WISE, Alyssa. Exploring how a co-dependent tangible tool design supports collaboration in a tabletop activity. In: GOGGINS, Sean; JAHNKE, Isa; McDONALD, David; BJØRN, Pernille (Ed.). *Proceedings of the 18th International Conference on Supporting Group Work*, New York: ACM, 2014, p. 81-90.

127. CUENDET, Sébastien; BUMBACHER, Engin; DILLENBOURG, Pierre. Tangible vs. virtual representations: When tangibles benefit the training of spatial skills. *Proceedings of the 7th Nordic Conference on Human-Computer Interaction*: Making Sense Through Design, New York: ACM, 2012, p. 99-108.

Após comparar o uso de diferentes *interfaces* com um grupo de 12 estudantes, Tuddenham, Kirk e Izadi constataram que as TUIs são mais fáceis e precisas de manusear do que *mouses* e *interfaces multi-touch*. Ademais, como possuem uma camada virtual, podem ser projetadas para integrar ambientes de aprendizagem que incluam simulações, múltiplas representações externas, suporte dinâmico, recursos sob demanda e outros mecanismos reconhecidos por promover a aprendizagem. Além das vantagens mencionadas, os autores destacam que as TUIs não apenas tornam as atividades mais agradáveis e envolventes, mas também possuem atributos que favorecem o aprendizado em grupo.[128]

3.2.4 Ambientes Virtuais Multiusuário (MUVEs)

Os Ambientes Virtuais Multiusuário (*Multi-User Virtual Environments –* MUVEs), conforme Dede, Richards e Jacobson,[129] oferecem aos usuários uma experiência envolvente ao estilo do conto "Alice no País das Maravilhas", de Lewis Carroll, na qual a protagonista atravessa um espelho para entrar em um mundo fantástico e surreal. Assim como a jovem Alice descobre um universo povoado por criaturas estranhas e personagens peculiares, os alunos que usam as interfaces de MUVE podem "passar através da tela" para mergulhar em ambientes virtuais ricos em detalhes e interações. Segundo os autores, "o participante representado pelo avatar sente uma presença remota dentro do ambiente virtual: o equivalente a mergulhar em vez de viajar em um barco com fundo de vidro."

MUVEs são espaços virtuais que simulam visualmente ambientes físicos complexos, nos quais as pessoas podem interagir entre si e com objetos, utilizando avatares para se representar. A movimentação pelo ambiente é possível por meio do avatar, que pode caminhar, voar ou se teletransportar. As perspectivas de câmera disponíveis incluem primeira pessoa, terceira pessoa ou controle livre da câmera. A comunicação entre os usuários é facilitada por texto e, muitas vezes, por áudio. Em alguns dos ambientes, os próprios usuários podem construir objetos.[130]

Conforme enfatizado por Soltani e Vilas-Boas, os MUVEs têm efeitos positivos na aprendizagem, proporcionando maior imersão, engajamento e motivação

---

128. TUDDENHAM, Philip; KIRK, David; IZADI, Shahram. Graspables revisited: multi-touch vs. tangible input for tabletop displays in acquisition and manipulation tasks. *Proceedings of the SIGCHI Conference on Human Factors in Computing Systems*, 2010, New York: ACM, 2010. p. 2223-2232.
129. DEDE, Chris; JACOBSON, Jeffrey; RICHARDS, John. Introduction: virtual, augmented, and mixed realities in education. In: LIU, Dejian; DEDE, Chris; HUANG, Ronghuai; RICHARDS, John (Ed.). *Virtual, augmented, and mixed realities in education*. Singapore: Springer Singapore, 2017. p. 1-19.
130. CRAM, Andrew; DICK, Geoffrey; GOSPER, Maree; HEDBERG, John. Using a Multi-User Virtual Environment to research approaches to ethical dilemmas. *AMCIS 2009 Proceedings*. Anais [...]. 2009. p. 1-10.

em comparação com métodos de ensino tradicionais, o que possibilita oportunidades para educação e para o aprendizado colaborativo. Ademais, fornecem um ambiente colaborativo e de baixo custo para atividades de aprendizagem baseadas em problemas. Esses ambientes virtuais têm a capacidade de oferecer resultados de aprendizagem e satisfação semelhantes às condições do mundo real, ao mesmo tempo em que proporcionam uma experiência mais agradável e informal em comparação com a realidade, que muitas vezes é estressante. Os MUVEs permitem a seus usuários vivenciarem experiências profundas de aprendizagem, onde diversas habilidades cognitivas, perceptivas/motoras, interpessoais, de liderança e de construção de equipes podem ser desenvolvidas simultaneamente.[131]

A história dos MUVEs remonta à década de 1970, com o surgimento do *role-playing game* (RPG) Dungeons & Dragons (D&D). Lançado em 1974 por Gary Gygax e David Lance "Dave" Arneson, o jogo permitia aos jogadores a criação de seus próprios personagens e narrativas, imergindo-os em um universo de fantasia medieval. O sucesso inicial do D&D foi impulsionado pela sua distinção dos jogos de guerra tradicionais, os quais geralmente limitavam os jogadores a participar apenas de simulações de conflitos armados. O conceito inovador estabeleceu os fundamentos para os atuais MUVEs, que, em conjunto com a Internet, ampliaram as atividades possíveis nos mundos virtuais.

Os MUVEs estão passando por uma evolução contínua, oferecendo uma variedade de mundos virtuais que vão desde projetos baseados em texto até projetos tridimensionais altamente sofisticados. Na atualidade, os participantes podem se comunicar em tempo real, colaborar, explorar, além de criar seus próprios ambientes e objetos.[132] Ademais, existe uma ampla variedade de mundos virtuais que podem ser categorizados de acordo com diversos critérios, como dimensões (2D ou 3D), perfil do usuário, propósito de uso e faixa etária. Conforme Gajňáková, Vaculík e Vaškom, a aplicação dos MUVEs não se limita aos jogos; essa modalidade de tecnologia imersiva também pode ser usada para fins de socialização, formação de comunidades *online*, educação, expressão política e treinamento militar.[133]

---

131. GAJŇÁKOVÁ, Michaela; VACULÍK, Juraj; VAŠKOM, Martin. The use of multi-user virtual environments in the field of education. *Proceedings of the 10th International Conference "Reliability and Statistics in Transportation and Communication" (RelStat'10)*, 2010, Riga, Latvia, October 20-23. Anais [...]. Riga: Transport and Telecommunication Institute, 2010. p. 335-341.

132. SOLTANI, Pooya; VILAS-BOAS, Joao Paulo. Multi-user virtual environments for physical education and sport training. In: YANG, Kenneth C. C. (Ed.). *Cases on immersive virtual reality techniques*. Hershey: IGI Global, 2019.

133. GAJŇÁKOVÁ, Michaela; VACULÍK, Juraj; VAŠKOM, Martin. The use of multi-user virtual environments in the field of education. *Proceedings of the 10th International Conference "Reliability and Statistics in Transportation and Communication" (RelStat'10)*, 2010, Riga, Latvia, October 20-23. Anais [...]. Riga: Transport and Telecommunication Institute, 2010. p. 335-341.

Os MUVEs não se confundem com jogos, uma vez que não envolvem pontuação ou *game over*. Como referem Gajňáková, Vaculík e Vaškom, são ambientes bidimensionais ou tridimensionais que permitem o acesso simultâneo de múltiplos usuários por meio de uma interface *online*. Nesses ambientes, os usuários podem interagir, criar itens e objetos, e colaborar com pessoas de todo o mundo em tempo real. Existem vários tipos de MUVEs, mas todos compartilham características essenciais:

- um espaço compartilhado, no qual muitos usuários podem interagir de forma simultânea;

- um avatar, que representa a identidade do usuário por meio de uma interface gráfica ambientada no espaço e visível para todos;

- interação em tempo real;

- imersão, total ou parcial;

- persistência do mundo virtual, independentemente da presença do usuário (ou seja, o ambiente virtual continua existindo mesmo quando o usuário não está ativamente interagindo com ele);

- socialização, que possibilita a criação de grupos como no mundo real.[134]

Quando inseridos em uma experiência educacional bem planejada, os MUVEs podem facilitar o processo de aprendizagem. Para tanto, o projeto da experiência e o *design* do MUVE devem estar interconectados. Os requisitos da experiência educacional influenciam o *design* do MUVE, e as características do mundo virtual afetam a forma como a experiência pode ser realizada. É crucial que a equipe de projeto seja multidisciplinar, com diferentes especialistas trabalhando juntos em pé de igualdade, sem que um lado imponha os requisitos para o outro, para alcançar resultados satisfatórios.[135] Conforme Vicentini e Braman, tanto desenvolvedores quanto educadores devem ter habilidades em *storytelling*, *design* visual e modelagem 3D. Para os autores, é improvável que instrutores atuando individualmente ou profissionais especializados em uma única disciplina criem ambientes virtuais eficientes, o que justifica a necessidade de equipe multidisciplinar.[136]

---

134. GAJŇÁKOVÁ, Michaela; VACULÍK, Juraj; VAŠKOM, Martin. The use of multi-user virtual environments in the field of education. *Proceedings of the 10th International Conference "Reliability and Statistics in Transportation and Communication" (RelStat'10)*, 2010, Riga, Latvia, October 20-23. Anais [...]. Riga: Transport and Telecommunication Institute, 2010. p. 335-341.

135. SOLTANI, Pooya; VILAS-BOAS, Joao Paulo. Multi-user virtual environments for physical education and sport training. In: YANG, Kenneth C. C. (Ed.). *Cases on immersive virtual reality techniques*. Hershey: IGI Global, 2019. p. 184-203.

136. VICENTINI, Giovanni; BRAMAN, James. *Multi-user virtual environments for the classroom*: practical approaches to teaching in virtual worlds. Hershey: IGI Global, 2011.

Nos últimos anos, sobretudo com a crescente popularidade do termo "Metaverso", após o *rebranding* da marca Facebook para Meta, em 2021, houve um aumento significativo no desenvolvimento de MUVEs em várias áreas, incluindo a educacional. O escritor Neal Stephenson cunhou o termo "Metaverso" três décadas antes, em 1992, no romance "Snow Crash". Apesar da significativa influência, o livro de Stephenson não ofereceu uma definição precisa do Metaverso. Na narrativa, o autor descreveu um mundo virtual futurista, situado em algum momento do início do século 21, onde residiam cerca de 15 milhões de avatares controlados por humanos. Esse ambiente era concebido como um espaço para trabalho, lazer, arte e comércio, sendo também um lugar onde um entregador de pizza durante o dia poderia se transformar em um habilidoso espadachim durante a noite.

Embora Stephenson tenha popularizado a expressão "Metaverso", outros escritores exploraram o conceito antes dele. Em 1935, Stanley Grauman Weinbaum escreveu o conto "Pygmalion's Spectacles", no qual um dos personagens, Albert Ludwig, é creditado como o inventor de um par de óculos especiais, que eram capazes de oferecer uma experiência cinematográfica imersiva, incorporando elementos sensoriais como visão, som, gosto, cheiro e tato.[137] Em 1950, Ray Bradbury publicou o conto "The World the Children Made", cuja trama gira em torno de uma família que habita uma residência equipada com uma sala de realidade virtual capaz de materializar qualquer ambiente imaginado pelas crianças.[138] Em 1953, Philip K. Dick publicou "The Trouble with Bubbles", conto que explora uma sociedade futurista desiludida por não encontrar vida em outros planetas. Na narrativa, as pessoas se desconectam da realidade e mergulham em um ambiente de realidade simulada onde têm liberdade para criar e evoluir civilizações inteiras dentro de pequenas esferas.[139]

Segundo Ball, RPGs como D&D e mundos virtuais baseados em texto, conhecidos como *Multi-User Dungeons* (MUDs), geralmente são considerados *protometaversos*. Os MUDs eram basicamente uma versão de *software* do D&D, na qual os jogadores eram capazes de interagir e explorar um mundo fictício através de comandos de texto similares a linguagens humanas. Os jogadores poderiam realizar diversas atividades, como recuperar objetos mágicos, derrotar inimigos poderosos ou resgatar personagens em perigo.[140]

---

137. WEINBAUM, Stanley G. *Pygmalion's spectacles*. New York: Wonder Stories, 1935.
138. O conto foi rebatizado posteriormente para "The Veldt" e publicado no livro "The Illustrated Man". In: BRADBURY, Ray. *The illustrated man*. Nova York: William Morrow Paperbacks, 2013.
139. DICK, Philip K. *The Collected Stories of Philip K. Dick*. Texas: Gateway, 2023. v. 2.
140. BALL, Mathew. *A revolução do metaverso*: como o mundo virtual mudará para sempre a realidade. Rio de Janeiro: Globo Livros, 2023.

No contexto dos *protometaversos*, um marco significativo ocorreu em 1986 com o lançamento do jogo Habitat, pela Lucasfilm. O jogo foi descrito como "um ambiente virtual on-line multiparticipante" e "um ciberespaço", em alusão ao romance "Neuromancer", de William Gibson.[141] (O escritor conceituou o ciberespaço como uma "representação visual dos dados de todos os computadores humanos" e chamou a visualização abstrata de "The Matrix", termo reaproveitado posteriormente por Lana e Lilly Wachowski para seu filme homônimo.) Ao contrário dos MUDs, Habitat permitia que os jogadores visualizassem ambientes e personagens virtuais, embora em uma representação pixelizada 2D. Ademais, oferecia aos usuários um maior controle sobre o ambiente do jogo. (O título foi pioneiro ao reinterpretar a expressão sânscrita "avatar", originalmente significando "a descida de uma divindade do céu", para se referir ao corpo virtual de um jogador).

Nas últimas décadas, os *protometaversos* evoluíram de simples *chats* baseados em texto para complexas redes de mundos virtuais. Essa progressão continuará nas décadas futuras, proporcionando mais realismo, diversidade de experiências e participantes. Eventualmente, uma versão do Metaverso, tal como concebida por Stephenson, Gibson e outros escritores antes deles, será concretizada. Contudo, ao examinar a visão apresentada por Ball e a evolução dos mundos virtuais desde seus primórdios até os dias atuais, torna-se evidente que o Metaverso vai além dos MUVEs. Embora compartilhem a presença de gráficos 3D, avatares e um ambiente virtual, ambos não se confundem.

O Metaverso é muito mais abrangente do que os MUVEs, sendo definido por Ball como "uma rede em enorme escala e interoperável de mundos 3D virtuais renderizados em tempo real que podem ser experienciados de forma síncrona e persistente por um número efetivamente ilimitado de usuários".[142] Enquanto os MUVEs costumam ser restritos a um único jogo ou plataforma com regras e objetivos predefinidos, o Metaverso, embora ainda seja em grande parte um conceito, é concebido para oferecer uma experiência persistente e imersiva na qual os usuários podem transitar entre diferentes ambientes virtuais.

O conceito ganhou destaque durante a pandemia de Covid-19, que acelerou a necessidade de adaptação ao isolamento social e promoveu o aumento da interatividade nos espaços virtuais. Borges argumenta que, embora não haja uma definição universalmente aceita para um Metaverso real, a noção é reconhecida como uma evolução sofisticada da Internet atual. O autor visualiza-o como um ambiente *online* inovador onde as interações não são apenas visuais, mas verda-

---

141. GIBSON, William. *Neuromancer*. São Paulo: Aleph, 2016.
142. BALL, Mathew. *A revolução do metaverso*: como o mundo virtual mudará para sempre a realidade. de Janeiro: Globo Livros, 2023.

deiramente multidimensionais, permitindo aos usuários uma imersão completa no conteúdo digital, como se estivessem explorando uma realidade alternativa onde inúmeras possibilidades podem ser experimentadas.[143]

Segundo Ball, o Metaverso oferece enorme potencial na educação, especialmente diante do avanço das tecnologias de renderização em 3D em tempo real. Essa configuração permite aos educadores transportarem a sala de aula e os alunos para qualquer lugar. Do mesmo modo, as simulações virtuais que estão por vir podem melhorar significativamente o processo de aprendizagem. Embora muitos estudantes tenham aprendido sobre a gravidade assistindo a demonstrações físicas do professor, como deixar cair uma pena ou um martelo, essas representações podem ser complementadas no Metaverso, permitindo que os alunos aprendam sobre a gravidade em diferentes ambientes, como na Terra e em Marte.[144]

Figura 20 – River City

A figura reúne três imagens do projeto River City, abrangendo avatares, personagens e uma visão panorâmica do mundo virtual. Fonte: elaborado pelo autor com imagens extraídas de https://www.sciencedirect.com.

---

143. BORGES, Gustavo. Metaverso: diretrizes para sua construção responsável e os neurodireitos como direito humano. *Humanidades & Inovação*, v. 19, p. 158-170, 2022. Disponível em: https://www.even3.com.br/anais/sct2022/523639-diretrizes-para-a-construcao-responsavel-do-metaverso-e-os-neurodireitos-como-direito-humano. Acesso em: 17 jun. 2024.
144. BALL, Mathew. *A revolução do metaverso*: como o mundo virtual mudará para sempre a realidade. Rio de Janeiro: Globo Livros, 2023.

Enquanto o Metaverso está em construção, no entanto, é válido examinar alguns exemplos de MUVEs aplicados ao contexto educacional. Financiado pela *National Science Foundation* (NSF) e desenvolvido pela *Harvard Graduate School of Education,* o River City foi desenvolvido para aprimorar a aprendizagem dos estudantes do Ensino Médio. O MUVE simula uma cidade do século XIX dividida por um rio, onde os habitantes lidam com uma enfermidade crônica. Os estudantes devem investigar as origens da doença, formular perguntas, desenvolver hipóteses e sugerir soluções ao prefeito da cidade fictícia. O projeto adota uma abordagem interdisciplinar, combinando conceitos de ciência, história e estudos sociais, para estimular o desenvolvimento das habilidades de investigação e pensamento crítico dos alunos. Desde sua implementação em 12 estados dos EUA, com a participação de cerca de 100 professores e mais de 5.000 alunos entre os anos de 2007 e 2008, o River City tem sido reconhecido como um MUVE eficaz para auxiliar na aprendizagem.[145]

Figura 21 – Quest Atlantis

A figura reúne duas imagens do projeto Quest Atlantis, abrangendo avatares e interações com personagens do mundo virtual.
Fonte: elaborado pelo autor com imagens extraídas de https://www.researchgate.net.

O Quest Atlantis é outra iniciativa significativa digna de menção no contexto dos MUVEs. Projetado pelo *Center for Research on Learning & Technology* da Universidade de Indiana, esse ambiente virtual tem como objetivo ensinar ciên-

---

145. QIAN, Yufeng. 3D multi-user virtual environments: promising directions for science education. *Science Educator*, v. 18, n. 2, p. 25-29, out. 2009. Disponível em: http://files.eric.ed.gov/fulltext/EJ851870.pdf. Acesso em: 17 jun. 2024.

cias a crianças de 9 a 12 anos. Eis o enredo do projeto: os habitantes de "Atlantis" estão enfrentando uma iminente catástrofe, com seu mundo sendo devastado por problemas ambientais, morais e sociais, cabendo às crianças a missão de salvar o planeta. Durante a imersão no mundo virtual, as crianças são incentivadas a coletar e avaliar dados, desenvolver interpretações plausíveis e refletir sobre suas descobertas. O Quest Atlantis já conta com mais de 20.000 participantes de quatro continentes.[146]

Outro exemplo de MUVE aplicado na educação é o SciCentr. Esse ambiente 3D foi concebido pelo *Cornell University's Cornell Theory Center* para ensinar ciências, tecnologia, engenharia e matemática aos estudantes. O projeto é equipado com uma plataforma virtual para que os jovens compartilhem sua paixão e conhecimento sobre assuntos diversos com a comunidade científica. Desde 2001, o SciFair conta com a participação anual de mais de 1.000 alunos e professores, que constroem seus próprios espaços de conhecimento, tendo sido também implementado com sucesso entre estudantes nativos americanos em Washington.[147]

Figura 22 – Schenectady Mars High School

A imagem representa uma cúpula geodésica que serviria como sede virtual de uma das estruturas da Schenectady Mars High School, em Marte. Fonte: elaboração pelo autor com imagem extraída de https://news.cornell.edu.

O *Cornell University's Cornell Theory Center* também colaborou com a *Schenectady High School* para desenvolver o *Schenectady Mars High School*. Trata-se de uma escola fictícia localizada em Marte, nas proximidades da cratera Gusev,

---

146. QIAN, Yufeng. 3D multi-user virtual environments: promising directions for science education. *Science Educator*, v. 18, n. 2, p. 25-29, out. 2009. Disponível em: http://files.eric.ed.gov/fulltext/EJ851870.pdf. Acesso em: 17 jun. 2024.
147. QIAN, Yufeng. 3D multi-user virtual environments: promising directions for science education. *Science Educator*, v. 18, n. 2, p. 25-29, out. 2009. Disponível em: http://files.eric.ed.gov/fulltext/EJ851870.pdf. Acesso em: 17 jun. 2024.

onde o primeiro *Mars Exploration Rover*, Spirit, pousou em 2004. Esse ambiente virtual foi projetado para os alunos da *Schenectady High School* aprenderem sobre ciência e tecnologia, explorando as nuances (geologia, clima, atmosfera etc.) do planeta vermelho no ano de 2045. Além do projeto, há outros MUVEs em desenvolvimento, que abrangem desde labirintos repletos de questionários e fatos surpreendentes até um ambiente sofisticado criado por estudantes da Reserva Indígena Quinault, em Taholah, Washington (EUA).[148]

Figura 23 – Planet Oit

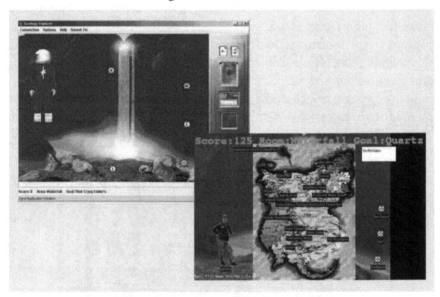

A figura reúne imagens do projeto "Planet Oit", apresentando elementos contidos no mundo virtual. Fonte: elaborado pelo autor com imagens extraídas de https://serc.carleton.edu.

Mais um exemplo é o Geology Explorer, um MUVE desenvolvido por membros da Universidade Estadual da Dakota do Norte. Esse espaço virtual oferece aos alunos do Ensino Médio recursos e equipamentos para realizar investigações geológicas em um planeta fictício chamado "Oit". Os estudantes assumem o papel de geólogos, aprendendo os princípios basilares da geologia e as estratégias de investigação usadas pelos profissionais da área, por meio de exploração, experimentação e colaboração orientada. A interação ocorre por meio da navegação

---

148. LANG, Susan. From mazes to Mars and tropical forests, high schoolers build virtual worlds aided by Cornell student mentors. *Cornell Chronicle*. Nova York, 7 dez. 2005. Disponível em: https://news.cornell.edu/stories/2005/12/mazes-mars-and-forests-high-schoolers-build-virtual-worlds. Acesso em: 17 jun. 2024.

nos pontos cardeais do "Planet Oit", com opções adicionais acessíveis através de botões para voltar, recarregar a cena, acessar o mapa do planeta, selecionar instrumentos, armazenar amostras e ampliar objetos.[149]

3.3 BARREIRAS PARA IMPLEMENTAÇÃO

Embora ofereçam diversas oportunidades para transformar a educação e atender às exigências pedagógicas, as tecnologias imersivas também enfrentam barreiras significativas à sua adoção. Conforme o *State of XR & Immersive Learning Outlook Report 2021*,[150] esses desafios podem ser sintetizados em seis elementos essenciais, quais sejam: 1) acesso; 2) custo; 3) treinamento; 4) interoperabilidade; 5) conteúdo; e 6) infraestrutura. A seguir, serão analisados cada um desses obstáculos:

A primeira barreira, o *acesso*, resulta inicialmente de desafios logísticos na cadeia de suprimentos, impedindo que certos produtos cheguem a diferentes partes do mundo. A título de exemplo, dispositivos como o Oculus Quest 2, desenvolvido pela Meta, não estão disponíveis na República Popular da China. De igual modo, empresas chinesas oferecem tecnologias imersivas para outras partes do mundo, mas esses produtos não chegam aos consumidores dos Estados Unidos e da Europa. É desafiador prever a demanda pelos produtos, e tanto o Microsoft HoloLens quanto o Oculus Quest 2 enfrentam escassez devido à demanda que excedeu as expectativas.[151]

Ainda no âmbito do acesso, há desafios de usabilidade, inviabilizando a utilização de *headsets* por pessoas com deficiências físicas. Dados da Organização Mundial de Saúde (OMS) revelam que 2,2 bilhões de pessoas sofrem de deficiência visual, sendo 1,172 bilhão de pessoas afetadas por distúrbios oculares como miopia, hipermetropia e astigmatismo, e 1,028 bilhão de pessoas afetadas por presbiopia, catarata, erro refrativo, degeneração macular relacionada à idade, glaucoma e retinopatia diabética.[152] Haja vista que os *headsets* de VR estimulam

---

149. QIAN, Yufeng. 3D multi-user virtual environments: promising directions for science education. *Science Educator*, v. 18, n. 2, p. 25-29, out. 2009. Disponível em: http://files.eric.ed.gov/fulltext/EJ851870.pdf. Acesso em: 17 jun. 2024.

150. LEE, Mark J. W.; GEORGIEVA, Maya; CRAIG, Emory. *State of XR & Immersive Learning Outlook Report 2021*. Walnut: Immersive Learning Research Network, 2021. Disponível em: https://immersivelearning.research.net. Acesso em: 16 jun. 2024.

151. LEE, Mark J. W.; GEORGIEVA, Maya; CRAIG, Emory. *State of XR & Immersive Learning Outlook Report 2021*. Walnut: Immersive Learning Research Network, 2021. Disponível em: https://immersivelearning.research.net. Acesso em: 16 jun. 2024.

152. ORGANIZAÇÃO MUNDIAL DA SAÚDE. Genebra: WHO, 2023. Disponível em: https://www.who.int. Acesso em: 26 dez. 2023.

principalmente o sentido da visão, em detrimento de outros sentidos, os dispositivos se tornam inacessíveis para pessoas com deficiência visual.

Embora estejam sendo desenvolvidos projetos inovadores, como o aplicativo de assistência visual Relúmĭno, criado pela Samsung e que funciona com o Samsung Gear VR, e o *Project Guideline* do Google, que permite a corredores com deficiência visual utilizar a câmera do *smartphone* para detectar linhas-guia em pistas e receber notificações sonoras para navegar sem esbarrar em objetos,[153] não há até o momento um método de tradução amplamente acessível. A experiência de áudio imersivo igualmente impõe desafios para pessoas com deficiência auditiva, especialmente quando não são empregadas práticas de transcrição.[154] Desenvolver tecnologias capazes de atender às necessidades de deficientes físicos tem sido um desafio complexo no contexto das interfaces imersivas.

Em relação à segunda barreira, o *custo*, os principais *headsets* de VR do mercado custam centenas de dólares, sendo que alguns chegam a custar milhares de dólares. Em pesquisa realizada no site da Amazon, em abril de 2024,[155] verificou-se que o custo dos mais recentes lançamentos da Meta, Meta Quest 2 e Meta Quest 3, em suas versões de 128 GB, são, respectivamente, US$199 e US$499 (as versões de 256 GB custam ainda mais). O Apple Vision Pro, o dispositivo de computação espacial da Apple lançado em 2024, tem custo ainda maior: US$3,499, conforme informações do site da empresa.[156]

O dispositivo de VR de menor custo do mercado é o Google Cardboard, que pode ser adquirido por menos de US$10. No entanto, o *headset* de papelão do Google requer um *smartphone* para funcionar, que, embora seja popular, geralmente não é de baixo custo. Ademais, a experiência proporcionada pelo Google Cardboard é inferior quando comparada a dispositivos mais avançados, como o Meta Quest 2 e Meta Quest 3, que oferecem ao usuário uma experiência de "seis graus de liberdade" (6DoF), como destacado anteriormente nesta tese. É relevante mencionar, finalmente, que o Google encerrou o suporte ao Google Cardboard em 2021, transformando-o agora em um projeto de código aberto.[157]

---

153. CHAIA, Raphael Rios. Acessibilidade: a última fronteira do meio ambiente digital no metaverso. In: AZEVEDO E SOUZA, Bernardo. *Metaverso e direito*: desafios e oportunidades. São Paulo: Ed. RT, 2022.

154. LEE, Mark J. W.; GEORGIEVA, Maya; CRAIG, Emory. *State of XR & Immersive Learning Outlook Report 2021*. Walnut: Immersive Learning Research Network, 2021. Disponível em: https://immersivelearning.research.net. Acesso em: 16 jun. 2024.

155. AMAZON. Seattle: Amazon, 2023. Disponível em: https://www.amazon.com. Acesso em: 26 dez. 2023.

156. APPLE. Cupertino: Apple, 2023. Disponível em: https://www.apple.com. Acesso em: 26 dez. 2023.

157. PERRIGO, Michael. Google Cardboard "hardware" finally discontinued, remains an open source project. *Chrome Unboxed*. Elizabethtown, 3 mar. 2021. Disponível em: https://chromeunboxed.com/google-cardboard-hardware-finally-discontinued-remains-open-source-project. Acesso em: 17 jun. 2024.

Muitas instituições de ensino enfrentam restrições orçamentárias que as impedem de investir em dispositivos de VR, o que, por sua vez, limita a adoção dessas tecnologias nas escolas. Os custos não se limitam ao *hardware*, mas incluem os *softwares* necessários para viabilizar as experiências imersivas.[158] O *download* ou *streaming* do conteúdo imersivo exige largura de banda significativa, a qual nem sempre está disponível nas escolas. Como resultado, há oportunidades restritas de utilizar os dispositivos como parte do *processo de ensino-aprendizagem*, que compreende, segundo Olga e Botomé, o "complexo sistema de interações comportamentais entre professores e alunos".[159]

Quanto à terceira barreira, o *treinamento*, muitas instituições educacionais ainda têm estruturas de suporte limitadas para professores, funcionários e estudantes na adoção de tecnologias imersivas, ou estão apenas nos estágios iniciais de desenvolvimento. Embora haja iniciativas promissoras nos EUA (como o MA em Mídia Digital e Realidade Estendida da *University of Chicago* e o MSc em Tecnologias de Realidade Estendida da *Arizona State University*) e na Inglaterra (como o MA em Realidades Virtuais e Estendidas da UWE Bristol e o MA em Design Imersivo em Realidades Estendidas da *University of Hull*), a oferta de treinamentos com enfoque em tecnologias imersivas ainda é escassa.

No cenário brasileiro, uma iniciativa louvável é o Centro de Realidade Estendida da Pontifícia Universidade Católica do Paraná (PUCPR), que dispõe de salas para simulações em 360 graus, um auditório para projeções imersivas, um estúdio de produção virtual e espaços para discussões. O ambiente imersivo foi concebido para aproximar a comunidade acadêmica das novas tecnologias educacionais, ampliar as possibilidades de aprendizagem e contribuir para a resolução de desafios reais. Dentre os projetos desenvolvidos pelo centro incluem-se o ensino de entomologia com VR permitindo aos alunos ampliar os insetos, rotacioná-los e visualizar seus órgãos e sistemas internos nos mínimos detalhes, e um guia para treinamento de instrumentação elétrica, cujo propósito é capacitar os estudantes para operar equipamentos com eficiência e precisão.[160]

---

158. LEE, Mark J. W.; GEORGIEVA, Maya; CRAIG, Emory. *State of XR & Immersive Learning Outlook Report 2021*. Walnut: Immersive Learning Research Network, 2021. Disponível em: https://immersivelearning.research.net. Acesso em: 16 jun. 2024.

159. KUBO, Olga; BOTOMÉ, Silvio. Ensino-aprendizagem: uma interação entre dois processos comportamentais. *Interação*, Curitiba, n. 5, p. 123-132, 2001. Disponível em: https://revistas.ufpr.br/psicologia/article/view/3321. Acesso em: 16 jun. 2024.

160. REDAÇÃO. PUCPR é a primeira universidade do Brasil a ter um Centro de Realidade Estendida. *PUCPR*. Curitiba, 6 jun. 2023. Disponível em: https://www.pucpr.br/noticias/pucpr-e-a-primeira--universidade-do-brasil-a-ter-um-centro-de-realidade-extendida/. Acesso em: 17 jun. 2024.

Figura 24 – Centro de Realidade Estendida (PUCPR)

A figura ilustra o Centro de Realidade Estendida da PUCPR, reunindo fotos das instalações e tecnologias. Fonte: elaborado pelo autor com imagens de https://blogs.pucpr.br.

Diante do cenário atual de desenvolvimento da tecnologia, é essencial não apenas fornecer a professores e alunos noções sobre as tecnologias imersivas, mas igualmente capacitá-los na prática. A experiência do Centro de Realidade Estendida da PUCPR revela que a combinação de infraestrutura imersiva e projetos educacionais práticos representa um passo inicial, oferecendo aos educadores recursos necessários para aproveitar o potencial das interfaces e enriquecer a experiência de aprendizado dos alunos. Portanto, investir em treinamentos é essencial para o êxito da integração de tecnologias imersivas na educação.

No que tange à quarta barreira, a *interoperabilidade*, é essencial destacar que a realidade estendida (XR) está se desenvolvendo e ingressando cada vez mais em um universo digital dividido entre dois paradigmas concorrentes. De um lado, há os conteúdos e serviços baseados em interoperabilidade e padrões compartilhados, abarcando desde páginas *web* básicas e *Application Programming Interfaces* (APIs) até formatos de arquivo como PDF, HTML5 e MP3; de outro, existem ecossistemas fechados, também intitulados "jardins murados", que limitam ou impedem a livre circulação de dados e o acesso, seja para preservar o modelo de negócios das grandes empresas de tecnologia (*big techs*), seja para garantir a segurança dos usuários.[161]

---

161. REDAÇÃO. PUCPR é a primeira universidade do Brasil a ter um Centro de Realidade Estendida. *PUCPR*. Curitiba, 6 jun. 2023. Disponível em: https://www.pucpr.br/noticias/pucpr-e-a-primeira--universidade-do-brasil-a-ter-um-centro-de-realidade-extendida. Acesso em: 17 jun. 2024.

A ênfase na interoperabilidade tem crescido desde o *rebranding* do Facebook para Meta, anunciado por Mark Zuckerberg no mês de outubro de 2021, juntamente com os esforços para construir o Metaverso. O conceito de interoperabilidade engloba a capacidade das plataformas de *software* colaborarem entre si (ou, pelo menos, utilizarem sistemas e recursos que possam funcionar de forma conjunta) e, segundo Hackl,[162] pode ser alcançado tanto por meio dos esforços dos desenvolvedores quanto por entidades de padronização. Nystrom[163] destaca que os desafios relacionados à interoperabilidade são complexos, demandando diferentes níveis de integração e substituição de protocolos relacionados Web 2 para novos padrões associados à Web 3, além de mudanças no comportamento dos consumidores.

Embora haja um esforço contínuo para desenvolver sistemas interoperáveis que colaborem entre si, até agora a XR tem seguido predominantemente o segundo caminho, qual seja, o dos "jardins murados", devido à maior parte de seu conteúdo estar restrita a estruturas comerciais específicas. Esse cenário impõe desafios aos educadores, incluindo o aumento do tempo de treinamento em diferentes plataformas e a dificuldade de alinhar as capacidades tecnológicas com as melhores práticas pedagógicas.[164]

A quinta barreira é o *conteúdo*. Os educadores também se deparam com o desafio de encontrar conteúdos imersivos ou materiais que possam ser adaptados para finalidades educacionais. A inclusão generalizada de materiais em XR nos currículos escolares ainda está longe de ser concretizada, pois demanda uma quantidade significativa de recursos para a produção dos conteúdos.[165] Produzir conteúdos educacionais imersivos não apenas requer tempo, como também exige *expertise* técnica, que engloba habilidades de programação, proficiência em modelagem 3D e domínio de programas relacionados, como *Blender*, além de conhecimento sobre motos de jogos, como *Unity*. Ainda que os educadores dominem o conteúdo a ser ensinado, nem sempre estão familiarizados com os aspectos técnicos.

---

162. HACKL, Cathy. *Into the metaverse*: the essential guide to the business opportunities of the web3 era. Londres: Bloomsbury, 2023.
163. NYSTROM, Mason. What is web3? *Messari*. Nova York, 9 fev. 2021. Disponível em: https://messari.io/article/what-is-web3. Acesso em: 17 jun. 2024.
164. REDAÇÃO. PUCPR é a primeira universidade do Brasil a ter um Centro de Realidade Estendida. *PUCPR*. Curitiba, 6 jun. 2023. Disponível em: https://www.pucpr.br/noticias/pucpr-e-a-primeira--universidade-do-brasil-a-ter-um-centro-de-realidade-estendida. Acesso em: 17 jun. 2024.
165. REDAÇÃO. PUCPR é a primeira universidade do Brasil a ter um Centro de Realidade Estendida. *PUCPR*. Curitiba, 6 jun. 2023. Disponível em: https://www.pucpr.br/noticias/pucpr-e-a-primeira--universidade-do-brasil-a-ter-um-centro-de-realidade-estendida. Acesso em: 17 jun. 2024.

O desenvolvimento de conteúdo em XR pode ser tão complexo quanto a criação de um filme, uma vez que envolve a composição de cenas e a elaboração de histórias. Conforme Meccawy,[166] o conteúdo precisa ser cuidadosamente planejado e desenvolvido para proporcionar uma experiência segura, acessível e que atenda às necessidades de todos os usuários previstos. O desenvolvimento de conteúdo em XR abrange a criação de modelos e animações 3D, a aplicação de efeitos de iluminação e sombreamento, o ajuste e alinhamento dos elementos, a elaboração de menus e interfaces de usuário, bem como a definição de interações entre o usuário e o ambiente. Ademais, é necessário adaptar o conteúdo para uma variedade de dispositivos de saída e plataformas, incluindo *desktops*, dispositivos móveis (como *smartphones* e *tablets*) e *headsets* de VR.

A título de exemplo, quando se trata de simuladores de direção, que capacitam os alunos a assumirem o controle de um veículo virtual e enfrentar aulas desafiadoras, Jacobson sugere que o simulador seja realista em termos de comportamento e controles, mas sem preocupação com o apelo estético do ambiente. Segundo ele, a qualidade visual não é um fator determinante para a eficácia do treinamento. De fato, modelos simples e minimalistas ainda podem ser eficazes, desde que bem organizados e dimensionados:

> Essa mesma ideia se aplica a experiências em geral, não apenas a objetos. Por exemplo, suponha que o aluno esteja usando uma simulação de realidade virtual para superar o medo de falar em público. Nesse caso, ele ou ela é transportado(a) para uma sala de auditório virtual, repleta de figuras humanas automatizadas (bots). Na fase inicial do treinamento, o aluno faz um discurso breve enquanto o público virtual permanece em silêncio ou responde de forma positiva ou negativa. Em seguida, o aluno fornece feedback ao software, indicando seu nível de desconforto e sua disposição para continuar. Com base no currículo integrado no software, o aluno é gradualmente desafiado com um público cada vez mais exigente. (...) A eficácia da experiência de aprendizagem reside na sua capacidade de induzir os sentimentos de desconforto necessários e fornecer ao aluno a oportunidade de superá-los.[167]

Ao ensinar estudantes de medicina sobre o ambiente de uma sala de cirurgia, o autor sugere que o ambiente virtual seja o mais autêntico possível, mas sem distrações que possam prejudicar a aprendizagem. Assim, os alunos poderão se concentrar na experiência e absorver o máximo de informações possível. A essência do ambiente virtual reside na sua autenticidade, que, como referido, não necessariamente depende de gráficos hiper-realistas. A autenticidade do

---

166. MECCAWY, Maram. Creating an immersive XR learning experience: a roadmap for educators. *Electronics*, v. 11, n. 21, p. 3547, out. 2022. Disponível em: https://www.mdpi.com/2079-9292/11/21/3547. Acesso em: 17 jun. 2024.

167. JACOBSON, Jeffrey. Authenticity in immersive design for education. In: LIU, Dejian; DEDE, Chris; HUANG, Ronghuai; RICHARDS, John (Ed.). *Virtual, augmented, and mixed realities in education*. Singapura: Springer, 2017. p. 25-38.

ambiente é crucial para criar uma experiência imersiva e genuína para o usuário, permitindo que aprenda e se desenvolva de maneira eficaz no espaço virtual.[168]

Narula aponta que, por mais que a qualidade gráfica atual dos HMDs seja superior àquela de antes, a utilidade e valor para o usuário de um ambiente virtual não dependem tanto da fidelidade visual, mas da variedade e complexidade das experiências oferecidas pelo ambiente. Segundo o autor, a primeira onda da VR fracassou não só por causa da falta de hiper-realismo nos gráficos ou de infraestrutura adequada, mas porque as pessoas não encontraram satisfação nos mundos virtuais. Mesmo com gráficos complexos, elas ficavam rapidamente entediadas porque os mundos eram como pinturas *trompe l'oeil*: os gráficos até transmitiam a ilusão de profundidade, mas não dispunham de nada tangível para uma interação significativa:

> Você não poderia vagar por esses mundos e determinar sua própria agenda. Você não podia se conectar significativamente com outros participantes, porque não havia muitos – a infraestrutura de computação da época simplesmente não suportava muitas conexões simultâneas em tempo real para um ambiente com tantos recursos, o que por sua vez limitava o valor que poderia ser criado dentro desses mundos. Simplesmente não havia muito o que fazer nesses mundos virtuais além de jogar, e mesmo essa experiência teve retornos marginais decrescentes. [...] Mesmo em 1990, observadores perspicazes perceberam que a satisfação era mais importante do que os gráficos quando se tratava de mundos virtuais.[169]

Quanto à última barreira, a *infraestrutura*, a implantação de tecnologias imersivas na educação exige uma base sólida, que inclui tanto o fator tecnológico quanto o humano. As escolas devem ser capazes de fornecer a combinação adequada de *hardware*, *software* e sistemas para facilitar o processo educacional. Embora os dispositivos e recursos estejam se tornando cada vez mais fáceis de utilizar, é essencial oferecer suporte técnico para manter educadores e alunos permanentemente atualizados, o que requer a contração ou formação de profissionais que sejam fluentes em tecnologia e capazes de implementar eficientemente os sistemas de XR nos ambientes educacionais.[170]

Além de desempenharem um papel essencial no desenvolvimento ou adaptação do *software* para o objetivo educacional definido, esses profissionais devem ser capacitados para auxiliar na realização de testes, correções de *bugs* e

---

168. JACOBSON, Jeffrey. Authenticity in immersive design for education. In: LIU, Dejian; DEDE, Chris; HUANG, Ronghuai; RICHARDS, John (Ed.). *Virtual, augmented, and mixed realities in education*. Singapura: Springer, 2017. p. 25-38.

169. NARULA, Herman. *Virtual society*: the metaverse and the new frontiers of human experience. Nova York: Currency, 2022.

170. LEE, Mark J. W.; GEORGIEVA, Maya; CRAIG, Emory. *State of XR & Immersive Learning Outlook Report 2021*. Walnut: Immersive Learning Research Network, 2021. Disponível em: https://immersivelearning.research.net. Acesso em: 16 jun. 2024.

iteração, sempre que necessário. (No contexto do desenvolvimento de *software*, a iteração envolve criar uma versão inicial do *software*, testar suas capacidades e realizar ajustes e melhorias até que atinja a qualidade e o desempenho desejados.) A responsabilidade desses profissionais também inclui coletar dados relevantes para usar como *feedback* e entender como a experiência está se saindo e assegurar que os alunos tenham a melhor experiência possível de aprendizado.[171]

À medida que o capítulo 2 está prestes a ser concluído, o foco se volta agora para territórios inovadores e promissores. O tópico final explora a convergência entre a IA e as tecnologias imersivas, domínio onde as possibilidades parecem ilimitadas. Essa união tem o potencial de transformar o ensino-aprendizagem, expandindo os horizontes educacionais e promovendo experiências educacionais de maneiras até então inimagináveis.

3.4 INTELIGÊNCIA ARTIFICIAL E TECNOLOGIAS IMERSIVAS

Os impactos da IA no contexto educacional têm sido objeto de estudo por décadas. Diversos pesquisadores dedicaram seus esforços a compreender tanto os benefícios quanto os riscos envolvidos. Em um artigo publicado em 1991, ano que marcou o início da era da Internet como a conhecemos hoje, com a disponibilização pública pela primeira vez da *World Wide Web*, Garito já explorava as aplicações da IA na educação e destacava o potencial da tecnologia para acelerar o processo de aprendizagem. À época, a pesquisadora já levantava a discussão sobre a necessidade de os professores adaptarem suas habilidades profissionais a uma nova era de "máquinas inteligentes", reconhecendo a necessidade de ajustes tanto no conteúdo quanto nas metodologias de ensino.[172]

Passadas três décadas desde a publicação do artigo de Garito, as discussões sobre os impactos da IA na educação ressurgem agora com maior intensidade, impulsionadas por novas ferramentas que ultrapassam as fronteiras do que era concebível em 1991. Conforme dados do Statista, o número de usuários de ferramentas de IA em todo o mundo excedeu os 250 milhões em 2023, mais do que dobrando em relação ao número de 2020. A projeção, incluída no relatório *Number of artificial intelligence (AI) tool users globally from 2020 to 2030*,[173] é que o aumento no número de usuários das ferramentas de IA ultrapasse os 700

---

171. JEREMY, Dalton. *Reality check*: how immersive technologies can transform your business. Londres: Kogan Page, 2021.

172. GARITO, Maria Amata. Artificial intelligence in education: evolution of the teaching–learning relationship. *British Journal of Educational Technology*, v. 22, n. 1, p. 41-47, 1991. Disponível em: https://onlinelibrary.wiley.com/doi/abs/10.1111/j.1467-8535.1991.tb00336.x. Acesso em: 17 jun. 2024.

173. STATISTA. Hamburgo: Statista, 2023. Disponível em: https://www.statista.com/forecasts/1449844/ai-tool-users-worldwide. Acesso em: 2 abr. 2023.

milhões até o final da década (2030). Quanto à quantidade de ferramentas em si, não há uma estimativa precisa, mas é provável que esteja na ordem de centenas de milhares.[174]

O aumento no número de ferramentas de IA disponibilizadas nos últimos anos se deve ao progresso da inteligência artificial generativa (IA generativa) e dos modelos de linguagem de grande escala (*Large Language Models* – LLMs). De acordo com Dee, a IA generativa é um ramo da IA que se concentra no desenvolvimento de modelos capazes de gerar conteúdo original, como imagens, música ou texto. Por meio da ingestão de grandes volumes de dados de treinamento, a IA generativa emprega algoritmos complexos de aprendizado de máquina para identificar padrões e produzir resultados.[175] Exemplos de IA generativa incluem DALL-E, um sistema desenvolvido pela OpenAI que pode gerar imagens únicas e detalhadas a partir de descrições textuais, e o Midjourney, uma plataforma que possibilita a criação de imagens artísticas imaginativas.

Os LLMs, por sua vez, representam uma categoria especializada de modelos de IA que utilizam processamento de linguagem natural (*Natural Language Processing* – NLP) para compreender e criar conteúdo textual similar ao produzido por humanos. Enquanto a IA generativa encontra aplicação em diversos campos criativos, os LLMs são desenvolvidos especialmente para lidar com as propriedades da linguagem. Exemplos de LLMs incluem o GPT-3 (*Generative Pre-trained Transformer 3*) e o GPT-4 (*Generative Pre-trained Transformer 4*), ambos desenvolvidos pela OpenAI. Esses LLMs são capazes de responder a perguntas, traduzir idiomas e produzir textos coerentes e contextualmente precisos.[176] Colombo e Goulart descrevem detalhadamente como funcionam os LLMs:

> O primeiro passo é o treinamento, que nestas situações ocorre com o consumo dos mais variados tipos de dados, que passam desde obras acadêmicas e de literatura, informações factuais e até mesmo interações entre usuários ocorridas em redes sociais ou fóruns de discussão. Esse treinamento visa construir um modelo que consiga prever a possibilidade da ocorrência das palavras dentro de certos contextos. Isso não ocorre da maneira tradicionalmente feita em programas de computador, em que o programador estabelece previamente os passos que o algoritmo deve seguir. O programador humano não analisa e prevê antecipadamente todas as possibilidades de formação de textos diante dos inputs dados pelos usuários e cria todas as situações de atuação (o que seria impossível diante do caráter aleatório e tendente

---

174. MCGILL, Justin. How many AI tools are there? *Content at Scale*. Glendale, 27 jun. 2023. Disponível em: https://contentatscale.ai/how-many-ai-tools-are-there. Acesso em: 17 jun. 2024.

175. DEE, Catherine. Large language models (LLMs) vs generative AI: what's the difference? *Algolia*. San Francisco, 9 nov. 2023. Disponível em: https://www.algolia.com/blog/llms-vs-generative-ai-difference. Acesso em: 17 jun. 2024.

176. DEE, Catherine. Large language models (LLMs) vs generative AI: what's the difference? *Algolia*. San Francisco, 9 nov. 2023. Disponível em: https://www.algolia.com/blog/llms-vs-generative-ai-difference. Acesso em: 17 jun. 2024.

ao infinito de associações entre palavras). Ao contrário, por meio do uso de machine learning e redes neurais, o algoritmo apreende contextos e tenta prever qual a palavra mais adequada e provável que virá a seguir. A forma com que tais algoritmos conseguem predizer as palavras passa também por sua classificação. Cada palavra é classificada em vetores, que são informações numéricas, que dependem não somente do seu sentido, mas também dos possíveis contextos em que ela é usada. (...) Além disso, o modelo é organizado por meio de camadas. Essas camadas buscam ajustar o contexto em que as palavras-vetores são usadas, sendo que as expressões vão passando por diversos layers.[177]

Os avanços na IA generativa e nos LLMs culminaram, em novembro de 2022, no lançamento do ChatGPT, um *chatbot* que se baseia em uma ampla base de dados de linguagem para gerar respostas a partir de entradas textuais fornecidas por humanos.[178] Embora programas de IA já existissem há muitos anos antes do ChatGPT, a qualidade e a sofisticação das respostas geradas pelo *chatbot* da OpenAI impulsionaram a criação de novos sistemas.[179] Ao mesmo tempo, a ampla gama de novas ferramentas levantou sérias preocupações no meio acadêmico, sobretudo em relação à possibilidade de os estudantes utilizarem os recursos de forma inadequada em trabalhos e avaliações universitárias.

Segundo Sullivan, Kelly e McLaughlan, em menos de dois meses após o lançamento do ChatGPT, cerca de um quinto dos estudantes já utilizava o *software* para atividades escolares.[180] Os comportamentos estudantis resultaram na proibição do uso do ChatGPT em algumas universidades e levaram alguns profissionais a

---

177. COLOMBO, Cristiano; GOULART, Guilherme Damasio. A inteligência artificial dos large language models (LLMs) e os riscos aos direitos autorais: diretrizes aplicadas às plataformas e novos deveres ético-jurídicos para sua utilização. In: HUPFFER, Haide Maria; ENGELMANN, Wilson; BLAUTH, Taís Fernanda (Org.). *Inteligência artificial no sul global*: regulação, riscos discriminatórios, governança e responsabilidades. São Leopoldo: Casa Leiria, 2023, p. 137-170.

178. GARITO, Maria Amata. Artificial intelligence in education: evolution of the teaching–learning relationship. *British Journal of Educational Technology*, v. 22, n. 1, p. 41-47, 1991. Disponível em: https://onlinelibrary.wiley.com/doi/abs/10.1111/j.1467-8535.1991.tb00336.x. Acesso em: 17 jun. 2024.

179. Faleiros Júnior enfatiza que, embora estejamos em um momento marcante de simbiose entre o biológico e o tecnológico, persistem desafios relacionados à falibilidade humana na elaboração de algoritmos e à prevalência de vieses e erros no processamento de dados. In: FALEIROS JÚNIOR, José Luiz de Moura. Responsabilidade por falhas de algoritmos de inteligência artificial: ainda distantes da singularidade tecnológica, precisamos de marcos regulatórios para o tema? *Revista de Direito da Responsabilidade*, v. 4, 2022, p. 906-933. Disponível em: https://revistadireitoresponsabilidade.pt/2022/responsabilidade-por-falhas-de-algoritmos-de-inteligencia-artificial-ainda-distantes-da-singularidade-tecnologica-precisamos-de-marcos-regulatorios-para-o-tema-jose-luiz-de-moura-faleiros-junior. Acesso em: 17 jun. 2024.

180. SULLIVAN, Miriam; KELLY, Andrew; MCLAUGHLAN, Paul. ChatGPT in higher education: considerations for academic integrity and student learning. *Journal of Applied Learning & Teaching*, v. 6, n. 1, 2023. Disponível em: https://journals.sfu.ca/jalt/index.php/jalt/article/view/731. Acesso em: 17 jun. 2024.

rotulá-lo como uma "ameaça"[181] e uma "praga para a educação".[182] Em março de 2023, a Itália proibiu o ChatGPT devido a preocupações com a privacidade dos dados e à falta de um sistema de verificação de idade. Um mês depois, porém, a medida foi revertida, e o *software* foi novamente permitido.[183] Na atualidade, os seguintes países possuem restrições ou proibições à utilização do ChatGPT: Afeganistão, Bahrein, Bielorrússia, Mianmar, República Centro-Africana, Chade, China, Cuba, Eritreia, Etiópia, Irã, Cazaquistão, Coreia do Norte, Laos, Líbia, Macedônia do Norte, Ilhas Marshall, Maurício, Estados Federados da Micronésia, Nauru, Nepal, Palau, Rússia, São Cristóvão e Nevis, Santa Lúcia, São Vicente e Granadinas, Somália, Sudão do Sul, Sudão, Síria, Tonga, Turcomenistão, Ucrânia, Uzbequistão, Venezuela e Iémen.[184]

A adoção do ChatGPT no ambiente educacional tem sido endossada por instituições de renome, incluindo a Organização das Nações Unidas para a Educação, a Ciência e a Cultura (UNESCO). Em abril de 2023, a UNESCO publicou um guia sobre a utilização do ChatGPT e da IA na educação superior. O documento, elaborado por Sabzalieva e Valentini, apresenta uma visão geral do funcionamento do ChatGPT, aborda os principais desafios e implicações éticas da IA na educação superior e fornece passos práticos para utilizar o *software* no contexto educacional. O guia ressalta que o ChatGPT, devido à sua capacidade de gerar e avaliar informações, pode aprimorar o processo de aprendizagem e a experiência dos alunos, sendo empregado tanto como uma ferramenta independente quanto integrado a outras plataformas utilizadas pelas Instituições de Ensino Superior (IES).[185] O ChatGPT é capaz de realizar uma ampla gama de tarefas, desde as mais simples até as mais técnicas. A tabela a seguir ilustra possíveis usos do ChatGPT nos processos de ensino-aprendizagem:

---

181. SAWAHEL, Wagdy. Embrace it or reject it? Academics disagree about ChatGPT. *University World News*. Londres, 07 fev. 2023. Disponível em: https://www.universityworldnews.com/post.php?story=20230207071612345. Acesso em: 17 jun. 2024.

182. WEISSMAN, Jeremy. ChatGPT Is a plague upon education. *Inside Higher* Ed. Washington, 08 fev. 2023. Disponível em: https://www.insidehighered.com/views/2023/02/08/chatgpt-plague-upon-education-opinion. Acesso em: 17 jun. 2024.

183. SCHMIDT, Luiz. ChatGPT: Itália volta atrás e libera uso do chatbot. Mundo Conectado, São Paulo, 28 abr. 2023. Disponível em: https://mundoconectado.com.br/noticias/it/17480-chatgpt-italia-volta-atras-e-libera-uso-do-chatbot. Acesso em: 17 jun. 2024.

184. CONROY, Shaun. What countries is ChatGPT available & not available in? *WePC*. Manchester, 6 dez. 2023. Disponível em: https://www.wepc.com/what-countries-is-chatgpt-available/. Acesso em: 17 jun. 2024.

185. SABZALIEVA, Emma; VALENTINI, Arianna. *ChatGPT e inteligência artificial na educação superior*: guia de início rápido. Paris: UNESCO, 2023.

Tabela 6 – Usos do ChatGPT na educação

Recurso	Descrição	Exemplo de aplicação
Motor de possibilidades	A IA gera formas alternativas de expressar uma ideia	Os alunos podem escrever consultas no ChatGPT e usar o recurso *Regenerate Answer* (gerar outra resposta) para procurar respostas alternativas.
Adversário socrático	A IA atua como um oponente para desenvolver ideias e argumentos	Os alunos podem inserir mensagens no ChatGPT seguindo a estrutura de uma conversa ou debates. Os professores podem pedir aos alunos que usem o ChatGPT para se preparar para as discussões.
Treinamento de colaboração	A IA ajuda os grupos a investigar e resolver problemas juntos	Trabalhando em grupos, os alunos podem usar o ChatGPT para pesquisar informações que lhes permitam concluir tarefas.
Guia complementar	A IA atua como um guia para navegar em espaços físicos e conceituais	Professores podem usar o ChatGPT para gerar conteúdo para aulas/cursos (por exemplo, perguntas para discussão) e pedir conselhos sobre como ajudar os alunos a aprender conceitos específicos.
Tutor individual	A IA orienta cada aluno e fornece feedback imediato sobre seu progresso	O ChatGPT pode fornecer comentários personalizados aos alunos com base nas informações fornecidas por eles ou pelos professores (por exemplo, notas de exame).
Co-designer	A IA ajuda em todo o processo de *design*	Os professores podem pedir ao ChatGPT ideias sobre como elaborar ou atualizar um currículo (por exemplo, rubricas para avaliação) e/ou focar em objetivos específicos (por exemplo, como tornar o currículo mais acessível).
Exploratório	A IA fornece ferramentas para explorar e interpretar dados	Os professores podem fornecer informações básicas aos alunos que escrevem diferentes consultas no ChatGPT para saber mais sobre o tópico. O ChatGPT pode ser usado para apoiar o aprendizado de idiomas.
Parceiro de estudos	AI ajuda o aluno a refletir sobre o material de aprendizagem	Os alunos podem explicar ao ChatGPT seu nível atual de compreensão e pedir ajuda para estudar o material. O ChatGPT também pode ser usado para ajudar os alunos a se prepararem para outras tarefas (por exemplo, entrevistas de emprego).
Motivador	AI oferece jogos e desafios para ampliar o aprendizado	Professores e alunos podem pedir ao ChatGPT ideias sobre como estender a aprendizagem dos alunos depois de fornecer um resumo do seu nível atual de conhecimento (por exemplo, questionários, exercícios).
Avaliador dinâmico	A IA fornece aos educadores um perfil do conhecimento atual de cada aluno	Os alunos podem interagir com o ChatGPT em um diálogo estilo tutorial e, em seguida, pedir ao ChatGPT para produzir um resumo de seu estado atual de conhecimento para compartilhar com o professor para avaliação.

Fonte: adaptado pelo autor com base em Sabzalieva e Valentini[186]

---

186. SABZALIEVA, Emma; VALENTINI, Arianna. *ChatGPT e inteligência artificial na educação superior*: guia de início rápido. Paris: UNESCO, 2023.

O guia também destaca a possibilidade de usar o ChatGPT para fins de pesquisa. A versão *premium* da ferramenta, ChatGPT Plus, oferece conectividade à internet e busca em tempo real utilizando o Bing, motor de pesquisa da Microsoft. Ademais, em janeiro de 2024, a OpenAI lançou a GPT Store, um *marketplace* que possibilita a customização de *chatbots* com recursos não disponíveis na ferramenta original.[187] Entre os GPTs disponíveis para os assinantes do ChatGPT Plus, destaca-se o Consensus, um mecanismo que utiliza IA para pesquisar em bancos de dados de artigos científicos, fornecendo resumos, análises e comparações de estudos relevantes. Esse GPT conduz buscas em uma base de mais de 200 milhões de artigos científicos, indicando as fontes das publicações. O objetivo é facilitar o acesso a informações de pesquisa atualizadas e confiáveis, facilitando a tomada de decisões por parte de pesquisadores, estudantes e profissionais.[188]

Figura 25 – Motor de pesquisa científica Consensus

A figura ilustra uma captura de tela do Consensus, mecanismo que usa IA para pesquisar em bancos de dados de artigos científicos, fornecendo resumos, análises e comparações de estudos Fonte: elaborado pelo autor com imagem de https://openai.com/chatgpt.

---

187. FREGONESE, Julia. OpenAI lança a GPT Store, loja de apps baseados no ChatGPT. *Consumidor Moderno*. São Paulo, 12 jan. 2024. Disponível em: https://www.consumidormoderno.com.br/openai-lanca-gpt-store/. Acesso em: 17 jun. 2024.
188. CONSENSUS. San Francisco: Consensus, 2024. Disponível em: https://consensus.app. Acesso em: 2 mar. 2024.

Os impactos da IA generativa e dos LLMs nas atividades cotidianas, somados aos avanços das interfaces imersivas, estão impulsionando o surgimento de um novo campo de convergência denominado *Immersive AI*. Em razão de sua natureza inovadora, a área ainda carece de uma base substancial de publicações acadêmicas, sendo principalmente abordada em textos publicados em veículos de comunicação e em *blogs* de pesquisadores.

Uma das primeiras oportunidades de convergência entre IA e tecnologias imersivas é a inclusão de tutores de IA, os quais são definidos por Robert como "sistemas inteligentes que fornecem experiências de aprendizagem personalizadas aos alunos". Enquanto as tecnologias imersivas permitem que os alunos estudem conceitos complexos em ambientes simulados, promovendo a aprendizagem experiencial, a implementação de tutores de IA possibilita ir além, construindo trajetórias de aprendizagem personalizadas adaptadas às necessidades individuais dos alunos, e fornecendo suporte em tempo real. Assim, quando combinados com as tecnologias imersivas, os tutores de IA permitem não somente avaliar os pontos fortes e fracos de cada aluno, adaptando os materiais e atividades às suas necessidades individuais, como também oferecer *feedback* imediato sobre o desempenho do estudante, permitindo correções instantâneas.

De acordo com Robert, um exemplo notável de integração bem-sucedida entre IA e tecnologias imersivas é o uso de simulações de VR na área médica. Nesse contexto, os tutores de IA têm a capacidade de fornecer *feedback* personalizado sobre o desempenho dos alunos em cirurgias simuladas, enriquecendo a experiência de aprendizagem.[189] Porém, a implementação de tutores de IA não é uma tarefa simples e requer uma infraestrutura técnica robusta, incluindo acesso à internet de alta velocidade, dispositivos compatíveis e integração de *software*. Ademais, é essencial fornecer treinamento e suporte adequados aos educadores, capacitando-os a entender como interpretar e utilizar os dados fornecidos pelos tutores de IA para aprimorar o processo de ensino-aprendizagem.

Além dos tutores inteligentes, é possível conceber personagens não jogáveis (NPCs) com habilidades de conversação humanas, para que sejam implementados em ambientes educacionais. Através da plataforma ConvAI, os educadores têm a capacidade de treinar NPCs com um banco de conhecimento personalizado, permitindo que esses personagens interajam e forneçam respostas às perguntas formuladas pelos alunos.[190] Os recursos da ConvAI incluem uma interface intuitiva para desenvolver a "inteligência" dos personagens, permitindo adicionar

---

189. ROBERT, Abill. Elevating educational journey: integrating immersive technologies and AI tutors for enhanced learning experiences. *EasyChair Preprints*, n. 12881, 3 abr. 2024. Disponível em: https://easychair.org/publications/preprint/12881. Acesso em: 17 jun. 2024.

190. CONVAI. Vancouver: Convai, 2024. Disponível em: https://www.convai.com. Acesso em: 3 abr. 2024.

conhecimento ilimitado aos NPCs, e integração com plataformas e motores de jogos diversos, como Discord, Roblox, Unreal Engine e Unity.

Em um experimento recente utilizando a plataforma ConvAI, Taylor et al. projetaram e treinaram três NPCs, capacitando-os a reconhecer uma ampla variedade de produtos químicos e sua respectiva localização no estoque. A partir de uma extensa base de dados, os personagens foram capazes de armazenar informações sobre mais de 1.000 produtos químicos e fornecer detalhes precisos sobre sua localização no estoque, com precisão de 95%. Os NPCs também receberam instruções específicas para orientar os alunos dentro de um ambiente virtual, fornecendo explicações sobre protocolos de saúde e procedimentos de segurança, desempenhando essas funções de forma exemplar.

Figura 26 – NPCs conversacionais

A figura ilustra a interação entre um aluno humano e um NPC criado com a plataforma ConvAI. Fonte: elaborado pelo autor com base em Taylor et al.[191]

Para Nguyen, Cao e Trương, a integração do ChatGPT com a VR/AR proporciona aos alunos experiências de aprendizado ainda mais envolventes e interativas. Essa conexão permite que os alunos interajam com objetos virtuais, recebam

---

191. TAYLOR, Mae; MUWAFFAK, Zaid; PENNY, Matthew; SZULC, Blanka; BROWN, Steven; MERRIT, Andy; HILTON, Stephen. The rise of the AI scientist: unleashing the potential of ChatGPT-powered avatars in virtual reality digital-twin laboratories. *ChemRxiv*, Cambridge, 28 nov. 2023. Disponível em: https://chemrxiv.org/engage/chemrxiv/article-details/63f8fbfc68b2f1abc1234567. Acesso em: 17 jun. 2024.

respostas em tempo real do ChatGPT e explorem conceitos complexos em um ambiente visualmente atrativo. Ademais, o *software* da OpenAI pode desempenhar o papel de tutor virtual, oferecendo assistência personalizada e orientação aos alunos. Ao utilizar processamento de linguagem natural, o ChatGPT é capaz de compreender as dúvidas dos estudantes e fornecer explicações, esclarecimentos e *feedback* adaptados às necessidades individuais de cada um. Ainda, ao conectar o ChatGPT com tecnologias imersivas, os estudantes têm acesso a uma ampla variedade de informações. O ChatGPT é capaz de buscar informações relevantes em fontes confiáveis, oferecendo explicações detalhadas e *insights* abrangentes.[192]

Recentemente, os autores propuseram um modelo para integrar o ChatGPT com VR/AR para ensinar biologia a alunos do Ensino Médio no Vietnã. A abordagem sistemática abrange os seguintes passos: a) alinhamento do currículo e planejamento instrucional; b) seleção e desenvolvimento de recursos de aprendizagem de VR e AR; c) integração do ChatGPT como tutor virtual; d) implementação de experiências de aprendizagem imersivas e interativas; e e) mecanismos de avaliação e *feedback*. Segundo Nguyen, Cao e Trương, embora existam desafios na integração do ChatGPT com tecnologias imersivas, essa união tem o potencial de transformar a educação, sobretudo no contexto da biologia, capacitando os alunos com uma compreensão profunda dos conceitos biológicos.[193]

Após conduzir uma pesquisa sobre aplicações do ChatGPT no contexto educacional, Rezaei constatou não haver registros de aplicação de IA generativa na literatura acadêmica antes do lançamento do *chatbot*, em novembro de 2022. Porém, desde a disponibilização do ChatGPT, muitos educadores têm direcionado seu foco ao *software* da OpenAI e, mais recentemente, estabelecido conexões com as tecnologias imersivas.[194] As funcionalidades avançadas do ChatGPT, disponíveis nas versões mais recentes como do *software* (GPT-3.5 e o GPT-4), são consideradas essenciais para oferecer uma experiência educacional imersiva aos alunos. Com uma rápida taxa de resposta, alta precisão e outras habilidades, o ChatGPT emerge como um facilitador do processo de ensino-aprendizagem.[195]

---

192. NGUYEN, Phương; CAO, Linh; TRƯƠNG, Hana. Integrating ChatGPT with virtual reality and augmented reality technology in teaching biology at high schools in Vietnam. *EdArXiv*, Charlottesville, 2023. Disponível em: https://doi.org/10.35542/osf.io/abc123. Acesso em: 17 jun. 2024.

193. NGUYEN, Phương; CAO, Linh; TRƯƠNG, Hana. Integrating ChatGPT with virtual reality and augmented reality technology in teaching biology at high schools in Vietnam. *EdArXiv*, Charlottesville, 2023. Disponível em: https://doi.org/10.35542/osf.io/abc123. Acesso em: 17 jun. 2024.

194. REZAEI, Ali. Applications of immersive technologies in education: a systematic literature review. *Advances in Online Education*: A Peer-Reviewed Journal, v. 2, n. 3, 2024, p. 232-251. Disponível em: https://www.advancesinonlineeducation.com/volume2/issue3/rezaei. Acesso em: 17 jun. 2024.

195. ADARKWAH, Michael; TLILI, Ahmed; SHEHATA, Boulus; HUANG, Ronghuai; AMOAKO, Prince; WANG, Huanhuan. ChatGPT implementation in the metaverse: towards another level of immersiveness in education. In: LYU, Zhihan (Ed.). *Applications of generative AI*. Berlim: Springer, 2024. p. 101-120.

No horizonte das experiências educacionais imersivas, vislumbra-se uma promissora perspectiva com o uso da IA denominada Sora. Desenvolvida pela OpenAI, Sora representa um salto significativo na geração de vídeo a partir de instruções textuais, sendo capaz de produzir vídeos de alta qualidade visual que aderem meticulosamente às diretrizes do usuário, sejam elas realistas ou imaginativas. Os vídeos gerados pela Sora podem abranger detalhes de personagens, movimentos específicos e elementos ambientais. A tecnologia oferece potencial para enriquecer as experiências educacionais, proporcionando um aprendizado mais envolvente e imersivo.[196]

Figura 27 – Sora, o conversor de texto para vídeo

A figura apresenta capturas de tela de três vídeos produzidos pela Sora. No canto superior esquerdo, uma mulher caminha em um distrito urbano similar a Tóquio. No canto superior direito, um homem veste um traje de astronauta, em um cenário de filme. Na parte inferior, um homem mais velho, com cabelos grisalhos e barba, desfruta de um momento reflexivo. Fonte: elaborado pelo autor com base em https://openai.com/index/sora.

A convergência entre IA e tecnologias imersivas será amplificada pela ascensão de modelos multimodais, como o Gemini. Desenvolvido pelo Google, esse modelo possui a capacidade de compreender e raciocinar sobre textos, imagens, áudios, vídeos e códigos. Sua natureza intrínseca multimodal possibilita a conversão de qualquer forma de entrada em qualquer forma de saída.[197] No contexto

---

196. OPENAI. São Francisco: OpenAI, 2023. Disponível em: https://openai.com/sora. Acesso em: 3 abr. 2024. Até o momento de conclusão desta tese, a Sora estava disponível apenas para especialistas selecionados pela OpenAI, com a finalidade de avaliar riscos potenciais, além de um grupo restrito de artistas visuais, designers e cineastas, para obter *feedback* e aprimorar o modelo.
197. DEEPMIND. Mountain View: DeepMind, 2024. Disponível em: https://deepmind.google/technologies/gemini. Acesso em: 3 abr. 2024.

educacional, os estudantes poderão carregar imagens de plantas ou animais, para que o Gemini as analise e forneça informações detalhadas sobre a espécie, seu habitat e sua função no ecossistema. Da mesma forma, ao enviarem fotos de dispositivos mecânicos ou circuitos, o Gemini fornecerá explicações sobre seu funcionamento e os princípios físicos subjacentes. Ademais, ao compartilharem imagens de obras de arte, o modelo oferecerá críticas artísticas, contextualizando a obra na história da arte e destacando suas características de estilo e técnicas empregadas.

Figura 28 – O modelo multimodal Gemini

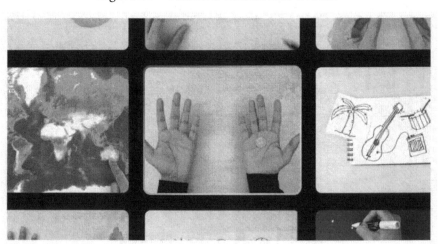

A figura apresenta o *thumbnail* do vídeo intitulado "The capabilities of multimodal AI | Gemini Demo", publicado no canal do YouTube do Google. Fonte: elaborado pelo autor com base em youtube.com.

Diante das evidências apresentadas, é inegável que a convergência entre a IA e as tecnologias imersivas, sob o inovador conceito de *Immersive AI*, está estabelecendo um novo paradigma na educação. As implementações práticas dessa fusão, exemplificadas pela aplicação de tutores de IA em laboratórios digitais e pela criação de NPCs conversacionais, emergem como pioneiras de um modelo educacional transformador. Ademais, a introdução de modelos como Sora e Gemini destaca a vasta capacidade da IA generativa e dos LLMs para modificar as práticas pedagógicas usuais. A convergência entre a IA e as tecnologias imersivas oferece potencial de levar a educação a novos níveis de interatividade e imersão.

4
EDUCAÇÃO JURÍDICA IMERSIVA: UMA PROPOSTA DE *FRAMEWORK*

Com origens na Antropologia e na Sociologia, a metodologia da observação participante proporciona uma visão privilegiada e profunda das dinâmicas de interação e desenvolvimento dentro de um contexto específico.[1] Ao mergulhar diretamente nas atividades e interações do ambiente estudado, o pesquisador é capaz de coletar dados ricos e detalhados que muitas vezes não estariam acessíveis através de outros métodos de pesquisa. Segundo Lima, Almeida e Lima, a metodologia envolve, em síntese, a inserção do pesquisador no grupo ou ambiente que está sendo estudado, permitindo que interaja com os membros, buscando compartilhar seu cotidiano para compreender o que significa estar naquela situação.[2]

Marietto destaca que a observação participante é uma metodologia flexível e pode assumir várias formas, dependendo do grau de envolvimento do pesquisador com o ambiente e os sujeitos da pesquisa. Entre suas formas principais estão:

> *Participante Completo* – o pesquisador entra no ambiente sem revelar qual é o seu objetivo ou mesmo sua identidade verdadeira tentando tornar-se um dos membros rotineiros do grupo mantendo-se como um observador disfarçado. Seu interesse científico é completamente desconhecido do grupo. O pesquisador é, de certa forma, forçado a desempenhar um papel condizente com a estrutura social do grupo. Por exemplo, um pesquisador que pretende observar as interações sociais de uma torcida de um time de futebol interage com a mesma na forma de torcedor e não se identificando como pesquisador. [...] *Participante como Observador* – neste contexto o pesquisador negocia e obtém um consentimento prévio do grupo para poder observá-los e realizar o estudo. Ou seja, o grupo está ciente da sua presença e seus objetivos, e com o passar do tempo tende a ser "aceito" pelo grupo. Com o

---

1. LIMA, Maria Alice Dias da Silva; ALMEIDA, Maria Cecília Puntel de; LIMA, Cristiane Cauduro. A utilização da observação participante e da entrevista semi-estruturada na pesquisa em enfermagem. *Revista Gaúcha de Enfermagem*, Porto Alegre, v. 20, n. esp, p. 130-142, 1999. Disponível em: https://pesquisa.bvsalud.org/portal/resource/pt/lil-287861. Acesso em: 18 jun. 2024.
2. QUEIROZ, Danielle Teixeira; VALL, Janaina; SOUZA, Ângela Maria Alves e; VIEIRA, Neiva Francenely Cunha. Observação participante na pesquisa qualitativa: conceitos e aplicações na área da saúde. *Revista Enfermagem UERJ*, Rio de Janeiro, v. 15, n. 2, p. 276-283, abr./jun. 2007. Disponível em: https://pesquisa.bvsalud.org/portal/resource/pt/lil-475662. Acesso em: 18 jun. 2024.

aumento da confiança a pesquisa tende a se desenvolver com mais eficácia. [...] *Observador como Participante* – Neste caso, o observador tem envolvimento mínimo no contexto social estudado. Existe algum tipo de conexão com o grupo ou contexto, mas o observador não é naturalmente ou normalmente parte do ambiente social. Em geral, como exemplo, temos as pesquisas organizacionais, onde, muitas vezes, o pesquisador identifica-se como tal, contudo apenas observa o andamento das rotinas laborais sem envolver-se diretamente nas mesmas. Exemplos referem-se a observações feitas nas áreas operacionais das organizações (produção) ou nos acompanhamentos de reuniões do alto escalão. *Observador Completo* – O pesquisador não participa de nenhuma forma do contexto social do grupo. O pesquisador que opta pela observação não participante com o auxílio da TI inclui-se neste tipo. Como exemplo, observam-se estudos na área da psicologia e psiquiatria em que se observam o comportamento social de crianças interagindo através de um vidro espelhado. Em outro ponto temos as gravações em vídeo e áudio de reuniões no alto escalão das empresas para posterior análise.[3]

Apresenta-se, a seguir, um estudo de caso que exemplifica a aplicação prática da metodologia, destacando como a participação ativa do pesquisador no projeto de criação da primeira vara judicial no metaverso permitiu uma compreensão abrangente e uma análise crítica das oportunidades e desafios associados à implementação de ambientes virtuais no contexto jurídico. Dentro da classificação proposta acima, a atuação do pesquisador se enquadra como "participante como observador", pelo fato de que o autor (pesquisador) interagiu de maneira aberta com os magistrados, identificando-se e explicitando seu interesse na investigação do tema. Tanto os magistrados quanto os participantes estavam cientes da presença do autor e de seus objetivos, que incluíam compreender e documentar as iniciativas do Poder Judiciário relacionadas ao metaverso. O consentimento prévio e aceitação por parte do grupo permitiu que a pesquisa fosse conduzida de forma colaborativa e transparente.

Em março de 2022, ao navegar pelas publicações da rede social Instagram, o autor tomou conhecimento de que a magistrada Graziele Cabral Braga de Lima, então vinculada ao Tribunal Regional do Trabalho da 23ª Região (MT), e o magistrado Maximiliano Carvalho, do Tribunal Regional do Trabalho da 10ª Região (DF/TO), realizariam, naquele mês, uma *live* para discutir os riscos e oportunidades do metaverso.[4] Às vésperas da *live*, o autor enviou uma mensagem à juíza Graziele pelo Instagram, com o objetivo de agendar uma reunião virtual e entender se o Poder Judiciário já estava conduzindo alguma iniciativa vinculada

---

3. MARIETTO, Marcio Luiz. Observação participante e não participante: contextualização teórica e sugestão de roteiro para aplicação dos métodos. *Revista Ibero-Americana de Estratégia*, São Paulo, v. 17, n. 4, p. 05-18, 2018. DOI: https://doi.org/10.5585/riae.v17i4.2717. Disponível em: https://periodicos. uninove.br/riae/article/view/10871. Acesso em: 18 jun. 2024.

4. A *live*, intitulada "Metaverso: riscos e oportunidades", estava marcada para o dia 22 de março de 2022, às 19h30min (Horário de Brasília).

ao metaverso.[5] A magistrada retornou a mensagem manifestando interesse em conversar a respeito do tema e convidou também Maximiliano para participar da reunião.

No dia 23 de março de 2022, o autor, a juíza Graziele e o juiz Maximiliano reuniram-se, logo pela manhã, por meio de videochamada, e conversaram sobre vários temas relacionados à Web 3.0. A reunião foi bastante proveitosa e resultou na ideia de construir a "primeira vara judicial no metaverso". Nos dias que se passaram, a juíza, com auxílio de sua assessoria, enviou a planta baixa da Vara do Trabalho de Colíder (MT), onde estava lotada, além de dezenas de fotos e vídeos, ao autor, que, naquela época, era sócio do View 3D Studio, especializado em desenvolvimento de animações 3D e ambientes virtuais.

Decidiu-se conjuntamente que a modelagem 3D recriaria a estrutura física da vara trabalhista e abrangeria três ambientes: a parte externa, o saguão e a sala de audiências. Decidiu-se ainda que, tão logo concluída, a modelagem 3D seria exportada à AltspaceVR, plataforma de VR adquirida pela Microsoft em 2017 e encerrada em 2023, por três fatores principais: a) a AltspaceVR permitia o acesso tanto com *headsets* quanto sem eles; b) possuía integração a Unity, um dos principais motores de jogos do mercado; e c) não exigia custo de manutenção após a alocação da modelagem 3D em seu servidor.[6]

Durante os meses de março e abril de 2022, o autor e o modelador Gabriel Lima iniciaram o processo de modelagem 3D da Vara do Trabalho de Colíder. Durante essa etapa inicial foram desenvolvidos os elementos essenciais do ambiente virtual, incluindo objetos e cenários, esculpindo-se formas tridimensionais a partir de geometria básica ou de modelos preexistentes. O ambiente foi inicialmente modelado com os recursos do *software* Blender, teve suas arestas refinadas no motor de jogos Unity, para após ser alocado na AltspaceVR. A figura a seguir ilustra a primeira versão da Vara de Colíder em perspectiva isométrica:

---

5. À época, para contextualizar, "metaverso" estava entre os tópicos mais buscados no Google, e diferentes empresas e organizações estavam focadas em desenvolver ambientes virtuais.

6. Embora o projeto tenha sido produzido sem quaisquer custos para o Poder Judiciário, o fato de a AltspaceVR não exigir assinaturas ou pagamentos adicionais para alocação do ambiente virtual foi determinante no momento da escolha.

Figura 29 – Vara do Trabalho de Colíder (perspectiva isométrica sem entornos)

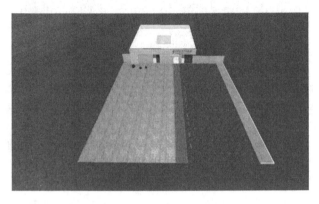

A figura apresenta uma perspectiva isométrica da Vara do Trabalho de Colíder (MT), em um ambiente virtual sem elementos adicionais ao redor. Fonte: View 3D Studio.

A segunda quinzena do mês de abril de 2022 foi dedicada à condução de testes e experimentações dentro da AltspaceVR, tanto para que a juíza Graziele e seus assessores se familiarizassem com a plataforma, quanto para identificar eventuais erros de modelagem e renderização do ambiente virtual. Após uma primeira rodada de testes, constatou-se que a experiência de acessar a vara virtual poderia ser aprimorada. Decidiu-se, assim, recriar a rua principal, adicionar alguns edifícios ao redor da vara trabalhista e incluir um *skybox*,[7] para expandir o campo visual dos usuários e tornar o *tour* virtual mais convincente:

Figura 30 – Vara do Trabalho de Colíder (perspectiva isométrica com entornos)

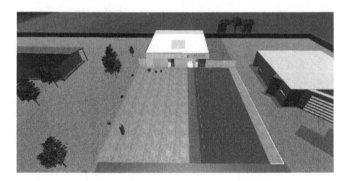

A figura apresenta uma perspectiva isométrica da Vara do Trabalho de Colíder (MT), em um ambiente virtual com elementos adicionais ao redor. Fonte: View 3D Studio.

---

7. *Skybox* é um recurso utilizado no mundo dos games para que cenários pareçam maiores do que realmente são. A técnica envolve projetar montanhas, nuvens, edifícios distantes e outros objetos inalcançáveis nas seis faces de um cubo, para que o usuário, no centro dele, acredite estar diante de um mundo tridimensional realista.

À medida que mais testes eram conduzidos, decidiu-se incluir novos elementos para tornar a experiência dos usuários ainda mais agradável. Um dos objetos incluídos foi uma tela, logo no saguão principal, contendo uma apresentação dos projetos sociais atendidos pelo Comitê Gestor de Ações Afirmativas de Colíder (MT), composto por membros da Vara do Trabalho de Colíder, da Ordem dos Advogados do Brasil – Seccional de Mato Grosso, da Justiça Estadual de Mato Grosso, do Ministério Público do Trabalho, do Ministério Público Estadual e da Defensoria Pública Estadual. Desse modo, ao acessar a vara virtual, o usuário seria capaz de manusear os slides do telão e conhecer projetos sociais como "Bombeiros do futuro", "Menor aprendiz" e "Casa do Peregrino":

Figura 31 – Saguão da Vara do Trabalho de Colíder

Saguão da Vara do Trabalho de Colíder (versão física)

Saguão da Vara do Trabalho de Colíder (versão digital)

A figura compara duas versões do saguão da Vara do Trabalho de Colíder: uma física e outra digital. Fonte: View 3D Studio.

A sala de audiências foi igualmente repensada após os primeiros testes, para conter mais itens e tornar a experiência mais convincente. As bandeiras do Brasil, de Colíder e do Mato Grosso foram inseridas atrás da cadeira da juíza, e os computadores disponíveis às partes (reclamantes e reclamadas) foram incluídos na mesa central, à semelhança da estrutura física. As cores da sala de audiências e a disposição de alguns elementos foram igualmente reajustados, de modo a se assemelhar ao ambiente físico. Concluídos todos os testes, agendou-se o lançamento da versão digital da Vara do Trabalho de Colíder (MT) para o dia 9 de maio de 2022, às 11h (Horário de Brasília). Juízes, servidores, advogados, estudantes, pesquisadores e entusiastas acessaram o ambiente virtual minutos antes, como avatares,[8] para se familiarizar com a plataforma AltspaceVR.

Figura 32 – Sala de audiências da Vara do Trabalho de Colíder

Sala de audiências da Vara do Trabalho de Colíder (versão física)

Sala de audiências da Vara do Trabalho de Colíder (versão digital)

A figura compara duas versões da sala de audiências da Vara do Trabalho de Colíder. Fonte: View 3D Studio.

O evento iniciou com uma rápida apresentação sobre o projeto, seguida por uma exposição do autor, do juiz Maximiliano e do juiz Carlos Antônio Chagas Júnior, do Tribunal Regional do Trabalho da 14ª Região (Acre e Rondônia). Após, a juíza Graziele ministrou palestra sobre prevenção de acidentes de trabalho. Em seguida, os participantes deslocaram-se até a sala de audiências para conhecer o espaço, oportunidade em que a magistrada esclareceu mais detalhes do projeto e sanou dúvidas sobre a palestra. O evento teve cerca de 50 minutos de duração e, após seu término, alguns avatares permaneceram no espaço para conversar, registrar fotos, compartilhar suas impressões sobre a experiência e explorar os demais ambientes disponíveis. Em conversa com alguns dos participantes, incluindo a própria juíza, a sensação foi ter presenciado algo único, sem equivalência até aquele momento. O servidor do Tribunal Regional do Trabalho da 19ª Região (Alagoas) Arthur Amorim gravou o evento na íntegra. A figura a seguir, extraída da gravação original disponível no YouTube, apresenta os participantes no interior da sala de audiências:

---

8. Ao acessar a AltspaceVR pela primeira vez, o usuário poderá: a) personalizar seu avatar, para que se assemelhe às suas características físicas; b) manter o modelo padrão, sugerido pela própria plataforma; c) ou criar um avatar completamente distinto da realidade.

Figura 33 – Participantes no interior da sala de audiências

A figura ilustra os participantes, na forma de avatares, no interior da sala de audiências.
Fonte: captura de tela realizada pelo autor.

  O lançamento pioneiro da Vara do Trabalho de Colíder recebeu intensa veiculação em portais de notícias, telejornais, redes sociais e grupos de WhatsApp. Jornalistas da TV Globo[9] e da Folha de S. Paulo,[10] os quais participaram como avatares no dia do evento, produziram reportagens relatando o ocorrido e abriram os olhos de membros do Poder Judiciário para as possibilidades do novo ambiente virtual. Uma das contribuições do projeto da Vara do Trabalho de Colíder foi a de apresentar o potencial dos ambientes virtuais para diferentes membros do Poder Judiciário. A magistrada Graziele tem recebido incentivos de seus pares para idealizar experiências imersivas dentro do ambiente. Outra repercussão que merece destaque é a aproximação da população com a Vara do Trabalho de Colíder. Desde o lançamento do projeto, a juíza vem recebendo *feedbacks* positivos dos cidadãos que relataram se sentir "mais próximos" da unidade judiciária. Alguns habitantes locais, que acompanharam a cidade de Colíder sendo apontada como "pioneira no metaverso" em diversos veículos de comunicação, afirmaram estar "orgulhosos" da iniciativa.[11]

---

9. JORNAL NACIONAL. Justiça do Trabalho em Mato Grosso inaugura ambiente totalmente digital. *G1*. Rio de Janeiro, 9 maio 2022. Disponível em: https://g1.globo.com/jornal-nacional/noticia/2022/05/09/justica-do-trabalho-em-mato-grosso-inaugura-ambiente-totalmente-digital.ghtml. Acesso em: 17 jun. 2024.
10. BRANDINO, Géssica. Juízes criticam textos de advogados e indicam espaço para ampliar recursos visuais em processos. *Folha de S. Paulo*. São Paulo, abril 2021. Disponível em: https://www1.folha.uol.com.br/cotidiano/2021/04/juizes-criticam-textos-de-advogados-e-indicam-espaco-para-ampliar-recursos-visuais-em-processos.shtml. Acesso em: 17 jun. 2024.
11. As informações foram obtidas a partir de conversa com a juíza Graziele Cabral.

Figura 34 – Participantes na frente da Vara do Trabalho de Colíder

A figura ilustra os participantes, na forma de avatares, no interior da sala de audiências.
Fonte: captura de tela realizada pelo autor.

A metodologia utilizada no início desse capítulo baseou-se na observação participante, técnica qualitativa amplamente aplicada em pesquisas científicas para a coleta de dados em ambientes naturais, sociais e virtuais. Em março de 2022, o autor, ao identificar uma oportunidade de explorar as iniciativas do Poder Judiciário no metaverso, engajou-se ativamente com a juíza Graziele Cabral Braga de Lima e o juiz Maximiliano Carvalho, estabelecendo uma relação colaborativa e transparente. A partir de reuniões e trocas de informações com os magistrados, foi possível delinear e implementar a construção da "primeira vara judicial no metaverso".

O processo metodológico incluiu várias etapas fundamentais, como contato inicial via redes sociais para estabelecer comunicação e interesse no tema; reunião virtual para discussão de ideias e definição de objetivos durante uma videochamada com os magistrados; coleta de dados visuais e documentais, com recebimento de plantas baixas, fotos e vídeos da Vara do Trabalho de Colíder para embasar a modelagem 3D; desenvolvimento do ambiente virtual em colaboração com um modelador 3D; realização de testes na plataforma AltspaceVR para identificar e corrigir erros; inclusão de novos objetos e ajustes visuais para tornar a experiência mais convincente; lançamento do ambiente virtual seguido de uma avaliação através de *feedbacks* dos participantes e observação das interações durante o evento.

A iniciativa descrita tem o condão de destacar, por meio de um estudo de caso prático no qual o autor esteve envolvido, o potencial dos ambientes virtuais de aprendizagem, sobretudo dentro do contexto jurídico. O projeto pioneiro da Vara do Trabalho de Colíder, inicialmente concebido para demonstrar as capacidades dos ambientes virtuais ao Poder Judiciário, já está sendo utilizado pela própria juíza como recurso de ensino para estudantes de Direito.[12] O lançamento da versão digital da Vara do Trabalho de Colíder despertou um maior interesse das faculdades de Direito e dos núcleos de prática jurídica no desenvolvimento de ambientes virtuais de aprendizagem. Os próximos passos do projeto envolvem a criação de experiências imersivas para que os estudantes de Direito compreendam o rito das audiências trabalhistas.

Ao mesmo tempo em que se reconhece que o desenvolvimento da versão digital da Vara do Trabalho de Colíder trouxe avanços e ajudou a fomentar a cultura de inovação no âmbito do Poder Judiciário, também se observa a necessidade de estabelecer etapas bem definidas ao transportar iniciativas similares para o contexto educacional, para assegurar a eficácia tanto do ambiente de aprendizagem quanto do próprio processo de aprendizagem. A contribuição desta tese reside justamente na proposição de um *framework* para o desenvolvimento e avaliação de Ambientes Virtuais de Aprendizagem Imersivos (AVAIs), como será destacado a seguir.

4.1 *FRAMEWORKS* DE EDUCAÇÃO IMERSIVA

O termo "framework" é empregado em diversos contextos e seu significado pode variar dependendo da área de aplicação. Miles e Huberman definem um *framework* como uma representação, seja gráfica ou narrativa, que identifica e explica os principais elementos que serão estudados e as relações presumidas entre eles.[13] Os *frameworks* podem variar de simples a complexos e ser baseados em teorias científicas ou em entendimentos práticos comuns. Conforme Shehabuddeen, Probert, Phaal e Platts, eles são utilizados para diversos fins, como (a) facilitar a comunicação de ideias ou descobertas para a comunidade científica e para colaborações com o setor acadêmico ou industrial, (b) realizar comparações entre diferentes situações ou abordagens, (c) estabelecer os limites de estudo de um determinado contexto, (d) descrever o contexto ou sustentar a validade de

---

12. A magistrada Graziele Cabral conversou virtualmente com alunos da Universidade Estácio de Sá – Sulacap (RJ) e da Universidade Regional do Alto Uruguai e das Missões (RS), com objetivo de apresentar o ambiente virtual e demonstrar o potencial da iniciativa para a educação jurídica.

13. MILES, Matthew; HUBERMAN, Michael. *Qualitative data analysis*: an expanded sourcebook. 2. ed. Thousand Oaks: Sage Publications, 1994.

uma descoberta, e (e) apoiar a criação de novos procedimentos, técnicas, métodos e ferramentas.[14]

Frameworks são também aplicáveis no campo educacional, auxiliando a descrever princípios, práticas e resultados de aprendizagem que orientam líderes e educadores em suas decisões curriculares, além de auxiliar no planejamento, implementação e avaliação de programas educacionais. Nos últimos anos, educadores têm desenvolvido *frameworks* de educação imersiva, os quais fornecem estruturas para incorporar tecnologias à experiência de aprendizagem, ajudando a definir metas de aprendizagem, identificar estratégias de implementação e avaliar o impacto das tecnologias no processo educacional.

Dentre os trabalhos que investigam o cenário contemporâneo dos *frameworks* de educação imersiva, merece destaque aquele conduzido por Fernandes, Rodrigues, Teixeira e Werner[15] em 2022, no qual se realizou uma pesquisa sobre o tema nas principais bases de dados acadêmicas, incluindo *Scopus*, *IEEE Xplore*, *ACM Digital Library*, *Science Direct* e *Web of Science*. Após a aplicação de variadas técnicas de pesquisa, como *strings search* (sequências de palavras-chave, termos ou frases para realizar a busca em bases de dados), operadores booleanos (como "AND", "OR" e "NOT", que informam aos sistemas de busca como combinar os termos de pesquisa) e *one-level backward snowballing* (que envolve utilizar as referências ou citações de um artigo para identificar trabalhos adicionais),[16] os pesquisadores avaliaram a qualidade dos artigos com base nas seguintes questões:

QA1: Quão claro era o propósito do *framework*?

QA2: Quão bem foi explicado o modo de utilização do *framework*?

QA3: Quão bem foram detalhados os elementos do *framework*?

QA4: Quão bem foi conduzida a validação do *framework*?

---

14. SHEHABUDDEEN, Noordin; PROBERT, David; PHAAL, Rob; PLATTS, Ken. Representing and approaching complex management issues: Part 1-role and definition. Centre for Technology Management (CTM) Working Paper, University of Cambridge, 1999. Disponível em: https://www.repository. cam.ac.uk/handle/1810/288360. Acesso em: 17 jun. 2024.

15. FERNANDES, Filipe Arantes; RODRIGUES, Claudia Susie Camargo; TEIXEIRA, Eldânae Nogueira; WERNER, Cláudia. *Immersive learning frameworks: a systematic literature review*. IEEE Transactions on Learning Technologies, v. 16, n. 1, p. 1-17, jan. 2023. Disponível em: https://ieeexplore.ieee.org/ document/10036969. Acesso em: 16 jun. 2024.

16. WOHLIN, Claes. Guidelines for snowballing in systematic literature studies and a replication in software engineering. *Proceedings of the 18th International Conference on Evaluation and Assessment in Software Engineering (EASE '14)*, Nova York, Article 38, 1-10, 2014.

Dos 1724 artigos selecionados foram eliminados 1709 trabalhos, entre a) materiais duplicados, b) não relacionados a estudos primários, c) trabalhos em andamento ou curtos, d) publicações que não fossem em revistas, conferências ou capítulos de livro, e) autores com artigos mais recentes e f) que não apresentavam contribuições genéricas fundamentais para o desenvolvimento ou seleção de aplicativos educacionais imersivos. Após a aplicação dos critérios, 28 estudos foram selecionados para leitura integral, com posterior emprego de critérios de inclusão que envolviam a) a disponibilidade para download; b) a existência do texto completo em inglês; c) e a capacidade de responder a pelo menos uma pergunta de pesquisa da revisão.[17]

Após uma análise cuidadosa, foram identificados um total de 15 trabalhos. Cada artigo foi avaliado com base na escala a seguir: 0, para "insatisfatório"; 0,5, para "razoável"; e 1, para "satisfatório". Uma vez concluída a análise pelos pesquisadores (um professor com experiência em engenharia de *software* experimental, um estudante de doutorado e dois estudantes de pós-doutorado), 2 artigos ganharam 4 pontos, 3 obtiveram 3,5 pontos, 3 adquiriram 3 pontos, 2 atingiram 2,5 pontos, 3 conquistaram 2 pontos e 2 receberam 1 ponto. Quanto à qualidade, as perguntas foram atendidas desta forma:

QA1: Quão claro era o propósito do *framework*? 84%

QA2: Quão bem foi explicado o modo de utilização do *framework*? 47%

QA3: Quão bem foram detalhados os elementos do *framework*? 75%

QA4: Quão bem foi conduzida a validação do *framework*? 63%

Além da avaliação na escala citada, os artigos selecionados foram categorizados cm duas abordagens para facilitar a compreensão: os *frameworks* teóricos, que auxiliam na compreensão dos fatores que influenciam os resultados da aprendizagem ou a adoção de tecnologias imersivas, e os *frameworks* práticos, que fornecem orientações ou diretrizes para a implementação de ambientes imersivos.[18]

---

17. FERNANDES, Filipe Arantes; RODRIGUES, Claudia Susie Camargo; TEIXEIRA, Eldânae Nogueira; WERNER, Cláudia. Immersive learning frameworks: a systematic literature review. *IEEE Transactions on Learning Technologies*, v. 16, n. 1, p. 1-17, jan. 2023. Disponível em: https://ieeexplore.ieee.org/document/10036969. Acesso em: 16 jun. 2024.

18. FERNANDES, Filipe Arantes; RODRIGUES, Claudia Susie Camargo; TEIXEIRA, Eldânae Nogueira; WERNER, Cláudia. Immersive learning frameworks: a systematic literature review. *IEEE Transactions on Learning Technologies*, v. 16, n. 1, p. 1-17, jan. 2023. Disponível em: https://ieeexplore.ieee.org/document/10036969. Acesso em: 16 jun. 2024.

4.1.1 *Frameworks* teóricos

Os *frameworks* teóricos dividem-se em: a) design de atividades de aprendizagem, b) fatores que afetam os resultados da aprendizagem e c) fatores que influenciam a intenção dos professores. A primeira delas (*design de atividades de aprendizagem*), que abrange a definição dos elementos essenciais para projetar as atividades e avaliar se os ambientes educacionais imersivos são adequados para as atividades, inclui os seguintes trabalhos:

Tabela 7 – Estudos sobre design de atividades de aprendizagem

Artigo nº 1	
Referência	FREITAS, Sara de; REBOLLEDO-MENDEZ, Genaro; LIAROKAPIS, Fotis; MAGOULAS, George; POULOVASSILIS, Alexandra. Learning as immersive experiences: using the four-dimensional framework for designing and evaluating immersive learning experiences in a virtual world. **British Journal of Educational Technology**, v. 41, n. 1, 2010, p. 69-85. Disponível em: https://onlinelibrary.wiley.com/doi/10.1111/j.1467-8535.2009.01024.x. Acesso em: 17 jun. 2024.
Resumo	Abordagens tradicionais de aprendizagem frequentemente se concentraram em estratégias de transferência de conhecimento que se centraram em engajamentos baseados em texto com os aprendizes, e métodos de interação dialógica com tutores. O uso de mundos virtuais, com base em texto, baseado em voz e uma sensação de 'presença' naturalmente está permitindo interações sociais mais complexas e experiências de aprendizagem projetadas e jogos de papeis, além de incentivar o empoderamento do aprendiz por meio de uma interatividade aumentada. Para desvendar essas interações sociais complexas e experiências projetadas mais interativas, este artigo considera o uso de mundos virtuais em relação a atividades de aprendizagem estruturadas para alunos universitários e ao longo da vida. Esta consideração tem necessariamente implicações sobre as teorias de aprendizagem adotadas e práticas assumidas, com implicações reais tanto para tutores quanto para aprendizes. Ao lado disso está a noção de aprendizagem como um conjunto contínuo de processos mediados por interações sociais e circunstâncias de aprendizagem experiencial dentro de espaços virtuais e híbridos projetados. Isso implica a necessidade de novas metodologias para avaliar a eficácia, benefícios e desafios da aprendizagem de novas maneiras. Com esse objetivo, este artigo propõe uma metodologia de avaliação para apoiar o desenvolvimento de atividades de aprendizagem especificadas em mundos virtuais, baseada em métodos indutivos e ampliada pelo framework tetradimensional relatado em um estudo anterior. (Tradução livre)
Palavras-chave	Experiências imersivas de aprendizagem; framework; avaliação de aprendizagem virtual.
Artigo nº 2	
Referência	ABDELAZIZ, Hamdy Ahmed. Immersive learning design (ILD): a new model to assure the quality of learning through flipped classrooms. In: **IIAI 3rd International Conference on Advanced Applied Informatics. Kitakyushu:** IEEE, 2014, p. 291-296. Disponível em: https://ieeexplore.ieee.org/document/6913246. Acesso em: 17 jun. 2024.

Resumo	O objetivo deste artigo foi desenvolver um modelo imersivo de aprendizagem baseado na Web para garantir a qualidade da aprendizagem por meio das salas de aula invertidas. O modelo proposto foi teoricamente orientado pela sala de aula invertida como uma nova tendência de aprendizagem baseada na Web. Também foi orientado pedagogicamente pelos princípios de aprendizagem ativa e reflexiva que apoiam a transformação das práticas de ensino e aprendizagem do envolvimento com o conteúdo para o envolvimento cognitivo. O modelo imersivo de aprendizagem almejado engloba quatro fases recíprocas: Pro-act, Act, Reflect e Re-act (PARR). Para validar o modelo sugerido, uma amostra de conveniência de estudantes de pós-graduação que cursavam um curso avançado de estatística foi selecionada no Programa de Ensino e Treinamento a Distância da Universidade do Golfo Árabe. Após a concepção e aplicação deste novo modelo imersivo de aprendizagem baseado na Web (PARR), descobriu-se que o uso da sala de aula invertida por meio deste modelo imersivo de aprendizagem baseado na Web tem um impacto estatístico e prático no desenvolvimento de habilidades de realização e autodidatismo entre os estudantes de pós-graduação. A contribuição desta pesquisa é qualificar as práticas instrucionais baseadas na Web para mudar do ato de aquisição de conteúdo para o ato de expressão e criação de conhecimento. Além disso, o artigo será útil para pessoas em busca de aplicações pedagógicas de ambientes virtuais e de aprendizagem mista para desenvolver múltiplas formas de expressar o que os aprendizes sabem e são capazes de fazer. (Tradução livre)
Palavras-chave	Design de aprendizagem imersiva; qualidade da aprendizagem; sala de aula invertida.

Fonte: elaborado pelo autor com base em Fernandes, Rodrigues, Teixeira e Werner[19]

No artigo intitulado "Learning as immersive experiences: using the four--dimensional framework for designing and evaluating immersive learning experiences in a virtual world", Freitas, Rebolledo-Mendez, Liarokapis, Magoulas e Poulovassilis examinam o impacto de um *framework* que propuseram em estudos anteriores para apoiar experiências imersivas em mundos virtuais. O *framework* foi estruturado em quatro dimensões. A primeira aborda o perfil do aprendiz e suas necessidades. A segunda dimensão analisa a perspectiva pedagógica das atividades de aprendizagem, incluindo os tipos de modelos de ensino adotados e os métodos de apoio aos processos de aprendizagem. A terceira aborda a representação da experiência de aprendizagem propriamente dita, considerando seu nível de interatividade, fidelidade e imersão. E a quarta dimensão leva em conta o ambiente onde a aprendizagem ocorre, incluindo o contexto disciplinar e os recursos de apoio usados.

Os pesquisadores utilizaram o ambiente virtual *Second Life*, que estava em seu auge de utilização na época da pesquisa (2010), para fins de validação do *framework*. Apenas 12,5% dos participantes do estudo expressaram que o *Second Life* os ajudou a refletir sobre suas escolhas educacionais e decisões de

---

19. FERNANDES, Filipe Arantes; RODRIGUES, Claudia Susie Camargo; TEIXEIRA, Eldânae Nogueira; WERNER, Cláudia. Immersive learning frameworks: a systematic literature review. *IEEE Transactions on Learning Technologies*, v. 16, n. 1, p. 1-17, jan. 2023. Disponível em: https://ieeexplore.ieee.org/document/10036969. Acesso em: 16 jun. 2024.

carreira, indicando que não seria apropriado orientá-los nesse tema. Por outro lado, 81,25% dos alunos reconheceram vínculos positivos entre a utilização do *Second Life* como parte de um ambiente educacional para colaboração internacional com alunos de todo o mundo. O percentual sugere que há outros aspectos do *Second Life* que podem ser explorados no futuro para apoiar atividades de aprendizagem centradas em aspectos sociais, destinadas a aprendizes ao longo da vida.[20]

Já no artigo "Immersive learning design (ILD): a new model to assure the quality of learning through flipped classrooms", Abdelaziz descreve um *framework* de design de aprendizagem imersiva destinado a alunos da *Arabian Gulf University*. O *framework* foi projetado em quatro fases. Na primeira (envolvimento proativo), os alunos exploram e reúnem materiais *online* para estimular sua curiosidade. Na segunda (envolvimento em ação) compartilham ideias e estabelecem parcerias de aprendizagem. Já a terceira fase (envolvimento reflexivo) incentiva a reflexão dos alunos, contribuindo para a prática da autorreflexão. Na quarta fase (envolvimento em reação), os alunos assumem o controle do processo de aprendizagem. Cada fase aprofunda a compreensão e o compromisso dos alunos com o conteúdo do curso, resultando em uma aprendizagem mais significativa.

Para validar o *framework*, Abdelaziz recrutou a participação de 24 alunos, incluindo tanto homens quanto mulheres, matriculados no programa de ensino a distância da *Arabian Gulf University*, localizada em Manama, no Reino do Bahrein. Os alunos foram divididos em dois grupos distintos: um grupo experimental, que utilizou o *framework* proposto, e um grupo de controle, que não teve acesso ao *framework*. Ao longo da pesquisa, o pesquisador observou diferenças estatisticamente significativas entre o grupo experimental e o grupo de controle em termos de desempenho acadêmico, com uma clara vantagem para o grupo experimental. Os alunos do grupo experimental, os quais utilizaram o *framework* proposto, obtiveram pontuações superiores à média do grupo de controle.[21]

---

20. FREITAS, Sara de; REBOLLEDO-MENDEZ, Genaro; LIAROKAPIS, Fotis; MAGOULAS, George; POULOVASSILIS, Alexandra. Learning as immersive experiences: using the four-dimensional framework for designing and evaluating immersive learning experiences in a virtual world. *British Journal of Educational Technology*, v. 41, n. 1, 2010, p. 69-85. Disponível em: https://onlinelibrary.wiley.com/doi/10.1111/j.1467-8535.2009.01024.x. Acesso em: 17 jun. 2024.

21. ABDELAZIZ, Hamdy Ahmed. Immersive learning design (ILD): a new model to assure the quality of learning through flipped classrooms. *IIAI 3rd International Conference on Advanced Applied Informatics*. Kitakyushu: IEEE, 2014, p. 291-296. Disponível em: https://ieeexplore.ieee.org/document/6913246. Acesso em: 17 jun. 2024.

A segunda subcategoria de *framework* teórico relaciona-se aos *fatores que afetam os resultados da aprendizagem* e engloba a análise dos elementos que impactam os resultados de aprendizagem em ambientes educacionais imersivos. Em geral, os artigos que compõem essa subcategoria estabelecem uma relação de causa e efeito entre os principais elementos que cada autor considera essenciais na educação imersiva e como esses fatores influenciam os resultados da aprendizagem em ambientes imersivos. Alguns pesquisadores descrevem esses elementos como "affordances", enquanto outros se referem a eles como "fatores objetivos e subjetivos". Os seguintes artigos foram incluídos na subcategoria:

Tabela 8 – Estudos sobre fatores que afetam os resultados da aprendizagem

Artigo nº 1	
Referência	DALGARNO, Barney; LEE, Mark. What are the learning affordances of 3-D virtual environments? **British Journal of Educational Technology**, v. 41, n. 1, Jan. 2010, p. 10-32. Disponível em: https://onlinelibrary.wiley.com/doi/10.1111/j.1467-8535.2009.01038.x. Acesso em: 17 jun. 2024.
Resumo	Este artigo explora os potenciais benefícios de aprendizagem dos ambientes virtuais tridimensionais (VLEs). Baseando-se em pesquisas publicadas ao longo de duas décadas, identifica um conjunto de características únicas dos VLEs 3-D, que incluem aspectos de fidelidade representacional e aspectos da interatividade entre o aprendiz e o computador que eles facilitam. É apresentada uma revisão das aplicações dos VLEs 3-D, levando à identificação de uma série de vantagens de aprendizagem desses ambientes. Essas vantagens incluem a facilitação de tarefas que levam a uma representação de conhecimento espacial aprimorada, maiores oportunidades para aprendizagem experiencial, aumento da motivação/engajamento, contextualização aprimorada da aprendizagem e aprendizagem colaborativa mais rica/eficaz em comparação com tarefas possíveis por meio de alternativas 2-D. Os autores argumentam que o desenvolvimento contínuo e o investimento em jogos, simulações e mundos virtuais 3-D para fins educacionais devem ser considerados dependentes de investigações adicionais sobre as relações precisas entre as características únicas dos VLEs 3-D e seus potenciais benefícios de aprendizagem. Para este fim, eles concluem propondo uma agenda ou "mapa" para futuras pesquisas que abrangem estudos empíricos destinados a explorar essas relações, bem como aqueles destinados a derivar princípios e diretrizes para informar o design, desenvolvimento e uso de ambientes virtuais 3-D para aprendizagem. (Tradução livre)
Palavras-chave	Ambientes virtuais 3D; aprendizagem; tecnologia educacional.
Artigo nº 2	
Referência	LEE, Eunice Ai-Lim; WONG, Kevin; FUNG, Chun Che. How does desktop virtual reality enhance learning outcomes? A structural equation modeling approach. **Computers & Education**, v. 55, n. 4, 2010, p. 1424-1442. Disponível em: https://www.sciencedirect.com/science/article/abs/pii/S0360131510001681. Acesso em: 17 jun. 2024.

Resumo	Este estudo examinou como a realidade virtual (VR) de desktop aprimora a aprendizagem e não apenas como a VR de desktop influencia a aprendizagem. Vários construtos relevantes e seus fatores de medição foram identificados para examinar como a VR de desktop melhora a aprendizagem, e o ajuste do modelo hipotético foi analisado usando modelagem de equações estruturais. Os resultados apoiaram o efeito indireto das características da VR nos resultados de aprendizagem, que foi mediado pela experiência de interação e pela experiência de aprendizagem. A experiência de aprendizagem, que foi individualmente medida pelos fatores psicológicos, ou seja, presença, motivação, benefícios cognitivos, controle e aprendizagem ativa, e pensamento reflexivo, assumiu um papel central na afetação dos resultados de aprendizagem no ambiente de aprendizagem baseado em VR de desktop. O efeito moderador das características dos alunos, como habilidade espacial e estilo de aprendizagem, também foi examinado. Os resultados mostram aos designers instrucionais e desenvolvedores de software de VR como melhorar a eficácia da aprendizagem e fortalecer ainda mais a implementação de aprendizagem baseada em VR de desktop. Por meio desta pesquisa, um modelo teórico inicial dos determinantes da eficácia da aprendizagem em um ambiente de aprendizagem baseado em VR de desktop é contribuído. (Tradução livre)
Palavras-chave	Realidade virtual; aprendizagem; modelagem de equações.
Artigo nº 3	
Referência	FOWLER, Chris. Virtual reality and learning: where is the pedagogy? **British Journal of Educational Technology**, v. 46, n. 2, mar. 2015, p. 412-422. Disponível em: https://onlinelibrary.wiley.com/doi/10.1111/bjet.12135. Acesso em: 17 jun. 2024.
Resumo	O objetivo deste artigo foi ampliar o modelo ou estrutura de aprendizagem em ambientes virtuais tridimensionais (VLEs) de Dalgarno e Lee e estender seu roteiro para pesquisas adicionais nesta área. O modelo aprimorado compartilha o objetivo comum com Dalgarno e Lee de identificar os benefícios de aprendizagem do uso de VLEs 3-D. A abordagem adotada aqui é tentar uma descrição mais pedagógica usando o conceito de imersão pedagógica, derivado do framework de Mayes e Fowler para mapear estágios de aprendizagem em tipos de ambiente de aprendizagem. O artigo adota uma perspectiva de "design para aprendizagem" e, ao fazê-lo, espera que o framework combinado seja útil para aqueles que projetam atividades de aprendizagem em VLEs 3-D. (Tradução livre)
Palavras-chave	Realidade virtual; pedagogia; tecnologia educacional.
Artigo nº 4	
Referência	SCHOTT, Christian; MARSHALL, Stephen. Virtual reality and situated experiential education: A conceptualization and exploratory trial. **Journal of Computer Assisted Learning**, v. 34, n. 6, p. 843-852, dez. 2018. Disponível em: https://onlinelibrary.wiley.com/doi/10.1111/jcal.12293. Acesso em: 17 jun. 2024.
Resumo	A realidade virtual é amplamente reconhecida como oferecendo o potencial para ambientes totalmente imersivos. Este artigo descreve um framework que orienta a criação e análise de ambientes imersivos que são pedagogicamente estruturados para apoiar a educação situada e experiencial. O framework "ambiente de educação situada e experiencial" descrito neste artigo é usado para examinar o impacto que um ambiente virtual pode ter na experiência do usuário participante de um espaço virtual. A análise de um ambiente virtual implementado para apoiar a exploração do aprendiz de questões de desenvolvimento do turismo e os impactos relacionados sugere que este tipo de experiência é capaz de proporcionar aos participantes uma experiência holística de ambientes do mundo real que de outra forma seriam muito caros, impraticáveis ou antiéticos para grandes grupos de pessoas visitarem pessoalmente. O valor pedagógico de tais experiências é possibilitado através da imersão em um ambiente baseado na realidade, engajamento com situações e informações complexas e ambíguas, e interação com o espaço, outros estudantes e professores. Os resultados demonstram que ambientes complexos de aprendizagem imersiva são facilmente alcançáveis, mas que altos níveis de interatividade continuam sendo um desafio. (Tradução livre)

4 • EDUCAÇÃO JURÍDICA IMERSIVA: UMA PROPOSTA DE *FRAMEWORK* — 167

Palavras-chave	Realidade virtual; educação experiencial; tecnologia educacional.
Artigo nº 5	
Referência	CHAN, Joyce; WONG, Randy; CHEUNG, Christy. How affordances of immersive visualization systems affect learning outcomes through aesthetic experience. In: **Proceedings of the Pacific Asia Conference on Information Systems (PACIS)**, 2019. X'ian: Association for Information Systems, 2019, p. 153.
Resumo	A realidade virtual tem recebido atenção como um ambiente para aprendizagem, no entanto, pouco se sabe sobre a eficácia de trazer sistemas de visualização imersiva para as salas de aula universitárias. Construindo sobre a literatura anterior sobre tecnologia imersiva e a teoria da affordance, desenvolvemos um modelo investigando como as características proporcionadas por um sistema de visualização imersiva aumentam o engajamento dos usuários, o que por sua vez aumenta seus resultados de aprendizagem. Testaremos o modelo com estudantes universitários que tiveram experiência com um sistema de visualização imersiva no ambiente da sala de aula. Acreditamos que nosso trabalho enriquecerá a literatura existente sobre realidade virtual na educação e fornecerá insights sobre o design de representações imersivas e a estrutura do paradigma de aprendizagem imersiva. (Tradução livre)
Palavras-chave	Sistemas de visualização imersiva; aprendizagem; experiência.
Artigo nº 6	
Referência	KLIPPEL, Alexander; ZHAO, Jiayan; SAJJADI, Pejman; WALLGRÜN, Jan Oliver; BAGHER, Mahda M.; OPREAN, Danielle. Immersive place-based learning: an extended research framework. In: **IEEE Conference on Virtual Reality and 3D User Interfaces Abstracts and Workshops (VRW)**, Atlanta: IEEE, 2020, p. 449-454.
Resumo	Na conferência Kelvar 2019, introduzimos um framework de pesquisa para excursões virtuais imersivas (iVFTs) como um elemento-chave da aprendizagem imersiva baseada em lugares. Organizar nossa pesquisa neste framework tem sido altamente bem-sucedido. Aqui, documentaremos os resultados de nossa pesquisa orientada por essa abordagem, tanto como uma extensão conceitual do framework original quanto através da discussão de três novos estudos que complementam nossos estudos empíricos existentes, com o objetivo de fornecer uma base comprovada para avaliar a aprendizagem imersiva. Acreditamos e defendemos fortemente a necessidade de tal framework, já que testemunhamos, pela primeira vez na história das tecnologias imersivas, oportunidades para estudos abrangentes de aprendizagem imersiva baseada em lugares, dada a acessibilidade da tecnologia e a crescente necessidade de uma base comprovada. Detalhadamente, para avaliar o valor das experiências imersivas para a aprendizagem, argumentamos a necessidade de compará-las a mídias tradicionais, como ambientes de desktop; correspondentemente, estendemos o framework para incluir mídias não-sensoriais. Realizamos vários novos estudos (tanto trabalhos enviados quanto ainda não publicados) que preenchem lacunas, como a comparação entre iVFTs de desktop versus imersivas, a comparação entre Oculus GO versus Quest, e descrevemos nossas primeiras experiências ao levar a aprendizagem imersiva para a categoria de iVFTs avançadas, usando tanto simulações quanto gamificação como possíveis vantagens das tecnologias imersivas. Refletimos criticamente sobre os resultados e delineamos uma agenda para futuras pesquisas sobre aprendizagem imersiva baseada em lugares. (Tradução livre)
Palavras-chave	Aprendizagem imersiva; aprendizagem; framework de pesquisa.

Artigo nº 7	
Referência	DENGEL, Andreas; MÄGDEFRAU, Jutta. Immersive learning predicted: Presence, prior knowledge, and school performance influence learning outcomes in immersive educational virtual environments. In: **6th International Conference of the Immersive Learning Research Network (iLRN)**, San Luis Obispo: IEEE, 2020, p. 163-170.
Resumo	A aprendizagem de mídias é um processo interno inserido em uma complexa combinação de fatores específicos do aprendiz e externos. O Framework Educacional para Aprendizagem Imersiva hipotetiza a presença dos aprendizes, traços motivacionais, estados emocionais, capacidades cognitivas e conhecimento prévio como preditores dos resultados de aprendizagem em ambientes virtuais educacionais imersivos. Este artigo propõe um modelo de pesquisa para investigar as relações entre essas variáveis que parecem ser cruciais para explicar os processos de Aprendizagem Imersiva. Três Realidades Virtuais para aprender três tópicos de Educação em Ciência da Computação (componentes de um computador, criptografia assimétrica e máquinas de estados finitos), cada uma fornecida em três níveis distintos de imersão tecnológica, foram usadas para conduzir um estudo com 78 participantes. Análise de caminho foi usada para testar as hipóteses derivadas do modelo de pesquisa, mostrando que a presença, o conhecimento prévio sobre o conteúdo e o desempenho escolar influenciam os resultados de aprendizagem. A presença foi prevista pelos estados emocionais acadêmicos dos usuários antes do estudo e pelo nível de imersão fornecido. Os estados emocionais foram influenciados pelo desempenho escolar dos alunos. O conhecimento prévio e o desempenho escolar dos alunos foram afetados pelas variáveis motivacionais. Este estudo contribui para a pesquisa existente, pois adiciona fatores cruciais para os processos de aprendizagem à discussão sobre Aprendizagem Imersiva. (Tradução livre)
Palavras-chave	Aprendizagem imersiva; ambientes virtuais educacionais; mídias.

Fonte: elaborado pelo autor com base em Fernandes, Rodrigues, Teixeira e Werner[22]

No trabalho "What are the learning affordances of 3-D virtual environments?", Dalgarno e Lee apresentam uma relação de *affordances* de aprendizagem em ambientes virtuais 3D. A expressão *affordance* refere-se às características que determinam como um objeto ou ambiente pode ser útil. No contexto educacional, alguns autores usam o termo para descrever como certas características de uma ação educacional se relacionam com as habilidades do aluno, enquanto outros destacam como as *affordances* das TICs podem ajudar no ensino e aprendizagem.[23] Dalgarno e Lee elencam cinco *affordances*[24] de aprendizagem em ambientes virtuais 3D:

> 1. Os ambientes virtuais 3D podem ser usados para facilitar tarefas de aprendizado que levam ao desenvolvimento de uma representação espacial aprimorada do domínio explorado. 2. Os ambientes virtuais 3D podem ser usados para facilitar tarefas de aprendizado experiencial

---

22. FERNANDES, Filipe Arantes; RODRIGUES, Claudia Susie Camargo; TEIXEIRA, Eldânae Nogueira; WERNER, Cláudia. Immersive learning frameworks: a systematic literature review. *IEEE Transactions on Learning Technologies*, v. 16, n. 1, p. 1-17, jan. 2023. Disponível em: https://ieeexplore.ieee.org/document/10036969. Acesso em: 16 jun. 2024.

23. A título de exemplo, no mundo físico, ao nos depararmos com uma cadeira, sua forma e estrutura sugerem que podemos nos sentar, pois é projetada para suportar o peso humano. Já em um ambiente virtual 3D, a capacidade de explorar livremente sugere a affordance de descoberta e exploração.

24. DALGARNO, Barney; LEE, Mark. What are the learning affordances of 3-D virtual environments? *British Journal of Educational Technology*, v. 41, n. 1, Jan. 2010, p. 10-32. Disponível em: https://onlinelibrary.wiley.com/doi/10.1111/j.1467-8535.2009.01038.x. Acesso em: 17 jun. 2024.

que seriam impraticáveis ou impossíveis de realizar no mundo real. 3. Os ambientes virtuais 3D podem ser usados para facilitar tarefas de aprendizado que levam a uma maior motivação intrínseca e engajamento. 4. Os ambientes virtuais 3D podem ser usados para facilitar tarefas de aprendizado que levam a uma melhor transferência de conhecimento e habilidades para situações reais por meio da contextualização do aprendizado. 5. Os ambientes virtuais 3D podem ser usados para facilitar tarefas que levam a uma colaboração mais rica e/ou mais eficaz do que é possível com alternativas em 2D.

A partir das *affordances* definidas, os autores propõem um *framework* teórico como base para definir uma agenda de pesquisa para o projeto e uso de ambientes virtuais de aprendizagem 3D. O modelo apresenta as características desses espaços e os potenciais benefícios de aprendizado, com base em análises encontradas na literatura. Dalgarno e Lee reconhecem a necessidade de conduzir mais estudos para validar as suposições implícitas aos ambientes virtuais de aprendizagem 3D:

Figura 35 – Exemplo de framework teórico

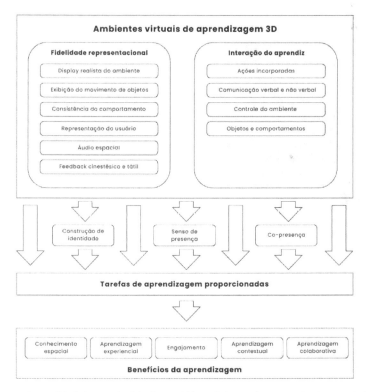

A figura apresenta o modelo de *framework* teórico desenvolvido por Dalgarno e Lee, apresentando as características dos ambientes virtuais de aprendizagem, bem como os benefícios da aprendizagem. Fonte: Dalgarno e Lee, com adaptação e tradução do autor.[25]

---

25. DALGARNO, Barney; LEE, Mark. What are the learning affordances of 3-D virtual environments? *British Journal of Educational Technology*, v. 41, n. 1, Jan. 2010, p. 10-32. Disponível em: https://onlinelibrary.wiley.com/doi/10.1111/j.1467-8535.2009.01038.x. Acesso em: 17 jun. 2024.

No artigo "Virtual reality and learning: Where is the pedagogy?", Fowler[26] expande o *framework* proposto por Dalgarno e Lee,[27] com o objetivo de incluir uma contribuição pedagógica mais robusta e enfatizar o *design*. A abordagem adotada é altamente orientada para o aluno, auxiliando-o a contemplar como um ambiente virtual 3D pode ser projetado para atender às suas necessidades específicas de ensino e aprendizagem. Lee, Wong e Fung, no trabalho "How does desktop virtual reality enhance learning outcomes?", analisam o potencial da VR para melhorar a aprendizagem, bem como apresentam um *framework* teórico para orientar futuros desenvolvimentos de ambientes de aprendizagem baseados em VR. O *framework* abrange elementos diversos, como características da VR, usabilidade, presença, motivação, benefícios cognitivos, controle e aprendizagem ativa, pensamento reflexivo e resultados de aprendizagem.[28]

Em "How affordances of immersive visualization systems affect learning outcomes through aesthetic experience", Chan, Wong e Cheung elaboram um *framework* teórico para investigar como os recursos oferecidos por um sistema de visualização imersiva aumentam o envolvimento dos usuários e os resultados de aprendizagem.[29] Já no trabalho "Virtual reality and situated experiential education", Schott e Marshall propõem um *framework* teórico para entender como os alunos interagem em ambientes imersivos pedagogicamente estruturados para apoiar a aprendizagem experiencial.[30] O modelo desenvolvido pelos autores posiciona o aluno no cerne do processo educacional, sublinhando a importância de uma abordagem pedagógica centrada no aprendiz. Ao redor do aluno, existem camadas concêntricas que representam as inúmeras facetas do ambiente de aprendizagem, incluindo as interações entre alunos e professores e os diferentes graus de imersão.

---

26. FOWLER, Chris. Virtual reality and learning: Where is the pedagogy? *British Journal of Educational Technology*, v. 46, n. 2, mar. 2015, p. 412-422. Disponível em: https://onlinelibrary.wiley.com/doi/10.1111/bjet.12135. Acesso em: 17 jun. 2024.
27. DALGARNO, Barney; LEE, Mark. What are the learning affordances of 3-D virtual environments? *British Journal of Educational Technology*, v. 41, n. 1, Jan. 2010, p. 10-32. Disponível em: https://onlinelibrary.wiley.com/doi/10.1111/j.1467-8535.2009.01038.x. Acesso em: 17 jun. 2024.
28. LEE, Eunice Ai-Lim; WONG, Kevin; FUNG, Chun Che. How does desktop virtual reality enhance learning outcomes? A structural equation modeling approach. *Computers & Education*, v. 55, n. 4, 2010, p. 1424-1442. Disponível em: https://www.sciencedirect.com/science/article/abs/pii/S0360131510001681. Acesso em: 17 jun. 2024.
29. CHAN, Joyce; WONG, Randy; CHEUNG, Christy. How affordances of immersive visualization systems affect learning outcomes through aesthetic experience. In: *Proceedings of the Pacific Asia Conference on Information Systems (PACIS)*, X'ian: Association for Information Systems, 2019, p. 153.
30. SCHOTT, Christian; MARSHALL, Stephen. Virtual reality and situated experiential education: A conceptualization and exploratory trial. *Journal of Computer Assisted Learning*, v. 34, n. 6, p. 843-852, dez. 2018. Disponível em: https://onlinelibrary.wiley.com/doi/10.1111/jcal.12293. Acesso em: 17 jun. 2024.

No trabalho "Immersive place-based learning: an extended research framework", Klippel, Zhao, Sajjadi, Wallgrün, Bagher e Oprean apresentam um *framework* para avaliar experiências imersivas que exploram locais recriados e construídos virtualmente do zero.[31] Já no artigo "Immersive learning predicted", Dengel e Mägdefrau propõem um *framework* teórico com o objetivo de compreender como diferentes fatores influenciam os resultados de aprendizagem em ambientes virtuais educacionais. O modelo apresentado pelos autores destaca a interação entre contexto, características do professor, mídia instrucional, potencial de aprendizagem do aluno, percepção e interpretação, e atividades de aprendizagem, que coletivamente influenciam os resultados de aprendizagem.[32]

A terceira subcategoria, relacionada aos *fatores que influenciam a intenção dos professores*, compreende a análise das particularidades que os aplicativos devem possuir para atender aos objetivos educacionais em experiências imersivas, sob a ótica do professor. Fernandes, Rodrigues, Teixeira e Werner[33] incluíram apenas um artigo nesta categoria:

Tabela 9 – Estudos sobre fatores que influenciam a intenção dos professores

Artigo nº 1	
Referência	KOUTROMANOS, George; MIKROPOULOS, Tassos A. Mobile augmented reality applications in teaching: a proposed technology acceptance model. In: **7th International Conference of the Immersive Learning Research Network (iLRN)**. Eureka: IEEE, 2021, p. 1-8.
Resumo	Este estudo propôs o MARAM, um modelo de aceitação de realidade aumentada móvel que determina os fatores que afetam a intenção dos professores de usar aplicativos de RA em seu ensino. O MARAM estende o TAM adicionando as variáveis de vantagem relativa percebida, prazer percebido, condições facilitadoras e autoeficácia móvel. O MARAM foi testado em um estudo empírico piloto com 127 professores que utilizaram aplicativos educacionais de RA móvel e desenvolveram os seus próprios. Os resultados da análise de regressão mostraram que o MARAM pode prever uma porcentagem satisfatória da variação na intenção, atitude, utilidade percebida e facilidade de uso percebida dos professores.

---

31. KLIPPEL, Alexander; ZHAO, Jiayan; SAJJADI, Pejman; WALLGRÜN, Jan Oliver; BAGHER, Mahda M.; OPREAN, Danielle. Immersive place-based learning: an extended research framework. *IEEE Conference on Virtual Reality and 3D User Interfaces Abstracts and Workshops (VRW)*, Atlanta: IEEE, 2020, p. 449-454.
32. DENGEL, Andreas; MÄGDEFRAU, Jutta. Immersive learning predicted: Presence, prior knowledge, and school performance influence learning outcomes in immersive educational virtual environments. *6th International Conference of the Immersive Learning Research Network (iLRN)*, San Luis Obispo: IEEE, 2020, p. 163-170.
33. FERNANDES, Filipe Arantes; RODRIGUES, Claudia Susie Camargo; TEIXEIRA, Eldânae Nogueira; WERNER, Cláudia. Immersive learning frameworks: a systematic literature review. *IEEE Transactions on Learning Technologies*, v. 16, n. 1, p. 1-17, jan. 2023. Disponível em: https://ieeexplore.ieee.org/document/10036969. Acesso em: 16 jun. 2024.

	Atitude, utilidade percebida e condições facilitadoras afetaram a intenção. Tanto a utilidade percebida quanto o prazer percebido afetaram a atitude. Além disso, a vantagem relativa percebida e o prazer percebido afetaram a utilidade percebida. Além disso, a autoeficácia móvel e as condições facilitadoras afetaram a facilidade de uso percebida. No entanto, a facilidade de uso percebida não teve nenhum efeito na atitude e utilidade percebida. O MARAM poderia servir de base para estudos futuros sobre a aceitação de aplicativos de RA móvel por professores e ser expandido pela adição de outras variáveis. (Tradução livre)
Palavras-chave	Realidade aumentada; ensino; modelo de aceitação de tecnologia

Fonte: elaborado pelo autor com base em Fernandes, Rodrigues, Teixeira e Werner[34]

No estudo mencionado, Koutromanos e Mikropoulos propõem um *framework* para entender a aceitação da Realidade Aumentada (AR) por parte dos professores. O modelo, chamado MARAM, identifica os fatores que influenciam a disposição dos professores em utilizar aplicativos de AR em sala de aula. Os pesquisadores testaram o *framework* com 127 professores que utilizaram aplicativos educacionais de AR. Os resultados da pesquisa indicaram preliminarmente que o MARAM é capaz de mensurar a intenção e facilidade de uso percebida pelos professores. Koutromanos e Mikropoulos sugerem que o MARAM pode servir como uma base para pesquisas futuras sobre a aceitação de aplicativos de AR por parte dos professores e pode ser expandido para contemplar outras finalidades.[35]

4.1.2 *Frameworks* práticos

Os *frameworks* práticos, por sua vez, fornecem recomendações ou diretrizes para criar ambientes educacionais imersivos na prática. Fernandes, Rodrigues, Teixeira e Werner elaboraram duas subcategorias para melhor compreender a contribuição de cada trabalho científico. A primeira (*orientações*) engloba diretrizes e princípios para o desenvolvimento de ambientes imersivos com fins educacionais, incluindo os seguintes artigos:

---

34. FERNANDES, Filipe Arantes; RODRIGUES, Claudia Susie Camargo; TEIXEIRA, Eldânae Nogueira; WERNER, Cláudia. Immersive learning frameworks: a systematic literature review. *IEEE Transactions on Learning Technologies*, v. 16, n. 1, p. 1-17, jan. 2023. Disponível em: https://ieeexplore.ieee.org/document/10036969. Acesso em: 16 jun. 2024.
35. KOUTROMANOS, George; MIKROPOULOS, Tassos A. Mobile augmented reality applications in teaching: a proposed technology acceptance model. *7th International Conference of the Immersive Learning Research Network (iLRN)*. Eureka: IEEE, 2021, p. 1-8.

4 • EDUCAÇÃO JURÍDICA IMERSIVA: UMA PROPOSTA DE *FRAMEWORK*

Tabela 10 – Estudos relacionados a orientações

Artigo nº 1	
Referência	MISBHAUDDIN, Mohammad. VREdu: a framework for interactive immersive lectures using virtual reality. In: **21st Saudi Computer Society National Computer Conference (NCC)**, Riyadh: IEEE, 2018, p. 1-6.
Resumo	No atual sistema educacional, esperamos que o nível de compreensão de todos os alunos em uma sala de aula seja o mesmo. No entanto, esse não é o caso. Existem muitos fatores que podem afetar a compreensão das palestras na sala de aula, incluindo o tamanho da turma, a visibilidade do quadro branco, o nível de concentração dos alunos, o nível de compreensão dos alunos, entre outros. Nosso principal objetivo é encontrar uma maneira melhor de oferecer a melhor experiência educacional para os alunos usando as mais recentes soluções inovadoras em tecnologia. Durante nossa pesquisa de aplicações de Realidade Virtual (VR), identificamos várias aplicações prontamente disponíveis, a maioria das quais estava relacionada à educação médica, turismo ou outros domínios das ciências. Nenhuma das aplicações estava disponível para educação geral, onde uma sala de aula completa é transportada para a realidade virtual. Neste artigo, desenvolvemos um framework de VR que melhora a experiência de aprendizagem de alunos que enfrentam dificuldades na sala de aula. Além disso, desenvolvemos um sistema protótipo completo para validar o framework. O framework proposto torna a aprendizagem imersiva, interativa e narrativa, oferecendo motivação aprimorada aos alunos. A configuração do sistema protótipo envolve a instalação de uma câmera na sala de aula para capturar o quadro branco. As imagens do quadro branco, aumentadas com o material do curso (slides da palestra), são compiladas para criar um espaço virtual para os alunos. Os alunos podem interagir com a sala de aula virtual por meio de um conjunto de ferramentas fornecidas no espaço virtual. A aplicação de VR é desenvolvida usando o Unity 3D Engine e a interação é implementada usando um dispositivo Bluetooth portátil. (Tradução livre)
Palavras-chave	Realidade virtual; aulas interativas; framework
Artigo nº 2	
Referência	AGUAYO, Claudio; EAMES, Chris; COCHRANE, Thomas. A framework for mixed reality free-choice, self-determined learning. **Research in Learning Technology**, v. 28, mar. 2020. Disponível em: https://journal.alt.ac.uk/index.php/rlt/article/view/2304. Acesso em: 17 jun. 2024.
	Neste artigo, apresentamos um framework para a aprendizagem auto-determinada em realidade mista (MR/XR) para melhorar a alfabetização ecológica em ambientes educacionais de escolha livre. O framework surgiu de um estudo de pesquisa na Nova Zelândia que teve como objetivo explorar como experiências de aprendizagem que incorporam tecnologias móveis em ambientes de aprendizagem de escolha livre podem ser projetadas para aprimorar o desenvolvimento do conhecimento marinho ecológico dos aprendizes. Compreender como a tecnologia móvel pode ser integrada ao ensino e aprendizagem da educação para a sustentabilidade que incorpora contextos de aprendizagem de escolha livre, como centros de visitantes, é de importância estratégica tanto para a educação fora da sala de aula quanto para a aprendizagem de adultos. Seguindo uma metodologia de pesquisa baseada em design, o framework é apresentado na forma de um conjunto de princípios e diretrizes de design, informados por teorias-chave em alfabetização ecológica e aprendizagem de escolha livre, heutagogia, traga seu próprio dispositivo e aprendizagem auto-determinada.

Resumo	Descrevemos brevemente como o framework forneceu a base para uma intervenção educacional. Este artigo visa auxiliar pesquisadores e desenvolvedores de ambientes de aprendizagem imersiva MR/XR a considerar princípios e processos de design que possam aprimorar os resultados de aprendizagem em ambientes de escolha livre, como museus e centros de visitantes. (Tradução livre)
Palavras-chave	Realidade mista; aprendizagem imersiva; framework de aprendizagem.

Fonte: elaborado pelo autor com base em Fernandes, Rodrigues, Teixeira e Werner[36]

No artigo "VRedu: um framework para palestras imersivas interativas usando realidade virtual", Misbhauddin desenvolve um *framework* com a finalidade de transportar todos os elementos da sala de aula presencial para o ambiente virtual. O autor propõe um modelo que integra três espaços (físico, virtual e do usuário) e enfatiza que, para transpor os elementos da sala de aula para o ambiente virtual, é essencial que, no início de cada aula, no *espaço físico*, quando o instrutor escreve no quadro ou utiliza a tela de projeção para apresentar o conteúdo, um dispositivo de gravação registre essa interação imediatamente. O dispositivo de gravação deve ser capaz de enviar os dados capturados para um servidor *web* através de *WiFi* ou *Bluetooth*.

Após o processamento, os dados serão disponibilizados de forma digitalizada no espaço virtual. Os alunos, estejam eles em suas residências ou em qualquer outro lugar, utilizarão *headsets* de VR e *joysticks* para acessar o *espaço virtual* e visualizar o conteúdo, tanto do quadro físico quanto da tela de projeção física, como elementos interativos. Finalmente, os elementos que permitem ao estudante acessar o espaço virtual, como *headsets* de VR, joysticks e dispositivos de comunicação, formam o que o autor denomina de *espaço do usuário*.[37]

Na implementação prática do *framework*, Misbhauddin empregou uma GoPro Hero5 como dispositivo de gravação para registrar o espaço físico. Por meio do método de *chunking* (fragmentação), no qual segmentos de vídeo são gravados e carregados para o servidor para transmissão aos alunos em VR, com um novo segmento iniciando assim que o anterior é concluído, o autor garantiu a transmissão contínua do *feed* ao vivo para o usuário. Misbhauddin desenvolveu uma aplicação *web* baseada em PHP para o espaço virtual, para servir como um ponto central para integrar os domínios físico e virtual. O autor configurou o servidor para receber os dados do dispositivo de gravação no espaço físico, como

---

36. FERNANDES, Filipe Arantes; RODRIGUES, Claudia Susie Camargo; TEIXEIRA, Eldânae Nogueira; WERNER, Cláudia. Immersive learning frameworks: a systematic literature review. *IEEE Transactions on Learning Technologies*, v. 16, n. 1, p. 1-17, jan. 2023. Disponível em: https://ieeexplore.ieee.org/document/10036969. Acesso em: 16 jun. 2024.

37. MISBHAUDDIN, Mohammad. VREdu: a framework for interactive immersive lectures using virtual reality. *21st Saudi Computer Society National Computer Conference (NCC)*, Riyadh: IEEE, 2018, p. 1-6.

imagens do quadro e interações na tela de projeção, e disponibilizá-los em um *dashboard*, que pode ser acessado pelos usuários através de *headsets* de VR. No *dashboard*, os alunos têm a capacidade de gravar notas de voz e interagir com os elementos digitais.[38]

Figura 36 – Exemplo de framework prático

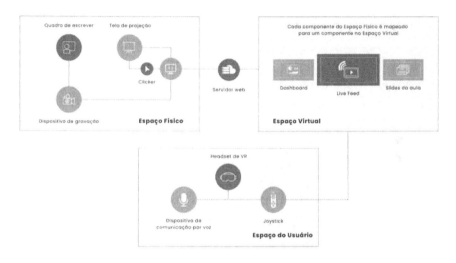

A figura apresenta o modelo de *framework* prático desenvolvido por Misbhauddin, abrangendo três espaços distintos: físico, virtual e do usuário. Fonte: Misbhauddin, com adaptação e tradução do autor.[39]

Misbhauddin ressalta que o *framework* VREdu foi desenvolvido para possibilitar aos professores a inclusão dos componentes necessários para o desenvolvimento de aulas baseadas em VR. Com base nos resultados do estudo piloto, o autor chegou às seguintes conclusões preliminares: a) o conteúdo educacional deve ser fornecido aos alunos pelos instrutores para garantir seu engajamento; b) não é simples modificar e adotar conteúdos educacionais antigos em uma plataforma de VR; c) é essencial que as instituições reavaliem a forma como preparam e entregam conteúdos educacionais baseados em VR aos alunos; d) é importante abordar as questões de saúde relacionadas ao uso prolongado de VR para fins educacionais; e) é pertinente considerar os custos associados aos *hardwares* e

---

38. MISBHAUDDIN, Mohammad. VREdu: a framework for interactive immersive lectures using virtual reality. *21st Saudi Computer Society National Computer Conference (NCC)*, Riyadh: IEEE, 2018, p. 1-6.
39. MISBHAUDDIN, Mohammad. VREdu: a framework for interactive immersive lectures using virtual reality. *21st Saudi Computer Society National Computer Conference (NCC)*, Riyadh: IEEE, 2018, p. 1-6.

softwares necessários para a adoção de VR em sala de aula; e f) os instrutores devem ser treinados para criar um *design* instrucional de alta qualidade.[40]

No artigo intitulado "A framework for mixed reality free-choice, self-determined learning", Aguayo, Eames e Cochrane descrevem um *framework* de aprendizagem móvel construído a partir da metodologia *Design-Based Research* (DBR), ou Pesquisa Baseada em *Design*, em português. O *framework* foi aplicado com alunos de uma escola primária, com idades entre 8 e 12 anos, com objetivo de aprimorar os resultados de aprendizagem sobre reservas marinhas. Uma das fases de implementação do *framework* envolveu uma visita à Reserva Marinha de Goat Island, em North Auckland, e ao Centro de Descoberta Marinha de Goat Island, ambos na Nova Zelândia. Em outra fase do projeto foi desenvolvida uma experiência em XR para os alunos, que não apenas aumentou o envolvimento e a aprendizagem durante a visita ao Centro de Descoberta Marinha de Goat Island, mas também incentivou a continuidade do aprendizado após a visita.[41]

Na conclusão do artigo, Aguayo, Eames e Cochrane apontam que "a implementação do framework de aprendizagem móvel facilitou a aprendizagem, proporcionou aos alunos muitas oportunidades e lhes permitiu participar tanto da aprendizagem individual quanto social". Ainda que mais estudos sejam necessários, os autores referem que as tecnologias imersivas têm potencial de promover a aprendizagem social e fortalecer oportunidades de aprendizagem em diferentes contextos, "conectando professores, alunos, educadores, pais e a comunidade em geral na promoção de comunidades mais sustentáveis".[42]

A segunda subcategoria de *framework* prático (*modelo de desenvolvimento*) reúne trabalhos que definem um processo a ser seguido, incluindo etapas, tipos de tecnologias imersivas (VR e AR) e atores envolvidos (estudantes e professores). Os seguintes trabalhos foram incluídos nesta subcategoria:

---

40. MISBHAUDDIN, Mohammad. VREdu: a framework for interactive immersive lectures using virtual reality. *21st Saudi Computer Society National Computer Conference (NCC)*, Riyadh: IEEE, 2018, p. 1-6.
41. AGUAYO, Claudio; EAMES, Chris; COCHRANE, Thomas. A framework for mixed reality free-choice, self-determined learning. *Research in Learning Technology*, v. 28, mar. 2020. Disponível em: https://journal.alt.ac.uk/index.php/rlt/article/view/2304. Acesso em: 17 jun. 2024.
42. AGUAYO, Claudio; EAMES, Chris; COCHRANE, Thomas. A framework for mixed reality free-choice, self-determined learning. *Research in Learning Technology*, v. 28, mar. 2020. Disponível em: https://journal.alt.ac.uk/index.php/rlt/article/view/2304. Acesso em: 17 jun. 2024.

Tabela 11 – Estudos relacionados a modelo de desenvolvimento

Artigo nº 1	
Referência	GUPTA, Avinash; CECIL, J.; TAPIA, Oscar; SWEET-DARTER, Mary. Design of cyber-human frameworks for immersive learning. In: **IEEE International Conference on Systems, Man, and Cybernetics (SMC)**, Bari: IEEE, 2019, p. 1563-1568.
Resumo	Este artigo concentra-se na criação de Frameworks de Aprendizagem Ciber-Humana centrados em informações envolvendo meios baseados em Realidade Virtual. É proposto um framework generalizado, adaptado para dois domínios educacionais: um para apoiar a educação e treinamento de residentes em cirurgia ortopédica e outro focado na aprendizagem científica para crianças com autismo. Usuários, especialistas e meios baseados em tecnologia desempenham um papel fundamental no design de tal framework Ciber-Humano. Meios imersivos baseados em Realidade Virtual e meios hápticos foram duas das tecnologias exploradas na implementação do framework para esses domínios de aprendizagem. O framework proposto enfatiza a importância dos princípios de Engenharia de Sistemas Centrados em Informação (ICSE), que enfatizam uma abordagem centrada no usuário juntamente com a formalização da compreensão dos assuntos ou processos-alvo para os quais os ambientes de aprendizagem estão sendo criados.
Palavras-chave	Frameworks ciber-humanos; aprendizagem imersiva; design de sistemas.
Artigo nº 2	
Referência	IP, Horace Ho Shing; LI, Chen; LEONI, Selena; CHEN, Yuhua; MA, Kin-Fai; WONG, C. H.-t.; LI, Qing. Design and evaluate immersive learning experience for massive open online courses (MOOCs). **IEEE Transactions on Learning Technologies**, v. 12, n. 4, out. 2019, p. 503-515. Disponível em: https://ieeexplore.ieee.org/document/8782340. Acesso em: 17 jun. 2024.
Resumo	Os cursos online massivos e abertos (MOOCs), uma forma única de educação online habilitada por tecnologias de aprendizagem baseadas na web, permitem que alunos de qualquer lugar do mundo, com qualquer nível de formação educacional, desfrutem da experiência de educação online oferecida por muitas das melhores universidades de todo o mundo. Tradicionalmente, os conteúdos de aprendizagem de MOOCs são sempre entregues como materiais baseados em texto ou vídeo. Embora a introdução de uma experiência de aprendizagem imersiva para MOOCs possa parecer emocionante e potencialmente significativa, existem vários desafios dadas as características únicas desse cenário. Neste artigo, apresentamos as metodologias de design e avaliação para fornecer uma experiência de aprendizagem imersiva aos alunos de MOOCs por meio de múltiplas mídias. Especificamente, aplicamos as técnicas na produção de um MOOC intitulado "Hong Kong Virtual: Novo Mundo, Velhas Tradições", liderado pelo Centro AIMtech da Universidade de Hong Kong, que é o primeiro MOOC (até onde sabemos) que oferece conteúdo de aprendizagem imersiva para alunos distantes apreciarem e experimentarem como a cultura tradicional e as lendas de Hong Kong impactam a vida de seus habitantes no século XXI. As metodologias aplicadas aqui podem ser generalizadas como o framework fundamental para fornecer aprendizagem imersiva para futuros MOOCs.
Palavras-chave	Experiências de aprendizagem imersiva; MOOCs; avaliação de tecnologias de aprendizagem.
Artigo nº 3	
Referência	CARDONA-REYES, Héctor; GUZMAN-MENDOZA, José Eder; ORTIZ-AGUINAGA, Gerardo; MUÑOZ-ARTEAGA, Jaime. An architectural model for the production of virtual reality learning. In: **International Congress on Education and Technology in Sciences**, CISETC 2019, Cham: Springer, 2019, p. 73-87.

Resumo	Os ambientes de aprendizagem integram múltiplas plataformas tecnológicas que permitem às pessoas alcançar objetivos de aprendizagem por meio de conteúdo disponível, recursos e serviços integrados. Esses ambientes permitem que os usuários alcancem objetivos de aprendizagem em diferentes áreas temáticas, como desenvolvimento de habilidades sociais, saúde, etc. Este artigo apresenta um modelo de desenvolvimento de Ambientes de Aprendizagem por meio de Realidade Virtual (VR). Este modelo incorpora novas formas de interação para aprendizagem, como a imersão em cenários simulados que auxiliam os usuários a alcançar objetivos de aprendizagem. Um tour em VR de uma universidade é apresentado como estudo de caso, onde diferentes usuários, como professores, estudantes e o público em geral, interagem com conteúdo, recursos disponíveis e serviços para alcançar objetivos de aprendizagem específicos.
Palavras-chave	Ambientes virtuais; modelo de aprendizagem; aprendizagem imersiva.

Fonte: elaborado pelo autor com base em Fernandes, Rodrigues, Teixeira e Werner[43]

No artigo "Design of cyber-human frameworks for immersive learning", Gupta, Cecil, Tapia e Sweet-Darter introduzem um *framework* baseado em *Human Computer Interaction* (IHC), campo multidisciplinar que se dedica ao *design*, avaliação e implementação de sistemas de computador destinados ao uso humano. O IHC leva em conta diferentes aspectos, incluindo psicológicos, sociais, ergonômicos e tecnológicos, para assegurar que os sistemas criados atendam às necessidades e expectativas dos usuários. O *framework* apresentado no trabalho, projetado para se adequar a diversos contextos de aprendizado, inclui tecnologias hápticas e imersivas, simulações para aprendizado experiencial e a criação de modelos de processos para uma compreensão mais aprofundada.[44]

O *framework* "cyber-humano" serviu como base para o desenvolvimento de dois ambientes de simulação baseados em VR: um para treinamento cirúrgico ortopédico e outro para ensinar conceitos de ciência, tecnologia, engenharia e matemática para alunos autistas. Ambos os ambientes foram concebidos com base nos objetivos de aprendizagem dos alunos. Um conjunto de especialistas desempenhou um papel crucial no desenvolvimento e validação dos ambientes de aprendizagem. Durante a fase de concepção dos ambientes, *experts* forneceram *feedbacks* valiosos após interagir com os espaços virtuais, resultando em modificações para melhorar sua eficácia e adequação às necessidades dos usuários.[45]

---

43. FERNANDES, Filipe Arantes; RODRIGUES, Claudia Susie Camargo; TEIXEIRA, Eldânae Nogueira; WERNER, Cláudia. Immersive learning frameworks: a systematic literature review. *IEEE Transactions on Learning Technologies*, v. 16, n. 1, p. 1-17, jan. 2023. Disponível em: https://ieeexplore.ieee.org/document/10036969. Acesso em: 16 jun. 2024.
44. GUPTA, Avinash; CECIL, J.; TAPIA, Oscar; SWEET-DARTER, Mary. Design of cyber-human frameworks for immersive learning. *IEEE International Conference on Systems, Man, and Cybernetics (SMC)*, Bari: IEEE, 2019, p. 1563-1568.
45. GUPTA, Avinash; CECIL, J.; TAPIA, Oscar; SWEET-DARTER, Mary. Design of cyber-human frameworks for immersive learning. *IEEE International Conference on Systems, Man, and Cybernetics (SMC)*, Bari: IEEE, 2019, p. 1563-1568.

No artigo "Design and evaluate immersive learning experience for massive open online courses (MOOCs)", não foi desenvolvido um *framework* específico, mas sim aplicado o modelo quadridimensional proposto por Freitas, Rebolledo-Mendez, Liarokapis, Magoulas e Poulovassilis,[46] para projetar e avaliar a experiência de aprendizado imersivo. Os autores do estudo, Ip, Li, Leoni, Chen, Ma, Wong e Li,[47] criaram um protótipo de um MOOC com conteúdos imersivos, chamado VirtualHK MOOC, e conduziram um experimento com dois grupos de estudantes universitários. Enquanto o grupo experimental testou o MOOC com conteúdos imersivos, o grupo de controle recebeu um modelo semelhante em formato de artigo. O propósito do experimento foi analisar como a experiência de aprendizado imersivo influenciava tanto a motivação quanto o desempenho dos alunos.

Após a realização do experimento, Ip, Li, Leoni, Chen, Ma, Wong e Li concluíram que o conteúdo imersivo não resulta diretamente em um aumento do conhecimento adquirido, mas aprimora a experiência global de aprendizado. Quando cuidadosamente elaborado e implementado, o conteúdo imersivo tem o potencial de motivar os alunos de forma mais eficaz e tornar a aprendizagem mais agradável. Os métodos e procedimentos utilizados para desenvolver o MOOC VirtualHK são considerados pelos autores como fundamentais para proporcionar experiências de aprendizado imersivas em futuros MOOCs.[48]

No artigo intitulado "An architectural model for the production of virtual reality learning", Ardona-Reys, Guzman-Mendoza, Ortiz-Aguinaga e Muñoz-Arteaga apresentam um *framework* que delineia uma arquitetura para ambientes de aprendizagem baseados em realidade virtual, destacando a interação entre os papeis dos usuários (professores, alunos e usuários externos), plataformas tecnológicas (móveis, aplicações *web* e aplicativos de desktop), características do aprendizado virtual (imersão, interação e imaginação) e serviços educacionais diversos. O modelo busca integrar tecnologia, pedagogia e infraestrutura para o desenvolvimento

---

46. FREITAS, Sara de; REBOLLEDO-MENDEZ, Genaro; LIAROKAPIS, Fotis; MAGOULAS, George; POULOVASSILIS, Alexandra. Learning as immersive experiences: using the four-dimensional framework for designing and evaluating immersive learning experiences in a virtual world. *British Journal of Educational Technology*, v. 41, n. 1, 2010, p. 69-85.

47. IP, Horace Ho Shing; LI, Chen; LEONI, Selena; CHEN, Yuhua; MA, Kin-Fai; WONG, C. H.; LI, Qing. Design and evaluate immersive learning experience for massive open online courses (MOOCs). *IEEE Transactions on Learning Technologies*, v. 12, n. 4, out. 2019, p. 503-515. Disponível em: https://ieeexplore.ieee.org/document/8782340. Acesso em: 17 jun. 2024. Disponível em: https://onlinelibrary.wiley.com/doi/10.1111/j.1467-8535.2009.01024.x. Acesso em: 17 jun. 2024.

48. IP, Horace Ho Shing; LI, Chen; LEONI, Selena; CHEN, Yuhua; MA, Kin-Fai; WONG, C. H.; LI, Qing. Design and evaluate immersive learning experience for massive open online courses (MOOCs). *IEEE Transactions on Learning Technologies*, v. 12, n. 4, out. 2019, p. 503-515. Disponível em: https://ieeexplore.ieee.org/document/8782340. Acesso em: 17 jun. 2024.

de ambientes virtuais imersivos.[49] A tabela a seguir apresenta uma visão geral dos estudos sobre os *frameworks* teóricos e práticos discutidos até o momento:

Tabela 12 – Estudos relacionados aos frameworks teóricos e práticos

Categoria	Subcategoria	Estudos
Frameworks teóricos	Design de atividades de aprendizagem	ABDELAZIZ, Hamdy Ahmed. Immersive learning design (ILD): a new model to assure the quality of learning through flipped classrooms. In: **IIAI 3rd International Conference on Advanced Applied Informatics**. Kitakyushu: IEEE, 2014, p. 291-296. Disponível em: https://onlinelibrary.wiley.com/doi/10.1111/j.1467-8535.2009.01024.x. Acesso em: 17 jun. 2024.
		FREITAS, Sara de; REBOLLEDO-MENDEZ, Genaro; LIAROKAPIS, Fotis; MAGOULAS, George; POULOVASSILIS, Alexandra. Learning as immersive experiences: using the four-dimensional framework for designing and evaluating immersive learning experiences in a virtual world. **British Journal of Educational Technology**, v. 41, n. 1, 2010, p. 69-85. Disponível em: https://onlinelibrary.wiley.com/doi/10.1111/j.1467-8535.2009.01024.x. Acesso em: 17 jun. 2024.
	Fatores que afetam os resultados da aprendizagem	DENGEL, Andreas; MÄGDEFRAU, Jutta. Immersive learning predicted: Presence, prior knowledge, and school performance influence learning outcomes in immersive educational virtual environments. In: **6th International Conference of the Immersive Learning Research Network (iLRN)**. San Luis Obispo: IEEE, 2020, p. 163-170.
		KLIPPEL, Alexander; ZHAO, Jiayan; SAJJADI, Pejman; WALLGRÜN, Jan Oliver; BAGHER, Mahda M.; OPREAN, Danielle. Immersive place-based learning: an extended research framework. In: **IEEE Conference on Virtual Reality and 3D User Interfaces Abstracts and Workshops (VRW)**. Atlanta: IEEE, 2020, p. 449-454.
		SCHOTT, Christian; MARSHALL, Stephen. Virtual reality and situated experiential education: A conceptualization and exploratory trial. **Journal of Computer Assisted Learning**, v. 34, n. 6, p. 843-852, dez. 2018. Disponível em: https://onlinelibrary.wiley.com/doi/10.1111/jcal.12293. Acesso em: 17 jun. 2024.
		CHAN, Joyce; WONG, Randy; CHEUNG, Christy. How affordances of immersive visualization systems affect learning outcomes through aesthetic experience. In: **Proceedings of the Pacific Asia Conference on Information Systems (PACIS), 2019**. Xi'an: Association for Information Systems, 2019, p. 153.
		DALGARNO, Barney; LEE, Mark. What are the learning affordances of 3-D virtual environments? **British Journal of Educational Technology**, v. 41, n. 1, Jan. 2010, p. 10-32. Disponível em: https://onlinelibrary.wiley.com/doi/10.1111/j.1467-8535.2009.01038.x. Acesso em: 17 jun. 2024.

---

49. CARDONA-REYES, Héctor; GUZMAN-MENDOZA, José Eder; ORTIZ-AGUINAGA, Gerardo; MUÑOZ-ARTEAGA, Jaime. An architectural model for the production of virtual reality learning. *International Congress on Education and Technology in Sciences, CISETC 2019*, Cham: Springer, 2019, p. 73-87.

		FOWLER, Chris. Virtual reality and learning: Where is the pedagogy? **British Journal of Educational Technology**, v. 46, n. 2, mar. 2015, p. 412-422. Disponível em: https://onlinelibrary.wiley.com/doi/10.1111/bjet.12135. Acesso em: 17 jun. 2024.
		LEE, Eunice Ai-Lim; WONG, Kevin; FUNG, Chun Che. How does desktop virtual reality enhance learning outcomes? A structural equation modeling approach. **Computers & Education**, v. 55, n. 4, 2010, p. 1424-1442. Disponível em: https://www.sciencedirect.com/science/article/abs/pii/S0360131510001721. Acesso em: 17 jun. 2024.
	Fatores que influenciam a intenção dos professores	KOUTROMANOS, George; MIKROPOULOS, Tassos A. Mobile augmented reality applications in teaching: a proposed technology acceptance model. In: **7th International Conference of the Immersive Learning Research Network (iLRN)**. Eureka: IEEE, 2021, p. 1-8.
Frameworks práticos	Orientações	AGUAYO, Claudio; EAMES, Chris; COCHRANE, Thomas. A framework for mixed reality free-choice, self-determined learning. **Research in Learning Technology**, v. 28, mar. 2020. Disponível em: https://journal.alt.ac.uk/index.php/rlt/article/view/2393. Acesso em: 17 jun. 2024.
		MISBHAUDDIN, Mohammad. VREdu: a framework for interactive immersive lectures using virtual reality. In: **21st Saudi Computer Society National Computer Conference (NCC)**, Riyadh: IEEE, 2018, p. 1-6.
	Modelo de desenvolvimento	GUPTA, Avinash; CECIL, J.; TAPIA, Oscar; SWEET-DARTER, Mary. Design of cyber-human frameworks for immersive learning. In: **IEEE International Conference on Systems, Man, and Cybernetics (SMC)**, Bari: IEEE, 2019, p. 1563-1568.
		IP, Horace Ho Shing; LI, Chen; LEONI, Selena; CHEN, Yuhua; MA, Kin-Fai; WONG, C. H.; LI, Qing. Design and evaluate immersive learning experience for massive open online courses (MOOCs). **IEEE Transactions on Learning Technologies**, v. 12, n. 4, out. 2019, p. 503-515. Disponível em: https://ieeexplore.ieee.org/document/8782340. Acesso em: 17 jun. 2024.
		CARDONA-REYES, Héctor; GUZMAN-MENDOZA, José Eder; ORTIZ-AGUINAGA, Gerardo; MUÑOZ-ARTEAGA, Jaime. An architectural model for the production of virtual reality learning. In: **International Congress on Education and Technology in Sciences, CISETC 2019**, Cham: Springer, 2019, p. 73-87.

Fonte: elaborado pelo autor com base em Fernandes, Rodrigues, Teixeira e Werner[50]

Dos 15 estudos apresentados, quatro não validaram suas propostas de *framework*. Daqueles que o fizeram, a maioria optou por utilizar pré e pós-testes: os participantes responderam a um questionário para registrar seu nível de conhe-

---

50. FERNANDES, Filipe Arantes; RODRIGUES, Claudia Susie Camargo; TEIXEIRA, Eldânae Nogueira; WERNER, Cláudia. Immersive learning frameworks: a systematic literature review. *IEEE Transactions on Learning Technologies*, v. 16, n. 1, p. 1-17, jan. 2023. Disponível em: https://ieeexplore.ieee.org/document/10036969. Acesso em: 16 jun. 2024.

cimento antes da pesquisa, realizaram algumas tarefas e, ao término, responderam a um novo questionário. Os demais estudos empregaram uma variedade de métodos de investigação, incluindo observação do desempenho dos estudantes, análise lexical dos comentários dos alunos, pesquisa-ação[51] e organização dos alunos em grupos de controle e experimental.

Nenhum dos *frameworks* analisados abordou diretamente os obstáculos referidos no *State of XR & Immersive Learning Outlook Report 2021*,[52] os quais foram examinados anteriormente. Mesmo nos *frameworks* práticos não foram encontradas referências explícitas às barreiras de adoção. Ademais, de modo geral, os *frameworks* não detalham a tecnologia necessária para orientar o desenvolvimento de ambientes virtuais ou descrevem como oferecer suporte durante o processo de desenvolvimento. Em última análise, os modelos deixam de oferecer abordagens práticas para orientar professores e instrutores na tomada de decisões, centrando-se no "o quê" em vez do "como".[53]

A revisão dos *frameworks* de educação imersiva revela uma lacuna significativa, acentuando a necessidade de desenvolver um modelo prático para a implementação de AVAIs na educação, com enfoque especial no contexto jurídico. Essa carência enfatiza ainda mais a relevância do escopo desta tese, a qual se propõe a desenvolver um *framework* que não apenas descreva "o que" deve ser feito, mas também ofereça diretrizes sobre "como" desenvolver e avaliar AVAIs.

4.2 ESTRUTURAÇÃO DO *FRAMEWORK*

A contribuição desta tese reside na proposição de um framework *prático*, espécie que, de acordo com Fernandes, Rodrigues, Teixeira e Werner, fornece diretrizes para o desenvolvimento de AVAIs.[54] A motivação para a escolha da

---

51. A pesquisa-ação é um método de pesquisa social que envolve a colaboração de pesquisadores e participantes, para fins de elaboração de diagnósticos, identificação de problemas e busca de soluções. In: KRAFTA, Lina; FREITAS, Henrique; MARTENS, Cristina Dai Prá; ANDRES, Rafael. *O método da pesquisa-ação: um estudo em uma empresa de coleta e análise de dados. Revista Quanti & Quali*, Porto Alegre, v. 3, n. 5, p. 45-60, 2007. Disponível em: http://www.revistas.unilasalle.edu.br/index.php/QualiQuanti/article/view/2007. Acesso em: 17 jun. 2024.

52. LEE, Mark J. W.; GEORGIEVA, Maya; CRAIG, Emory. *State of XR & Immersive Learning Outlook Report 2021*. Walnut: Immersive Learning Research Network, 2021. Disponível em: https://immersivelearning.research.net. Acesso em: 16 jun. 2024.

53. FERNANDES, Filipe Arantes; RODRIGUES, Claudia Susie Camargo; TEIXEIRA, Eldânae Nogueira; WERNER, Cláudia. Immersive learning frameworks: a systematic literature review. *IEEE Transactions on Learning Technologies*, v. 16, n. 1, p. 1-17, jan. 2023. Disponível em: https://ieeexplore.ieee.org/document/10036969. Acesso em: 16 jun. 2024.

54. FERNANDES, Filipe Arantes; RODRIGUES, Claudia Susie Camargo; TEIXEIRA, Eldânae Nogueira; WERNER, Cláudia. Immersive learning frameworks: a systematic literature review. *IEEE Transactions on Learning Technologies*, v. 16, n. 1, p. 1-17, jan. 2023. Disponível em: https://ieeexplore.ieee.org/document/10036969. Acesso em: 16 jun. 2024.

abordagem "prática", em contrapartida à "teórica", decorre da identificação de uma lacuna na literatura acadêmica, que sublinha a necessidade de desenvolver um modelo pragmático direcionado especificamente à educação jurídica. O *framework* a ser proposto transcende a mera descrição do "o que" deve ser feito, oferecendo instruções sobre o "como" criar e avaliar AVAIs no contexto da educação jurídica formação jurídica.

O *framework* é estruturado em cinco fases, as quais são descritas brevemente a seguir e exploradas com profundidade ao longo do capítulo. A primeira envolve a *definição dos objetivos de aprendizagem*. Os objetivos de aprendizagem estabelecem claramente o propósito e a direção do programa educacional, detalhando as habilidades e conhecimentos que se espera que os alunos dominem ao final do processo. Essa fase constitui a fundação sobre a qual todas as etapas subsequentes se apoiam, influenciando o planejamento e a implementação do ambiente de aprendizagem imersivo. A segunda fase compreende a *seleção da tecnologia* que será adotada para estruturar e manter o AVAI. A escolha da tecnologia, incluindo tanto *hardware* quanto *software*, deve ser realizada nessa etapa para garantir que os sistemas ou plataformas selecionadas sejam adequadas e complementem os objetivos de aprendizagem, ao mesmo tempo em que otimizam os investimentos necessários.

A terceira etapa, por sua vez, abrange a *elaboração do conteúdo educacional*, que deve ser alinhado com os objetivos de aprendizagem e aperfeiçoado para a tecnologia escolhida. Ao posicionar a elaboração do conteúdo após a seleção de tecnologia, é possível adaptar os materiais às capacidades específicas das ferramentas ou plataformas escolhidas, proporcionando uma experiência educacional mais enriquecedora para os alunos. A quarta fase engloba a *criação do AVAI*, incluindo o *design* do espaço, as configurações técnicas e a incorporação de recursos interativos. É uma progressão natural em relação às etapas anteriores, pois somente após a seleção das tecnologias e a elaboração do conteúdo é possível projetar adequadamente um espaço que integre todos os elementos de forma coesa. Por fim, a quinta etapa, dedicada à *avaliação e feedback do AVAI*, apresenta métodos de avaliação inovadores, como avaliação formativa e avaliação furtiva, inspirados em princípios de jogos. Esses métodos fornecem *feedback* em tempo real e monitoram o progresso dos alunos ao longo da experiência, aumentando a motivação e o engajamento.

Embora os *frameworks* teóricos e práticos apresentados anteriormente indiquem a necessidade de envolvimento de diversos profissionais para a implementação de ambientes de aprendizagem virtuais imersivos, como pedagogos, *designers* instrucionais, especialistas em tecnologia e desenvolvedores de *software*, o modelo proposto nesta tese simplifica esse processo, levando em conta a realidade predominante em muitas universidades brasileiras, onde os principais atores são os professores e os alunos. Ao adotar essa abordagem, não se pretende diminuir a relevância dos profissionais citados, mas apresentar um modelo que permita a participação exclusiva do professor e do aluno, para garantir a eficácia na criação e no funcionamento do AVAI. A figura a seguir apresenta a estrutura visual do *framework* AVAI-5, identificando o nome de cada uma de suas etapas, as quais serão aprofundadas nas próximas páginas:

Figura 37 – Estrutura visual do framework AVAI-5

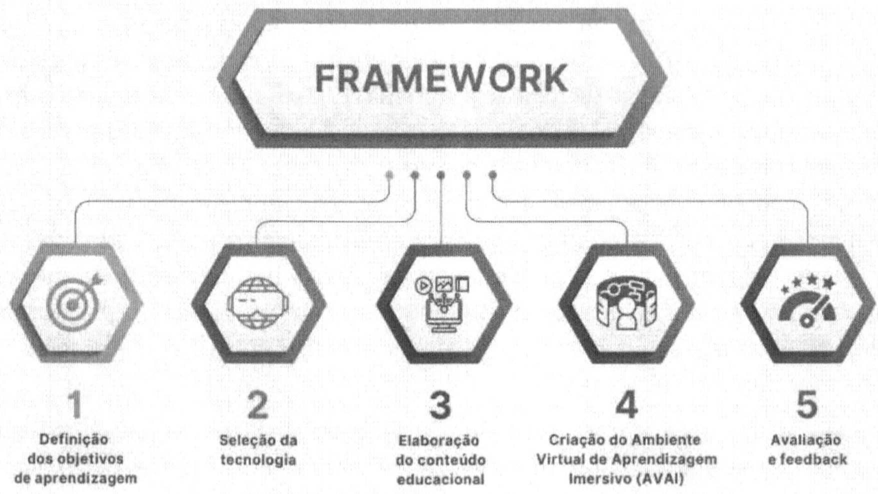

A figura apresenta as cinco etapas do *framework*: 1) definição dos objetivos de aprendizagem; 2) seleção da tecnologia; 3) elaboração do conteúdo educacional; 4) desenvolvimento do AVAI; e 5) avaliação e feedback. Fonte: elaborado pelo autor. O nome AVAI-5 resulta da combinação do termo "Ambiente Virtual de Aprendizagem Imersivo" com a referência às cinco etapas que compõem sua estrutura.

4.2.1 Definição dos objetivos de aprendizagem

Os objetivos de aprendizagem devem refletir, de modo objetivo e direto, o que se espera que os alunos sejam capazes de realizar ao final do processo educacional. Eles podem ser sintetizados a partir da seguinte frase: *"Ao final da aula, o aluno deverá ser capaz de _____"*. Os objetivos de aprendizagem são o alicerce sobre o qual se constrói todo o planejamento educacional subsequente, desempenhando um papel essencial na definição de diversos aspectos, como a seleção e estruturação dos conteúdos, a escolha de métodos de ensino adequados, o emprego de recursos didáticos relevantes, a determinação da carga horária do curso e a implementação de um modelo de avaliação eficiente.[55]

---

55. MALHEIROS, Bruno. Como definir objetivos de aprendizagem? *Recto*. Rio de Janeiro, 1 jul. 2020. Disponível em: https://recto.com.br/blog/como-definir-objetivos-de-aprendizagem. Acesso em: 17 jun. 2024.

Ao longo dos anos, diversos estudos têm sido conduzidos para definir os objetivos de aprendizagem, destacando-se entre eles, a "Taxonomia dos Objetivos Educacionais", proposto em 1956. Fruto do trabalho de uma comissão multidisciplinar de especialistas de várias universidades dos Estados Unidos, liderada por Benjamin Bloom, essa taxonomia continua sendo amplamente utilizada por educadores e instituições de ensino, recebendo contribuições e ajustes contínuos.[56] A "Taxonomia de Bloom", como é conhecida, propõe uma estrutura hierárquica para organizar os objetivos educacionais e divide a aprendizagem em três grandes domínios: o cognitivo, o afetivo e o psicomotor.

Cada domínio representa uma área específica de desenvolvimento e habilidades que os alunos podem adquirir ao longo do processo educacional. O domínio cognitivo refere-se à construção de conhecimento teórico, abrangendo a compreensão de conceitos, normas e procedimentos. O domínio afetivo compreende o modo como os alunos lidam com eventos e experiências, incluindo o desenvolvimento de habilidades interpessoais e sociais. Por fim, o domínio psicomotor engloba habilidades relacionadas ao manuseio de equipamentos e ao movimento corporal. Embora todos os domínios sejam relevantes, é o cognitivo que recebe maior ênfase no âmbito das instituições de ensino e das organizações:

> O domínio cognitivo [...] inclui aqueles objetivos que lidam com a recordação ou reconhecimento do conhecimento e o desenvolvimento de habilidades e capacidades intelectuais. Este é o domínio mais central para o trabalho de grande parte do desenvolvimento atual de testes. É o domínio em que a maioria do trabalho no desenvolvimento curricular tem ocorrido e onde as definições mais claras de objetivos são encontradas, formuladas como descrições do comportamento do aluno.[57]

Bloom, em conjunto com mais de 30 profissionais que participaram de conferências de taxonomia ao longo dos anos, dividiu o domínio cognitivo em seis níveis. O primeiro nível (*conhecimento*) compreende lembrar detalhes específicos e conceitos gerais, priorizando a memorização através do reconhecimento ou recordação de ideias, materiais ou fenômenos. O segundo nível (*compreensão*) refere-se à interpretação da mensagem literal em uma comunicação, incluindo tradução, interpretação e inferência de relações e implicações. O terceiro (*aplicação*) envolve utilizar o conhecimento em contextos reais, sem necessidade de instruções explícitas, para resolver problemas ou tomar decisões. O quarto (*análise*) requer decompor informações em partes para entender sua estrutura e relações, identificando elementos e princípios organizacionais. O quinto (*sín-*

---

56. No Brasil, a taxonomia de Bloom foi disseminada durante a década de 1970 por meio da inclusão em guias curriculares utilizados na formação de professores das redes estaduais de ensino. In: FILATRO, Andrea; BILESKI, CAIRO, Sabrina. *Produção de conteúdos educacionais*. São Paulo: Saraiva Uni, 2015.
57. BLOOM, Benjamin. *Taxonomy of educational objectives*. New York: David McKay Co., 1956.

tese) demanda combinar partes para criar novos padrões ou estruturas coesas, exigindo criatividade. Por fim, o sexto (*avaliação*) envolve conduzir julgamentos sobre a validade e aplicabilidade de materiais ou métodos, utilizando critérios internos ou externos. A tabela a seguir oferece uma estrutura que serve de guia para educadores na formulação dos objetivos de aprendizagem:

Tabela 13 – Estrutura para definição de objetivos de aprendizagem

Domínio	Nível	Descrição	Objetivos
Cognitivo	Conhecimento	Recordar informações básicas	Ao final da aula, o aluno deverá ser capaz de listar...
	Compreensão	Explicar ideias e conceitos	Ao final da aula, o aluno deverá ser capaz de descrever...
	Aplicação	Usar informações em novas situações	Ao final da aula, o aluno deverá ser capaz de aplicar...
	Análise	Dividir conhecimentos em partes e entender sua estrutura	Ao final da aula, o aluno deverá ser capaz de diferenciar...
	Síntese	Juntar informações para formar um todo novo	Ao final da aula, o aluno deverá ser capaz de criar...
	Avaliação	Julgar com base em critérios e padrões	Ao final da aula, o aluno deverá ser capaz de avaliar...

Fonte: elaborado pelo autor com base em Bloom[58]

Considerando a possibilidade de um professor de Direito Processual Penal utilizar uma plataforma específica para a construção de ambientes virtuais e criar uma réplica digital de uma sala de tribunal do júri, com o propósito de aprimorar a compreensão dos ritos judiciais e facilitar a participação dos alunos em simulações que englobem os diversos papeis das partes envolvidas (como promotor de justiça, advogado, jurados etc.), os objetivos de aprendizagem poderiam ser assim delineados:

Tabela 14 – Aplicação da estrutura para um caso hipotético

Nível	Objetivos de aprendizagem
Conhecimento	Ao final da aula, o aluno deverá ser capaz de identificar os diferentes papeis e funções dentro de um tribunal do júri
Compreensão	Ao final da aula, o aluno deverá ser capaz de explicar o procedimento padrão e as etapas de um julgamento pelo júri, incluindo a seleção dos jurados e a apresentação de provas

---

58. BLOOM, Benjamin. *Taxonomy of educational objectives*. New York: David McKay Co., 1956.

Aplicação	Ao final da aula, o aluno deverá ser capaz de assumir e desempenhar um papel específico (como promotor, advogado de defesa, ou juiz) em uma simulação de julgamento
Análise	Ao final da aula, o aluno deverá ser capaz de analisar as estratégias de argumentação utilizadas pelos diferentes participantes em um julgamento simulado
Síntese	Ao final da aula, o aluno deverá ser capaz de sintetizar o conhecimento adquirido sobre o processo penal e aplicá-lo na formulação de argumentos durante um julgamento simulado
Avaliação	Ao final da aula, o aluno deverá ser capaz de avaliar criticamente a validade das provas apresentadas e a justiça das decisões tomadas em uma simulação de julgamento pelo júri

Fonte: elaborado pelo autor

A taxonomia originalmente elaborada por Benjamin Bloom passou por uma revisão substancial realizada por Anderson e Krathwohl, no livro "Taxonomy for Learning, Teaching, and Assessing: A Revision of Bloom's Taxonomy of Educational Objectives", publicado em 2000.[59] Na obra, os autores ressaltam que a decisão de revisar a taxonomia foi motivada pela crença de que muitos dos elementos da estrutura original continuam sendo relevantes para os educadores de hoje, embora careçam de uma atualização com novos conhecimentos e perspectivas. O mundo atual contrasta significativamente com o contexto da sociedade estadunidense dos anos 50, quando o material original de Bloom foi publicado, sobretudo no que diz respeito às práticas de ensino e avaliação adotadas pelos professores. Anderson e Krathwohl propuseram uma abordagem renovada e dinâmica da taxonomia para se adequar às transformações atuais, incorporando verbos de ação e proporcionando uma organização mais dinâmica. Embora os seis níveis cognitivos originais da estrutura original tenham sido mantidos, eles foram renomeados conforme especificado a seguir:

Tabela 15 – Estrutura revisada para definição de objetivos de aprendizagem

Nível	Descrição	Objetivos
Conhecimento → Recordar	Acessar informações guardadas na memória	Ao final da aula, o aluno deverá ser capaz de recordar…
Compreensão → Entender	Interpretar e explicar o significado das mensagens	Ao final da aula, o aluno deverá ser capaz de entender...

---

59. ANDERSON, Lorin; KRATHWOHL, David (Ed.). *Taxonomy for learning, teaching, and assessing*: A revision of Bloom's taxonomy of educational objectives. Londres: Pearson, 2000.

Aplicação → Aplicar	Usar conhecimento em novos contextos práticos	Ao final da aula, o aluno deverá ser capaz de aplicar...
Análise → Analisar	Dividir conteúdo em partes para explorar relações e estruturas	Ao final da aula, o aluno deverá ser capaz de analisar...
Síntese → Avaliar	Julgar com base em critérios estabelecidos	Ao final da aula, o aluno deverá ser capaz de avaliar...
Avaliação → Criar	Combinar elementos para formar algo novo e organizado	Ao final da aula, o aluno deverá ser capaz de criar...

Fonte: elaborado pelo autor com base em Anderson e Krathwohl[60]

Os educadores frequentemente se deparam com objetivos de aprendizagem pouco claros, o que torna o planejamento das aulas ineficaz e impede que os alunos alcancem os resultados desejados. A revisão da taxonomia justifica, portanto, para ajudar os professores a promover clareza e precisão na definição dos objetivos de aprendizagem. De acordo com Anderson e Krathwohl, a revisão da taxonomia proposta por Bloom se justifica para ajudar os educadores na categorização e classificação dos objetivos, tornando-os mais acessíveis e aplicáveis em sala de aula. Além dos seis níveis mencionados anteriormente, os autores propõem subníveis em cada um deles, buscando auxiliar os educadores na identificação de áreas de foco com maior clareza, no desenvolvimento de estratégias de ensino apropriadas e na avaliação mais eficiente do progresso dos alunos.[61]

Tabela 16 – Estrutura de Bloom revisada (com níveis e subníveis)

Nível	Subnível	Descrição
Recordar	Reconhecer	Identificar conhecimento relevante
	Relembrar	Relembrar informações específicas
Entender	Interpretar	Converter informações entre formatos
	Exemplificar	Ilustrar conceitos com exemplos
	Classificar	Organizar em categorias
	Resumir	Condensar informações principais
	Inferir	Derivar conclusões
	Comparar	Encontrar semelhanças ou diferenças
	Explicar	Descrever causas e efeitos

---

60. ANDERSON, Lorin; KRATHWOHL, David (Ed.). *Taxonomy for learning, teaching, and assessing*: A revision of Bloom's taxonomy of educational objectives. Londres: Pearson, 2000.
61. ANDERSON, Lorin; KRATHWOHL, David (Ed.). *Taxonomy for learning, teaching, and assessing*: A revision of Bloom's taxonomy of educational objectives. Londres: Pearson, 2000.

Aplicar	Executar	Realizar tarefas conhecidas
	Implementar	Aplicar procedimentos em novos contextos
Analisar	Diferenciar	Separar o relevante do irrelevante
	Organizar	Arranjar elementos de forma coesa
	Atribuir	Identificar intenções e perspectivas
Avaliar	Verificar	Checar consistências e falácias
	Criticar	Avaliar conformidade e adequação
Criar	Gerar	Formular hipóteses baseadas em critérios
	Planejar	Desenhar procedimentos para tarefas
	Produzir	Construir produtos com propósito definido

Fonte: elaborado pelo autor com base em Anderson e Krathwohl[62]

O educador tem plena autonomia para eleger qualquer um dos caminhos mencionados, seja seguindo a taxonomia original proposta por Bloom ou adotando a abordagem revisada por Anderson e Krathwohl. Ambos os modelos oferecem estruturas para a definição dos objetivos de aprendizagem, os quais podem ser adaptados conforme as exigências do ambiente educacional e das necessidades dos alunos. É fundamental, sublinha-se mais uma vez, que os objetivos delineados sejam sempre claros e precisos, com o intuito de viabilizar um processo de ensino e aprendizagem eficaz e significativo para os estudantes.

4.2.2 Seleção da tecnologia

Uma vez definidos os objetivos de aprendizagem, deve-se selecionar a tecnologia ou plataforma adequada para a criação do AVAI. Nos últimos anos, em meio ao crescimento do conceito do Metaverso, várias plataformas surgiram com o intuito de proporcionar recursos para o desenvolvimento de ambientes virtuais imersivos. Após analisar algumas plataformas, entre elas Decentraland, Virbela, AltspaceVR, VRChat, Horizon Worlds, Roblox, Mozilla Hubs, The Sandbox e Rec Room, o autor observou que a maioria não conseguia proporcionar uma experiência de uso satisfatória, ora apresentando latência elevada,[63] resultando

---

62. ANDERSON, Lorin; KRATHWOHL, David (Ed.). *Taxonomy for learning, teaching, and assessing*: A revision of Bloom's taxonomy of educational objectives. Londres: Pearson, 2000.

63. A latência (*ping*) pode ser definida como o intervalo de tempo necessário para que os pacotes de dados percorram o caminho do dispositivo do usuário até os servidores do jogo (ou ambiente virtual) e retornem ao dispositivo.

em uma experiência notavelmente lenta, ora carecendo de recursos para capacitar o usuário a desenvolver seu próprio ambiente virtual.

Algumas das plataformas demandavam a importação de modelos pré-existentes criados por meio de ferramentas de modelagem, animação e renderização 3D, como Blender, ou motores de desenvolvimento de jogos e aplicativos em 2D e 3D, como Unity. Já outras exigiam diversas etapas para serem acessadas, como é o caso da AltspaceVR, uma das principais plataformas para a criação de ambientes virtuais, que foi descontinuada pela Microsoft em 2023.[64] O processo de utilização da plataforma envolvia uma sequência de etapas complexas, como a criação de uma conta de e-mail na Microsoft, o preenchimento de diversos campos de informações, a verificação do e-mail recebido na caixa de entrada, o acesso à Microsoft Store, a instalação do aplicativo da AltspaceVR, a concessão de uma série de permissões e a personalização do avatar. Somente após a conclusão de todas essas etapas os usuários eram capazes de acessar a plataforma.[65]

As experiências das empresas que desenvolveram parte das plataformas citadas durante 2021, 2022 e 2023, somadas aos *feedbacks* dos usuários, foram determinantes para a continuidade, encerramento ou "pivotagem" das iniciativas.[66] Em meio ao contexto, emergiram novas plataformas que se destacaram por oferecer uma experiência de usuário aprimorada e simplificar a construção de ambientes virtuais, eliminando a necessidade de modelagem, animação, renderização 3D e motores de desenvolvimento de jogos.

Entre as diferentes tecnologias discutidas anteriormente, a VR oferece maiores níveis de imersão, mas exige o uso de *headsets*, os quais possuem custos elevados. Assim, é questionável a possibilidade de proporcionar uma experiência imersiva a muitos alunos, considerando os preços atuais desses dispositivos. Seria necessário que as instituições de ensino realizassem investimentos altos na aquisição de múltiplos equipamentos, o que resultaria em despesas na ordem de

---

64. VENINO, Eddy. Altspace VR: Microsoft encerra rede social de realidade virtual comprada em 2017. *Mundo Conectado*. São Paulo, 21 jan. 2023. Disponível em: https://www.mundoconectado.com.br/noticias/altspace-vr-microsoft-encerra-rede-social-de-realidade-virtual-comprada-em-2017. Acesso em: 17 jun. 2024.

65. Durante o desenvolvimento da Vara do Trabalho de Colíder, conforme mencionado no início deste capítulo, foi essencial criar um manual de utilização para oferecer suporte aos juízes, servidores e demais usuários, com o intuito de minimizar dificuldades. Mesmo com a existência do manual, ainda surgiram desafios práticos para acessar o ambiente virtual.

66. O termo "pivotagem" ou "pivotar" é bastante utilizado no contexto das *startups* para se referir a uma mudança estratégica fundamental na direção ou foco de uma empresa. A Spatial, que em 2021 se concentrou na construção de showrooms virtuais para NFTs, alterou seu modelo de negócio para agora incentivar os usuários a desenvolverem jogos. GOODE, Lauren. A buzzy VR startup pivots again: this time to games. *Wired*. Califórnia, 9 nov. 2023. Disponível em: https://www.wired.com/story/vr-startup-pivots-games. Acesso em: 17 jun. 2024.

milhares de reais. Ademais, o investimento poderia ser insuficiente para atender os alunos simultaneamente, resultando em um revezamento capaz de comprometer a uniformidade da experiência, já que os usuários não estariam sincronizados em suas visualizações.

Para além dos custos elevados associados, a adaptação aos *headsets* requer um período de aprendizado. A experiência do autor ao utilizar esses equipamentos em seu ambiente residencial, bem como ao observar o uso por outras pessoas em eventos de inovação, tecnologia e empreendedorismo nos últimos anos, revela que muitos usuários enfrentam dificuldades ao manuseá-los.[67] Para viabilizar uma experiência de aprendizado imersiva em sala de aula, portanto, seria imperativo não apenas adquirir um grande número de *headsets*, mas também proporcionar aos alunos instrução e treinamento adequados para entender suas funções básicas. Considerando tanto o aspecto financeiro quanto as dificuldades de manipulação dos *headsets*, o autor conclui que, para os propósitos do *framework*, a VR não se revela como a tecnologia ideal. Os altos custos envolvidos na aquisição dos *headsets*, aliados às dificuldades encontradas pelos usuários ao manuseá-los, acabariam por criar mais obstáculos do que benefícios no contexto educacional proposto.

Em relação à MR, os custos associados à aquisição dos *headsets* seriam ainda mais substanciais, ultrapassando, no caso do Hololens 2, o valor de R$ 20 mil reais por dispositivo.[68] Ademais, a aquisição desse aparelho não é simples, exigindo a identificação de um revendedor autorizado para a América Latina no site da Microsoft, seguido pelo contato por e-mail para encomendar o dispositivo. Em relação à AR, ao contrário da VR e da MR, não é necessário investir na aquisição de *headsets*, uma utiliza a câmera e a tela de dispositivos móveis, como *smartphones* e *tablets*, para sobrepor elementos virtuais ao ambiente real. No entanto, embora os dispositivos móveis sejam amplamente acessíveis, para garantir uma experiência de AR envolvente e eficaz é preciso investir na criação de aplicativos ou conteúdos personalizados. Isso não apenas envolve custos, como também requer profissionais especializados, não sendo possível que os próprios educadores assumam essa responsabilidade.

No que diz respeito às TUIs, embora sejam reconhecidas por sua interatividade e facilidade de manuseio, são projetadas sob medida para atender às exigências

---

67. Para ilustrar algumas das dificuldades, o autor observou que muitos usuários enfrentam desafios ao ajustar o *headset* corretamente, frequentemente buscando assistência de profissionais para realizar essa tarefa. Ademais, quando imersos no ambiente virtual, muitos usuários encontram dificuldades em determinar a forma adequada de interagir, ficando indecisos entre usar as mãos diretamente ou optar pelo uso dos *joysticks* para manipular os objetos virtuais.

68. Segundo dados do site da Microsoft, em consulta realizada no dia 9 de março de 2024. MICROSOFT. Redmond: Microsoft, 2024. Disponível em: https://www.microsoft.com/en-gb/store/b/virtualreality. Acesso em: 9 mar. 2024.

específicas do âmbito educacional, o que demanda planejamento meticuloso e custos substanciais. A complexidade técnica inerente ao desenvolvimento de TUIs é igualmente um obstáculo, requerendo conhecimento tanto em *hardware* quanto em *software*. Ademais, a introdução de TUIs no contexto educacional exige treinamento especializado para educadores e alunos, demandando investimento de tempo e recursos para assegurar que todos os envolvidos estejam confortáveis no uso dessas interfaces.

Com base nos motivos apresentados, entende-se que as tecnologias de VR, MR, AR e TUIs não se apresentam como opções favoráveis para compor o *framework* e, consequentemente, para alcançar uma implementação eficaz em sala de aula. Por outro lado, os MUVEs emergem como a escolha mais apropriada para integrar o *framework* e facilitar uma implementação eficaz, por três razões principais: a) não exigem o uso de *headsets* para visualização, demandando apenas um computador ou dispositivo móvel; b) sua implementação não acarreta custos significativos, pois já existem plataformas que oferecem a criação de ambientes virtuais gratuitamente ou mediante uma taxa de assinatura; c) com o advento de plataformas mais recentes, qualquer educador pode criar um ambiente de aprendizagem virtual imersivo de forma intuitiva, mesmo sem possuir habilidades técnicas específicas.

Embora o professor tenha autonomia para selecionar a plataforma que melhor se adeque às necessidades e objetivos educacionais, a Spot se revela como uma das opções mais apropriadas.[69] Entre as plataformas testadas pelo autor, ela se destaca por oferecer um conjunto de recursos para a construção de AVAIs, com baixo custo e uma interface intuitiva que simplifica a compreensão do funcionamento da plataforma. A Spot permite personalizar o ambiente e oferece uma ampla gama de objetos digitais, como computadores, mesas, cadeiras, portas, janelas, televisões e modelos de ambientes pré-criados para uso imediato, incluindo escritórios de diferentes tamanhos e *layouts*, *coworkings*, salas de aula, auditórios, cafeterias, *lounges* e pátios. A gama de recursos disponíveis na plataforma será especificada nas próximas páginas.

4.2.3 Elaboração do conteúdo educacional

Após definir a tecnologia, emerge a necessidade de estruturar a maneira pela qual os conteúdos educacionais serão ensinados e assimilados pelos alunos. O termo "conteúdo educacional" geralmente evoca a ideia de "material didático", visão essa reforçada por diferentes acadêmicos, como Souza, Torres e Amaral,

---

69. SPOT. Seattle: Spot, 2024. Disponível em: https://www.spotvirtual.com. Acesso em: 17 jun. 2024.

que os definem como "materiais didáticos ou recursos que facilitam a aprendizagem".[70] Filatro e Cairo observam, porém, que a expressão "material" implica algo tangível, o que, no contexto atual, deve se expandir também para incluir conteúdos em formatos digitais, multimídia e hipertextuais. As autoras apontam que "conteúdos educacionais" devem ser entendidos em um espectro mais amplo, não se restringindo, portanto, à concepção de material didático:

> Nossa preferência pelo termo 'conteúdos educacionais' em vez de 'materiais didáticos' se justificou pela busca de uma compreensão mais ampla, expressa nas seguintes características (...): a utilização dos conteúdos em contextos diversos (dentro e fora da sala de aula convencional; a autossuficiência em relação a modelos pedagógicos centrados no professor; a convergência de linguagens e mídias em produtos e soluções educacionais digitais.[71]

Entre as diferentes modalidades de conteúdos educacionais, destacam-se aquelas baseadas em mídias digitais, que, segundo Filatro e Cairo, incluem "unidades de estudo integradas a ambientes virtuais de aprendizagem e tipos específicos de áudios, animações, vídeos e infográficos educacionais".[72] Esses formatos multimídia, que adquirem cada vez mais espaço na atualidade, apresentam informações de maneiras visualmente atraentes e facilmente compreensíveis para alunos de diferentes faixas etárias. Áudios podem incluir *podcast*s e gravações de palestras, enquanto vídeos podem revelar procedimentos passo a passo, simulações ou aulas gravadas. Animações e maquetes 3D auxiliam a esclarecer conceitos complexos e a apresentar dados de forma clara e concisa.[73]

Ao longo das últimas décadas, pesquisadores em teorias de aprendizagem têm evidenciado que a ordem em que os conteúdos são apresentados desempenha um papel vital no êxito do processo de aprendizagem. A estrutura do conteúdo

---

70. SOUZA, Marcia Izabel Fugisawa; TORRES, Tércia Zavaglia; AMARAL, Sérgio Ferreira do. Produção de conteúdos educativos baseada na aprendizagem significativa. *Revista Latinoamericana de Tecnología Educativa* – RELATEC, 9(2), 2010, p. 89-105. Disponível em: http://relatec.unex.es/article/view/237. Acesso em: 17 jun. 2024.
71. FILATRO, Andrea; CAIRO, Sabrina. *Produção de conteúdos educacionais*. São Paulo: Saraiva Uni, 2015.
72. FILATRO, Andrea; CAIRO, Sabrina. *Produção de conteúdos educacionais*. São Paulo: Saraiva Uni, 2015.
73. Em estudo sobre os impactos da tecnologia na área jurídica, Arrabal, Krepsky e Cipriano destacam o uso estratégico da animação forense em julgamentos, particularmente no tribunal do júri. Os autores analisam o caso da Boate Kiss para ilustrar como diferentes partes envolvidas utilizaram maquetes 3D para reforçar seus argumentos. O Ministério Público empregou uma maquete produzida por pesquisadores da Universidade Federal de Santa Maria, ao passo que a defesa de Elissandro Spohr apresentou uma reconstrução 3D desenvolvida pelo View 3D Studio. Adicionalmente, a Polícia Civil incorporou análises técnicas realizadas pela sua equipe pericial em Brasília, utilizando tecnologia de scanner e softwares internacionais. In: ARRABAL, Alejandro Knaesel; KREPSKY, Giselle Marie; CIPRIANI, Thiago. Tecnologia no direito e complexidade: imagem, cognição humana e impactos processuais para além do júri da Boate Kiss. Direito.UnB, v. 8, 2024, p. 371-398. Disponível em: https://periodicos.unb.br/index.php/revistadedireitounb/article/view/47005.

educacional deve considerar uma série de fatores, como o escopo e a profundidade de cada unidade de estudo, a organização interna dos componentes dentro de cada unidade e a progressão sequencial entre as unidades de estudo.[74] Wurman, que introduziu o termo "arquitetura da informação" na década de 1970, oferece contribuições valiosas sobre a organização eficaz de conteúdos de modo que essas sejam acessíveis e compreensíveis para os alunos. Como arquiteto e *designer*, ele enfatiza que, embora a quantidade de informações disponíveis seja ampla, sua estruturação é finita e deve ser meticulosamente planejada. Wurman propôs um modelo organizacional conhecido como "LATCH", abreviação para cinco formas de organizar informações (Localização, Alfabética, Tempo, Categoria e Hierarquia):

Tabela 17 – Estrutura organizacional de Wurman

Forma de organização	Descrição
Localização	Refere-se à organização de informações com base em fontes ou locais diversos, sendo útil para comparar dados diversificados, como partes do corpo na medicina ou distribuição geográfica de indústrias;
Alfabeto	Organiza grandes conjuntos de informações em ordem alfabética, sendo útil quando o público não está familiarizado com outras formas de classificação, como por categoria ou localização.
Tempo	Funciona como um princípio organizador para eventos que ocorrem ao longo de períodos fixos. Pode ser usado em exposições e outras narrativas onde a sequência temporal é relevante;
Categoria	Refere-se à organização de itens por tipos ou grupos semelhantes. É eficaz para agrupar itens de importância similar, como diferentes tipos de produtos em uma loja de varejo;
Hierarquia	Organiza itens por magnitude, seja de menor para maior valor, do menos caro para o mais caro, ou por ordem de importância. É útil para atribuir valor ou peso às informações, especialmente ao estudar indústrias ou empresas e fazer comparações de dados quantitativos.

Fonte: elaborado pelo autor com base em Wurman[75]

Transpondo as formas de organização de Wurman para o contexto da educação jurídica, os professores poderão: a) criar módulos instrucionais focados na aplicabilidade do direito em diversas jurisdições, utilizando simulações interativas para engajar os estudantes na análise e aplicação de legislações em cenários hipotéticos (localização); b) organizar uma biblioteca digital jurídica, onde casos,

---

74. FILATRO, Andrea; CAIRO, Sabrina. *Produção de conteúdos educacionais*. São Paulo: Saraiva Uni, 2015.
75. WURMAN, Richard Saul. *Information anxiety*. Nova York: Bantam Books, 1990.

doutrinas e legislações estão indexados em ordem alfabética, proporcionando aos estudantes um acesso ágil e eficiente às informações (alfabeto); c) agrupar decisões judiciais em uma sequência cronológica, permitindo aos estudantes examinar a progressão e seus efeitos subsequentes (tempo); d) estruturar o currículo de modo a segmentá-lo por áreas do direito, de modo a facilitar o planejamento pedagógico de conteúdos e atividades específicas para cada ramo (categoria); e) aplicar metodologias avaliativas que demandem dos alunos a categorização de princípios jurídicos ou casos com base em sua relevância histórica ou impacto societal (hierarquia).

Outras teorias abordam estratégias de organização e sequenciamento de conteúdos educacionais. A teoria da flexibilidade cognitiva, criada por Spiro e colaboradores desde a década de 1980, propõe que a apresentação sequencial de conteúdos é adequada para informações simples e bem estruturadas, mas insuficiente para domínios complexos. Para lidar com a complexidade, sugere a exposição a diversas formas de conteúdos, através de múltiplos casos e exemplos, permitindo que o aluno compreenda a interconexão entre ideias. Ele enfatiza que enfrentar novas situações requer não apenas a recuperação de conhecimento prévio, mas também sua seleção, combinação e adaptação.[76]

Spiro, Coulson, Feltovich e Anderson dividem a aquisição de conhecimento em três fases sequenciais: inicial, avançada e de especialização. Os autores concentram-se na fase avançada, contrastando-a com a fase inicial, que se concentra na aquisição de conceitos fundamentais. No estágio avançado, o aprendiz é instigado a aprofundar sua compreensão conceitual, possibilitando sua aplicação flexível em diversas situações. Carvalho define a flexibilidade cognitiva como a "capacidade que o sujeito tem de, perante uma situação nova (ou problema), reestruturar o conhecimento para resolver a situação (ou o problema) em causa." A autora realça que a teoria da flexibilidade cognitiva é baseada em sete princípios:

> O primeiro, um princípio geral, salienta a necessidade de (1) demonstrar a complexidade e a irregularidade, evidenciando situações que parecem semelhantes e que quando analisadas se revelam diferentes. Os outros princípios, decorrentes do primeiro, apelam a (2) utilizar múltiplas representações do conhecimento, perspectivando-o em diferentes contextos; (3) centrar o estudo no caso; (4) dar ênfase ao conhecimento aplicado a situações concretas em vez de conhecimento abstracto; (5) proporcionar a construção de esquemas flexíveis através da apresentação de situações a que determinados conceitos se aplicam; (6) evidenciar múltiplas conexões entre conceitos e mini-casos (travessias temáticas), evitando compar-

---

76. SPIRO, Rand; COULSON, Richard; FELTOVICH, Paul; ANDERSON, Daniel. Cognitive flexibility theory: advanced knowledge acquisition in ill-structured domains. *Tenth Annual Conference of the Cognitive Science Society*, Hillsdale: Erlbaum, 1988, p. 375-383.

timentar o conhecimento e, por fim, (7) é mencionada a participação activa do aprendente no documento.[77]

A aplicação dos princípios mencionados pode ser ilustrada na hipotética experiência educacional a seguir descrita. Suponha-se que um professor de Direito Penal e Processo Penal crie uma representação digital de uma cidade onde ocorreu determinado crime, incumbindo os alunos de conduzir uma investigação para determinar a materialidade e autoria do delito. Inicialmente, os alunos exploram a representação digital da cidade fictícia, que revela nuances e detalhes que contribuem para a complexidade do caso (1). Para conduzir a investigação, os estudantes têm acesso a uma gama de recursos digitais, como documentos digitalizados, vídeos de depoimentos e modelos 3D da cena do crime, permitindo-lhes examinar cada elemento do caso de diversas perspectivas (2). A fim de aprimorar o estudo do caso e realizar suas funções na investigação, cada aluno é designado para um papel específico (advogado, juiz, testemunha etc.) e encarregado de analisar a investigação sob essa ótica particular, em preparação para um julgamento posterior (3).

Após a investigação do caso, os alunos, com perspectivas predefinidas para fins do estudo do caso, aplicam os conceitos legais aprendidos em sala de aula para desenvolver estratégias de defesa ou acusação e tomar decisões durante o julgamento virtual (4). Conforme o júri avança, os alunos enfrentam reviravoltas inesperadas e novas evidências que desafiam suas suposições iniciais, devendo adaptar suas estratégias e argumentos conforme novas informações surgem, demonstrando a flexibilidade de sua compreensão conceitual (5). Durante a votação do Conselho de Sentença, os alunos exploram como as questões apresentadas no caso se relacionam com princípios do Direito Penal e do Processo Penal, conectando os pontos com outras áreas do direito (6). Por fim, todos os alunos não apenas assistem ao julgamento, mas também participam ativamente, fazendo perguntas, apresentando argumentos, tornando-se parte do processo de aprendizagem (7).

A teoria da elaboração, concebida por Reigeluth e colaboradores no final da década de 1970, propõe a organização de conteúdos partindo dos mais simples e familiares para os mais complexos e menos familiares, seguindo uma progressão gradual. O "método da simplificação de condições", desenvolvido a partir da teoria, compõe-se de dois níveis, quais sejam: a *epitomização*, que envolve resumir o conteúdo de forma simples, destacando o essencial do tema em estudo; e a *elabo-*

---

77. CARVALHO, Ana Amélia Amorim. A representação do conhecimento segundo a teoria da flexibilidade cognitiva. *Revista Portuguesa de Educação*, v. 13, n. 1, 2000, p. 169-184. Disponível em: https://revistas.rcaap.pt/rpe/article/view/10528. Acesso em: 17 jun. 2024.

ração, que compreende a apresentação progressiva de camadas de complexidade adicionais relacionadas ao mesmo tópico.[78] Uma analogia para ilustrar a dinâmica entre os níveis é o *zoom*: inicialmente, a câmera captura uma visão panorâmica (o epítome) e, então, realiza ciclos de aproximação (*zoom in*) e afastamento (*zoom out*) para focar nas partes mais relevantes da imagem. Esse processo se repete até que todas as áreas tenham sido examinadas com o detalhamento necessário.[79]

Aplicando-se a teoria na educação jurídica e utilizando a metáfora do "zoom", em um ambiente virtual dedicado ao ensino da propriedade intelectual os alunos poderiam acessar uma galeria de resumos visuais e áudios sobre os principais conceitos, realizando um "zoom in" para examinar detalhes específicos de patentes, direitos autorais e marcas registradas e, em seguida, um "zoom out" para revisar como esses conceitos estão relacionados entre si. Em um ambiente virtual destinado ao ensino do rito do júri, os estudantes poderiam ingressar em um tribunal virtual onde são confrontados com dilemas éticos complexos, usando "zoom in" para explorar os detalhes dos casos e suas implicações e um "zoom out" para considerar como esses casos se enquadram em questões éticas mais abrangentes.

O educador tem autonomia para escolher entre os caminhos e teorias apresentados para enriquecer o processo de ensino-aprendizagem. Seja optando por incorporar as formas de organização propostas por Wurman, adotando a teoria da flexibilidade cognitiva de Spiro, Coulson, Feltovich e Anderson, ou ainda, implementando os princípios da teoria da elaboração de Reigeluth e colaboradores, o professor pode explorar as particularidades de cada abordagem para criar uma experiência educacional imersiva, oferecendo aos alunos diversos recursos para estimular o pensamento crítico, a resolução de problemas e a aplicação prática dos conceitos jurídicos.

4.2.4 Criação do Ambiente Virtual de Aprendizagem Imersiva (AVAI)

A próxima etapa do *framework* consiste na criação do AVAI. Como refere Jacobson, para que uma simulação ou representação seja considerada autêntica, ela deve capturar a essência do que está sendo representado. A autenticidade é um aspecto que permeia tanto o sistema (o ambiente virtual e sua interface) quanto a percepção do usuário. Se o ambiente oferecer uma representação que efetivamente expresse o objetivo de aprendizagem, o aluno reconhecerá a autenticidade

---

78. REIGELUTH, Charles M. (Ed.). *Instructional-design theories and models*: an overview of their current status. Hillsdale: Lawrence Erlbaum Associates, 1983.
79. FILATRO, Andrea; CAIRO, Sabrina. *Produção de conteúdos educacionais*. São Paulo: Saraiva Uni, 2015.

e se engajará com ela. A representação deve ser capaz de capturar ou representar alguma verdade fundamental sobre o objeto.[80]

Se o objetivo é instruir o aluno sobre técnicas de direção, o uso de um simulador no qual possa operar um veículo virtual e enfrentar lições gradualmente desafiadoras é uma abordagem eficaz. Se o objetivo é auxiliar o aluno a enfrentar o medo de falar em público, colocá-lo em um auditório virtual com uma plateia de figuras humanas automatizadas (*bots*) pode ser um método válido. Em ambos, a qualidade visual do conteúdo educacional não é necessariamente uma prioridade. No primeiro cenário, é imperativo que o automóvel virtual se comporte de maneira similar a um veículo real, com controles realistas que proporcionem um treinamento eficiente ao estudante. Modelos simples são suficientes para atender a esse objetivo, desde que mantenham proporções precisas e sejam facilmente operáveis. No segundo caso, os *bots* precisam apenas ser reconhecivelmente humanos, sendo capazes de expressar emoções por meio de expressões faciais simples ou linguagem corporal. Os movimentos dos *bots* devem ser autênticos em termos de comunicação emocional, embora a complexidade visual de seus corpos possa ser relativamente simples.[81]

No contexto educacional, tecnologias e mídias imersivas devem ser adotadas apenas quando não existirem outras abordagens disponíveis que se mostrem igualmente ou mais eficazes.[82] Na educação jurídica, para compreender conceitos jurídicos abstratos ou analisar casos judiciais, abordagens como a leitura de textos jurídicos, análise de casos e debates em sala de aula podem oferecer mais benefícios do que a adoção de tecnologias imersivas. Por outro lado, em contextos nos quais a visualização espacial é crucial, como em simulações de júri, as mídias imersivas podem ser valiosas. Isso porque proporcionariam ao estudante uma visualização detalhada do ambiente, permitindo-lhe compreender as nuances das fases do julgamento e participar do rito como advogado, promotor ou juiz.

A plataforma Spot é considerada pelo autor uma das mais adequadas para fins educacionais. Sua facilidade de uso é um dos principais atrativos, permitindo que

---

80. JACOBSON, Jeffrey. Authenticity in immersive design for education. In: LIU, Dejian; DEDE, Chris; HUANG, Ronghuai; RICHARDS, John (Ed.). *Virtual, augmented, and mixed realities in education*. Singapura: Springer, 2017. p. 35-54.

81. A ênfase deve sempre recair sobre os aspectos do veículo que são relevantes para o aprendizado. Se o objetivo fosse instruir o aluno a memorizar os componentes internos de um veículo, por exemplo, a ênfase estaria na aparência visual da simulação, com menos importância atribuída ao comportamento funcional do automóvel. JACOBSON, Jeffrey. Authenticity in immersive design for education. In: LIU, Dejian; DEDE, Chris; HUANG, Ronghuai; RICHARDS, John (Ed.). *Virtual, augmented, and mixed realities in education*. Singapura: Springer, 2017. p. 35-54.

82. JACOBSON, Jeffrey. Authenticity in immersive design for education. In: LIU, Dejian; DEDE, Chris; HUANG, Ronghuai; RICHARDS, John (Ed.). *Virtual, augmented, and mixed realities in education*. Singapura: Springer, 2017. p. 35-54.

qualquer educador, mesmo sem conhecimentos técnicos avançados, desenvolva ambientes de aprendizagem em poucos minutos. Após registrar-se na plataforma e acessar a opção "Add Spaces > Create New Space", o professor tem à disposição mais de 30 modelos de ambientes para personalização. A figura a seguir apresenta a interface de usuário da plataforma, com o avatar do autor no centro:

Figura 38 – Interface de usuário da plataforma Spot

A figura exibe a *interface* de usuário da plataforma Spot. No lado esquerdo, há um modelo de sala de aula contendo uma lousa digital e cadeiras para os estudantes, com o avatar do autor ocupando uma delas. No lado direito, há um painel de controle denominado "Modo de Construção", que oferece opções de adicionar objetos virtuais diversos no ambiente virtual. Fonte: Spot, disponível em https://spotvirtual.com.

Embora não ofereça a possibilidade de começar com um terreno em branco, a Spot permite que, tão logo escolhido o ambiente pré-configurado, o educador modifique-o completamente, conforme suas necessidades pedagógicas. A tabela a seguir ilustra alguns exemplos de ambientes virtuais disponíveis na plataforma Spot:

Tabela 18 – Exemplos de ambientes virtuais pré-configurados

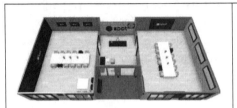 Mostly Meetings	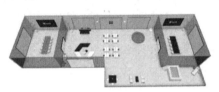 Small Office D
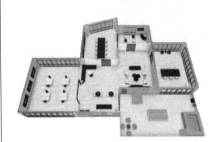 Small Office C	 Small Hexi Office
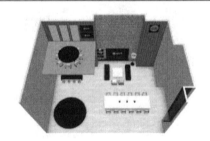 Small Loft Office	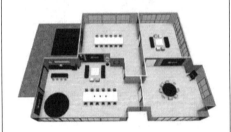 Small Office
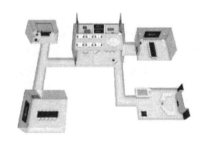 Small Office Campus	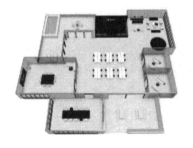 Medium Office B

4 • EDUCAÇÃO JURÍDICA IMERSIVA: UMA PROPOSTA DE *FRAMEWORK*

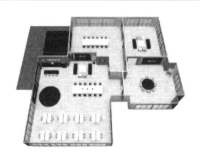 Medium Office	 Medium Office Campus
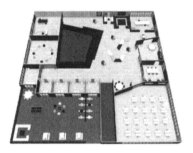 Medium Loft Office	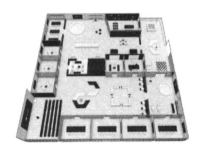 Large Office A
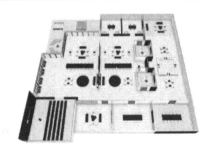 Large Office E	 Large Office F
 Co-Working Office	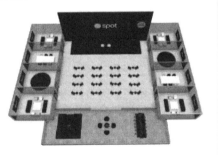 XS Event Space

 Extra Small Event Space	 Small Event Space
 Spotitorium	 Medium Event Space
 Classroom	 Large Event Center
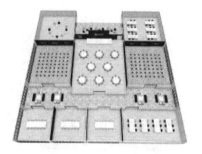 Multiple Events Space	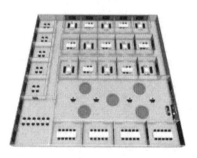 Large Recruiting Space

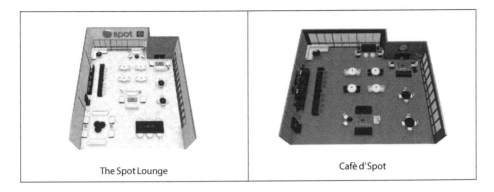

| The Spot Lounge | Cafè d'Spot |

Fonte: elaborado pelo autor com base em spotvirtual.com.

Suponha-se que um professor de Processo do Trabalho de uma universidade brasileira deseje criar uma sala de audiência virtual para ilustrar a dinâmica de uma audiência trabalhista aos seus alunos. Nesse caso, o educador poderá escolher o primeiro modelo de ambiente pré-configurado (*Mostly Meetings*) e, após selecionar uma das salas dentro do espaço, pode remover todos os objetos pré-instalados antes de personalizá-la. A remoção dos objetos é simples: basta clicar no objeto que se deseja remover e, então, clicar no ícone da lixeira. Ao clicar no objeto, também é possível girá-lo ou redimensioná-lo conforme necessário. A função de girar pode ser utilizada para organizar um conjunto de cadeiras e encaixá-las em uma mesa de trabalho. Já a função de redimensionar pode ser empregada para aumentar ou diminuir o tamanho de uma mesa, para que fique proporcional ao tamanho da sala. A variedade de recursos simplifica o processo de construção do ambiente, tornando-o fácil e ágil.

Após a remoção dos objetos pré-instalados, o mesmo professor, utilizando o "Modo de Construção", poderá (re)construir o espaço para representar uma sala de audiências trabalhistas à semelhança da realidade. Ao clicar em "Adicionar", o educador será capaz de selecionar elementos diversos, como mesas, monitores, cadeiras, sofás, janelas, estantes, prateleiras, livros e plantas, para inseri-los dentro do ambiente virtual. O educador pode não apenas remover, girar, redimensionar e incluir elementos virtuais no ambiente virtual, como também realizar ajustes na planta baixa, modificando a altura do teto, a espessura da parede, o material do piso, o material da parede, a cor da parede, entre outros.

Figura 39 – Ambiente com objetos pré-instalados e removidos

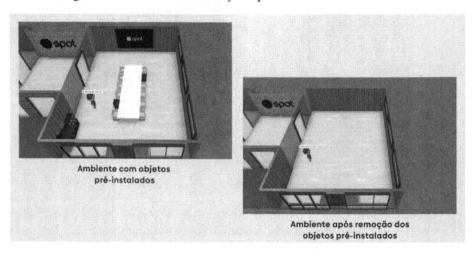

A figura apresenta duas imagens de ambientes virtuais de aprendizagem. À esquerda, há um modelo com objetos pré-instalados pela Spot. À direita, os elementos virtuais internos foram removidos para permitir a reconstrução do ambiente.
Fonte: Spot, disponível em https://spotvirtual.com.

Ademais, é possível customizar o entorno do ambiente virtual, selecionando alguns dos temas disponíveis na Spot. O tema "Beach", por exemplo, cria um entorno com elementos característicos de uma praia, como areia, mar e palmeiras, enquanto o tema "Desert" cria um ambiente árido com dunas de areia e vegetação esparsa, simulando um deserto. Já o tema "Winter Park" simula um ambiente com neve e elementos típicos do inverno, como árvores cobertas de neve e caminhos gelados. Há ainda temas para representações do espaço sideral e estudos planetários, como o "Mars" e "Moon", que simulam, respectivamente, os solos avermelhados do planeta Marte e as crateras cinzentas do satélite natural da Terra.

Figura 40 – Ajustes da planta baixa e de seus entornos

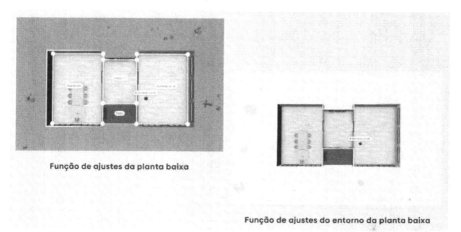

A figura apresenta dois ambientes virtuais e destaca a possibilidade de ajustes tanto na planta baixa quanto no ambiente externo, como o terreno ao redor das salas. Fonte: Spot, disponível em https://spotvirtual.com.

Para ilustrar o fácil manuseio da plataforma, o autor desenvolveu, em poucos minutos, um ambiente que simula uma sala de audiências trabalhistas. Aproveitando os diferentes objetos virtuais e a liberdade de manipulação que a plataforma oferece, recriou a disposição cênica. No ambiente, três mesas e seis cadeiras são organizadas em formato de "L" invertido, separando os diferentes participantes do ato judicial. A mesa central é destinada às partes envolvidas (reclamante e reclamada) e seus advogados, enquanto as mesas adjacentes são destinadas ao juiz e ao serventuário. A flexibilidade da Spot permite: a) criar ambientes virtuais de aprendizagem personalizados e adequados às necessidades específicas de cada projeto educacional; b) aprimorar a utilização do espaço disponível, evitando áreas inutilizadas; e c) garantir que todos os elementos relevantes estejam acessíveis e bem posicionados.

Figura 41 – Sala de audiências trabalhistas

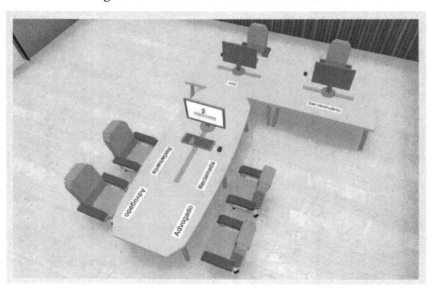

A figura apresenta uma sala de audiências trabalhistas, separando os diferentes participantes do ato judicial: reclamante e reclamada com seus respectivos advogados, juiz e serventuário. Fonte: elaborado pelo autor com base em Spot, disponível em https://spotvirtual.com.

Para fins de aplicação prática em sala de aula, o professor poderá criar um *link* compartilhável para que os alunos acessem o ambiente, enviando-o por e-mail, à semelhança de convites para reuniões virtuais. Tanto os alunos quanto os professores podem interagir com os objetos virtuais dispostos no ambiente. Se o aluno deseja sentar-se em uma das cadeiras, basta passar o *mouse* sobre o objeto, e a opção "sit down" aparecerá. Se o aluno clicar no computador disposto na mesa retangular, terá acesso a uma ampla gama de recursos, os quais serão detalhados a seguir:

Compartilhar tela: permite compartilhar o conteúdo da tela com outros usuários em tempo real;

Ligar câmera: ativa a *webcam* do usuário, permitindo que outros participantes vejam seu vídeo durante uma sessão;

Compartilhar imagem: permite o compartilhamento de imagens localizadas na internet ou no próprio computador do usuário;

Compartilhar site: permite ao usuário compartilhar um *link* de um *site* com os participantes, para visualização em tempo real;

Lousa: abre uma lousa interativa com diversas funções, na qual os participantes podem escrever, desenhar ou visualizar conteúdo em conjunto;

Figura 42 – Lousa interativa

A ilustração apresenta o recurso "Lousa" ativado, proporcionando uma interface de usuário de uma lousa digital para ser utilizada pelo professor ou pelos alunos. Fonte: Spot, disponível em https://spotvirtual.com.

- *Navegador compartilhado*: esse recurso complementa o "compartilhar site". Na função "compartilhar site", os *sites* são incorporados dentro do Spot por meio de um *iframe*, o que significa que o conteúdo do site é exibido dentro de uma janela dentro do ambiente do Spot. No entanto, nem todos os sites podem ser carregados usando um *iframe*, pois os proprietários do site podem configurar restrições que impedem que seus sites sejam incorporados em outros lugares na web. Por outro lado, o recurso "navegador compartilhado" da Spot utiliza um computador virtual na nuvem para acessar e exibir os *sites*. Isso significa que os *sites* são visualizados como se estivessem sendo acessados em um navegador regular e não estão limitados pelas restrições de incorporação do *iframe*;
- *Compartilhar PDF*: permite que documentos em PDF sejam compartilhados e visualizados pelos participantes durante a aula;
- *Pesquisa*: permite ao professor abrir uma enquete durante a aula, para coletar *feedback* instantâneo, tomar decisões baseadas na opinião da maioria ou avaliar o entendimento dos alunos sobre um tópico específico;
- *YouTube*: permite aos alunos assistir a vídeos do YouTube dentro do ambiente da aula, enriquecendo a experiência educacional com conteúdo multimídia;

- *Temporizador*: ativa um cronômetro que pode ser empregado para controlar o tempo durante a apresentação de conteúdos ou intervalos.

Ao utilizar a plataforma, alunos e professores podem alternar entre perspectivas de primeira e terceira pessoa para melhorar a navegação no ambiente. A função "First-Person View", representada pelo símbolo de informação ("i") dentro de um círculo, oferece uma visão direta e frontal, semelhante à visão humana, proporcionando uma experiência de controle mais intuitiva e imersiva. A função "Top-Down View", representada pelo símbolo de uma bússola, apresenta uma perspectiva em terceira pessoa, permitindo que o usuário visualize seu entorno de cima. O recurso facilita o planejamento de movimentos e também amplia a compreensão espacial do ambiente.

Figura 43 – Seleção de diferentes perspectivas na plataforma Spot

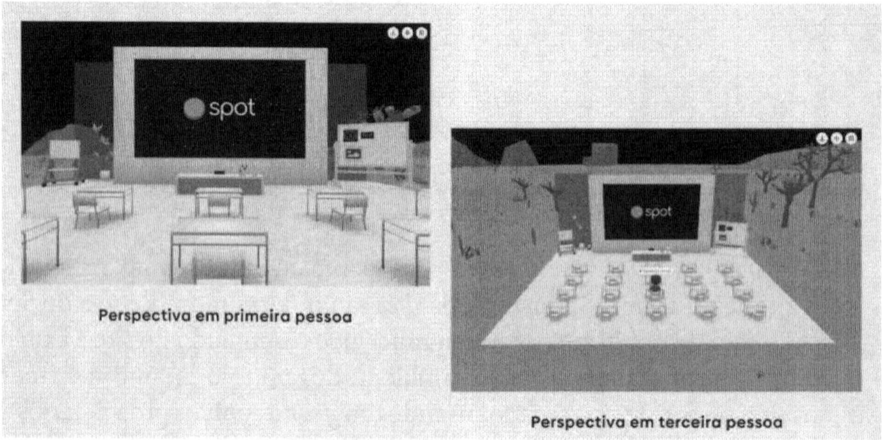

A figura apresenta as funções "First-Person View" e "Top-Down View", permitindo que alunos e professores alternem entre perspectivas de primeira e terceira pessoa. Fonte: Spot, disponível em https://spotvirtual.com.

4.2.5 Avaliação e *feedback*

Os métodos de avaliação tradicionais normalmente envolvem testes, questionários, redações e outras avaliações escritas ou orais, concentrando-se principalmente na medição do conhecimento e compreensão por meio de formatos padronizados. Essas avaliações, conhecidas como "somativas", são adotadas para avaliar o que os estudantes aprenderam ao término de uma unidade, promover os alunos, garantir que alcancem os padrões necessários para obter certificação escolar ou, ainda, para ingressar em certas profissões.[83] Embora sejam amplamente estabelecidas, as avaliações somativas apresentam limitações significativas, priorizando a memorização de fatos em vez de avaliar adequadamente habilidades como pensamento crítico, resolução de problemas e a capacidade de aplicar conhecimentos em contextos reais, e falhando em fornecer *feedback* imediato aos alunos.[84]

Para lidar com esses desafios, educadores têm se dedicado a explorar, desenvolver e implementar avaliações que aplicam princípios de jogos, como *feedback* imediato, imersão, interatividade e desafios progressivos, visando a uma avaliação mais abrangente e eficaz das competências dos alunos. Um exemplo são as avaliações formativas, que consistem em "avaliações frequentes e interativas do progresso e compreensão dos estudantes para identificar necessidades de aprendizagem e ajustar o ensino de acordo".[85] O conceito foi introduzido por Bloom, Hastings e Maddaus em 1971, os quais propuseram que a avaliação deve ser integrada de forma contínua ao processo de ensino-aprendizagem.[86]

De acordo com Rober, a avaliação formativa é um processo contínuo que oferece *feedback* em tempo real e monitora o progresso dos alunos ao longo da experiência de aprendizagem. Esse método de avaliação concentra-se em fornecer retorno imediato aos alunos para guiar seu aprendizado e melhorar seu desempenho. Ao incorporar avaliações formativas no contexto educacional, os alunos podem receber *feedback* instantâneo sobre suas decisões, ações e habilidades de resolução de problemas. As avaliações formativas podem ser integradas diretamente ao jogo, como por meio de questionários interativos, desafios ou simulações. Essas avaliações não só medem a aquisição de conhecimento, mas também aumentam o engajamento e a motivação dos alunos.[87]

Cullinane define a avaliação formativa como o processo contínuo de monitorar o progresso dos alunos sem atribuir notas, utilizando os dados e observações obtidos para ajustar o ensino e a aprendizagem de acordo com as necessidades dos estudantes durante a realização de tarefas ou atividades. Essa modalidade de avaliação

---

83. OECD. Assessment for learning formative assessment: *Learning in the 21st century*: research, innovation and policy. Paris: OECD/CERI, 2008.
84. ROBER, Kyle. Game-based learning assessment demystified: effective evaluation methods. *Learnexus*. 7 fev. 2024. Disponível em: https://www.learnexus.com/game-based-learning-assessment-demystified. Acesso em: 17 jun. 2024.
85. OECD. Assessment for learning formative assessment: *Learning in the 21st century*: research, innovation and policy. Paris: OECD/CERI, 2008.
86. BLOOM, Benjamin Samuel; HASTINGS, J. Thomas; MADAUS, George F. *Handbook on formative and summative evaluation of student learning*. New York: McGraw-Hill, 1971.
87. ROBER, Kyle. Game-based learning assessment demystified: effective evaluation methods. *Learnexus*. 7 fev. 2024. Disponível em: https://www.learnexus.com/game-based-learning-assessment-demystified. Acesso em: 17 jun. 2024.

é caracterizada pela coleta contínua de dados sobre o desempenho dos estudantes, como observações em sala de aula e participação em discussões em grupo, bem como pelo fornecimento de *feedback* específico sobre o desempenho dos alunos, o que os auxilia a orientar seu aprendizado de maneira direcionada e eficaz.[88]

Entre as técnicas que podem ser utilizadas para implementar avaliações formativas em sala de aula estão o uso do *Think-Pair-Share* e o *Pass the question*. Na primeira técnica, os alunos recebem uma pergunta aberta e têm tempo para refletir e, se necessário, anotar seus pensamentos. Em seguida, são agrupados com colegas para discutir e esclarecer suas ideias, sendo encorajados a compartilhar seus pensamentos com a turma ou classe, o que permite identificar imprecisões no pensamento que podem ser corrigidas imediatamente. Na segunda, os alunos trabalham em pares para responder a uma pergunta e formulam uma resposta dentro de um tempo determinado. Ao final do tempo, os estudantes trocam suas respostas com outros pares para finalizar, modificar ou adicionar ideias conforme necessário. Ouvir as trocas de ideias entre os grupos de alunos oferece evidências sobre a profundidade e a compreensão do tema. Ademais, as respostas escritas podem ser coletadas e analisadas para observar a diversidade de pensamentos entre os estudantes.[89]

Uma técnica igualmente relevante é o "Muddiest Point", na qual os estudantes são instruídos a registrar a parte da aula que mais lhes causa dúvidas ao final da sessão, o que os permite refletir sobre seu aprendizado e identificar áreas que consideram desafiadoras. O diferencial da abordagem é proporcionar aos alunos que tendem a ser menos expressivos uma oportunidade confortável para comunicar suas dificuldades. Para implementar essa técnica, são distribuídos pequenos cartões de papel, nos quais os alunos são solicitados a descrever a parte específica da lição que mais os confundiu. (Uma variação adicional do método é o "Minute Paper". Nos minutos finais da aula, os alunos são orientados a dedicar um minuto para escrever respostas curtas a duas perguntas: "Qual foi o ponto mais importante abordado na aula hoje?" e "Que pergunta não respondida você ainda tem?" Essa técnica proporciona aos alunos uma oportunidade rápida de reflexão sobre o conteúdo discutido e de expressar dúvidas remanescentes de forma concisa).[90]

---

88. CULLINANE, Alison. Formative assessment classroom techniques. *Resource & Research Guides*, v. 2, n. 13, 2011. Disponível em: https://www.dcu.ie/sites/default/files/inline-files/formative-assessment--classroom-techniques.pdf. Acesso em: 17 jun. 2024.
89. CULLINANE, Alison. Formative assessment classroom techniques. *Resource & Research Guides*, v. 2, n. 13, 2011. Disponível em: https://www.dcu.ie/sites/default/files/inline-files/formative-assessment--classroom-techniques.pdf. Acesso em: 17 jun. 2024.
90. CULLINANE, Alison. Formative assessment classroom techniques. *Resource & Research Guides*, v. 2, n. 13, 2011. Disponível em: https://www.dcu.ie/sites/default/files/inline-files/formative-assessment--classroom-techniques.pdf. Acesso em: 17 jun. 2024.

Embora a avaliação formativa seja valiosa para fornecer *insights* sobre o progresso dos alunos e não exija investimentos de dinheiro para implementar, pode ser desafiador aplicá-la diretamente em experiências de aprendizagem imersivas, onde as interações e ações dos alunos são dinâmicas e ocorrem em tempo real. Em um estudo recente, Oyelere, Agbo e Oyelere narram a implementação da avaliação formativa durante uma experiência educacional imersiva com VR e minijogos, com o objetivo de promover o desenvolvimento de habilidades de pensamento computacional entre estudantes universitários. A pesquisa combinou métodos quantitativos e qualitativos, utilizando um modelo de distância objetiva para avaliar a competência dos estudantes em pensamento computacional durante o jogo, seguido de entrevistas e análise de conteúdo para identificar temas emergentes.[91]

No entanto, Oyelere, Agbo e Oyelere destacam no corpo do artigo a complexidade da avaliação do progresso dos alunos utilizando a abordagem escolhida, ao empregar uma fórmula matemática detalhada para mensurar a competência dos alunos em pensamento computacional, que calcula a diferença entre a pontuação satisfatória e a pontuação atual dos alunos, multiplica a diferença pelo seu valor absoluto e divide pelo valor da pontuação total. Eventual implementação da abordagem em outros contextos educacionais exigiria dos educadores conhecimentos em matemática, física e estatística para desenvolver fórmulas e realizar cálculos semelhantes, dificultando o processo avaliativo como um todo.[92]

Ao oferecer novas oportunidades de aprendizado que se diferenciam do processo de ensino-aprendizagem   convencional, os AVAIs demandam novas metodologias de avaliação inovadoras. Shute, Rahimi e Emihovich reforçam que a avaliação dos AVAIs não deve se limitar à aplicação de testes somativos, que, por sua natureza padronizada, transmitem uma visão restrita da proficiência dos alunos e não fornecem *feedback* imediato para orientar o processo educacional ou adaptar o ambiente às necessidades individuais. Para mensurar adequadamente o progresso e o desempenho dos alunos em experiências imersivas, as autoras recomendam a chamada "avaliação furtiva" ou "avaliação discreta", que consiste na coleta e análise contínua de dados enquanto os alunos interagem dentro dos AVAIs.[93]

---

91. OYELERE, Amos Sunday; AGBO, Friday Joseph; OYELERE, Solomon Sunday. Formative evaluation of immersive virtual reality expedition mini-games to facilitate computational thinking. *Computers & Education*: X Reality, v. 2, 2023. Disponível em: https://www.sciencedirect.com/science/article/pii/S2590116823000026. Acesso em: 17 jun. 2024.

92. OYELERE, Amos Sunday; AGBO, Friday Joseph; OYELERE, Solomon Sunday. Formative evaluation of immersive virtual reality expedition mini-games to facilitate computational thinking. *Computers & Education*: X Reality, v. 2, 2023. Disponível em: https://www.sciencedirect.com/science/article/pii/S2590116823000026. Acesso em: 17 jun. 2024.

93. SHUTE, Valerie; RAHIMI, Seyedahmad; EMIHOVICH, Benjamin. Assessment for Learning in Immersive Environments. In: LIU, Dejian; DEDE, Chris; HUANG, Ronghuai; RICHARDS, John (Ed.). *Virtual, augmented, and mixed realities in education*. Singapore: Springer, 2017, p. 71-87.

Segundo Lynch, a essência da "avaliação furtiva" (*stealth assessment*) reside na sua natureza discreta, inspirada nos princípios dos jogos.[94] Ela opera através da coleta e análise das ações dos estudantes durante sua interação com o ambiente. Os dados são coletados e registrados pelo sistema tecnológico, permitindo uma estimativa contínua do progresso e desempenho do aluno. Durante a exploração do ambiente, os estudantes geram sequências complexas de ações e interações ao realizarem tarefas desafiadoras, empregando as habilidades que estão sendo avaliadas pelo professor. A evidência necessária para avaliar as competências é obtida por meio das interações dos alunos com o ambiente em si.[95]

Entre os benefícios da "avaliação discreta" estão: a) redução da ansiedade do teste (a avaliação é incorporada no ambiente de aprendizado, de forma que os alunos não percebam que estão sendo avaliados, reduzindo assim a ansiedade comumente associada aos testes tradicionais); b) manutenção do engajamento dos alunos (como a avaliação é integrada de maneira invisível no jogo ou na atividade de aprendizado, os alunos permanecem engajados na tarefa, oferecendo um fluxo contínuo de interação); e c) *feedback* imediato (ambientes bem projetados oferecem *feedback* instantâneo na forma de pontuações ou progresso do alunos, permitindo que aprendam e sejam avaliados simultaneamente).[96]

Em um artigo aprofundando a técnica, Shute, Rahimi e Emihovich descrevem uma experiência realizada com alunos de uma escola de Ensino Médio em Illinois, EUA, em que implementaram a "avaliação furtiva". Para criar a avaliação, inicialmente desenvolveram um modelo de competência em resolução de problemas organizado em quatro facetas: a) analisar dados e restrições fornecidas; b) planejar um caminho de solução, c) usar ferramentas de forma eficaz/eficiente ao resolver o problema, e d) monitorar e avaliar o progresso. Paralelamente à criação do modelo, Shute, Rahimi e Emihovich selecionaram o ambiente para incorporar a avaliação: o jogo "Use Your Brainz", uma versão modificada de "Plants vs. Zombies 2", que requer habilidades de resolução de problemas.[97]

---

94. LYNCH, Matthew. Stealth assessment: reimagining learning and testing for the 21st Century. In: The Edvocate, 13 Jan. 2016. Disponível em: https://www.theedadvocate.org/stealth-assessment-reimagining-learning-and-testing-for-the-21st-century. Acesso em: 17 jun. 2024.

95. SHUTE, Valerie; VENTURA, Matthew. *Measuring and supporting learning in video games*: stealth assessment. Cambridge: MIT Press, 2013.

96. WANG, Lubin; SHUTE, Valerie J.; MOORE, Gregory R. Best practices and lessons learned of stealth assessment. *International Journal of Gaming and Computer-Mediated Simulations*, v. 7, n. 4, p. 66-87, 2015. Disponível em: https://www.igi-global.com/article/best-practices-and-lessons-learned-of-stealth-assessment/136317. Acesso em: 17 jun. 2024.

97. No jogo, os jogadores posicionam diversas plantas especiais em seu gramado para impedir que zumbis alcancem sua casa. Cada planta possui atributos distintos; por exemplo, algumas plantas ofensivas atacam diretamente os zumbis, enquanto outras plantas defensivas desaceleram os zumbis para proporcionar mais tempo ao jogador para atacá-los. O desafio é determinar quais plantas utilizar e onde posicioná-las no campo de batalha para derrotar todos os zumbis.

Shute e seus colegas jogaram repetidamente o jogo "Use Your Brainz", identificando dezenas de indicadores observáveis, que foram posteriormente utilizados para atualizar o modelo. "Por exemplo, a equipe de pesquisa determinou que plantar três ou mais plantas produtoras de sol (que fornecem a moeda para usar outras plantas) antes da chegada da primeira onda de zumbis é um indicador da faceta analisar dados e restrições e mostra que o jogador compreende as restrições de tempo e recursos", destacam as autoras. O próximo passo consistiu na criação de uma matriz Q, na qual as quatro facetas de resolução de problemas foram organizadas nas colunas e todos os indicadores relevantes foram listados nas linhas. Em seguida, Shute e seus colegas definiram regras de pontuação.[98]

Após categorizar todos os indicadores, Shute, Rahimi e Emihovich conectaram cada indicador às facetas do modelo de competência e estabeleceram uma relação estatística entre eles utilizando Redes Bayesianas. Segundo os autores, que conduziram uma revisão da literatura sobre o tema, esse método estatístico é altamente adequado para analisar dados de desempenho gerados pela interação dos aprendizes com o ambiente educacional, sendo eficiente para organizar as dependências probabilísticas entre os indicadores e as facetas do modelo, bem como para analisar e interpretar os dados coletados.

No artigo, Shute e seus colegas mencionam etapas adicionais além das já citadas e enfatizam a necessidade de ajustes frequentes durante a implementação da avaliação, evidenciando a complexidade integral do processo. À semelhança de outras publicações acadêmicas já analisadas, o artigo apresenta "o que" deve ser feito, mas não detalha "como" realizar as ações descritas. De modo a contribuir com a discussão, realizou-se pesquisa na literatura acadêmica e encontrou-se duas principais abordagens para a coleta de dados em tempo real com o objetivo de avaliar o progresso dos alunos. A primeira envolve o uso de dispositivos avançados, que possibilitam aos professores ouvir a colaboração de pequenos grupos e interagir instantaneamente, enquanto a segunda compreende o acesso ao código-fonte do jogo ou plataforma, possibilitando a modificação dos dados capturados nos arquivos de *log* e a incorporação direta dos modelos de "avaliação furtiva".[99]

Em relação à primeira abordagem, os dispositivos Pods e Flexmike, desenvolvidos pela empresa Lightspeed, permitem ao professor monitorar diversos grupos, em tempo real e de forma simultânea, e se comunicar separadamente

---

98. SHUTE, Valerie; RAHIMI, Seyedahmad; EMIHOVICH, Benjamin. Assessment for Learning in Immersive Environments. In: LIU, Dejian; DEDE, Chris; HUANG, Ronghuai; RICHARDS, John (Ed.). *Virtual, augmented, and mixed realities in education.* Singapore: Springer, 2017, p. 71-87.
99. SHUTE, Valerie; RAHIMI, Seyedahmad; EMIHOVICH, Benjamin. Assessment for Learning in Immersive Environments. In: LIU, Dejian; DEDE, Chris; HUANG, Ronghuai; RICHARDS, John (Ed.). *Virtual, augmented, and mixed realities in education.* Singapore: Springer, 2017, p. 71-87.

com cada um deles. Os aparelhos foram construídos com o propósito de oferecer *feedback* imediato e facilitar ajustes no processo educacional, buscando otimizar o progresso individual dos alunos. Apesar de seus potenciais benefícios, a implementação dessa abordagem enfrenta desafios significativos. Um dos principais é a complexidade tecnológica associada ao uso de dispositivos como os Pods e Flexmike da Lightspeed, que demandam treinamento especializado para operação eficiente. Além da necessidade de habilidades técnicas específicas, os educadores também enfrentam desafios relacionados ao custo elevado dessas tecnologias.[100] Outro ponto crítico é a disponibilidade limitada desses dispositivos no mercado brasileiro, onde, em pesquisa realizada em junho de 2024, não foram encontrados produtos disponíveis para compra em plataformas populares de e-commerce, como Amazon e Mercado Livre.

Uma alternativa para abordar a primeira abordagem, embora menos eficiente em termos de *feedback* imediato, envolveria o professor utilizar a função de gravação de seu *smartphone* para capturar as interações entre um grupo de alunos. O conteúdo poderia ser transcrito por meio de ferramentas de transcrição disponíveis na internet e, em seguida, organizado com o auxílio de LLMs como o ChatGPT. Outra possibilidade seria usar recursos avançados que integram todas essas funcionalidades em um único ambiente, como é o caso do Fathom.[101] A ferramenta é capaz de transcrever automaticamente e resumir conversas, destacando os pontos principais logo após o término da gravação. Ademais, o Fanthom sincroniza todas as informações com ferramentas de produtividade e colaboração, como Slack, Google Docs e Microsoft OneNote, permitindo ao educador integrar as necessidades individuais dos alunos com o modelo de competência estabelecido.

Embora métodos menos onerosos que a aquisição de dispositivos como o Flexmike possam ser utilizados para registrar a interação dos alunos, com objetivo de fornecer *feedback* imediato ou posterior, essa abordagem inicial possui a limitação de não permitir a customização do ambiente imersivo com recursos avançados. Tal personalização é viável apenas na segunda abordagem, que envolve o acesso ao código-fonte. Em síntese, o acesso ao código-fonte de jogos ou plataformas educacionais permite uma customização detalhada dos modelos de avaliação de acordo com as necessidades específicas de cada ambiente educacional. Essa capacidade não só oferece potencial para aumentar o engajamento dos

---

100. O Flexmike, por exemplo, pode ser adquirido por US$ 313 no site da Lightspeed. LIGHTSPEED. Tualatin, OR: Lightspeed, [ano da publicação não informado]. Disponível em: https://lightspeed-tek. com. Acesso em: 13 jun. 2024.
101. FATHOM. San Francisco, Fathom, 2024. Disponível em: https://fathom.video. Acesso em: 13 jun. 2024.

estudantes ao proporcionar uma experiência de aprendizagem mais dinâmica e interativa, mas também para facilitar a análise contínua do progresso individual de cada aluno.

Por outro lado, o acesso ao código-fonte para modificar os dados capturados nos arquivos de *log* e incorporar os modelos de "avaliação furtiva" demanda conhecimentos técnicos avançados, que geralmente excedem a *expertise* dos educadores. Essas tarefas podem envolver competências em linguagens de programação, manipulação de bancos de dados, entendimento de algoritmos de *machine learning* e habilidades em engenharia de *software*. As modificações no código-fonte requerem precisão técnica para assegurar a eficácia do ambiente imersivo. Diferentemente das etapas anteriores do *framework*, nesta fase e, em especial nessa abordagem, o educador precisará de assistência profissional para auxiliá-lo, sob pena de o ambiente imersivo não funcionar corretamente.

Adicionalmente, é fundamental considerar os riscos inerentes à proteção de dados. O manuseio de arquivos de *log* e a integração de recursos não nativos podem expor informações sensíveis dos alunos. Esse cenário demanda a adoção de medidas rigorosas de segurança para evitar violações de privacidade. A ausência de *expertise* do educador em segurança da informação acarreta um risco de vulnerabilidades, passíveis de exploração por agentes mal-intencionados. Sendo assim, assegurar a conformidade com as legislações de proteção de dados e implementar práticas de cibersegurança são ações essenciais para preservar a integridade e a confidencialidade dos dados educacionais.

Embora se busque avançar na inovação da avaliação dos alunos por meio de uma abordagem moderna, inspirada nos princípios dos jogos e que capture as ações e interações dos alunos em tempo real, a implementação da segunda metodologia dificilmente poderá ser realizada pelo educador de forma autônoma, como nas fases anteriores. A complexidade técnica envolvida na configuração e personalização de sistemas de "avaliação furtiva" demanda habilidades especializadas em programação, análise de dados e engenharia de *software*, que geralmente ultrapassam o escopo das competências dos educadores. Assim, é essencial a colaboração com profissionais de tecnologia e especialistas em segurança da informação para assegurar a eficácia e a integridade do ambiente educacional imersivo, além de garantir a conformidade com as normas de proteção de dados.

5
CONCLUSÃO

A tese doutoral teve como foco principal a educação jurídica *OnLife*, delimitando-se à formulação de um *framework* para a implementação de AVAIs na formação jurídica. O estudo evidenciou claramente a transição da educação convencional para a educação *OnLife*, destacando a crescente influência das tecnologias digitais na redefinição da identidade, percepção da realidade e interações humanas. O conceito de *OnLife*, introduzido por Luciano Floridi[1], sublinha a fusão entre o *online* e o *offline*, indicando a necessidade de reavaliar as abordagens educacionais para se adaptar a essa nova realidade. A educação jurídica, em particular, enfrenta desafios significativos em um mundo hiperconectado, especialmente no contexto pós-pandemia, que exige a reformulação das práticas educacionais.

Durante o percurso da tese realizou-se uma análise de conceitos fundamentais no contexto da educação *OnLife*, como hibridismo (Latour); multimodalidade (Schlemmer, Backes e La Rocca); cognição inventiva (Kastrup); epistemologias reticulares (Di Felice); ato conectivo transorgânico, transubstanciação e habitar atópico (Di Felice); aprendizagem enquanto mestiçagem (Serres); complexidade (Morin); simpoiese (Haraway); e cconectografia (GPe-dU). Essas noções foram investigadas para aprofundar a compreensão das dinâmicas de aprendizado em um contexto de hiperconectividade, atuando também como embasamento teórico para o desenvolvimento do *framework*. A tabela a seguir sintetiza cada um dos conceitos mencionados:

---

1. FLORIDI, Luciano (Ed.). *The onlife manifesto*: being human in a hyperconnected era. New York: Springer Open, 2014.

Tabela 19 – Principais conceitos relacionados à educação OnLife

Conceito	Descrição
Hibridismo	Originado nas ciências biológicas, o conceito de hibridismo refere-se ao cruzamento de diferentes espécies, resultando em novas entidades. No contexto educacional e tecnológico, o hibridismo implica a integração de diferentes tecnologias para facilitar a interação e o compartilhamento de ideias, criando espaços de convivência híbridos que combinam elementos físicos e digitais, como exemplificado pelo Espaço de Convivência Híbrido, Multimodal, Pervasivo e Ubíquo (ECHIM).
Multimodalidade	Envolve a integração de múltiplas modalidades de ensino e aprendizagem, combinando a modalidade presencial-física com a modalidade online, incluindo e-Learning (aprendizagem eletrônica), m-Learning (aprendizagem móvel), p-Learning (aprendizagem pervasiva), entre outras.
Cognição inventiva	Proposto por Kastrup, o conceito sugere que a cognição é um ato criativo e dinâmico que interage com o ambiente social e cultural. A autora enfatiza a "invenção de problemas" e não apenas a solução dos já estabelecidos, incentivando a adaptação e a criação contínua.
Epistemologias reticulares	Di Felice defende que o conhecimento sempre foi produzido em rede, desde a invenção do alfabeto até a era digital. Esse conceito sugere uma cocriação de conhecimento entre humanos e tecnologias, promovendo a lógica da relação, conexão e diálogo entre diversas inteligências.
Ato conectivo transorgânico	Também de Di Felice, descreve uma nova ecologia originada pela expansão das redes digitais, onde ações e interações envolvem tanto humanos quanto atores não humanos, como dispositivos tecnológicos e algoritmos, formando um ecossistema interativo e complexo.
Transubstanciação	Analogia de Di Felice com o ritual católico, onde o ambiente físico original se transforma em um estado informativo. A digitalização altera a natureza das substâncias, transformando-as em código binário e alterando sua dimensão material original.
Habitar atópico	Refere-se a uma forma de existir e interagir que é moldada por fluxos de informação e tecnologias de conectividade, criando uma sensação de estar em vários lugares ao mesmo tempo. Este conceito de Di Felice redefine a maneira como habitamos espaços físicos e digitais simultaneamente.
Aprendizagem enquanto mestiçagem	Proposto por Serres, sugere que todo aprendizado é uma mistura e mestiçagem de diferentes conhecimentos. Enfatiza a diversidade e a interconexão de saberes, superando fronteiras disciplinares e integrando conhecimentos variados para fomentar a inovação.
Complexidade	Segundo Morin, é a interconexão de elementos heterogêneos que formam o mundo. O sociólogo defende a integração de conhecimentos dispersos e a superação da fragmentação do conhecimento, promovendo uma educação que capacite a interação entre diferentes campos do saber.
Simpoiese	Conceito de Haraway que significa "fazer-com" e "fazer-mundo-com". Sugere que todos os elementos na natureza estão interconectados, e a aprendizagem é um ato colaborativo e interativo que ocorre em um ambiente de cocriação.
Econectografia	Desenvolvido pelo GPe-dU, refere-se à ecologia de conexões transorgânicas entre entidades humanas e não humanas, criando espaços informacionais e conectivos. Propõe um ambiente educativo que transcende a divisão entre online e offline, incentivando um modo de habitar atópico.

Fonte: elaborado pelo autor

A Educação *OnLife* vai além do simples uso da tecnologia digital; ela é um processo de digitalização e conectividade que transforma fundamentalmente a concepção e a implementação da educação. A distinção cada vez mais sutil entre o mundo "real" e o "virtual", como salientado por Floridi, demanda uma revisão de todas as atividades humanas, com um foco especial na educação. Assim, o conceito de educação *OnLife* destaca uma abordagem educacional "conectada à vida", que integra tecnologias digitais em rede, capazes de não apenas transformar a dinâmica entre estudantes e educadores, mas também redefinir suas interações, resultando em mudanças nos processos de ensino e aprendizagem. Essas transformações são observadas em diversas áreas, incluindo as instituições educacionais, as ofertas de ensino, os currículos e até mesmo o conceito convencional de "sala de aula", culminando em um novo modelo de ensino e aprendizado.

A pesquisa na literatura nacional e estrangeira revelou a existência de diferentes modalidades de aprendizagem, como *e-Learning, m-Learning, p-Learning* e *u-Learning*, que utilizam tecnologias digitais para desenvolver experiências educacionais que incentivem a participação ativa e o engajamento dos alunos. A ênfase na multimodalidade e no hibridismo demonstra como a tecnologia pode ser integrada de maneira inovadora para oferecer uma educação mais flexível e adaptada às necessidades dos estudantes de Direito. Logo, a educação *OnLife* representa uma evolução do paradigma educacional, promovendo uma educação adaptada à realidade hiperconectada e transformando os processos de ensino e aprendizagem em mecanismos mais eficientes e dinâmicos.

O estudo abordou os desafios enfrentados pelos sistemas educacionais, destacando sua obsolescência decorrente da concepção original voltada para suprir as necessidades da Quarta Revolução Industrial. Mantendo uma estrutura padronizada e uniforme, os sistemas educacionais seguem restringindo a criatividade e a autonomia dos alunos ao categorizá-los por idade e empregar métodos de ensino fragmentados. Diante da ascensão das novas tecnologias e da digitalização, torna-se evidente que o paradigma educacional atual não está adequadamente equipado para lidar com as transformações e as exigências de uma sociedade hiperconectada, exigindo uma reconfiguração substancial.

Ao delinear a progressão das tecnologias educacionais ao longo da história, desde ferramentas rudimentares até os mais avançados recursos da Web 3.0, o trabalho destacou a importância da adaptação constante às inovações tecnológicas e ressaltou a necessidade de adotar uma abordagem holística e integrada para reavaliar métodos e práticas educacionais. A verdadeira transformação na educação deve reconhecer as tecnologias digitais não apenas como ferramentas, mas como forças ambientais que conectam ecologias inteligentes e aprimoram o processo de ensino-aprendizagem. A mera transição de aulas presenciais para plataformas digitais não é suficiente; é essencial uma reavaliação abrangente do processo educacional, visando a uma aprendizagem que esteja em sintonia com a realidade hiperconectada.

A tese explorou abordagens e metodologias inovadoras que desafiam o modelo convencional de ensino, estimulando a participação ativa dos alunos e o desenvolvimento de competências críticas e criativas. As metodologias criativas, ágeis, imersivas e analíticas foram minuciosamente analisadas, com a apresentação de suas principais características. Conforme observado, essas abordagens inovadoras têm o potencial de motivar os alunos a, entre outras práticas, revisar o conteúdo antes das aulas, participar de atividades práticas e aplicar os conceitos na solução de problemas reais. No contexto das abordagens imersivas, a tese destaca estudos, pesquisas e experimentos conduzidos pelo GPe-dU, vinculado à UNI-SINOS, os quais revelam que a imersão em ambientes virtuais tridimensionais, quando combinada com problemas reais, eleva o envolvimento dos estudantes, promovendo assim uma abordagem educativa inovadora, eficaz e integrada.

A investigação desenvolvida no decorrer da tese abordou a imersão em ambientes virtuais de aprendizagem, abordando suas definições, níveis e dimensões. O fenômeno é abordado de maneiras diversas na literatura, sendo caracterizado por uma variedade de definições. Murray compara a imersão à sensação de submersão na água, enquanto Nilsson, Nordahl e Serafin[2] propõem uma taxonomia que inclui a imersão como propriedade do sistema, resposta perceptual, resposta a narrativas e resposta a desafios. Brown e Cairns[3] discutem níveis de imersão que vão do engajamento à absorção e imersão total. Slater[4] introduz as ilusões de presença e plausibilidade como componentes da imersão, destacando a relevância das propriedades físicas dos sistemas tecnológicos.

Diferentes tecnologias imersivas foram estudadas, incluindo Realidade Virtual (VR), Realidade Mista (MR), Realidade Aumentada (AR), Interfaces Tangíveis de Usuário (TUI) e Ambientes Virtuais Multiusuário (MUVE), detalhando suas origens, aspectos e aplicações no contexto educacional. A VR proporciona experiências imersivas e interativas por meio de simulações tridimensionais,

---

2. NILSSON, Christian Nilsson; NORDAHL, Rolf; SERAFIN, Stefania. Immersion revisited: a review of existing definitions of immersion and their relation to different theories of presence. *Human Technology*, Jyväskylä, v. 12, n. 2, p. 108-134, nov. 2016. Disponível em: https://ht.csr-pub.eu/index.php/ht/article/view/176. Acesso em: 16 jun. 2024.

3. BROWN, Emily; CAIRNS, Paul. A grounded investigation of game immersion. *Proceedings of the CHI Conference on Extended Abstracts on Human Factors in Computing Systems*, 24-29 April 2004, Vienna. New York: ACM Press, 2004. p. 1297-1300.

4. SLATER, MEL. Place illusion and plausibility can lead to realistic behaviour in immersive virtual environments. *Philosophical Transactions of the Royal Society B*: Biological Sciences, v. 364, n. 1535, p. 3549-3557, 12 dez. 2009. Disponível em: https://royalsocietypublishing.org/doi/10.1098/rstb.2009.0138. Acesso em: 17 jun. 2024.

enquanto a MR e a AR integram elementos digitais ao mundo físico, ampliando as possibilidades de interação. As TUIs permitem uma interação intuitiva entre elementos digitais e objetos físicos, ao passo que os MUVEs oferecem ambientes virtuais colaborativos acessíveis simultaneamente por múltiplos usuários. Cada uma dessas tecnologias tem o potencial de transformar o processo de ensino e aprendizagem nos cursos de Direito, simulando cenários reais e imaginários, incentivando a aprendizagem colaborativa e promovendo a exploração em ambientes virtuais complexos.

Tabela 20 – Modalidades de tecnologias imersivas

Modalidade	Descrição
Realidade Virtual	Envolve a criação de ambientes tridimensionais gerados por computador, nos quais os usuários podem se imergir completamente através de dispositivos como headsets. Esses ambientes permitem a navegação e interação, proporcionando experiências que simulam a realidade e, em alguns casos, transcendendo-a para incluir mundos imaginários ou conceitos abstratos. A VR é amplamente utilizada na educação para transformar conceitos abstratos em experiências concretas, facilitando o aprendizado através da cognição corporificada.
Realidade Aumentada	Integra elementos virtuais no ambiente físico real, sobrepondo informações digitais ao mundo real. Utiliza dispositivos como smartphones e tablets para proporcionar essa experiência, que não requer hardwares caros. A AR é amplamente adotada no contexto educacional, enriquecendo as experiências dos alunos ao integrar objetos digitais no ambiente real, ajudando na compreensão de conteúdos e na retenção de memória.
Realidade Mista	Combina elementos de VR e AR, permitindo que objetos digitais e físicos interajam de forma integrada. A MR oferece uma fusão mais imersiva do mundo real com elementos digitais, onde o usuário pode interagir com objetos digitais como se fossem reais. Na educação, a MR aprimora o engajamento e a capacidade de retenção dos alunos, apesar dos desafios relacionados aos custos dos equipamentos.
Interface Tangível de Usuário	Sistemas que permitem a interação com informações digitais através do mundo físico, como mesas interativas que detectam a posição e orientação de objetos. As TUIs transformam objetos tradicionais em elementos dinâmicos, oferecendo feedback tátil e facilitando a interação intuitiva com os dados digitais. Na educação, as TUIs promovem uma aprendizagem colaborativa, melhorando o engajamento e a retenção de informações.
Ambiente Virtual Multiusuário	Espaços virtuais que simulam ambientes físicos complexos, onde pessoas podem interagir entre si e com objetos através de avatares. MUVEs são utilizados na educação para criar experiências de aprendizagem imersivas e colaborativas, permitindo o desenvolvimento de habilidades cognitivas, perceptivas/motoras, interpessoais e de liderança. Exemplos incluem projetos como River City e Quest Atlantis, que utilizam esses ambientes para ensinar ciências e desenvolver habilidades de investigação e pensamento crítico.

Fonte: elaborado pelo autor

Com base no *State of XR & Immersive Learning Outlook Report 2021*[5], foram identificadas seis principais barreiras à implementação de tecnologias imersivas na educação: acesso, custo, treinamento, interoperabilidade, conteúdo e infraestrutura. A discussão em torno do acesso inclui desafios logísticos e de usabilidade para pessoas com deficiência, enquanto o custo é abordado no contexto das restrições orçamentárias das instituições educacionais. A barreira de treinamento realça a relevância de capacitar educadores e alunos para lidar com as tecnologias imersivas. A interoperabilidade é debatida porque, apesar dos esforços para criar sistemas que funcionem juntos, a XR tem seguido o modelo dos "jardins murados", com a maioria do conteúdo restrito a plataformas específicas. A criação de conteúdo é apresentada como uma tarefa complexa que exige habilidades avançadas, e a necessidade de uma infraestrutura adequada é também enfatizada, juntamente com a importância de suporte técnico e a formação de profissionais especializados.

Durante o desenvolvimento da tese foi detalhado, ainda, como a convergência entre a IA e as tecnologias imersivas oferece potencial para revolucionar a educação. A utilização de ferramentas de IA tem crescido significativamente, impulsionada pela IA generativa e pelos LLMs, como GPT-3 e GPT-4. A capacidade dos modelos de criar conteúdo e compreender a linguagem humana está transformando as práticas pedagógicas, criando uma ampla gama de aplicações na educação, que vão desde motores de possibilidades até tutores individuais, como destacado no guia sobre o uso do ChatGPT e da IA na educação superior, publicado pela UNESCO.[6] A integração entre IA e tecnologias imersivas, reunida sob o conceito de Immersive AI, é exemplificada com tutores de IA em simulações e NPCs conversacionais. Modelos multimodais oferecem potencial de enriquecer substancialmente as experiências educacionais, permitindo a criação de ambientes onde os alunos podem interagir com o conteúdo de maneira dinâmica e adaptada às suas necessidades individuais.

Os *frameworks* de educação imersiva foram analisados de forma minuciosa, abrangendo tanto modelos teóricos quanto práticos. A revisão incluiu estudos que exploram diversos aspectos da educação imersiva, como o design de atividades de aprendizagem, fatores que influenciam os resultados da aprendizagem e a intenção dos professores em utilizar tecnologias imersivas. A análise revelou

---

5. Apesar de ser de 2021, esse é o relatório mais recente encontrado publicamente na internet. LEE, Mark J. W.; GEORGIEVA, Maya; CRAIG, Emory. *State of XR & Immersive Learning Outlook Report 2021*. Walnut: Immersive Learning Research Network, 2021. Disponível em: https://immersivelearning.research.net. Acesso em: 16 jun. 2024.

6. SABZALIEVA, Emma; VALENTINI, Arianna. *ChatGPT e inteligência artificial na educação superior*: guia de início rápido. Paris: UNESCO, 2023.

que, apesar da riqueza e diversidade dos *frameworks* existentes, há uma falta de abordagens práticas detalhadas que orientem efetivamente a implementação de AVAIs. Muitos modelos focam no "o quê" ao invés do "como", sem detalhar a tecnologia necessária ou oferecer suporte para a implementação dos AVAIs. Também foi observado que os *frameworks* não abordam diretamente as barreiras de adoção tecnológicas e pedagógicas. Tais lacunas justificam a necessidade de formular um *framework* prático, sobretudo voltado para a educação jurídica, que forneça diretrizes para a implementação e avaliação de AVAIs.

O problema de pesquisa era: como a implementação de um *framework* prático pode capacitar educadores a implementar e avaliar AVAIs de maneira eficaz e acessível nas salas de aula dos cursos de Direito, sem demandar custos elevados ou exigir habilidades tecnológicas avançadas? A tese respondeu à pergunta de forma abrangente, demonstrando que a implementação de um *framework* prático oferece uma solução viável e eficiente para educadores. O trabalho detalha como o modelo facilita o processo de criação e avaliação dos AVAIs, transformando--o em etapas sequenciais e compreensíveis que não requerem conhecimentos técnicos avançados. Ademais, destaca a economia de custos associada ao uso de tecnologias acessíveis e de plataformas que minimizam a necessidade de grandes investimentos financeiros. Logo, a pesquisa demonstra que, com o *framework* proposto, os AVAIs podem ser integrados de maneira eficaz e eficiente nas práticas educativas dos cursos de Direito, abordando as restrições de custos e complexidade técnica, bem como ampliando a qualidade e a acessibilidade da educação jurídica.

A hipótese formulada era: o *framework* permitirá o desenvolvimento e avaliação de AVAIs eficientes e economicamente viáveis, habilitando educadores a aprimorar o processo de ensino-aprendizagem dos estudantes de Direito. A tese confirmou a hipótese, embora não completamente. De início, a clareza na definição das etapas do *framework* contribui para um planejamento detalhado e organizado, permitindo que educadores sigam uma abordagem estruturada na implementação dos AVAIs. Cada etapa definida, começando pela definição dos objetivos de aprendizagem, passando pela seleção da tecnologia apropriada, elaboração do conteúdo educacional, criação do AVAI, e a avaliação e *feedback*, garante que todas as fases essenciais sejam exploradas. A abordagem sistemática não só facilita a implementação, mas também assegura que os objetivos educacionais sejam alinhados com as tecnologias e conteúdos utilizados, aprimorando o ambiente de aprendizagem.

Em segundo lugar, o *framework* é projetado para ser economicamente viável, de modo a permitir que as instituições educacionais implementem AVAIs sem incorrer em custos exorbitantes. A viabilidade econômica é um fator fundamental, especialmente para instituições que enfrentam restrições orçamentárias. O *framework* fornece diretrizes práticas para otimizar a utilização de recursos disponíveis, sugerindo o uso de uma plataforma específica por meio da qual educadores podem personalizar AVAIs de maneira intuitiva, sem precisar de conhecimento tecnológico avançado ou mesmo de suporte especializado. A tese oferece, assim, uma solução prática e replicável para melhorar o processo educacional dos alunos, atendendo às necessidades de instituições educacionais com recursos limitados.

A plataforma Spot destaca-se por sua acessibilidade financeira, tornando-se uma escolha atrativa para instituições educacionais que buscam implementar AVAIs sem incorrer em custos elevados. Ao contrário de tecnologias imersivas como VR ou MR, que demandam investimentos altos em dispositivos de visualização e equipamentos especializados, a Spot pode ser acessada por meio de computadores e dispositivos móveis comuns, eliminando a necessidade de adquirir *hardwares* dispendiosos. Ademais, a plataforma não requer habilidades especiais, oferecendo uma variedade de modelos de ambientes pré-configurados que podem ser personalizados pelos educadores sem a necessidade de contratar programadores ou outros profissionais.

A tese propõe duas abordagens inovadoras de avaliação inspiradas em jogos, quais sejam, a avaliação formativa e a avaliação furtiva (ou discreta). As avaliações formativas são caracterizadas como processos contínuos e interativos que monitoram o progresso dos alunos durante o aprendizado, proporcionando *feedback* em tempo real para identificar necessidades de aprendizagem e ajustar o ensino conforme as demandas dos estudantes. Ao contrário das avaliações somativas, que se concentram na avaliação final, as formativas não envolvem atribuição de notas e têm o objetivo de melhorar o desempenho dos alunos ao fornecer feedback imediato e específico. Já as avaliações furtivas compreendem a análise contínua de dados enquanto os alunos interagem nos AVAIs. Diferentemente das avaliações somativas, que ocorrem ao término de uma aula, unidade, período ou ano letivo para atribuir notas e determinar a promoção dos alunos, essa modalidade monitora em tempo real as ações e interações do estudante durante sua experiência no AVAI, proporcionando dados essenciais para ajustes contínuos no processo educacional.

Embora a tese tenha confirmado a hipótese relacionada à implementação de AVAIs, ao propor um *framework* que permite ao educador implementar o ambiente imersivo com custos reduzidos e sem necessitar de conhecimentos tecnológicos avançados, não houve confirmação da hipótese quanto à avaliação desses ambientes de aprendizagem. Isso ocorre porque os dois métodos de avaliação analisados (avaliação formativa e avaliação furtiva), apesar de oferecerem benefícios, apresentam desafios que dificultam a implementação independente pelo educador, exigindo habilidades tecnológicas avançadas e investimentos significativos na contratação de equipamentos ou profissionais especializados. Na avaliação furtiva, especialmente, a capacidade de modificar o código-fonte do ambiente imersivo para integrar mecanismos de coleta de dados sobre as ações e interações dos alunos em tempo real, embora ofereça benefícios, demanda habilidades tecnológicas que geralmente os professores não possuem, dependendo de especialistas para realizar essa tarefa. Assim, em relação à avaliação das AVAIs, a hipótese não se confirmou.

A principal contribuição da tese é a formulação de *framework* para a implementação de AVAIs, com foco específico na educação jurídica. Ao invés de adotar uma abordagem teórica, o modelo se baseia em diretrizes práticas que orientam educadores na criação de ambientes de aprendizagem eficientes e economicamente viáveis. O modelo não só fornece uma estrutura clara e acessível, mas também flexível o suficiente para ser adaptado e replicado em diversos contextos educacionais. Essa replicabilidade é essencial, pois permite que o *framework* seja utilizado amplamente pelos educadores, promovendo uma melhoria significativa na qualidade da educação jurídica em diversas disciplinas.

Ao optar por tecnologias acessíveis, como é o caso dos MUVEs, o estudo atende às necessidades de instituições com recursos limitados para investimentos em tecnologias educacionais e ambientes virtuais de aprendizagem virtuais. Embora a VR e a MR ofereçam experiências imersivas superiores em comparação com os MUVEs, seus custos elevados e a necessidade de equipamentos especializados são obstáculos significativos para muitas instituições de ensino. Ademais, a complexidade técnica envolvida na implementação e a exigência de treinamento adicional para educadores e alunos podem dificultar sua adoção em larga escala. Ao priorizar tecnologias mais acessíveis, o *framework* promove a inclusão e a equidade no acesso a ferramentas de aprendizagem avançadas.

A aplicabilidade prática do *framework* é um de seus maiores pontos fortes. O estudo oferece um modelo com etapas detalhadas para a implementação de AVAIs, abrangendo desde a definição dos objetivos de aprendizagem até a avaliação da eficácia do ambiente. O enfoque prático garante que os educadores possam aplicar o *framework* de maneira eficaz, desenvolvendo simulações de julgamentos ou ambientes que reproduzam fielmente a estrutura das salas de audiência, sem a necessidade de conhecimentos técnicos avançados. A facilidade de utilização do *framework* poderá motivar os educadores a reavaliar suas abordagens de ensino e a adotar novas tecnologias educacionais em sala de aula.

Embora a tese tenha oferecido contribuições significativas, é importante reconhecer também suas limitações. A escolha de empregar a modalidade MUVE dentro do *framework* proposto, embora prática e acessível, pode não atingir o nível máximo de imersão proporcionado por tecnologias mais avançadas, como a VR. Ainda que plataformas como Spot sejam projetadas para proporcionar ambientes virtuais colaborativos e interativos acessíveis a múltiplos usuários simultaneamente, não conseguem replicar a profundidade de imersão que a VR oferece. Na VR, os usuários são completamente imersos em um ambiente virtual 3D através de *headsets* que bloqueiam o mundo real, gerando uma experiência visual e auditiva envolvente. A ausência desse nível de imersão na modalidade MUVE pode ter um impacto significativo na eficácia do aprendizado e comprometer a qualidade do treinamento, especialmente em contextos nos quais a percepção espacial e a interação com objetos são cruciais, como em simulações de procedimentos cirúrgicos ou operações de engenharia.

Uma limitação adicional do MUVE é a falta de *feedback* háptico, um elemento crucial em diversas aplicações de VR e MR, que permite aos usuários experimentarem uma ampla gama de sensações táteis, tais como vibrações, texturas e pressões, durante suas interações com o ambiente virtual. Ao depender principalmente de interfaces gráficas bidimensionais e controles de teclado e mouse, o MUVE não consegue replicar essas sensações, restringindo a capacidade dos usuários, especialmente alunos, de desenvolver habilidades motoras e de obter uma experiência de treinamento próxima da realidade prática. Mesmo com inúmeros recursos, a Spot não oferece suporte nativo para a reprodução de sensações táteis.

A qualidade gráfica e o nível de detalhamento dos MUVEs geralmente são inferiores aos proporcionados por experiências em VR e MR, que oferecem gráficos de alta definição e detalhes visuais minuciosos. As plataformas baseadas em MUVEs são otimizadas para serem acessíveis em uma ampla gama de dispositivos, como computadores de desempenho moderado e dispositivos móveis. Sendo assim, os gráficos são simplificados para garantir a compatibilidade e a fluidez da experiência do usuário, o que pode afetar a experiência dos alunos em perceber detalhes visuais relevantes em ambientes de aprendizado, como a textura de materiais e a complexidade de mecanismos internos de dispositivos.

Outra limitação do estudo foi a ausência de testes das etapas do *framework* em uma sala de aula real. Embora tanto o modelo quanto suas etapas tenham sido detalhadas, a falta de uma aplicação prática em um ambiente educacional impediu a avaliação de sua eficácia em condições reais de ensino. Esse é um passo crucial que será explorado em futuras pesquisas no âmbito do pós-doutoramento. A implementação em uma sala de aula real permitirá uma avaliação mais detalhada do desempenho do *framework*, abrangendo variáveis como a participação dos alunos nas atividades propostas, a dinâmica de interação entre alunos e professores e a eficiência na resolução de dúvidas.

Com base nas descobertas e nas limitações do estudo, recomenda-se que futuras pesquisas explorem a aplicação do *framework* em outras áreas de ensino além do Direito, em espectro mais amplo de disciplinas, para verificar sua eficácia em diferentes contextos educacionais. Pesquisas futuras poderiam aplicar o modelo desenvolvido nesta tese em áreas como Ciências Humanas e Ciências Exatas para verificar se os benefícios observados na área jurídica são replicáveis em outros campos. Outra área de investigação é a percepção e o impacto dos AVAIs do ponto de vista dos alunos. Estudos qualitativos e quantitativos que investiguem os resultados de aprendizagem e o engajamento dos alunos em diferentes contextos ofereceriam *insights* valiosos sobre a eficácia do framework. As pesquisas poderiam incluir entrevistas e questionários para entender como os estudantes interagem com os AVAIs e quais aspectos são mais benéficos ou necessitam de melhorias.

A presente tese, fundamentada no conceito *OnLife* de Luciano Floridi, ressalta a exigência de uma revisão das abordagens educacionais em face da convergência entre os domínios *online* e *offline*. Esse novo paradigma educacional, impulsionado pelo avanço tecnológico e pela globalização, requer a reformulação das práticas convencionais de ensino para preparar profissionais do Direito para lidar com desafios cada vez mais complexos e multidisciplinares. Para o pleno desenvolvimento da educação *OnLife*, é essencial realizar mudanças substanciais no paradigma educacional. O processo envolve reconhecer que o ensino e a aprendizagem em rede não devem ser centralizados em nenhum dos agentes e promover a criação de metodologias que incentivem abordagens não convencionais para o ensino e aprendizagem, como é o caso das metodologias imersivas.

Ao analisar as tecnologias imersivas e os AVAIs no âmbito da educação jurídica, esta tese oferece, assim, uma contribuição única para a literatura acadêmica, suprindo lacunas previamente existentes e fornecendo um recurso de valor para educadores e instituições de ensino. A introdução de AVAIs tem o potencial de aprimorar a qualidade da educação, elevar o envolvimento dos alunos e cultivar competências essenciais para a prática jurídica. A aplicação do *framework* proposto neste trabalho poderá fomentar uma educação jurídica mais inclusiva, dinâmica, eficaz e alinhada às demandas dos novos tempos.

Na metáfora apresentada no início desta tese, observou-se que o Quadrado, ao ser introduzido à terceira dimensão pela Esfera, passou por uma transformação radical em sua compreensão do mundo. Esse processo de elevação e expansão de perspectiva ilustra perfeitamente a transição da educação jurídica convencional para a educação jurídica *OnLife*, discutida nesta tese. Assim como o Quadrado, que inicialmente não compreendia a terceira dimensão até ser elevado acima de sua realidade bidimensional, os estudantes de Direito podem vivenciar uma expansão similar ao explorarem as possibilidades oferecidas pelos AVAIs. Tal como a Esfera teve de realizar um esforço considerável para ajudar o Quadrado a superar suas limitações, os educadores devem adotar estratégias pedagógicas inovadoras que ampliem os horizontes dos alunos, capacitando-os a pensar criticamente, solucionar problemas e aplicar seus conhecimentos em situações do mundo real.

A metáfora de Flatland evidencia a necessidade de uma reconfiguração substancial do processo educacional para que os alunos possam transcender as limitações do ensino convencional. Da mesma forma que o Quadrado ampliou sua compreensão ao ser apresentado à terceira dimensão, os estudantes de Direito devem ser incentivados a explorar além da superfície plana do aprendizado, desenvolvendo as habilidades e competências necessárias para prosperar em um mundo *OnLife*. A adoção de tecnologias imersivas e a implementação de AVAIs representam essa terceira dimensão na educação jurídica, oferecendo uma visão mais abrangente e multifacetada do conhecimento, bem como promovendo uma educação eficaz e alinhada às demandas de uma sociedade hiperconectada.

A pesquisa conduzida nesta tese representa um avanço significativo na área da educação jurídica, oferecendo um *framework* prático e acessível para a implementação e avaliação de AVAIs. As contribuições teóricas e práticas do estudo oferecem potencial de transformar a educação jurídica, promovendo maior inclusão e engajamento dos alunos. As limitações identificadas fornecem direções para pesquisas futuras, que poderão continuar a expandir e aperfeiçoar o uso de tecnologias imersivas na educação. Em suma, espera-se que a tese inspire novas abordagens e práticas educacionais que estejam em sintonia com as demandas de uma sociedade cada vez mais digital e hiperconectada, contribuindo para a formação de profissionais preparados para enfrentar os desafios contemporâneos.

REFERÊNCIAS

ABBOTT, Edwin A. *Flatland*: a romance of many dimensions. 2. ed. High Falls: Warbler Press, 2019. ABDELAZIZ, Hamdy Ahmed. Immersive learning design (ILD): a new model to assure the quality of learning through flipped classrooms. *IIAI 3rd International Conference on Advanced Applied Informatics*. Kitakyushu: IEEE, 2014, p. 291-296. Disponível em: https://ieeexplore.ieee.org/document/6913246.

ABREU, Luiz Carlos de; OLIVEIRA, Márcio Alves de; CARVALHO, Tatiana Dias de; MARTINS, Sonia R.; GALLO, Paulo Rogério; REIS, Alberto Olavo Advíncula. A epistemologia genética de Piaget e o construtivismo. *Revista Brasileira de Crescimento e Desenvolvimento Humano*, São Paulo, v. 20, n. 2, p. 361-366, ago. 2010. Disponível em: https://doi.org/10.7322/jhgd.19973.

ADAMS, Ermest. *Fundamentals of game design*. 2. ed. New Riders, 2010.

ADARKWAH, Michael; TLILI, Ahmed; SHEHATA, Boulus; HUANG, Ronghuai; AMOAKO, Prince; WANG, Huanhuan. ChatGPT implementation in the metaverse: towards another level of immersiveness in education. In: LYU, Zhihan (Ed.). *Applications of generative AI*. Berlim: Springer, 2024.

AGUAYO, Claudio; EAMES, Chris; COCHRANE, Thomas. A framework for mixed reality free-choice, self-determined learning. *Research in Learning Technology*, v. 28, mar. 2020. Disponível em: https://journal.alt.ac.uk/index.php/rlt/article/view/2304.

ALVES, Gabrielle de Souza; PALADINI, João Velasques; SCHLEMMER, Eliane Schlemmer. Formação permanente para a promoção de uma educação OnLIFE. In: SCHLEMMER, Eliane; BACKES, Luciana; BITTENCOURT, João Ricardo; PALAGI, Ana Maria Marques (Org.). *O habitar do ensinar e do aprender onlife*: vivências na educação contemporânea. São Leopoldo: Casa Leiria, 2021.

ANDERSON, Craig; STEINKUEHLER, Constance. Building persistence through failure: the role of challenge in video games. *Proceedings of the 14th International Conference on the Foundations of Digital Games*, San Luis Obispo, California, USA, August 26-30, 2019. ACM, 2019. p. 1-34. ISBN 978-1-4503-7217-6.

ANDERSON, Lorin; KRATHWOHL, David (Ed.). *Taxonomy for learning, teaching, and assessing*: A revision of Bloom's taxonomy of educational objectives. Londres: Pearson, 2000.

ANDREEV, Ivan. Mobile Learning [mLearning]: benefits, examples, tips on how to choose. *Valamis*. 21 fev. 2023. Disponível em: https://www.valamis.com/hub/mobile-learning.

ANJOS, Rosana Abutakka Vasconcelos dos; ALONSO, Katia Morosov. Ecologia da aprendizagem e cultura digital: a transcendência dos espaços instituídos na formação no ensino superior. *Dialogia*, São Paulo, n. 44, 2023. Disponível em: https://periodicos.uninove.br/dialogia/article/view/24016/10165.

ARRABAL, Alejandro Knaesel. Ensino jurídico e competências digitais em perspectiva: Interseções entre as diretrizes curriculares dos cursos de direito e a política nacional de educação digital. Revista Eletrônica Direito & TITI, Porto Alegre, v. 2, n. 18, p. 62-86, 2024. Disponível em: http://direitoeti.com.br/. Acesso em: 6 jul. 2024.

ARRABAL, Alejandro Knaesel; KREPSKY, Giselle Marie; CIPRIANI, Thiago. Tecnologia no direito e complexidade: imagem, cognição humana e impactos processuais para além do júri da Boate Kiss. *Direito. UnB*, v. 8, 2024, p. 371-398. Disponível em: https://periodicos. unb.br/index.php/revistadedireitounb/article/view/47005.

ARSENAULT, Dominic. Dark waters: spotlight on immersion. *Proceedings of the GAMEON-NA International Conference*, Québec: Eurosis, 2005.

BACKES, Luciana. O hibridismo tecnológico digital na configuração do espaço digital virtual de convivência: formação do educador. *Inter-ação* (UFG. Impresso), Goiânia, n. 40, p. 435-457, 2015. Disponível em: https://revistas.ufg.br/interacao/article/view/35419.

BAHIANA, Ana Maria. *Como ver um filme*. Rio de Janeiro: Nova Fronteira, 2012.

BAILENSON, Jeremy. *Experience on demand*: what virtual reality is, how it works, and what it can do. Nova York: W. W. Norton & Company, 2019.

BALL, Mathew. *A revolução do metaverso*: como o mundo virtual mudará para sempre a realidade. Rio de Janeiro: Globo Livros, 2023.

BALLADARES-BURGOS, Jorge; JARAMILLO-BAQUERIZO, Christian. Corolarios de la pedagogía ignaciana y la educación virtual. *Revista de la Pontificia Universidad Católica del Ecuador (PUCE)*, Quito, n. 113, p. 163-180, nov. 2021-maio 2022. Disponível em: https:// www.revistapuce.edu.ec/index.php/revpuce/article/view/407/353.

BAREL, Avi. The differences between VR, AR & MR. *Medium*. San Francisco, 7 ago. 2017. Disponível em: https://medium.com/@avi_barel/the-differences-between-vr-ar--mr-1234567890.

BERGMANN, Jonathan; SAMS, Aaron. *Sala de aula invertida*: uma metodologia ativa de aprendizagem. Tradução de Afonso Celso da Cunha Serra. Rio de Janeiro: LTC, 2016.

BICHELS, Àgueda; HOHENDORF, Raquel Von; ENGELMANN, Wilson. Ensino jurídico na pandemia: desafios e possibilidades a partir da Pedagogia Inaciana e de relatos de experiências docentes. *Boletin del CVPI - Centro Virtual de Pedagogía Ignaciana - CPAL*, Lima, Peru, p. 1-12, 01 jun. 2023.

BLOOM, Benjamin Samuel; HASTINGS, J. Thomas; MADAUS, George F. *Handbook on formative and summative evaluation of student learning*. New York: McGraw-Hill, 1971.

BLOOM, Benjamin. *Taxonomy of educational objectives*. New York: David McKay Co., 1956.

BONASIO, Alice. Immersive experiences in education: new places and spaces for learning. *Microsoft*. Redmond, 2019. Disponível em: https://educationblog.microsoft.com/en--us/2019/immersive-experiences-in-education-new-places-and-spaces-for-learning.

BORGES, Gustavo. Metaverso: diretrizes para sua construção responsável e os neurodireitos como direito humano. *Humanidades & Inovação*, v. 19, p. 158-170, 2022. Disponível em: https://www.even3.com.br/anais/sct2022/523639-diretrizes-para-a-construcao-respon-savel-do-metaverso-e-os-neurodireitos-como-direito-humano.

BOYLE, Elizabeth; CONNOLLY, Thomas; HAINEY, Thomas; BOYLE, James. Engagement in digital entertainment games: a systematic review. *Computers in Human Behavior*, v. 28, n. 3, p. 771-780, maio 2012. Disponível em: https://doi.org/10.1016/j.chb.2011.11.020.

BRADBURY, Ray. *The illustrated man*. Nova York: William Morrow Paperbacks, 2013.

BRANDINO, Géssica. Juízes criticam textos de advogados e indicam espaço para ampliar recursos visuais em processos. *Folha de S. Paulo*. São Paulo, abril 2021. Disponível em: https://www1.folha.uol.com.br/cotidiano/2021/04/juizes-criticam-textos-de-advogados--e-indicam-espaco-para-ampliar-recursos-visuais-em-processos.shtml.

BROWN, Emily; CAIRNS, Paul. A grounded investigation of game immersion. *Proceedings of the CHI Conference on Extended Abstracts on Human Factors in Computing Systems*, 24-29 April 2004, Vienna. New York: ACM Press, 2004.

BRUZZI, Demerval Guilarducci. Uso da tecnologia na educação, da história à realidade atual. *Polyphonía*, Goiânia, v. 27, n. 1, 2016, p. 475-483. Disponível em: https://revistas.ufg.br/sv/article/view/42325.

CAMPIONI, Paula. Sistema educacional brasileiro: entenda a divisão da nossa educação. *Politize*. Florianópolis, 27 jun. 2023. Disponível em: https://www.politize.com.br/sistema-educacional-brasileiro-entenda-a-divisao-da-nossa-educacao/.

CANÁRIO, Rui. A educação não formal e os destinos da escola (Entrevista). In: MOSÉ. Viviane (Org.) *A escola e os desafios contemporâneos*. 4. ed. Rio de Janeiro, Civilização Brasileira, 2015.

CANCLINI, Néstor García. *Culturas híbridas*: estratégias para entrar e sair da modernidade. São Paulo: EDUSP, 2006.

CANDAU, Vera Maria. Prefácio. In: PISCHETOLA, Magda; MIRANDA, Lyana Thédiga de. *A sala de aula como ecossistema*: tecnologias, complexidade e novos olhares para a educação. Petrópolis: Vozes, 2021.

CARATOZZOLO, Patricia; MEMBRILLO-HERNÁNDEZ, Jorge. Evaluation of challenge based learning experiences in engineering programs: the case of the Tecnológico de Monterrey, Mexico. In: AUER, Michael; CENTEA, Dan. (Ed.). *Visions and concepts for education 4.0*: proceedings of the 9th International Conference on Interactive Collaborative and Blended Learning (ICBL2020). Berlim: Springer, 2021.

CÁRDENAS-ROBLEDO, Leonor Adriana; PEÑA-AYALA, Alejandro. Ubiquitous learning: A systematic review. *Telematics and Informatics*, v. 35, n. 5, p. 1097-1132, 2018. Disponível em: https://sci-hub.ru/10.1016/j.tele.2018.01.009.

CARDONA-REYES, Héctor; GUZMAN-MENDOZA, José Eder; ORTIZ-AGUINAGA, Gerardo; MUÑOZ-ARTEAGA, Jaime. An architectural model for the production of virtual reality learning. *International Congress on Education and Technology in Sciences, CISETC 2019*, Cham: Springer, 2019.

CARL, Jim. Industrialization and public education: social cohesion and social stratification. *Springer International Handbooks of Education*, Nova York, v. 22, 2009, p. 503-518. Disponível em: https://sci-hub.se/10.1007/978-1-4020-6403-6_32.

CARTER, Rita. *Mapping the mind*. Londres: Weidenfeld & Nicolson, 2013.

CARVALHO, Ana Amélia Amorim. A representação do conhecimento segundo a teoria da flexibilidade cognitiva. *Revista Portuguesa de Educação*, v. 13, n. 1, 2000, p. 169-184. Disponível em: https://revistas.rcaap.pt/rpe/article/view/10528.

CASTELLS, Manuel. *A sociedade em rede*. 24. ed. São Paulo: Paz e Terra, 2013.

CHAIA, Raphael Rios. Acessibilidade: a última fronteira do meio ambiente digital no metaverso. In: AZEVEDO E SOUZA, Bernardo. *Metaverso e direito*: desafios e oportunidades. São Paulo: Ed. RT, 2022.

CHAN, Joyce; WONG, Randy; CHEUNG, Christy. How affordances of immersive visualization systems affect learning outcomes through aesthetic experience. *Proceedings of the Pacific Asia Conference on Information Systems (PACIS)*, X'ian: Association for Information Systems, 2019.

CHARLEAUX, Lupa. O que é computação ubíqua? *Canaltech*. São Paulo, 24 mar. 2022. Disponível em: https://canaltech.com.br/computacao/o-que-e-computacao-ubiqua/.

COELHO, António; RODRIGUES, Rui; NÓBREGA, Rui; JACOB, João; MORGADO, Leonel; CARDOSO, Pedro; VAN ZELLER, Maria; SANTOS, Liliana; SOUSA, António Augusto de. Serious pervasive games. *Frontiers in Computer Science*, v. 2, n. 30, p. 1-13, Aug. 2020. Disponível em: https://www.frontiersin.org/articles/10.3389/fcomp.2020.00030/full.

COLOMBO, Cristiano; GOULART, Guilherme Damasio. A inteligência artificial dos large language models (LLMs) e os riscos aos direitos autorais: diretrizes aplicadas às plataformas e novos deveres ético-jurídicos para sua utilização. In: HUPFFER, Haide Maria; ENGELMANN, Wilson; BLAUTH, Taís Fernanda (Org.). *Inteligência artificial no sul global*: regulação, riscos discriminatórios, governança e responsabilidades. São Leopoldo: Casa Leiria, 2023.

COMPAÑÍA DE JESÚS. Pedagogía ignaciana: un planteamiento práctico. *Pedagogia Ignaciana*. 1993. Disponível em: http://pedagogiaignaciana.com.

CONROY, Shaun. What countries is ChatGPT available & not available in? *WePC*. Manchester, 6 dez. 2023. Disponível em: https://www.wepc.com/what-countries-is-chatgpt-available.

COSTA, Bárbara Silva; ROCHA, Leonel Severo. Educação jurídica e a formação de profissionais do futuro. Curitiba: Appris, 2018.

CRAM, Andrew; DICK, Geoffrey; GOSPER, Maree; HEDBERG, John. Using a Multi-User Virtual Environment to research approaches to ethical dilemmas. *AMCIS 2009 Proceedings*. Anais [...]. 2009.

CSIKSZENTMIHALYI, Mihaly. *Flow*: the psychology of optimal experience. Nova York: Harper Perennial, 2008.

CUENDET, Sébastien; BUMBACHER, Engin; DILLENBOURG, Pierre. Tangible vs. virtual representations: When tangibles benefit the training of spatial skills. *Proceedings of the 7th Nordic Conference on Human-Computer Interaction*: Making Sense Through Design, New York: ACM, 2012.

CULLINANE, Alison. Formative assessment classroom techniques. *Resource & Research Guides*, v. 2, n. 13, 2011. Disponível em: https://www.dcu.ie/sites/default/files/inline-files/formative-assessment-classroom-techniques.pdf.

DALGARNO, Barney; LEE, Mark. What are the learning affordances of 3-D virtual environments? *British Journal of Educational Technology*, v. 41, n. 1, Jan. 2010, p. 10-32. Disponível em: https://onlinelibrary.wiley.com/doi/10.1111/j.1467-8535.2009.01038.x.

DALMASO, Alice Copetti. A perspectiva da invenção numa pesquisa em educação: processos e aprendizagens de um pesquisar-inventivo. *Revista Digital do LAV*, Santa Maria, v. 7, n. 2, p. 005-029, maio/ago. 2014.

DAVENPORT, Thomas; BECK, John. *The attention economy*: understanding the new currency of business. Boston: Harvard Business School Press, 2001.

DEDE, Chris; JACOBSON, Jeffrey; RICHARDS, John. Introduction: virtual, augmented, and mixed realities in education. In: LIU, Dejian; DEDE, Chris; HUANG, Ronghuai; RICHARDS, John (Ed.). *Virtual, augmented, and mixed realities in education*. Singapore: Springer Singapore, 2017. DEE, Catherine. Large language models (LLMs) vs generative AI: what's the difference? *Algolia*. San Francisco, 9 nov. 2023. Disponível em: https://www.algolia.com/blog/llms-vs-generative-ai-difference.

DENGEL, Andreas; MÄGDEFRAU, Jutta. Immersive learning predicted: Presence, prior knowledge, and school performance influence learning outcomes in immersive educational virtual environments. *6th International Conference of the Immersive Learning Research Network (iLRN)*, San Luis Obispo: IEEE, 2020.

DI FELICE, Massimo. Epistemologias reticulares e crise do humanismo. *Massimo Di Felice*. 2014. Disponível em: http://massimodifelice.net/epistemologia-reticulares.

DI FELICE, Massimo. *Net-ativismo*: da ação social para o ato conectivo. São Paulo: Paulus, 2017.

DI FELICE, Massimo. *Paisagens pós-urbanas*: o fim da experiência urbana e as formas comunicativas do habitar. São Paulo: Annablume, 2009.

DI FELICE, Massimo. Redes sociais digitais, epistemologias reticulares e a crise do antropomorfismo social. *Revista USP*, São Paulo, n. 92, p. 6-19, 2012. Disponível em: https://www.revistas.usp.br/revusp/article/view/34877/37613.

DIAMANDIS, Peter; KOTLER, Steven. *Abundância*: o futuro é melhor do que você imagina. São Paulo: HSM Editora, 2018.

DICK, Philip K. *The Collected Stories of Philip K. Dick*. Texas: Gateway, 2023. v. 2.

DUBET, François. Mutações cruzadas: a cidadania e a escola. *Revista Brasileira de Educação*, v. 16, n. 47, 2011, p. 289-305. Disponível em: https://www.scielo.br/j/rbedu/a/bzZkFCh-RWYBRmyfnbbDqNHT/?lang=pt.

DUMONT, Luiza Dumont de Miranda; CARVALHO, Regina Simplício; NEVES, Álvaro José Magalhães. Peer Instruction como proposta de metodologia ativa no ensino de Química. *Journal of Chemical Engineering and Chemistry – JCEC*, v. 2, n. 3, p. 107-131, 2016. Disponível em: https://periodicos.ufv.br/jcec/article/view/2446941602023016107.

EBBINGHAUS, Hermann. *Memory*: a contribution to experimental psychology. Martino Fine Books: Mansfield Center, 2011.

ENGELMANN, Wilson. Como lidar com o impacto da economia digital no mundo do trabalho? Fundação Dom Cabral (Org.). *Digital*: o desafio da confiança e da segurança na economia digital. Nova Lima: Fundação Dom Cabral, 2021.

ENGELMANN, Wilson; HOHENDORF, Raquel Von. Cultura digital onlife e educação jurídica: cruzamentos e oportunidades. In: MIRANDA, José Eduardo de; HUPFFER, Haide Maria (Org.). *Ensino jurídico na era disruptiva*. Boa Vista: Editora IOLE, 2022, v. 1, p. 287-306. Disponível em: https://revistas.ufpr.br/psicologia/article/view/3321.

ERMI, Laura; MÄYRÄ, Frans. Fundamental components of the gameplay experience: analysing Immersion. In: JENSON, Jennifer (Ed.). *Changing views*: worlds in play, Digital Games Research Association's Second International Conference, Vancouver, 2005.

EWING, Kate; FAIRCLOUGH, Stephen; GILLEADE, Kiel. Evaluation of an adaptive game that uses EEG measures validated during the design process as inputs to a biocybernetic loop. *Frontiers in Human Neuroscience*, Lausanne, v. 10, p. 223, maio 2016. Disponível em: https://www.frontiersin.org/articles/10.3389/fnhum.2016.00223/full.

FAIRCLOUGH, Stephen. Use of auditory event-related potentials to measure immersion during a computer game. *International Journal of Human-Computer Studies*, Londres, v. 73, p. 107-114, jan. 2015. Disponível em: https://doi.org/10.1016/j.ijhcs.2014.09.002.

FAIRCLOUGH, Stephen; STAMP, Kellyann; DOBBINS, Chelsea; POOLE, Helen. Computer games as distraction from pain: Effects of hardware and difficulty on pain tolerance and subjective immersion. *International Journal of Human-Computer Studies*, Londres, n. 139, p. 102427, jul. 2020. Disponível em: https://doi.org/10.1016/j.ijhcs.2020.102427.

FALEIROS JÚNIOR, José Luiz de Moura. Responsabilidade por falhas de algoritmos de inteligência artificial: ainda distantes da singularidade tecnológica, precisamos de marcos regulatórios para o tema? *Revista de Direito da Responsabilidade*, v. 4, 2022, p. 906-933. Disponível em: https://revistadireitoresponsabilidade.pt/2022/responsabilidade-por-falhas--de-algoritmos-de-inteligencia-artificial-ainda-distantes-da-singularidade-tecnologica--precisamos-de-marcos-regulatorios-para-o-tema-jose-luiz-de-moura-faleiros-junior.

FAN, Min; ANTLE, Alissa; NEUSTAEDTER, Carman; WISE, Alyssa. Exploring how a co-dependent tangible tool design supports collaboration in a tabletop activity. In: GOGGINS, Sean; JAHNKE, Isa; McDONALD, David; BJØRN, Pernille (Ed.). *Proceedings of the 18th International Conference on Supporting Group Work*, New York: ACM, 2014.

FERNANDES, Filipe Arantes; RODRIGUES, Claudia Susie Camargo; TEIXEIRA, Eldânae Nogueira; WERNER, Cláudia. *Immersive learning frameworks: a systematic literature review*. IEEE Transactions on Learning Technologies, v. 16, n. 1, p. 1-17, jan. 2023. Disponível em: https://ieeexplore.ieee.org/document/10036969.

FILATRO, Andrea. *Design instrucional na prática*. São Paulo: Pearson, 2008.

FILATRO, Andrea; CAIRO, Sabrina. *Produção de conteúdos educacionais*. São Paulo: Saraiva Uni, 2015.

FILATRO, Andrea; CAVALCANTI, Carolina Magalhães Costa; AZEVEDO JÚNIOR, Delmir Peixoto; NOGUEIRA, Osvaldo. *Design instrucional 4.0*. São Paulo: Saraiva Uni, 2019.

FILATRO, Andrea; CAVALCANTI, Carolina. *Metodologias inov-ativas*: na educação presencial, a distância e corporativa. São Paulo: Saraiva Uni, 2022.

FLORIDI, Luciano (Ed.). *The onlife manifesto*: being human in a hyperconnected era. New York: Springer Open, 2014.

FOWLER, Chris. Virtual reality and learning: Where is the pedagogy? *British Journal of Educational Technology*, v. 46, n. 2, mar. 2015, p. 412-422. Disponível em: https://onlinelibrary. wiley.com/doi/10.1111/bjet.12135.

FOWLER, Chris. Virtual reality and learning: Where is the pedagogy? *British Journal of Educational Technology*, v. 46, n. 2, mar. 2015, p. 412-422. Disponível em: https://onlinelibrary. wiley.com/doi/10.1111/bjet.12135.

FREGONESE, Julia. OpenAI lança a GPT Store, loja de apps baseados no ChatGPT. *Consumidor Moderno*. São Paulo, 12 jan. 2024. Disponível em: https://www.consumidormoderno. com.br/openai-lanca-gpt-store/.

FREITAS, Sara de; REBOLLEDO-MENDEZ, Genaro; LIAROKAPIS, Fotis; MAGOULAS, George; POULOVASSILIS, Alexandra. Learning as immersive experiences: using the four-dimensional framework for designing and evaluating immersive learning experiences in a virtual world. *British Journal of Educational Technology*, v. 41, n. 1, 2010, p. 69-85. Disponível em: https://onlinelibrary.wiley.com/doi/10.1111/j.1467-8535.2009.01024.x.

FREITAS, Vinícius Maia. A aula mágica de Luis Alberto Warat: prática docente e ensino jurídico no Brasil. 2019. 137 f. Dissertação (Mestrado em Educação e Contemporaneidade) – Departamento de Educação, Universidade do Estado da Bahia, Salvador, 2019. Disponível em: https://periodicos.ufpi.br/index.php/epeduc/article/view/1872. Acesso em: 6 jul. 2024. GAJŇÁKOVÁ, Michaela; VACULÍK, Juraj; VAŠKOM, Martin. The use of multi-user virtual environments in the field of education. *Proceedings of the 10th International Conference "Reliability and Statistics in Transportation and Communication" (RelStat'10)*, 2010, Riga, Latvia, October 20-23. Anais [...]. Riga: Transport and Telecommunication Institute, 2010.

GARITO, Maria Amata. Artificial intelligence in education: evolution of the teaching–learning relationship. *British Journal of Educational Technology*, v. 22, n. 1, p. 41-47, 1991. Disponível em: https://onlinelibrary.wiley.com/doi/abs/10.1111/j.1467-8535.1991.tb00336.x.

GIBSON, William. *Neuromancer*. São Paulo: Aleph, 2016.

GODOY JR., Carlo. Augmented reality for education: a review. *International Journal of Innovative Science and Research Technology*, v. 5, n. 6, p. 39, jun. 2020. Disponível em: https:// arxiv.org/abs/2109.02386.

GUPTA, Avinash; CECIL, J.; TAPIA, Oscar; SWEET-DARTER, Mary. Design of cyber-human frameworks for immersive learning. *IEEE International Conference on Systems, Man, and Cybernetics (SMC)*, Bari: IEEE, 2019.

GUTIÉRREZ, Mario; VEXO, Frédéric; THALMANN, Daniel. *Stepping into virtual reality*. 2. ed. Nova York: Springer, 2023.

HACKL, Cathy. *Into the metaverse*: the essential guide to the business opportunities of the web3 era. Londres: Bloomsbury, 2023.

HARAN, Michael. A history of education technology. *Institute of Progressive Education & Learning*. 29 maio 2015. Disponível em: https://institute-of-progressive-education-and--learning.org/a-history-of-education-technology.

HARAWAY, Donna. *Staying with the trouble*: making kin in the Chthulucene. Durham: Duke University Press, 2016.

HARTON, Jacob Pieter Den. *Vibrações nos sistemas mecânicos*. São Paulo: Edgar Blücher, 1972.

HEILIG, Morton. The cinema of the future. In: JORDAN, Ken; PACKER, Randall (Ed.). *Multimedia: from Wagner to virtual reality*. Nova York: W. W. Norton & Company, 2002.

HOHENDORFF, Raquel von; ENGELMANN, Wilson; FRÖHLICH, Afonso Vinicio Kirschner; MENDONÇA, Isabelle de Cássia. "Você Sabia? O Direito te Desafia?": Relato de caso do uso de jogo de tabuleiro com cartas para demonstrar a alunos de ensino médio o quanto o Direito pode ser instigante. *V Congresso sobre Tecnologias na Educação (Ctrl+E 2020)*, 25-28 de agosto de 2020, João Pessoa, PB, Brasil, Online.

HORN, Michael; STAKER, Heather. *Blended*: using disruptive innovation to improve schools. Hoboken: Jossey-Bass, 2014.

HUPFFER, Haide Maria. Educação jurídica e hermenêutica filosófica. 2006. 381 f. Tese (Doutorado em Direito) – Universidade do Vale do Rio dos Sinos, Programa de Pós-Graduação em Direito, São Leopoldo, 2006.IP, Horace Ho Shing; LI, Chen; LEONI, Selena; CHEN, Yuhua; MA, Kin-Fai; WONG, C. H.; LI, Qing. Design and evaluate immersive learning experience for massive open online courses (MOOCs). *IEEE Transactions on Learning Technologies*, v. 12, n. 4, out. 2019, p. 503-515. Disponível em: https://ieeexplore.ieee.org/document/8782340.

ISMAIL, Salim; MALONE, Michael S.; VAN GEEST, Yuri. *Organizações exponenciais*: por que elas são 10 vezes melhores, mais rápidas e mais baratas que a sua (e o que fazer a respeito). São Paulo: Alta Books, 2019.

JACOB, Raphael Rios Chaia. *Liberdade de expressão, internet e telecidadania*. 2. ed. São Paulo: Literando, 2023.

JACOBSON, Jeffrey. Authenticity in immersive design for education. In: LIU, Dejian; DEDE, Chris; HUANG, Ronghuai; RICHARDS, John (Ed.). *Virtual, augmented, and mix realities in education*. Singapura: Springer, 2017.

JEREMY, Dalton. *Reality check*: how immersive technologies can transform your business. Londres: Kogan Page, 2021.

JOHNSON, Steven. *Como chegamos até aqui*: a história das inovações que fizeram a vida moderna possível. Rio de Janeiro: Zahar, 2015.

KASTRUP, Virgínia. *A invenção de si e do mundo*: uma introdução do tempo e do coletivo no estudo da cognição. Campinas: Papirus, 1999.

KASTRUP, Virgínia. Novas tecnologias cognitivas: o obstáculo e a invenção. In: PELLANDA, Nize Maria Campos; PELLANDA, Eduardo Campos (Org.). *Ciberespaço*: um hipertexto com Pierre Lévy. Porto Alegre: Artes e Ofícios, 2000.

KAUFFMAN, Stuart. *The adjacent possible*: and how it explains human innovation. [Vídeo]. TED, abr. 2023. Disponível em: https://www.ted.com/talks/stuart_kauffman_the_adjacent_possible_and_how_it_explains_human_innovation.

KLIPPEL, Alexander; ZHAO, Jiayan; SAJJADI, Pejman; WALLGRÜN, Jan Oliver; BAGHER, Mahda M.; OPREAN, Danielle. Immersive place-based learning: an extended research framework. *IEEE Conference on Virtual Reality and 3D User Interfaces Abstracts and Workshops (VRW)*, Atlanta: IEEE, 2020.

KOUTROMANOS, George; MIKROPOULOS, Tassos A. Mobile augmented reality applications in teaching: a proposed technology acceptance model. *7th International Conference of the Immersive Learning Research Network (iLRN)*. Eureka: IEEE, 2021.

KUBO, Olga; BOTOMÉ, Silvio. Ensino-aprendizagem: uma interação entre dois processos comportamentais. *Interação*, Curitiba, n. 5, p. 123-132, 2001. Disponível em: https://revistas.ufpr.br/psicologia/article/view/3321.

LANG, Susan. From mazes to Mars and tropical forests, high schoolers build virtual worlds aided by Cornell student mentors. *Cornell Chronicle*. Nova York, 7 dez. 2005. Disponível em: https://news.cornell.edu/stories/2005/12/mazes-mars-and-forests-high-schoolers--build-virtual-worlds.

LANIER, Jaron. *Dawn of the new everything*: encounters with reality and virtual reality. Nova York: Henry Holt and Co., 2016.

LATOUR, Bruno. *Jamais fomos modernos*. Rio de Janeiro: 34, 1994.

LAUX, Lara Cristina Pereira Dourado; SCHLEMMER, Eliane. Anatomia no Metaverso Second Life: colaboração e cooperação interdisciplinar e interinstituicional. *Anais do VII Congresso Internacional de Educação*, São Leopoldo: Casa Leiria, 2011.

LEE, Eunice Ai-Lim; WONG, Kevin; FUNG, Chun Che. How does desktop virtual reality enhance learning outcomes? A structural equation modeling approach. *Computers & Education*, v. 55, n. 4, 2010, p. 1424-1442. Disponível em: https://www.sciencedirect.com/science/article/abs/pii/S0360131510001681.

LEE, Kai-Fu; QIUFAN, Chen. *2041*: como a inteligência artificial vai mudar sua vida nas próximas décadas. Globo Livros, 2022.

LEE, Mark J. W.; GEORGIEVA, Maya; CRAIG, Emory. *State of XR & Immersive Learning Outlook Report 2021*. Walnut: Immersive Learning Research Network, 2021. Disponível em: https://immersivelearning.research.net.

LÉVY, Pierre. *A inteligência coletiva*: por uma antropologia do ciberespaço. 4. ed. São Paulo: Loyola, 2003.

LÉVY, Pierre. *As tecnologias da inteligência*: o futuro do pensamento na era da informática. Rio de Janeiro: 34, 1993.

LIMA, Maria Alice Dias da Silva; ALMEIDA, Maria Cecília Puntel de; LIMA, Cristiane Cauduro. A utilização da observação participante e da entrevista semi-estruturada na pesquisa em enfermagem. *Revista Gaúcha de Enfermagem*, Porto Alegre, v. 20, n. esp, p. 130-142, 1999. Disponível em: https://pesquisa.bvsalud.org/portal/resource/pt/lil-287861.

LIU, Dejian; BHAGAT, Kaushal Kumar; GAO, Yuan; CHANG, Ting-Wen; HUANG, Ronghuai. The potentials and trends of virtual reality in education. In: LIU, Dejian; DEDE, Chris; HUANG, Ronghuai; RICHARDS, John (Ed.). *Virtual, augmented, and mixed realities in education*. Singapura: Springer, 2017.

LÓPEZ-GOÑI, Ignacio. Twitter as a tool for teaching and communicating microbiology: the #microMOOCSEM Initiative. *Journal of Microbiology & Biology Education*, v. 17, n. 3, p. 492-494, dez. 2016.

LYNCH, Matthew. Stealth assessment: reimagining learning and testing for the 21st Century. *The Edvocate*, 13 Jan. 2016. Disponível em: https://www.theedadvocate.org/stealth-assessment-reimagining-learning-and-testing-for-the-21st-century.

MAFFESOLI, Michel. *O tempo retorna*: formas elementares do pós-modernidade. Rio de Janeiro: Forense Universitária, 2012.

MALHEIROS, Bruno. Como definir objetivos de aprendizagem? *Recto*. Rio de Janeiro, 1 jul. 2020. Disponível em: https://recto.com.br/blog/como-definir-objetivos-de-aprendizagem.

MARIETTO, Marcio Luiz. Observação participante e não participante: contextualização teórica e sugestão de roteiro para aplicação dos métodos. *Revista Ibero-Americana de Estratégia*, São Paulo, v. 17, n. 4, p. 05-18, 2018. Disponível em: https://periodicos.uninove.br/riae/article/view/10871.

MARKOFF, John. Entrepreneurs see a web guided by common sense. *The New York Times*. Nova York, 12 nov. 2006. Disponível em: https://www.nytimes.com/2006/11/12/business/12web.html.

MAROCCO, Andréa de Almeida Leite. As metodologias ativas e as novas diretrizes curriculares dos cursos de direito. In: RODRIGUES, Horácio Wanderlei (Org.). *Educação jurídica no século XXI*: novas diretrizes curriculares nacionais do curso de direito – limites e possibilidades. Florianópolis: Habitus, 2019.

MARR, Bernard. *Extended reality in practice*: 100+ amazing ways virtual, augmented and mixed reality are changing business and society. New Jersey: Wiley, 2021.

MARSHALL, Paul. Do tangible interfaces enhance learning? *Proceedings of the 1st international conference on Tangible and embedded interaction*, Baton Rouge, Louisiana, USA, February 15-17, New York: ACM, 2007.

MATURANA, Humberto. *As bases biológicas do aprendizado*. Belo Horizonte: Primavera, 1993.

MATURANA, Humberto; REZEPKA, Sima Nisis de. *Formación humana y capacitación*. Santiago: Dolmen Ediciones, 1995.

MATURANA, Humberto; VARELA, Francisco J. *A árvore do conhecimento*: as bases biológicas da compreensão humana. São Paulo: Palas Athena, 2001.

MATURANA, Humberto; VARELA, Francisco. *De máquinas y seres vivos autopoiesis*: la organización de lo vivo. 5. ed. Santiago: Editorial Universitaria, 1998.

MAZUR, Eric. *Peer instruction*: a user's manual. Nova Jersey: Prentice Hall, 1997.

MCGILL, Justin. How many AI tools are there? *Content at Scale*. Glendale, 27 jun. 2023. Disponível em: https://contentatscale.ai/how-many-ai-tools-are-there.

McMAHAN, Alison. Immersion, engagement, and presence: a method for analyzing 3-D video games. In: WOLF, Mark; PERRON, Bernard (Ed.). *The video game theory reader*. Nova York: Routledge, 2003.

MECCAWY, Maram. Creating an immersive XR learning experience: a roadmap for educators. *Electronics*, v. 11, n. 21, p. 3547, out. 2022. Disponível em: https://www.mdpi.com/2079-9292/11/21/3547.

MELLO, Vinicius David de Lima. *Histórico e discussão do conceito de jogabilidade em videogames*. 2012. 133 f. Dissertação (Mestrado em Educação) – Faculdade de Educação, Universidade do Estado do Rio de Janeiro, Rio de Janeiro, 2012.

MICHAELSEN, Larry; SWEET, Michael. The essential elements of team-based learning. *New Directions for Teaching and Learning*, n. 116, p. 7-27, 2008. Disponível em: https://eric.ed.gov/?id=EJ824754.

MICHAILIDIS, Lazaros; BALAGUER-BALLESTER, Emili; HE, Xun. Flow and immersion in video games: the aftermath of a conceptual challenge. *Frontiers in Psychology*, Lausanne, v. 9, 2018. Disponível em: https://doi.org/10.3389/fpsyg.2018.01682.

MILES, Matthew; HUBERMAN, Michael. *Qualitative data analysis*: an expanded sourcebook. 2. ed. Thousand Oaks: Sage Publications, 1994.

MILGRAM, Paul; KISHINO, Fumio. Taxonomy of mixed reality visual displays. *IEICE Trans. Information and Systems*, v. E77-D, no. 12, p. 1321-1329, 1994.

MISBHAUDDIN, Mohammad. VREdu: a framework for interactive immersive lectures using virtual reality. *21st Saudi Computer Society National Computer Conference (NCC)*, Riyadh: IEEE, 2018.

MOLENDA, Michael. Historical foundations. In: SPECTOR, J. Michael; MERRILL, M. David; VAN MERRIËNBOER, Jeroen; DRISCOLL, Marcy P. (Ed.). *Handbook of research on educational communications and technology*. 3. ed. New York: Routledge, 2008.

MORETTI, Gaia. Comunidades virtuais de aprendizagem e de prática em metaverso. In: SCHLEMMER, Eliane; MALIZIA, Pierfranco; BACKES, Luciana; MORETTI, Gaia. *Comunidades de aprendizagem e de prática em metaverso*. São Paulo: Cortez, 2012.

MORGADO, Leonel. Ambientes de aprendizagem imersivos. *Video Journal of Social and Human Research*, Lisboa, v. 1, n. 2, p. 102-116, jul./dez. 2022. Disponível em: https://doi.org/10.18817/vjshr.v1i2.32.

MORIN, Edgar. *Introdução ao pensamento complexo*. Porto Alegre: Sulina, 2005.

MORIN, Edgar. *Os sete saberes necessários à educação do futuro*. Brasília: UNESCO, 2000.

MORIN, Edgar; ALMEIDA, Maria da Conceição de; CARVALHO, Edgar de Assis (Org.). *Educação e complexidade*: os sete saberes e outros ensaios. 4. ed. São Paulo: Cortez, 2007.

MURRAY, Janet Horowitz. *Hamlet on the holodeck*: the future of narrative in cyberspace. Nova York: The MIT Press, 1998.

NARULA, Herman. *Virtual society*: the metaverse and the new frontiers of human experience. 1Nova York: Currency, 2022.

NEVES, António Castanheira. *Digesta*: escritos acerca do direito, do pensamento jurídico, da sua metodologia e outros. Coimbra: Coimbra Editora, 2008.

NGUYEN, Phương; CAO, Linh; TRƯƠNG, Hana. Integrating ChatGPT with virtual reality and augmented reality technology in teaching biology at high schools in Vietnam. *EdArXiv*, Charlottesville, 2023. Disponível em: https://doi.org/10.35542/osf.io/abc123.

NILSSON, Christian Nilsson; NORDAHL, Rolf; SERAFIN, Stefania. Immersion revisited: a review of existing definitions of immersion and their relation to different theories of presence. *Human Technology*, Jyväskylä, v. 12, n. 2, p. 108-134, nov. 2016. Disponível em: https://ht.csr-pub.eu/index.php/ht/article/view/176.

NUNES, Pedro Henrique. O que é uma tela Retina? *MacMagazine*. São Paulo, 16 jul. 2023. Disponível em: https://macmagazine.com.br/post/2023/07/16/o-que-e-uma-tela-retina/.

NYSTROM, Mason. What is web3? *Messari*. Nova York, 9 fev. 2021. Disponível em: https://messari.io/article/what-is-web3.

OECD. Assessment for learning formative assessment: *Learning in the 21st century*: research, innovation and policy. Paris: OECD/CERI, 2008.

OLIVEIRA, Irene Estevão de. Educação, ensino e aprendizagem. *Curriculum*, Rio de Janeiro, v. 9, n. 1, p. 7-19, jan./mar. 1970.

OLIVEIRA, Lisiane Cézar; SCHLEMMER, Eliane. A cidade como espaço de aprendizagem e a educação OnLIFE. In: LUCENA, Simone; NASCIMENTO, Marilene Batista da Cruz; SORTE, Paulo Boa (Ed.). *Pesquisas em educação e redes colaborativas*. Ilhéus: EDITUS, 2023.

O'REILLY, Tim. What is web 2.0: design patterns and business models for the next generation of software. In: O'REILLY. Califórnia, 30 set. 2005. Disponível em: https://www.oreilly.com/pub/a/web2/archive/what-is-web-20.html.

OYELERE, Amos Sunday; AGBO, Friday Joseph; OYELERE, Solomon Sunday. Formative evaluation of immersive virtual reality expedition mini-games to facilitate computational thinking. *Computers & Education*: X Reality, v. 2, 2023. Disponível em: https://www.sciencedirect.com/science/article/pii/S2590116823000026.

PALMER, John. Spatial interfaces. *Dark Blue Heaven*. Nova York, 30 ago. 2019. Disponível em: https://darkblueheaven.com/spatial-interfaces.

PARISI, Tony. *Learning virtual reality*: developing immersive experiences and applications for desktop, web, and mobile. Sebastopol: O'Reilly, 2015.

PASSARELI, Brasilina. Mediação da informação no hibridismo contemporâneo: um breve estado da arte. *Ciência da Informação*, Brasília, v. 43, n. 2, p. 231-240, 2016.

PEÑA-AYALA, Alejandro; CÁRDENAS, Leonor. A revision of the literature concerned with mobile, ubiquitous, and pervasive Learning: a survey. In: PEÑA-AYALA, Alejandro (Ed). *Mobile, ubiquitous, and pervasive learning*: fundaments, applications, and trends. Berlim: Springer International Publishing, 2016.

PERRIER, Gerlane Romão Fonseca; ALMEIDA, Maria Elizabeth Bianconcini de. Narrativas digitais: Metodologias ativas com o uso das TDIC na educação técnica e tecnológica. In: FONSECA, Eduardo (Coord.); BRITO, Glaucia da Silva; ESTEVAM, Marcelo; CAMAS,

Nuria Pons Villardel (Org.). *Metodologias pedagógicas inovadoras*: contextos da educação básica e da educação superior (v. 1). Curitiba: IFPR, 2018.

PERRIGO, Michael. Google Cardboard "hardware" finally discontinued, remains an open source project. *Chrome Unboxed*. Elizabethtown, 3 mar. 2021. Disponível em: https://chromeunboxed.com/google-cardboard-hardware-finally-discontinued-remains-open-source-project.

PETRAGLIA, Izabel. Edgar Morin e o pensamento complexo. *Revista Ensino Superior*. 12 jan. 2022. Disponível em: https://revistaensinosuperior.com.br/2022/01/12/edgar-morin-e-o-pensamento-complexo.

PETRAGLIA, Izabel. *Edgar Morin*: a educação e a complexidade do ser e do saber. 6. ed. Petrópolis: Vozes, 1995.

PIAGET, Jean. *O nascimento da inteligência na criança*. Rio de Janeiro: Zahar, 1975.

PIAGET, Jean. Part I: Cognitive development in children: Piaget development and learning. *Journal of Research in Science Teaching*, v. 2, n. 3, p. 176-186, set. 1964.

PIRES, Eduardo Felipe Weinhardt. Entrevista com Massimo Di Felice. *Teccogs: Revista Digital de Tecnologias Cognitivas*, TIDD | PUC-SP, São Paulo, n. 13, p. 7-19, jan./jun. 2016. Disponível em: https://revistas.pucsp.br/teccogs/article/view/52497.

PONTEFRACT, Dan. *Flat army*: creating a connected and engaged organization. San Francisco: Jossey-Bass, 2013.

PRZYBYLSKI, Andrew; RIGBY, Scott; RYAN, Richard. A motivational model of video game engagement. *Review of General Psychology*, Washington, DC, v. 14, n. 2, p. 154-166, jun. 2010. Disponível em: https://doi.org/10.1037/a0019440.

QIAN, Yufeng. 3D multi-user virtual environments: promising directions for science education. *Science Educator*, v. 18, n. 2, p. 25-29, out. 2009. Disponível em: http://files.eric.ed.gov/fulltext/EJ851870.pdf.

QIN, Hua; RAU, Pei-Luen Patrick; SALVENDRY, Gavriel. Effects of different scenarios of game difficulty on player immersion. *Interacting with Computers*, Londres, v. 22, n. 3, p. 230-239, maio 2010. Disponível em: https://doi.org/10.1016/j.intcom.2009.12.004.

QUEIROZ, Danielle Teixeira; VALL, Janaina; SOUZA, Ângela Maria Alves e; VIEIRA, Neiva Francenely Cunha. Observação participante na pesquisa qualitativa: conceitos e aplicações na área da saúde. *Revista Enfermagem UERJ*, Rio de Janeiro, v. 15, n. 2, p. 276-283, abr./jun. 2007. Disponível em: https://pesquisa.bvsalud.org/portal/resource/pt/lil-475662.

RAMOS, Cremilson Oliveira. *Lendo Fable 2*: os videogames como espaço possível de negociações e produção de efeitos de sentido. 2013. Dissertação (Mestrado em Ciências da Linguagem) – Universidade do Sul de Santa Catarina, Tubarão, 2013.

REIGELUTH, Charles M. (Ed.). *Instructional-design theories and models*: an overview of their current status. Hillsdale: Lawrence Erlbaum Associates, 1983.

RENÉ, Gabriel; MAPES, Dan. The spatial web: how web 3.0 will connect humans, machines, and AI to transform the world. In: RENÉ, Gabriel. Los Angeles, 2019. Disponível em: https://thespatialweb.com.

REZAEI, Ali. Applications of immersive technologies in education: a systematic literature review. *Advances in Online Education: A Peer-Reviewed Journal*, v. 2, n. 3, 2024, p. 232-251. Disponível em: https://www.advancesinonlineeducation.com/volume2/issue3/rezaei.

RIBEIRO, Flávia Nascimento. Edgar Morin, o pensamento complexo e a educação. *Revista Pró-Discente*, v. 17, n. 2, dez. 2011. Disponível em: https://periodicos.ufes.br/prodiscente/article/view/5804.

RIBEIRO, Louise Helena de Freitas; GERMANO, Victória Escóssia; BRUNO, Luana Pedrosa; FREIRE, Marcela Lopes Bezerra; NASCIMENTO, Ellany Gurgel Cosme do; FERNANDES, Thales Allyrio Araújo de Medeiros. Game-based learning como estratégia de ensino e aprendizagem no ensino médico. *Research, Society and Development*, v. 11, n. 12, 2022. Disponível em: https://rsdjournal.org/index.php/rsd/article/view/32183.

ROBER, Kyle. Game-based learning assessment demystified: effective evaluation methods. *Learnexus*. New York, 7 fev. 2024. Disponível em: https://www.learnexus.com/game-based-learning-assessment-demystified.

ROBERT, Abill. Elevating educational journey: integrating immersive technologies and AI tutors for enhanced learning experiences. *EasyChair Preprints*, n. 12881, 3 abr. 2024. Disponível em: https://easychair.org/publications/preprint/12881.

ROBINSON, Ken. *Out of our minds*: learning to be creative. North Mankato: Capstone, 2011.

ROBINSON, Ken; ARONICA, Lou. *Creative schools*: the grassroots revolution that's transforming education. Londres: Penguin Books, 2016.

ROCHA, Leonel Severo. A aula mágica de Luis Alberto Warat: genealogia de uma pedagogia da sedução para o ensino do Direito. In: ROCHA, Leonel Severo; ENGELMANN, Wilson; STRECK, Lenio Luiz. (Org.). Constituição, sistemas sociais e hermenêutica - Anuário do Programa de Pós-Graduação em Direito da UNISINOS: mestrado e doutorado. Porto Alegre: Livraria do Advogado, 2012, v. 9, p. 203-212.

ROUSSE, Margareth. Six degrees of freedom. *Techopedia*. Edmonton, 10 abr. 2019. Disponível em: https://www.techopedia.com/six-degrees-of-freedom/7/33394.

RUBIN, Peter. *Future presence*: how virtual reality Is changing human connection, intimacy, and the limits of ordinary life. New York: HarperOne, 2018.

RUSSEL, Stuart; NORVIG, Peter. *Artificial intelligence*: a modern Approach. 4. ed. Londres: Pearson, 2020.

RYAN, Marie-Laure. *Narrative as virtual reality*: immersion and interactivity in literature and electronic media. Baltimore: Johns Hopkins University Press, 2001.

SABZALIEVA, Emma; VALENTINI, Arianna. *ChatGPT e inteligência artificial na educação superior*: guia de início rápido. Paris: UNESCO, 2023.

SACCOL, Amarolinda; SCHLEMMER, Eliane; BARBOSA, Jorge. *M-learning e u-learning*: novas perspectivas da aprendizagem móvel e ubíqua. São Paulo: Pearson Universidades, 2010.

SAMBATARO, Monica. Just-in-time learning. *Computerworld*. Needham, 3 abr. 2000. Disponível em: https://www.computerworld.com/article/1377442/just-in-time-learning.html.

SANTAELLA, Lucia. *Culturas e artes do pós-humano*. São Paulo: Paulus, 2010.

SANTOS, Edméa; WEBER, Aline. A criação de atos de currículo no contexto de espaços intersticiais. *TECCOGS: Revista Digital de Tecnologias Cognitivas*, n. 7, p. 45-48, jan./jun. 2013. Disponível em: https://revistas.pucsp.br/index.php/teccogs/article/view/52849/34675.

SANTOS, Katia Ethiénne Esteves dos; TORRES, Patricia Lupion. Educação digital: híbrida e onlife. *Revista UFG*, Goiânia, v. 21, n. 27, p. 1-20, out./dez. 2021.

SAWAHEL, Wagdy. Embrace it or reject it? Academics disagree about ChatGPT. *University World News*. Londres, 07 fev. 2023. Disponível em: https://www.universityworldnews.com/post.php?story=20230207071612345.

SCHLEMMER, Eliane. *Ecossistemas de inovação na educação na cultura híbrida e multimodal*. Relatório do pós-doutoramento em Educação a Distância e eLearning (EDeL). Lisboa: LE@D, Universidade Aberta, 2020.

SCHLEMMER, Eliane. Formação docente no ensino superior e na pós-graduação: dos espaços de convivência digitais virtuais à educação híbrida. In: SCHLEMMER, Eliane; KERSCH, Dorotea Frank; OLIVEIRA, Lisiane Cézar de (Org.). *A universidade no paradigma da educação OnLIFE: formação docente e práticas pedagógicas no ensino superior e na pós--graduação*. São Leopoldo: Casa Leiria, 2024.

SCHLEMMER, Eliane. Laboratórios digitais virtuais em 3D: anatomia humana em metaverso, uma proposta em immersive learning. *Revista e-Curriculum (PUCSP)*, v. 12, p. 2119-2157, 2014. Disponível em: https://revistas.pucsp.br/index.php/curriculum/article/view/21681/15955.

SCHLEMMER, Eliane. Metodologias inventivas na educação híbrida e OnLIFE. In: DIAS, Paulo; FREITAS, João Correia de (Org.). *Educação digital, a distância e em rede digital*. Lisboa: Universidade Aberta – Imprensa da Universidade de Coimbra, 2022.

SCHLEMMER, Eliane. Mídia social em contexto de hibridismo e multimodalidade: o percurso da experiência na formação de mestres e doutores. *Revista Diálogo Educacional*, Curitiba, v. 15, n. 45, p. 399-421, maio/ago. 2015. Disponível em: https://periodicos.pucpr.br/index.php/dialogoeducacional/article/view/35417.

SCHLEMMER, Eliane. O protagonismo ecológico-conectivo e a emergência das hiperinteligências no Paradigma da educação OnLIFE. *Cadernos IHU Ideias*, São Leopoldo, n. 348, p. 53-83, 9 mai. 2023. Disponível em: https://www.ihu.unisinos.br.

SCHLEMMER, Eliane; BACKES, Luciana. *Learning in metaverses: co-existing in real virtuality*. Hershey: IGI Global: International Academic Publisher, 2015. v. 1.

SCHLEMMER, Eliane; BACKES, Luciana; FRANK, Patrícia Silva Smurra; SILVA, Andros da; DEL SENT, Deise Tavares. ECoDI: a criação de um espaço de convivência digital virtual. *Anais do XVII Simpósio Brasileiro de Informática na Educação – SBIE*, 17, Brasília: SBIE, 2006.

SCHLEMMER, Eliane; BACKES, Luciana; LA ROCCA, Fabio. L'Espace de coexistence hybride, multimodal, pervasif et ubiquitaire: le quotidien de l'éducation à la citoyenneté. *Educação Unisinos (Online)*, São Leopoldo, v. 20, p. 297-306, set./dez. 2016. Disponível em: https://www.redalyc.org/articulo.oa?id=20346272003.

SCHLEMMER, Eliane; BACKES, Luciana; PALAGI, Ana Maria Marques. O habitar do ensinar e do aprender onlife: vivências na educação contemporânea. In: SCHLEMMER, Eliane; BACKES, Luciana; BITTENCOURT, João Ricardo; PALAGI, Ana Maria Marques (Org.). *O habitar do ensinar e do aprender onlife*: vivências na educação contemporânea. São Leopoldo: Casa Leiria, 2021.

SCHLEMMER, Eliane; DI FELICE, Massimo. A (trans)formação do corpo em dados: um território a ser habitado pela educação digital em saúde. In: TEIXEIRA, Carla Pacheco; GASQUE, Kellen Cristina da Silva; GUILAM, Maria Cristina Rodrigues; MACHADO, Maria de Fátima Antero Sousa; AZEVEDO, Néliton Gomes; CASTRO, Rafael Fonseca de (Org.). *Educação na saúde*: fundamentos e perspectivas. 28. ed. Porto Alegre: Rede Unida, 2023.

SCHLEMMER, Eliane; DI FELICE, Massimo; SERRA, Ilka Márcia Ribeiro de Souza. Educação OnLIFE: a dimensão ecológica das arquiteturas digitais de aprendizagem. *Educar em Revista*, v. 36, 2020. Disponível em: https://doi.org/10.1590/0104-4060.76120..

SCHLEMMER, Eliane; KERSCH, Doroteia Frank. Inventividade e inovação curricular e metodológica na formação de professores do ensino superior para a docência onlife. *Cadernos de Pesquisa: Pensamento Educacional*, Curitiba, v. 18, p. 10-35, 2023. Disponível em: https://interin.utp.br/index.php/a/article/view/3031.

SCHLEMMER, Eliane; LOPES, Daniel de Queiroz; BACKES, Luciana. Hibridismo tecnológico e as práticas em Informática na Educação. *Informática na Educação*, Porto Alegre, 25 maio 2021. Disponível em: https://ieducacao.ceie-br.org.

SCHLEMMER, Eliane; MOREIRA, J. António. Ampliando conceitos para o paradigma de educação digital OnLIFE. *Revista Interações*, v. 16, n. 55, p. 103-122, 2020. Disponível em: https://repositorioaberto.uab.pt/handle/10400.2/13154.

SCHLEMMER, Eliane; MOREIRA, José António Marques. Do ensino remoto emergencial ao HyFlex: um possível caminho para a educação OnLIFE? *Revista da FAEEBA: Educação e Contemporaneidade*, Salvador, v. 31, n. 65, p. 138-155, jan./mar. 2022. Disponível em: https://repositorioaberto.uab.pt/handle/10400.2/13396.

SCHLEMMER, Eliane; OLIVEIRA, Lisiane Cézar; MENEZES, Janaina. O habitar do ensinar e do aprender em tempos de pandemia e a virtualidade de uma educação onlife. *Práxis Educacional*, Vitória da Conquista, v. 17, n. 45, p. 137-161, abr./jun. 2021. Disponível em: https://www.redalyc.org/articulo.oa?id=695474034008.

SCHLEMMER, Eliane; PALAGI, Ana Maria. RIEOnLIFE: uma rede para potencializar a emergência de uma educação ONLIFE. *EmRede - Revista de Educação a Distância*, Cuiabá, v. 8, n. 2, p. 77-98, 2021. Disponível em: https://www.aunirede.org.br/index.php/emrede/article/view/1532.

SCHMIDT, Luiz. ChatGPT: Itália volta atrás e libera uso do chatbot. *Mundo Conectado*, São Paulo, 28 abr. 2023. Disponível em: https://mundoconectado.com.br/noticias/it/17480-chatgpt-italia-volta-atras-e-libera-uso-do-chatbot.

SCHNEIDER, Bertrand. Preparing students for future learning with mixed reality interfaces. In: LIU, Dejian; DEDE, Chris; HUANG, Ronghuai; RICHARDS, John (Ed.). *Virtual, augmented, and mixed realities in education*. Singapore: Springer Singapore, 2017.

SCHOTT, Christian; MARSHALL, Stephen. Virtual reality and situated experiential education: A conceptualization and exploratory trial. *Journal of Computer Assisted Learning*, v. 34, n. 6, p. 843-852, dez. 2018. Disponível em: https://onlinelibrary.wiley.com/doi/10.1111/jcal.12293.

SCHWAB, Klaus. *A quarta revolução industrial*. Rio de Janeiro: Edipro, 2015.

SCHWAB, Klaus. *Aplicando a quarta revolução industrial*. Rio de Janeiro: Edipro, 2018.

SERRES, Michel. *Filosofia mestiça*. Rio de Janeiro: Nova Fronteira, 1993.

SHEHABUDDEEN, Noordin; PROBERT, David; PHAAL, Rob; PLATTS, Ken. *Representing and approaching complex management issues*: Part 1-role and definition. Centre for Technology Management (CTM) Working Paper, University of Cambridge, 1999. Disponível em: https://www.repository.cam.ac.uk/handle/1810/288360.

SHERIDAN, Thomas. Musings on telepresence and virtual presence. *Presence: Teleoperators and Virtual Environments*, v. 1, n. 1, p. 120-126, 1992. Disponível em: https://direct.mit.edu/pvar/article/1/1/120/58751/Musings-on-Telepresence-and-Virtual-Presence.

SHERMAN, William R.; CRAIG, Alan B. *Understanding virtual reality*: interface, application, and design. 2. ed. San Francisco: Morgan Kaufmann, 2019.

SHUBINA, Ivanna; KULAKLI, Atik. Pervasive learning and technology usage for creativity development in education. *International Journal of Emerging Technologies in Learning (iJET)*, v. 14, n. 01, p. 95-109, 2019. Disponível em: https://online-journals.org/index.php/i-jet/article/view/9067.

SHUTE, Valerie; RAHIMI, Seyedahmad; EMIHOVICH, Benjamin. Assessment for Learning in Immersive Environments. In: LIU, Dejian; DEDE, Chris; HUANG, Ronghuai; RICHARDS, John (Ed.). *Virtual, augmented, and mixed realities in education*. Singapore: Springer, 2017.

SHUTE, Valerie; VENTURA, Matthew. *Measuring and supporting learning in video games*: stealth assessment. Cambridge: MIT Press, 2013.

SISCOUTTO, Robson; SOARES, Luciano. Estereoscopia. In: TORI, Romero; HOUNSELL, Marcelo da Silva (Org.). *Introdução à realidade virtual e aumentada*. 3. ed. Porto Alegre: SBC, 2021.

SLATER, Mel. Implicit learning through embodiment in immersive virtual reality. In: LIU, Dejian; DEDE, Chris; HUANG, Ronghuai; RICHARDS, John (Ed.). *Virtual, augmented, and mixed realities in education*. Singapura: Springer, 2017.

SLATER, Mel. Place illusion and plausibility can lead to realistic behaviour in immersive virtual environments. *Philosophical Transactions of the Royal Society B: Biological Sciences*, v. 364, n. 1535, p. 3549-3557, 12 dez. 2009. Disponível em: https://core.ac.uk/display/19959807.

SOLTANI, Pooya; VILAS-BOAS, Joao Paulo. Multi-user virtual environments for physical education and sport training. In: YANG, Kenneth C. C. (Ed.). *Cases on immersive virtual reality techniques*. Hershey: IGI Global, 2019.

SOUZA, Marcia Izabel Fugisawa; TORRES, Tércia Zavaglia; AMARAL, Sérgio Ferreira do. Produção de conteúdos educativos baseada na aprendizagem significativa. *Revista Latinoamericana de Tecnología Educativa* – RELATEC, 9(2), 2010, p. 89-105. Disponível em: http://relatec.unex.es/article/view/237.

SPIRO, Rand; COULSON, Richard; FELTOVICH, Paul; ANDERSON, Daniel. Cognitive flexibility theory: advanced knowledge acquisition in ill-structured domains. *Tenth Annual Conference of the Cognitive Science Society*, Hillsdale: Erlbaum, 1988.

SPOT. Seattle: Spot, 2024. Disponível em: https://www.spotvirtual.com.

STANDING, Lionel; CONEZIO, Jerry; HABER, Ralph Norman. Perception and memory for pictures: Single-trial learning of 2500 visual stimuli. *Psychonomic Science*, Chicago, v. 19, n. 2, p. 73-74, ago. 1970.

STRECK, Lenio Luiz. Aplicar a "letra da lei" é uma atitude positivista? *Revista NEJ – Eletrônica*, Itajaí, v. 15, n. 1, jan./abr. 2010, p. 158-173. Disponível em: https://periodicos.univali.br/index.php/nej/article/view/2308.

STRECK, Lenio Luiz. Hermenêutica e ensino jurídico em Terrae Brasilis. Revista da Faculdade de Direito UFPR, Curitiba, v. 46, p. 23-54, 2007. Disponível em: https://revistas.ufpr.br/direito/article/view/13495. Acesso em: 6 jul. 2024.ULLIVAN, Miriam; KELLY, Andrew; MCLAUGHLAN, Paul. ChatGPT in higher education: considerations for academic integrity and student learning. *Journal of Applied Learning & Teaching*, v. 6, n. 1, 2023. Disponível em: https://journals.sfu.ca/jalt/index.php/jalt/article/view/731.

SUTHERLAND, I. E. The ultimate display. In: KALENICH, Wayne (Ed.). *Information Processing 1965: Proceedings of IFIP Congress 65*. London: Macmillan and Co., 1965. v. 2.

SUTHERLAND, Ivan E. A head-mounted three dimensional display. *Association for Computing Machinery*, Nova York, 1968, p. 758-760. Disponível em: https://dl.acm.org/doi/10.1145/1476589.1476686.

TAMM, Sander. What is the definition of e-Learning? *E-student*. Talín, 11 jan. 2023. Disponível em: https://e-student.org/what-is-elearning.

TAYLOR, Mae; MUWAFFAK, Zaid; PENNY, Matthew; SZULC, Blanka; BROWN, Steven; MERRIT, Andy; HILTON, Stephen. The rise of the AI scientist: unleashing the potential of ChatGPT-powered avatars in virtual reality digital-twin laboratories. *ChemRxiv*, Cambridge, 28 nov. 2023. Disponível em: https://chemrxiv.org/engage/chemrxiv/article-details/63f8fbfc68b2f1abc1234567.

TERRA, John. What is web 1.0, web 2.0, and web 3.0? definitions, differences & similarities. *SimpliLearn*. Califórnia, 7 ago. 2023. Disponível em: https://www.simplilearn.com/what-is-web-1-0-web-2-0-and-web-3-0-article.

TOFFLER, Alvin. *O choque do futuro*. 6. ed. Petrópolis: Vozes, 1998.

TORCHIA, Marcus; SHIRER, Michael. IDC spending guide forecasts strong growth for augmented and virtual reality. *Business Wire*. San Francisco, 30 nov. 2022. Disponível em: https://www.businesswire.com/news/home/20221130005846/en/IDC-Spending-Guide-Forecasts-Strong-Growth-for-Augmented-and-Virtual-Reality.

TORI, Romero; HOUNSELL, Marcelo da Silva; KIRNER, Claudio. Realidade virtual. In: TORI, Romero; HOUNSELL, Marcelo da Silva (Org.). *Introdução à realidade virtual e aumentada*. 3. ed. Porto Alegre: SBC, 2021.

TREMOSA, Laia. Beyond AR vs. VR: what is the difference between AR vs. MR vs. VR vs. XR? *Interaction Design Foundation*. Aarhus, 25 jul. 2023. Disponível em: https://www.interaction-design.org/literature/article/beyond-ar-vs-vr-what-is-the-difference-between-ar-vs-mr-vs-vr-vs-xr.

TUDDENHAM, Philip; KIRK, David; IZADI, Shahram. Graspables revisited: multi-touch vs. tangible input for tabletop displays in acquisition and manipulation tasks. *Proceedings of the SIGCHI Conference on Human Factors in Computing Systems*, 2010, New York: ACM, 2010.

TUER, Andrew W. *History of the horn-book*. Nova York, Arno Press: 1979.

VALENTE, José Armando. Blended learning e as mudanças no ensino superior: a proposta da sala de aula invertida. *Educar em Revista*, Curitiba, n. 4, p. 79-97, 2014. Disponível em: https://revistas.ufpr.br/educar/article/view/38645.

VENINO, Eddy. Altspace VR: Microsoft encerra rede social de realidade virtual comprada em 2017. *Mundo Conectado*. São Paulo, 21 jan. 2023. Disponível em: https://www.mundoconectado.com.br/noticias/altspace-vr-microsoft-encerra-rede-social-de-realidade--virtual-comprada-em-2017.

VICENTINI, Giovanni; BRAMAN, James. *Multi-user virtual environments for the classroom: practical approaches to teaching in virtual worlds*. Hershey: IGI Global, 2011.

VLAHOVIC, Sara; SUZNJEVIC, Mirko; SKORIN-KAPOV, Lea. A framework for the classification and evaluation of game mechanics for virtual reality games. *Electronics*, 2022, 11, 2946. Disponível em: https://doi.org/10.3390/electronics11182946.

VOGEL, Douglas R.; DICKSON, Gary W.; LEHMAN, John A. *Persuasion and the role of visual presentation support. University of Minnesota*, Minneapolis, Working Paper Series, WP-86-11, p. 1-26, jun. 1986.

WANG, Lubin; SHUTE, Valerie J.; MOORE, Gregory R. Best practices and lessons learned of stealth assessment. *International Journal of Gaming and Computer-Mediated Simulations*, v. 7, n. 4, p. 66-87, 2015. Disponível em: https://www.igi-global.com/article/best-practices-and-lessons-learned-of-stealth-assessment/136317.

WARAT, Luis Alberto. A ciência jurídica e seus dois maridos. 2. ed. Santa Cruz do Sul: EDUNISC, 1985. WEINBAUM, Stanley G. *Pygmalion's spectacles*. New York: Wonder Stories, 1935.

WEISER, Mark. O computador para o século XXI. *Scientific American*, v. 265, n. 3, p. 94-104, set. 1991. Disponível em: https://ics.uci.edu/~corps/phaseii/Weiser-Computer21stCentury-SciAm.pdf.

WEISSMAN, Jeremy. ChatGPT Is a plague upon education. *Inside Higher Ed*. Washington, 08 fev. 2023. Disponível em: https://www.insidehighered.com/views/2023/02/08/chatgpt--plague-upon-education-opinion.

WITMER, Bob; SINGER, Michael. Measuring presence in virtual environments: a presence questionnaire. *Presence: Teleoperators and Virtual Environments*, v. 7, n. 3, p. 225-240, jun. 1998. Disponível em: https://doi.org/10.1162/105474698565686.

WOHLIN, Claes. Guidelines for snowballing in systematic literature studies and a replication in software engineering. *Proceedings of the 18th International Conference on Evaluation and Assessment in Software Engineering (EASE '14)*, Nova York, Article 38, 1-10, 2014.

WURMAN, Richard Saul. *Information anxiety*. Nova York: Bantam Books, 1990.

ZAINUDDIN, Nurkhamimi; SAHRIR, Muhammad. Multimedia courseware for teaching arabic vocabulary: let's learn from the experts. *Universal Journal of Educational Research*, v. 4, n. 5, 2016, p. 1167–1172. Disponível em: https://archive.org/details/ERIC_EJ1099878.

ZICHERMANN, Gabe; CUNNINGHAM, Christopher. *Gamification by design*: implementing game mechanics in web and mobile apps. Sebastopol: O'Reilly Media, 2011.

ZUANON, Rachel. Game design and neuroscience cooperation in the challenge-based immersion in mobile devices as tablets and smartphones. *DAPI 2016*: Distributed, Ambient and Pervasive Interactions, 2016.